중국 초기 선종
능가선법 연구

중국 초기 선종
능가선법 연구

元照 박건주 著

운주사

이 논문은 2002년도 한국학술진흥재단의 지원에 의하여
연구되었음.(KRF-2002-075-A00006)

책을 펴면서

진실한 가르침이 시기와 수지受持하는 사람에 따라 곡해曲解되고, 편향되어 유전되니 분란이 따르고, 사邪를 정正으로 알아 사이비가 판을 치는 지경에 이른다.

주지하다시피 당 후기로부터 송대에 걸친 선종사는 여러 면에서 이전 시기와 색다른 모습을 연출하였다. 그리고 이후 중국과 한국의 불교사는 대체로 그 새로운 모습에 취해 초기 선종 본래의 능가선법(달마선법)을 놓쳐버리는 모습으로 전개되었다. 본 연구는 그 놓쳐버린 능가선법을 회복하는 데 일조하고자 한다.

달마선의 요의를 소개하기 위해 2006년 『달마선』(서울, 운주사)을 출간한 바 있다. 『달마선』이 다소 대중적인 개요서인데 비해 본서는 전문 학술 연구서이다. 양서는 자매편으로서 서로 보완되기 때문에 함께 읽혀지길 원한다.

불교의 교의에는 리理가 갖추어져 있고, 그것이 바로 선지〔禪理〕가 되기 때문에 교의 학습은 단지 학문이 아니다. 달마선의 핵심은 교에 의지하여 종(宗: 心性)을 깨닫는 교선일치이다. 따라서 교의를 통해 리理를 요지了知하고 정리 개시開示한 연구는 그대로 선리〔禪旨〕가 되고 선禪이 된다. 또한 정혜무이定慧無二가 능가선의 요의要義이다.

문聞·사思·수修와 신信·해解·행行·증證이 불교 수행의 근본이다. 이를 다시 말하면 '먼저 알고 닦는다'는 것이다. 이러한 근본 수증修證 체계에 의하지 아니하고 개시開示하지 않는 수행 풍토는 잘못된 것이다. 또한 사변적 의론에만 치우쳐 수증의 의義를 드러내지 못하는 일부 학계의 연구 성향도 잘못이다.

  본 연구는 한국학술진흥재단의 연구지원을 받아 이루어졌으며, 그 연구 결과를 수정 보완하여 이렇게 한 권의 책으로 엮게 되었다. 능가선법에 관련한 여러 방면의 글을 한 책으로 엮어서 독자들이 편리하게 학습하고, 폭넓게 이해할 수 있도록 하였다. 수년에 걸쳐 여러 학술지에 발표하면서 논의의 전개를 위해 어쩔 수 없이 중복하여 기술한 내용들도 더러 있다. 독자들의 양해를 바란다.

  최상승선을 펼쳐 보인 본서의 내용은 처음 그 뜻을 알았어도 얼마 후 무디어질 수 있다. 지혜의 날카로움이 날로 증진되기 위해서는 자주 반복하여 보고, 이해를 깊이 하며, 의문이 있으면 주변의 선지식에게 자꾸 질의하고, 자심自心에서 그 의義가 구현되도록 해야 한다. 필자는 여러 경로를 통해 독자들과의 대화가 이루어지길 바란다.

  본서는 학문적 연구성과에 머무르지 않는다. 최상승선을 올바로 찾아가는 이들에게 항상 훌륭한 선지식의 역할을 할 수 있길 기원한다.

  나무석가모니불! 나무마하반야바라밀!

佛紀 2551(서기2007)년 8월
광주 無等山 능가선방에서
元照 朴健柱 讚三寶

책을 펴면서 5

서론 11

제1부 『능가경』의 선법과 초기 선종

제1장 『능가경』의 선법 25

1. 서언 25
2. 3종 『능가경』의 비교 27
3. 교선일치의 심의深義 31
4. 유심唯心과 무생법인無生法忍 55
5. 결언 66

제2장 돈법頓法과 점법漸法의 문제 69

1. 서언 69
2. 『능가경』의 선법과 돈점頓漸의 문제 74
3. 돈법頓法·점법漸法의 상관성과 남북 이종二宗 98
4. 결언 131

제3장 여래선·조사선의 문제 134

1. 서언 134
2. 사종선四種禪의 이해와 여래선·조사선의 문제 135
3. 조사선과 '지사이문指事以問' 157
4. 『단경』의 돈오돈수론과 조사선 163
5. 『금강삼매경』에서의 '여래선'과 앙산의 '여래선' 167
6. 결언 176

제4장 불교의 종과 능가선의 이입理入 178

1. 서언 178

2. 불교의 종과 수증 계위상의 믿음과 지혜와 자비 179
3. 이입理入과 수증修證의 영원성 188
4. 무아와 유심唯心과 여래장 195
5. 이입理入과 정혜무이定慧無二의 선 202
6. 결언 206

 도신道信선사의 능가선 계승

제5장「입도안심요방편법문」의 선리와 능가선 211
    1. 서언 211
    2. 동산법문과 능가선 216
    3. 조작설의 문제 229
    4. 결언 245

제6장 반야선과 능가선의 전통 247
    1. 서언 247
    2. 반야선과 능가선의 문제 249
    3. 간심看心과 불관不觀·부사不思·불행不行의 문제-
        '티베트종론宗論' 해의解義 258
    4. 도신과 우두법융의 사법嗣法 문제 273
    5. 결언 279

 능가선과 여타의 선법

제7장 능가선과 승조선僧稠禪과 정학定學 283
    1. 서언 283
    2. 능가선과 승조선 및 정학의 성격 문제 287

3. 승조선과 달마선맥 301

4. 결언 311

제8장 초기 선종기 선법의 조류와 능가선의 영향 314

1. 서언 314

2. 정학定學의 경향과 승조선 316

3. 능가선문과 천태선문의 성장과 그 영향 325

4. 능가선과 천태선의 상이성과 상통성 329

5. 결언 338

제9장 선정바라밀로 본 소승선과 달마선 340

1. 서언 340

2. 선정바라밀의 의義 342

3. 선법과 선정의 계위 350

4. 정혜무이의 달마선과 선정바라밀 361

5. 결언 376

제10장 염불과 염불선과 능가선 378

1. 서언 378

2. 왕생염불과 자성불 380

3. 염불심으로서의 염불선 387

4. '제불심제일諸佛心第一'의 의미와 절관絶觀으로서의 염불선 396

5. 동산법문에서의 염불방편문의 시설과 그 영향 404

6. 결언 407

제4부 남북 이종二宗의 문제와 화엄종사의 선종 융회론

제11장 징관과 종밀의 융회론·수증론과 능가선 411
1. 서언 411
2. 징관의 남북이종 융회론과 능가선 413
3. 화엄종사의 수증론에 보이는 능가선의 영향 431
4. 결언 441

제12장 북종의 돈법과 종밀의 북종관 443
1. 서언 443
2. 북종오방편 '방편통경' 선법에서의 돈법 447
3. 종밀 북종관의 문제점 467
4. 결언 481

결론 484

부록: 초기 선종 승계도承系圖 497
Abstract 500
참고문헌 517
찾아보기 528

서론

중국불교사상 초기 선종기라고¹ 하면 보통 초조 달마대사로부터 육조 신수(神秀; 605~706) 또는 혜능(慧能; 638~713)의 대代까지를 말한다. 달마대사가 중국에 온 시기에 대해서는 여러 학설이 있으나 『속고승전』 권16 보리달마전에 "처음 유송劉宋의 땅 남월(南越; 廣州)에 도달하고, 유송劉宋말에 북으로 건너가 북위北魏에 이르렀다."고 한 기사에 의거하면, 유송이 멸망하는 479년 이전에 중국에 도착한 것이 된다. 이후 그는 535년 입적 때까지 거의 60년 가까운 기간 동안 중국에서 활동하였다. 그래서 초기 선종기는 480년 무렵에서 700년대 초까지 230여년의 기간이 된다. 그리고 초기 선종의 선법이 달마대사에 의해 친전親傳되었다는 사실에 의거하여 그 선법을 '달마선'이라 칭하고, 그 선법이 주로 『능가경』에 의거한 까닭에 '능가선'이라 칭하며, 그 종宗을 '능가종', 그 선사들을 능가사楞伽師라 칭하는 것이 일반적

---

1 본서에서 초기 선종기는 초조에서 七祖 내지 八祖까지의 당 중기 무렵까지, 중기는 당말 五代시대까지, 후기는 송초 이후로 설정하여 지칭한다.

인 경향이다. 또 남천축일승종南天竺一乘宗이라고² 칭함은 『능가경(4권본)』을 전래하고 번역한 구나발다라(求那跋陀羅; Guṇabhadra, 394~468)와 이를 중국에 크게 선양한 달마대사의 출신지가 남천축이고, 이곳의 일승종一乘宗이 전래된 까닭이다. 또 그 시대를 순선純禪시대라 함은 후대의 변질된 선종에 대비한 지칭이다.

초기 선종이 『능가경』을 주 소의경전으로 하였음은 일찍이 4조 도신道信과 거의 동시대인 당唐 도선(道宣; 596~667)이 지은 『속고승전續高僧傳』에서 뚜렷이 알 수 있는 사실이다. 『속고승전』 권제16 승가僧可(惠可)전에 다음과 같이 전한다.

"이전에 달마선사가 4권본 『능가경(능가아발다라보경)』을 혜가에게 주면서 말하였다. '내가 중국을 보건대 오직 이 경이 있을 뿐이다. 인자仁者가 이 경에 의거하여 수행한다면 스스로 세상을 제도할 수 있을 것이다.'"

이러한 요지의 『능가경』 부촉은 이밖에 『능가아발다라보경』(『능가경』4권본)의 장지기蔣之奇 서문과 소동파(소식)의 서문에도 기술되어 있다.³

---

2 『속고승전』, 권제35, 感通篇法沖傳에 "沖以楞伽奧典 沈淪日久, 所在追訪 無憚夷險. 會可師後裔 盛習此經, 卽依師學. 屢擊大節. 便捨徒衆, 任沖轉敎, 卽相續講三十餘遍. 又遇可師 親傳授者. 依南天竺 一乘宗講之, 又得百遍." 『대정장』50, p.666b.
3 "이 『능가경』4권을 너에게 부촉한다. 이 경은 如來心地의 要門이며, 모든 중생을 開示悟入하게 할 것이니라." (『능가아발다라보경』『능가경』4권본)의 蔣之奇 序) 달마조사가 二祖에게 부촉하여 말하길 '중국에 있는 經敎 가운데 오직 『능가경』

또한 『속고승전』 권35 법충전法沖傳에 의하면 "(2조) 혜가의 후예들이 이 경을 왕성하게 수습하였다." 하고,[4] 혜가는 그의 제자 나선사那禪師와 혜만慧滿 등에게 항상 『능가경』을 지니고 심요心要로 삼으라고 당부하였으며, 그의 제자와 재전再傳제자 10인이 각기 『능가경』에 대한 주소注疏를 저술하였다. 혜가의 제자들을 찾아다니며 『능가경』을 연찬한 법충法沖은 오로지 『능가경』에 일가를 이루어 200회의 강술을 하였다.[5] 또 5조 홍인弘忍의 제자 신수神秀는 항상 "『능가경』을 봉지奉持하고 심요로 삼았다."고[6] 하였다. 마조도일馬祖道一(709~788)은 대중들에게 자주 이르길,

"너희는 지금 각자의 자심自心이 불佛이며, 이 심心이 곧 불심佛心임을 믿으라. 이 까닭에 달마대사가 남천축국으로부터 오셔서 상승上乘의 일심지법一心之法을 전하여 너희를 개오開悟케 하고자 한 것이니라. 또 (달마대사께서) 자주 『능가경』의 글을 인용하심으로써 중생 심지心地를 인印하신 것은(중생 心地가 곧 佛心임을 증거하심은) 너희가 전도顚倒되어 이 일심一心의 법이 각각 누구에게나 있는 것임을 스스로 믿지 못할까 염려한 까닭이다. 까닭에 『능가경』

4권이 인심印心할 수 있게 할 것이다.'고 한 이래 조조상전祖祖相傳하여 심법心法으로 삼았다."(소동파, 『능가아발다라보경』 序)
[4] 위의 『속고승전』 법충전에 "會可師後裔 盛習此經." 『대정장』50, p.666b.
[5] 위의 法沖傳. 『대정장』50, p.666b.
[6] 張說이 撰한 『荊州玉泉寺大通禪師碑銘』: 『唐文選』 권제231 등 여러 곳에 실려 있는데 본고에서는 柳田聖山이 여러 본을 대조 校註한 본을 저본으로 한다. 柳田聖山, 『初期禪宗史書の硏究』資料二, 京都, 法藏館, 2000.

에서 이르길, '불어佛語는 심心을 종宗으로 하며, 무문無門을 법문으로 한다.'고 하였느니라."(『조당집祖堂集』 제13 馬祖)[7]

고 하였다.

　이제까지 초기 선종이 주로 『능가경』의 요의要義에 의거하였음은 이들 자료만으로도 충분히 알 수 있는 것이었으나 후대 선종의 변질과 시대적 여건으로 이 사실이 충분히 전승되지 못한 채로 1천년의 세월이 흘렀다. 후대의 선종은 달마선 본래의 선지를 올바로 계승하지 못하고, 상당부분 왜곡되고 어긋난 방향으로 전개되었다. 주지하듯이 선종 후기에는 남종과 북종으로 구분되어 전해지면서 남종이 크게 성행하는 가운데 돈법頓法과 점법漸法, 여래선과 조사선, '불립문자不立文字' '교외별전教外別傳' 등의 명구가 크게 유행하고, 이어 송대宋代에 문자선文字禪과 간화선看話禪·묵조선默照禪으로 칭해지는 선법이 전개되면서 초기 선종의 선법은 갈수록 그 자취가 희미해져갔다. 특히 '불립문자'·'교외별전' 등의 명구와 간화선의 유행은 "교에 의지하여 종(宗; 心性)을 깨닫는다[藉教悟宗]"는[8] 달마선의 근간을 크게 무너뜨려버리게 되었다. 대승 교의의 심의深義에 입각한 달마선은 그 교의를 거의 수학하지 않는 분위기에서 제대로 전승되기 어려운 일이었다.

　근래의 선불교가 안고 있는 가장 큰 과제는 바로 초기 선종기 달마선

---

[7] "汝今各信自心是佛, 此心卽是佛心. 是故達磨大師從南天竺國來, 傳上乘一心之法, 令汝開悟. 又數引楞伽經文, 以印眾生心地, 恐(본문은 悉)汝顛倒不自信, 此一心之法, 各各有之. 故楞伽經云, '佛語心爲宗, 無門爲法門.'"
[8] 박건주 역주, 『능가사자기』, 서울, 운주사, 2001, p.86.

본래의 모습을 올바로 이해하고 이에 복귀하는 일이라고 생각한다.

다행히 약 1세기 전 돈황에서 그간 실전되었던 초기 내지 중기 선종의 소중한 자료들이 발견되었다. 그 중에서도 신수神秀와 현색玄賾을 스승으로 모신 정각淨覺이 지은 『능가사자기楞伽師資記』와 이 책에 일부 내용이 인용된 현색의 『능가인법지楞伽人法志』는 결정적으로 『능가경』과 초기 선종과의 관련성을 입증시켜 주었다. 특히 『능가사자기』는 달마대사도 좌선하는 대중을 위해 『능가경』을 해설한 『능가요의楞伽要義』 1권을 저술하였음을 전하고 있다. 이들 신출 자료의 검토를 통한 초기 선종사의 재조명이 활발하게 이루어지면서 호적胡適을 비롯한[9] 많은 학자들이 초기 선종을 '능가종', 그 선법을 '능가선'으로 범칭하기에 이르렀다.

돈황자료 발견으로 초기 선종에 대한 관심이 커지면서 근래 초기 선종사 연구는 상당한 성과를 올린 바 있다. 초기 선종과 『능가경』과의 관련성이 한층 뚜렷이 입증되었고, 초기 선종의 계보 문제가 상당부분 해명되었으며, 그 선법에 대한 이해도 어느 정도 진전되었다. 또한 『보림전』·『전등록』·『조당집』·『경덕전등록』 등 남종에서 나온 선종사서들의 왜곡과 오류 및 그 의미에 대해서도 많은 사항들이 지적되었다.

이러한 연구성과에도 불구하고 아직 초기 선종에 대한 이해는 여러 면에서 충분하지 못할 뿐 아니라 종래의 애매성과 오류에서 벗어나지 못하고, 구태의연하게 답습하고 있는 면이 많다. 그 문제는 선법과

---

9 胡適, 「楞伽宗考」, 『中央研究員歷史語言研究所集刊』5-3, 1935(『胡適學術文集──中國佛學史』, 北京, 中華書局, 1997에 재록)

사실史實의 두 분야에 걸쳐 있다.

  선법의 이해에 있어서 가장 근본된 오류라 할 것은 『능가경』을 소의所依로 하는 선법을 점법漸法으로 보는 견해이다.[10] 이렇게 본다면 달마대사의 선법도 결국 점법이 되고, 북종北宗도 마찬가지가 되며, 후대 남종에서 말하는 조사선祖師禪이란 것이 초기 선종과는 다른 더 고급이며 최상의 선법이 되어 버린다. 여러 연구들은 이러한 입장에서 그 조사선의 성립 또는 확립이 육조 혜능 또는 마조도일馬祖道一에 의해 이루어졌다는 실로 애매하고 사실에 어긋난 결론을 내고 있다. 만약 이를 사실로 본다면 혜능이나 마조도일이 달마대사를 비롯한 그 스승들보다 더 뛰어나다는 것이 된다.

  그러나 남종의 선종사서들조차 그들 선법의 계보가 부처님과 가섭·아난 등 인도의 조사를 거쳐 동토東土의 달마대사로 전승되고 이어 중국에서 육조로 계승되어 왔다고 한다. 만약 그 조사선이 부처님으로부터 인도와 중국의 조사들로 이어져 전해진 것이라면 혜능이나 마조도일에 와서야 비로소 성립되었다는 것은 어불성설이며, 조사선이 윗대로부터 전해진 것이 아니고, 혜능이나 마조도일에 의해 나온 것이라면 남종의 선종사서들이 전하는 인도-중국의 전법 계보는 실로 이상한 것이 되어 버려 자가당착의 모순에 빠진다.

  대부분의 학자들은 혜능이나 마조도일에 의해 이루어진 선법을

---

10 그 서막을 연 것은 아마 前揭한 胡適의 「楞伽宗考」일 것이다. 胡適이 이 글에서 초기 선종과 『능가경』의 관계를 밝힌 것은 중요한 업적이지만 『능가경』에 의한 楞伽禪法을 頓法이 아닌 漸法으로 본 것은 큰 잘못이다. 楞伽禪이 頓法임은 이어지는 글에서 충분히 알 수 있을 것이다.

인도적 선이 중국적 선으로 형성되었다거나 승화되었다는 투로 설명한다. 그러나 이 또한 매우 잘못된 견해이다. 이들의 선법이 인도의 선법과 다른 것이었다면 그 인도의 선법을 전하고 있는 수많은 경론들을 인용하지도 않아야 되고 인용할 필요도 없겠으나 사실은 전혀 그렇지 아니하고 곳곳에서 자주 여러 경론을 인용하고 있다. 이들은 곧잘 마조의 "평상심平常心이 곧 도다"고 한 명언을 내세운다. 그러나 그 의미는 경론의 뜻을 조금도 벗어나 있지 아니하며, 초기 선종 조사들의 가르침 그대로이지 다른 말이 아니다. 이 말 그대로 똑같은 문구는 경론에 없다 하더라도 그 뜻은 대승의 이법理法을 그대로 말한 것에 지나지 않는다. 여기서 말하는 평상심이란 열반이나 깨달음 등 무엇을 얻고자 하거나 마음을 어떻게 하여 조절하거나 집중하거나 향하거나 함이 없는 본래 그대로의 마음을 말하며, 대승경론의 이법과 선지禪旨는 바로 여기에 있다. 이 법문의 실천에는 먼저 번뇌의 당념當念이 바로 그대로 보리菩提[淨覺性, 圓覺性]라는 깨달음이 전제되어 있어야 한다. 대승경론의 도처에서 바로 이 뜻을 설파하고 있다.

　요컨대 마조의 이 명언이 인도에서 전래된 경론의 선지를 벗어난 특별하거나 별다른 선법이 아니라는 것이다. 그런데도 불구하고 '평상심'이라는 문구에서 일상생활을 지향하는 선이라든가, 일상생활 그대로에서의 선이라든가 하는 식으로 해석하며 인도의 선과 다른 중국적 선의 시작이라고 한다. 대승경론의 이법을 통하면 일상생활에서 그대로 선법이 펼쳐질 수 있다. 그래서 일상생활 그대로에서의 선이 되고 안 되고는 그 행자 개인의 여하에 달려 있지 인도와 중국의 차이에 의한 것이 아니다. 여러 경론의 가르침이 말하듯이 법이 다르거나 차이가 있는 것이 아니라 그 개인에 따라 차이가 있다. 이러한 선이 중국의 이때가 되어서야 나온 것이라면 그러한 법을 설파하고 있는 경론이 인도에서 나왔다는 사실과, 인도에서의 수많은 조사 성인聖人들의 존재는 어떻게 말해야 할 것인가. 이 또한 자가당착의 모순이다. 또한 인도의 선을 일상생활의 장을 떠난 선정 위주의 선법으로만 이해하는 것도 잘못이다. 수많은 대승경론이 일상생활 그대로에서의 선지를 설파하고 있다. 바로 인도에서 그 가르침들이 나왔다는 사실을 왜 직시하지 못하는가. 더구나 마조의 '평상심'이 일상생활을 뜻하는 것은 아니며, 그의 실제 일상생활이 시정市井에서 속인과 어울리며 행화하는 것도 아니었다.

그리고 혜능의 어록『육조단경』또한 대승경론의 이법에서 벗어난 내용이 하나도 없다. 즉 종래의 교의와 선리禪理 외에 새로운 것이 없다. 그리고 그 스승인 오조 홍인, 그 위 스승인 사조 도신의 법과 전혀 다른 점이 없다. 무엇이 그 윗대 스승들에 비해 색다르거나 높다는 말인가.[11] 제자가 스승보다 더 뛰어난 근기일 수 있고, 더 높이 성취할 수도 있는 것이지만, 이미 성인의 경지에 들어 선 스승과 제자인 경우에는 그 성취(증득)의 정도 차이는 있을지라도 그 타고 가는〔乘〕 법은 이미 둘이 아닌 자리에 있는 것이다. 혜능이나 마조가

---

11 초기 선종 선사들의 선법을 구분하기 시작한 것은 이미 荷澤神會와 宗密(『禪源諸詮集都序』)에서부터이고, 근래에 이르기까지 대체로 선법의 차등(수준)을 바탕으로 한 구분이었다. 한편 呂澂이 達摩-慧可-僧璨을 楞伽禪, 道信-弘忍을 起信禪, 慧能을 般若禪으로 구분하고, 同一禪法의 전승 자체를 부정한 것은(「禪學述原」,『呂澂集』, 北京, 中國社會科學院出版社, 1995) 크게 잘못된 견해이며, 이에 대해서는 다음에 專論으로 밝히고자 한다.

그 윗대 스승들에 비해 도대체 얼마만큼 뛰어나서 선법에 있어서 격상의 신차원을 열었단 말인가. 그들 본인이 언제 그런 투로 말하거나 자임한 적이 있었는가.

이러한 오해와 그릇된 인식은 상당부분 남종 선종사서의 의도적인 왜곡이나 어록에 보이는 대화의 뜻을 잘못 이해한 데서 기인한 것이기도 하지만, 보다 근본적인 원인은 대체로 논자 자신들이 대승경론을 통하여 선지禪旨를 깨닫지 못한 때문이다. 즉 경론을 통하여 자심自心에서 선지를 이해하지 못하다 보니 그것이 경론 밖에 어디 특별한 곳에 있거나 선사들의 간단한 어록에 있는 것으로 생각한다. 달마대사의 가르침에 불교는 이입理入과 행입行入, 즉 이법理法과 행실行實로 들어가는 것이라 하였다. 먼저 이법은 논리와 분석의 설명을 통하여 요지了知하도록 하고 있다. 초중기의 선종 자료인 돈황출토의 법문들도 많은 경론 인용을 통해 문답식으로 자세하고 논리적으로 선리를 이해하도록 하고 있다. 반면 후대 선사들의 분학적 시문에 가까운 어록 등은 그러한 논리와 분석의 설명이 되어 있지 않다. 게다가 돈법(頓法; 돈오, 돈수)과 점법(漸法; 점오, 점수)에 대한 경론상의 본 뜻 또는 용어상의 뜻을 제대로 알지 못한 채로 사용하다 보니 그야말로 갈피를 못 잡고 스스로 혼란 속에 헤매면서 남도 혼란에 빠뜨린다.

이러한 류의 그릇된 견해들을 대략 정리하여 열거하면 다음과 같다.

①사조 도신과 오조 홍인의 동산東山법문이 초조에서 삼조 승찬僧粲까지의 선법과 다르다(변질되었다)는 설

② 도신과 우두법융牛頭法融의 선법이 다른 것으로 파악하여 양자의 전법 사실을 전하는 자료의 실재성을 부정하는 설
③ 육조 혜능이나 마조선사 대에 격상格上의 새로운 선법으로서 조사선이 나왔고, 이는 중국적 산물로서 인도의 선과는 크게 다르다는 설
④ 달마선이 주로 『능가경』에 의거한 능가선이지만 그 능가선은 점법에 속한다는 설
⑤ 남종은 돈법이고, 북종은 점법으로서 양자는 근본적으로 다르다는 설

이러한 견해들은 대체로 달마선을 원만하게 회통하여 이해하지 못하고 어느 어구나 내용의 일면상의 차이만에 의거하여 결론을 추단推斷한 후, 그 증거로 문헌비판을 통한 사실관계의 문제점을 제시하는 것이 보통이다. 문헌비판이란 그 자료를 이용하기 전에 기본적으로 이행되어야 할 사항이지만 선법의 논지와 심의를 알지 못하고 부정적 추단에 의해 자행되다 보니 진위眞僞를 올바로 가리지 못한 예가 많게 되었다. 요컨대 문헌비판이 필요한 것이지만 분명히 옥석을 가려서 해야 한다는 것이다. 자료별 옥석뿐 아니라 같은 자료 내에서도 마찬가지로 의거해야 할 부분이 있고, 배척해야 할 부분이 있다. 달마선의 요지를 안다면 어구상 다른 내용으로 보이는 기술들이 실은 선법 실수實修에서 갖추게 되는 일련의 법문인데도 몇몇 연구 사례에서는 이를 이해하지 못하고 그 어구상의 차이에 의거하여 그 문헌을 조작이나 허위로 보거나 전법 등의 여러 사실관계를 쉽게 부정해

버리는 오류를 범하고 있다. 이렇다 보니 심지어 달마선 내지 능가선의 모습을 전한 당대(當代: 선종 초·중기) 여러 자료의 소중한 기술들을 무시하고, 그 역사적 실재성에 대해서도 회의적인 입장을 보이는 견해까지 나오게 되었다.

초기 선종사에 대한 이러한 오류와 그릇된 시각을 바로 잡기 위해서는 무엇보다 먼저 『능가경』의 선지를 올바로 깊이 파악하지 않으면 안 될 것이다. 본 연구는 먼저 『능가경』의 심의를 고찰하여 능가선으로서의 달마선의 선지 내지 요의를 파악하고, 이를 바탕으로 초기 내지 중기 선종의 여러 선법 관련 사항들을 궁구 해명함으로써 여러 오해와 오류를 비판하여 바로잡고자 한다. 아울러 초기 선종기 천태·화엄 등 여타 선법의 조류를 살펴보고, 달마선과의 상관성과 성격을 고찰함으로써 달마선이 중국불교사상 어떠한 역사적 위상과 의미를 지니는가를 알아보고자 한다.

한편 육조 이후 남북이종南北二宗으로 분파된 가운데 전개된 대립과 곡해의 선종사가 있다. 근래에 이르기까지 이 문제를 올바로 파악하여 진실을 꿰뚫고 있는 예를 보기가 쉽지 않다. 이 과제에 대한 올바른 이해 없이 미래의 한국불교 내지 세계불교가 제대로 진전될 수 없다고 생각한다. 주지하다시피 일찍이 남북이종의 곡해와 대립을 해소하기 위해 여러 명사明師들이 노력을 기울여 온 바가 있다. 그 가운데서도 초기에 징관澄觀과 종밀宗密 등 화엄종사들이 펼친 남북이종에 대한 융회론과 회통론의 성과는 그 역사적 의미가 크다. 본고는 이들의 의론을 분석하여 남북이종 분란의 사정을 살펴보고, 그들의 융회론과 회통론이 지니는 의의를 파악하고자 한다. 그들의 의론을 통하여 남북이종 분란의 쟁점과 근인根因을 파악할 수 있고, 그들의 선리禪理를 이해할 수 있다. 그러나 그들의 의론에는 따르기 어려운 부분들이 보인다. 그들이 양종兩宗을 융회하고 회통하기 위해 기울인 노력과 공헌은 크지만 초기 선종의 달마선법(능가선법), 그리고 남북이종 본래의 선리禪理와 전승에 엄밀히 비추어 본다면 다소 어긋난 면이 있다.

  이러한 과제를 궁구하기 위해서는 초기 조사들의 어록과 법문 전기류 및 그에 대한 평을 담고 있는 후대의 여러 저작들, 선승들의 비문, 선종사서禪宗史書 및 등사류燈史類 등도 『능가경』의 주요 교의와 관련시켜 함께 검토되어야 할 것이다. 또 한 가지 초기 선사들의 선법을 파악하는데 간과해서는 안 될 사항은 그들의 짧은 어록 곳곳에 10여 가지 이상의 대승경론이 인용되어 있다는 사실이다. 거의 경론 인용으로 글이 이어지고 있다. 따라서 그들의 선법이 대승경론의 이법에 바탕한 것이었음은 말할 나위가 없다. 그러므로 인용된 주요 경론의 교의에 대한 이해도 함께 이루어져야 한다.

『능가경』의 선법과 초기 선종

제1장 『능가경』의 선법

1. 서언

『능가경』은 초조 이래 중국 선종의 소의경전이었고, 후대에 이르기까지 그러한 사실을 상기시키며 그 선법을 연찬하고 선양하려는 활동이 지속되어 온 바가 있으나, 대체로 당말에서부터는 『금강경』이 주요 소의경전으로 인식되어 유행되고, 간화선이 성행함으로부터 『능가경』은 점차 관심에서 멀어지게 되었다. 『능가경』은 『금강경』에 비해 내용 분량이 거의 10배(『4권본』)에서 13배(『7권본』) 내지 17배(『10권본』)에 이른다. 그리고 중관과 유식의 교의를 비롯한 여러 방면의 대승 심법深法이 많은 용어와 함께 설해져 있어 초입자에게는 어렵게 보이기 쉽다. 당 후기 들어 교학이 점차 쇠퇴하고, 『금강경』을 주로 강조하는 남종이 선종을 주도해 가는 가운데, 『능가경』을 중시하는 전통은 이를 비교적 충실히 지녔던 북종이 폄하되는 분위기와 함께 점차 사라져 갔다. 선을 실수實修한다고 하면서 간편함에만 치우쳐 가는 추세가 갈수록 심해져 갔다. 송대宋代의 소동파[蘇軾]는 당시 불교계의 그러한 풍조를 한탄하여 말하였다.

"요즈음의 배우는 사람들은 각기 그 스승을 종宗으로 삼아 간편함에만 힘써 따른다. 일구일게一句一偈를 얻고는 스스로 자신이 증득하였다고 말한다. 심지어 부인이나 어린애에 이르기까지 기분 좋게 웃으면서 선열禪悅이 어떻다느니 하면서 다투어 말한다. 위에 있는 이들은 명예를 위해서, 아래에 있는 자들은 이익을 위해서 그러하며, 그밖의 말류들은 이리저리 좇아다니지 않음이 없어 불법이 쇠미하게 되었다.……"[1]

이러한 추세에 더하여 간화선이 유행하면서부터는 대승경론의 심의에 의해 길 없는 길의 심로心路를 열어가는 달마선 본래의 선법은 더욱 더 그 자취가 희미해져 갔다. 화두 하나에 전념해 가게 하는 선법은 우선은 행하거나 이끄는데 간편하여 대중성을 갖긴 하지만, 지(止; 사마타)와 관(觀; 비파사나) 가운데 지止에 치우친 행이고, 이 화두만 타파하면 다 이루어지는 것이라 하니 경론 공부를 자연히 도외시 하게 된다. 그러나 달마선은 본래 '교에 의거하여 심성[宗]을 깨닫는 것'을 근본으로 하며, 후술하는 능가선의 선지를 안다면 화두를

---

[1] 『능가아발다라보경』 서문에 "近歲學者, 各宗其師, 務從簡便, 得一句一偈, 自謂子證. 至使婦人孺子, 抵掌嬉笑, 爭談禪悅. 高者爲名, 下者爲利, 餘波末流, 無所不至, 而佛法微矣." 『대정장』16, p.479c.

들 수가 없다. 즉 간화선은 그 선지에 위배되는 것이며 그렇게 해지지도 않게 되어 있다. 본서의 능가선 해명을 통해 이러한 뜻이 분명히 드러날 것이다.

그렇다면 간화선이 나오기 이전의 초기 선종의 선법은 어떠한 것이었는가. 이 과제를 풀기 위해서는 우선 그 소의경전이었던 『능가경』의 교의에 대한 올바르고 깊은 이해를 통하여 그 선지를 밝히는 것이 선행되어야 할 것이다. 그리고 그 성과를 바탕으로 선종에서 유행되고, 논란이 되어 온 여러 명구들을 재조명하여 그 진의와 의미를 파악하고자 한다. 이를 통해 초기 선종의 진면목이 드러날 수 있을 것이다.

2. 3종 『능가경』의 비교

능가선을 설명하기 전에 우선 『능가경』의 여러 본과 그 전역傳譯에 대해 간략히 소개하고자 한다.

『능가경楞伽經』 범본梵本은 십만송본, 3만6천송본 및 약본略本인 사천송본이 있었다고 한다. 중국에서 번역된 것이 4종인데 모두 약본인 4천송본의 역이다. 그 가운데 첫 역본인 담무참曇無讖 역의 『능가경』 4권은 오래 전에 망실되었고, 대장경 가운데 현존하는 것이 다음의 세 가지이다.

①『능가아발다라보경楞伽阿跋多羅寶經』(4권본)
남북조 유송劉宋의 원가元嘉12년(435년)에 천축天竺 삼장법사 구나발다라가 금릉金陵의 초당사草堂寺에서[2] 역하였다. 4권인데 현존하는

세 가지 역본 가운데 가장 분량이 적다. 7권경인 『대승입능가경』과 가장 가까운 내용인데 맨 앞의 라바나왕권청품과 다라니품(1권) 및 게송품(2권)이 없다. 문장이 간결하고 고풍이어서 해독하기 어려운 편이다.

현수법장賢首法藏은 이 본에 대해 "……영철한 인재도 이해할 수 없게 하고, 어리석고 범용한 자들이 잘못 이해하게 한다."고³ 하였다. 또 소식(蘇軾; 소동파)은 이 경의 서문에서 다음과 같이 말하고 있다.

"능가경의 의義는 그야말로 유현幽玄하고 문자는 간고簡古해서 독자가 구독句讀하지 못하기도 하는데, 하물며 (완본完本이 아닌) 유문遺文으로 뜻을 얻어야 하고, 잘못 이해한 의義로 심心을 요달한다고 하는 자들이야 어떠하겠는가. 이 경이 세간에서 적막해지고, 거의 자취를 감추게 된 것은 이 때문이다."⁴

달마대사가 혜가에게 전한 것은 바로 이 역본이다. 달마대사 재세시에는 이 『4권본』과 함께 후술하는 『10권본』(『입능가경』)이 통행되고 있었으나 『7권본』(『대승입능가경』)은 아직 없었다. 달마대사는 당시

---

2 賢首法藏은 丹陽의 祇洹寺에서 번역하였다고 한다.『入楞伽心玄義』,『大正藏』39, p.430b.

3 위의 『입능가심현의』에 "其四卷……, 致令髦彦英哲措解無由, 愚類庸夫强推邪." 同, p.430b.

4 "楞伽義輒幽[耳·少], 文字簡古, 讀者或不能句, 而況遺文以得義, 忘義以了心者乎. 此其所以寂寥於世, 幾廢而僅存也." 『대정장』16, p.479c.

통행되고 있던 두 가지 『능가경』 가운데 『10권본』보다는 더 정확한 이 『4권본』을 택하여 전수케 한 것이라 하겠다.

② 『입능가경入楞伽經』(10권 본)
남북조 북위의 연창延昌2년(513년)에 보리유지菩提流支가 낙양의 여남왕택汝南王宅과 금화사金華寺에서 역하였다. 전품全品이 아닌 『4권본』과는 달리 빠진 부분을 보완해서 10권 18품으로 전품을 갖추었다. 그러나 어긋난 부분이 많은 것으로 정평이 나 있다. 다른 두 경의 번역 스타일이나 자구의 용례가 서로 비슷한 반면, 이 경문은 색다르고 난삽하다.
 현수법장은 이 본에 대해 다음과 같이 비평하였다.[5]

"문장과 여러 품品(章)은 비록 갖추어졌다 하지만 성의聖意가 드러나기 어렵게 되어 있을 뿐 아니라, 가사加字와 혼문混文으로 뜻을 파악하는데 헤매게 만들거나 잘못 이해하게 만든다."[6]

③ 『대승입능가경大乘入楞伽經』(7권 본)
당 중기 측천무후則天武后의 청에 의해 입당入唐한 우전국于闐國 삼장三藏 실차난타實叉難陀와 사문 복례復禮 등이 『화엄경』 80권본을 번역하고 나서, 『능가경』의 두 역본이 별로 유통되지 못하였고, 뜻이 어긋나

---

5 위와 같음.
6 위의 『입능가심현의』에 "解其十卷, 雖文品少具, 聖意難顯. 加字混文者泥於意, 或致有錯, 遂使明明正理, 滯以方言." 『大正藏』39, p. 430b.

있는 부분이 많으니 새 역본을 만들라는 측천무후의 간청에 의해 새로 가져온 범본을 토대로 하고 이전의 두 본을[7] 대조 취사선택하여 나오게 된 것이 바로 이 『7권본』이다. 현수법장의 『입능가심현의入楞伽心玄義』에 의하면,[8] 처음 신도神都의 불수기사佛授記寺에서 시작하였고, 나중에 황제의 명으로 궁정에 가까운 청선사淸禪寺에 이거移居하여 번역을 마쳤으나, 교감하지 못한 채로 실차난타가 우전국왕의 명으로 귀국하게 되었다. 그 후 일찍이 인도에 2년간 유력하며 삼장, 그 중에서도 특히 『능가경』에 밝은 토화라국의[9] 미타산彌陀山 삼장과 사문 복례에게 재감역再勘譯하게 하여 완성하였다. 주周 무측천武則天 구시久視원년(700년)에서 시작하여 중종中宗의 장안4년(704년)에 번역을 마쳤다. 현존하는 범본과 순서와 항목이 같은 7권 10품이다. 이 역본은 앞의 두 역본의 결점을 보완하기 위해 이루어진 것이고, 이전의 역본과 새 범본을 바탕으로 한 만큼 가장 완벽하다고 할 수 있다.

『능가아발다라보경』(이하 『4권경』)과 『입능가경』(이하 『10권경』) 및 『대승입능가경』(이하 『7권경』)의 분량 비율은 대략 순서대로 4 : 7 : 5 정도이다. 『7권경』이 『10권경』의 번잡하고 난삽함을 가다듬고,

---

[7] 현수법장에 의하면 이때 범본5종과 두 한역본을 참조하였다고 한다. 이 5종 가운데는 실차난타의 초역을 교감하게 되는 미타산이 인도에서 가져왔다는 범본도 포함된다. 앞의 『입능가심현의入楞伽心玄義』

[8] 『대정장』16, p.430b.

[9] 토화라국吐火羅國 : 六朝時代 서역에 있던 나라.

『4권경』의 비교적 소략함을 보완해주고 있다. 그러나 『7권경』에 비해 『4권경』의 분량이 적은 것은 맨 앞의 찬탄과 권청 부분 및 맨 뒤의 게송품이 없기 때문이고, 나머지 본문의 내용과 분량은 대체로 『7권경』과 거의 비슷하며, 어떤 단락은 『7권경』보다 더 많은 내용으로 된 곳도 있다. 게송품이 『4권경』에는 없지만 그 내용이 앞의 여러 품에서 이미 설한 것을 다시 요약하여 정리한 것이므로 『4권경』의 내용과 『7권경』은 대체로 비슷하다고 할 수 있다. 달마대사가 혜가에게 전한 『능가경』은 『4권본』이고, 본장에서 다루고자 하는 초기 선종 시대가 끝나가는 시기에 『7권경』이 역출되었지만, 『7권경』이 가장 완정된 본이라는 점에서 이를 주 텍스트로 삼아 검토하고자 한다.

3. 교선일치의 심의深義

『능가경』은 대승의 2대二大 교의체계인 중관中觀과 유식唯識이 가장 원만하고 훌륭하게 회통되어 있는 경이다. 그뿐 아니라 1승·2승·3승의 일체 법문이 외도의 교의와 대비되어 망라되어 있다. 그래서 각 가르침들의 위상과 의미가 제시되어 수행분상에서 행자가 스스로 지표를 명확히 세우고 갈 수 있게 한다. 이렇게 여러 법문이 혼재된 까닭에 혹자는 『능가경』을 충분히 정리되지 아니하고 집합된 잡동사니와 같은 경이라고 비평하기도 하나 이는 일관되게 흐르는 경의經義의 요체를 이해하지 못한 소치에 지나지 않는다. 『속고승전』에서 저자 도선道宣은 『능가경』에 대해 말하길 "그 문리가 지극히 잘 되어 있고, 행질行質이 서로 일관되어 있다."고[10] 하였다. 또한 대부분의 논자들은

『능가경』의 대표적인 법수法數라 할 수 있는 오법(五法: 名·相·망상·正智·如如)·이무아(二無我; 二空)·삼성(三性: 遍計所執性·依他起性·圓成實性)·팔식八識 등을 제시하며 본 경의 핵심사상으로 설명하는 것이 보통이나, 이러한 법수들은 다른 경론에서도 자주 등장하기 때문에[11] 이들 법수에 대해 본 경에서 설명하고 있는 부분의 단편적 소개만으로는 그 경의經義의 요체가 드러나지 않는다.

『능가경』에서 가장 강조하는 가르침 가운데 하나는 바로 교선일치이다. 경론의 이법을 바로 이 자심에서 여실如實하고 여리如理하게 요지了知하면 그대로 최상승의 선법이 되고 선지가 된다. 따라서 경론의 가르침 떠나 선법이 따로 있는 것이 아니다. 그래서『대승입능가경(7권본)』권제7 게송품에 설한다.[12]

若於此法門	만약 이 법문에서
如理正思惟	이법理法대로 정사유正思惟하며
淨信離分別	청정한 믿음으로 분별 떠나면
成就最勝定	최승의 선정 성취하고,
離著處於義	의義를 통하여 (일체 法相을) 집착함 떠나
成金光法燈	빛나는 법등法燈 이루리.

---

10 『속고승전』권35 感通篇 法沖傳에 "其經本是宋代求那跋陀羅三藏翻, 慧觀法師筆受. 故其文理克諧, 行質相貫."『대정장』50, p.666b.

11 단지 五法만은 여타의 경론에서 보기 어려우나 그 하나하나의 法數와 의미는 이미 여러 경론에서 자주 보이는 것이기에 특별하거나 새롭지는 않다.

12 『대정장』16, p.640a.

최승의 선정을 성취하는 것도 별다른 선정법이 있는 것이 아니다. 법문의 이법理法을 이해하고 이를 자심自心에서 명료하게 실증하여 여리如理하게 자심에서 일체의 분별을 떠나게 되면 바로 그 자리가 가장 뛰어난 선정이다. 그리고 그 선정은 2승이나 3승이 열반상을 붙잡고 있는 것과는 달리 경의經義를 자심에서 그대로 구현하여 일체의 분별 집착을 떠난 자리이다. "최승의 선정을 성취하고, 의義를 통하여 집착함 떠난다."는 바로 그 뜻이다. 그래서 따로 마음을 어떠한 일법一法에 향하거나 취착함이 없어 열반상과 선정을 취함도 없다. 교와 선은 일치되지 않으면 안 된다. 5조 홍인선사는 입적에 임하여 제자 현색玄賾에게 다음과 같이 당부하였다.

"너는 선과 교를 겸행하여 자신을 잘 보애하라."
(『능가사자기』 홍인의 章)

선과 교의 겸수는 초기 선종에서도 마찬가지였다. 『대승입능가경』 권4 무상품에 설한다.[13]

三有唯分別　삼유(三有: 三界)는 오직 마음의 분별일 뿐이라,
外境悉無有　바깥 경계는 일체 모두 있는 것 아니며,
妄想種種現　망상이 갖가지로 나타난 것임을
凡愚不能覺　어리석은 범부들은 능히 깨닫지 못하여서,
經經說分別　경마다 분별하여

---

13 『대정장』16, p.614b.

但是異名字   여러 다른 문자어언 설한 것이니,
若離於語言   만약 이 어언 떠나서는
其義不可得   그 의義를 얻을 수 없는 것이니라.

즉 문자어언을 빌려서 가르침을 펴는 것은, 일체현상이 자심이 나타난 바〔自心所顯〕이고, 오직 마음일 뿐〔唯心〕이라는 의義를 깨닫게 하기 위함이다. 같은 경 권제5 무상품 제삼지여第三之餘에 설한다.

"대혜여! 일체 언설은 문자에 떨어지나, 의義는 떨어지지 않나니, 유有를 떠나고 무無를 떠난 까닭이다. 대혜여! 여래는 문자에 떨어지는 법을 설하지 않나니, 문자의 유·무를 얻을 수 없기 때문이다."[14]

유심唯心이고 일심一心인지라 유를 떠나고, 무를 떠났으며, 유와 무를 얻을 수 없다. 이에 대해서는 다음 장에서 상술하겠다. 그리고 그 의義는 바로 리理이다. 본『대승입능가경』은 다음 게송으로 결말을 맺고 있다.

教由理故成   교教는 리理로부터 이루어지고,
理由教故顯   리理는 교教로부터 나타나나니,
當依此教理   마땅히 이 교·리에 의거하고,

---

[14] "大慧! 一切言說, 墮於文字. 義則不墮. 離有離無故, 無生無體故."『대정장』16, p.615c.

勿更餘分別　　그밖의 다른 분별 다시는 하지 말지니라.

교教는 곧 리理를 드러냄이다. 선이란 곧 그 리를 통하여 이루어진다. 그 리를 자심에서 명확하게 하고 뚜렷이 하여 사사事事에 걸림 없이 통용될 수 있게 하는 것이 여리如理이고 여실如實이며 선禪이고 성취의 길이다. 이것이 곧 달마대사의 『이입사행론二入四行論』에서 말하는 이입理入이다.

"이입理入이란, 교에 의지하여 진리(宗; 心性)를 깨달아 들어가는 것이니〔籍敎悟宗〕, 모든 중생이 동일한 진성眞性이지만, 객진(客塵; 마음의 대상, 경계) 망상으로 덮여 드러나지 못하고 있을 뿐임을 깊이 믿는 것이다. 망상을 버리고 진성에 돌아가고자 하건대, 응념凝念과 부동不動의 벽관壁觀을 행하여, 자타가 각기 어디에 따로 있는 것이 아니며, 범부와 성인이 평등하여 둘이 아님에 굳건히 안주하여 흔들리지 아니하고, 여기에서 다시 문자를 쫓지 아니할지니, 이러하면 진리와 더불어 합치하게 되어 분별함이 없게 되고 적연寂然 무위無爲하게 된다. 이를 이름하여 이입理入이라 한다."[15]

'자교오종(籍敎悟宗; 敎에 의지하여 진리를 깨달음)'은 곧 교선일치를 뜻하며, 일체 불보살의 공통된 길이다. 단지 여기에서 "다시 문자를

---

[15] 앞의 『능가사자기』, pp.86-7에 "理入者, 謂藉敎悟宗 深信含生同一眞性 但爲客塵妄想所覆 不能顯了. 若也捨妄歸眞, 凝住壁觀, 無自無他 凡聖等一 堅住不移, 更不隨於文敎, 此卽與理冥符 無有分別 寂然無爲, 名之理入."

쫓지 말라."고 하였다.『능가아발다라보경(4권본)』권제1의 말미에 설한다.

"진실한 성지聖智는 언설에 있지 않다. 이 까닭에 마땅히 의義에 의지하고, 언설에 집착하지 말라."

교教를 통하여 뜻을 요지了知하게 되었으면 이제 문자를 버려야 한다. 본『능가경』을 비롯한[16] 여러 대승경전에 비유로 말하였듯이, 달을 가리키는 손가락만 보고 달을 보지 않아서는 안 된다. 달을 보았으면 손가락을 버려야 한다. 뗏목으로 강을 건넜으면 이제 뗏목을 버려야 저 언덕에 오를 수 있다. 이렇게『능가경』은 교리의 중요성을 크게 강조하면서 아울러 문자에 떨어지거나 빠지지 말 것을 도처에서 반복하여 강조한다.

달마와 혜가가 활동할 때의 중국불교는 교학이 크게 진전되어 있었다. 중국사회는 고래로 경전을 비롯한 여러 고전에 대해 열심히 주석을 중복하여 하는 사회였고, 그러한 지성知性을 과시하는 사회적 풍조는 불교 경론에 대해서도 아낌없이 베풀어져 자칫 문자의 바다에서 헤매게 되는 우려가 컸다. 그래서 초기 선종의 선사들은 이 문제를 염려하여 한층 문자에 치우치는 위험을 크게 경책한다.『능가사자기楞伽師資記』「혜가의 장章」에서 혜가는 말한다.

---

[16]『대승입능가경』권제5 無常品第三之餘에 "대혜여! 비유컨대 어떤 사람이 손가락으로 사물을 가리키면, 어린아이는 손가락을 보고 사물을 보지 않는 것과 같이"라고 나와 있다.

"또 (경을) 읽는 이는 잠시 보고 나서는 곧바로 버려야 하나니, 만약 버리지 않으면 문자 공부하는 것과 같게 되어 버린다. (버리지 않는다면) 곧 흐르는 물을 끓여 얼음을 구하고, 탕물을 끓여 눈[雪]을 구하는 것과 무엇이 다르겠는가. 이 까닭에 제불諸佛께서 설법을 하셨다 하고, 혹은 설하지 않았다고 하는 것이다."

"학인이 문자어언에 의지하여 도로 삼는 것은 바람 앞의 등불과 같아 어두움을 부술 수 없으며, 타들어 가다가 소멸되고 만다."

"문자어언의 유위행有爲行을 결단코 단절해야 한다."

위의 글들은 문자어언에 메어 있는 잘못을 크게 경책하는 법문들이다. 혜가의 제자에 나선사那禪師가 있고, 그 제자에 혜만慧滿이 있다. 혜만은 나선사를 만나 그 도를 듣고 오직 무착無着에 힘쓰며 일의일식一衣一食에 오직 바늘[針] 2개만 지니고 항상 걸식乞食하고 다녔다. 혜만이 항상 설법하면서 이르길,

"제불諸佛께서 설하시는 마음은 심상心相이 허망한 것임을 알게 하고자 함인데, 지금은 오히려 심상을 가중시키고 있으니 부처님의 뜻에 심히 어긋나며, 또한 논의를 증가시키고 있으니 대리大理에 어긋난다."[17]

---

17 『속고승전』 권제16 僧可(惠可)傳에 "諸佛說心, 令知心相是虛妄法. 今乃重加心相, 深違佛意. 又增論議, 殊乖大理."

고 하였다. 교와 선을 겸수할 것을 임종시에 제자 현색에게 간곡히 당부하고 있는 홍인의 가르침과 문자어언에 빠지는 것을 크게 경계한 혜가와 혜만의 가르침은 상반된 듯하나 실은 모두 당처當處에 필요한 가르침이다. 종밀宗密은 달마 전법(傳法; 傳心)의 성격을 다음과 같이 이해하였다.

"단지 이 지역(중국)에서는 심지心地에 미迷하여 문구에 집착하고, 명상名相을 체로 삼고 있는 까닭에 달마는 훌륭한 지혜방편[善巧]으로 문구를 버리고 마음으로 전하였다."[18]

교상敎相에 치우쳐 있는 당시 중국의 현실을 고려하여 이를 교정시키고자 문구를 버리고 전심傳心하였다는 것이다. 이러한 초기 선사들의 교시敎示와 종밀宗密의 지적은 후술하는 바와 같이 이심전심以心傳心을 이해하는데 매우 중요하다. 문자어언에만 파묻히다 보면 자꾸 그 명상名相에 이끌리게 되어 분별을 떠난 여여부동如如不動에 이르기 어렵다. 그래서 그 뜻을 파악하였으면 바로 그 법상法相을 버려야 한다는 것이다. 실은 부처님의 가르침은 언설로 설해진 법상法相이나 그 의義를 제대로 알았다면 그 법상에도 머무르거나 취착하거나 향함이 없게 해준다. 『대승입능가경』 권제4 무상품 제3의1第三之一에 설한다.

---

[18] "但以此方迷心執文, 以名爲體故, 達摩善巧揀文傳心." (『禪源諸詮集都序』 卷上之二)

부처님께서 말씀하셨다. "대혜여! (佛이 설하는 바의) 분별은 불생불멸不生不滅이니라. 무슨 까닭인가 하면 유・무의 분별상을 일으키지 않기 때문이며, 보이는 밖의 법들은 모두 있지 않는 것이기 때문이고, 오직 자심自心이 나타난 것임을 깨달았기 때문이다. 단지 어리석은 범부가 자심의 종종 제법을 분별하여 갖가지 상相에 집착하는 까닭에 이렇게 설하여서, 보이는 바가 모두 자심임을 알게 하고 아我와 아소(我所; 대상)의 일체 견착見着을 끊게 하기 위함이며, 작作과 소작(所作; 이루어진 것)의 모든 나쁜 인연 떠나, 유심唯心임을 깨닫게 하기 위함이며, 그 의락意樂을[19] 돌려 모든 보살지를 잘 밝게 비추어서 불경계佛境界에 들게 하기 위함이며, 오법자성五法自性의 모든 분별견을 버리게 하고자 함이니라. 이러한 까닭에 나는 허망한 분별과 집착으로, 자심소현自心所現의 모든 경계 생한다고 하고 여실하게 요지하면 해탈한다고 하는 것이니라."[20]

왜 불교의 법상法相을 듣고 그 의義를 요지了知하게 되면 그 법상을 버리게 되는가. 그 이법理法이 바로 유有・무無 등의 일체 분별을

---

[19] 여기서의 意樂은 일반의 중생심락이라기보다는 뒤에 제보살지에 잘 나가도록 함이라는 구절이 있기 때문에 성문승에서의 아라한에서 감득하게 되는 열반락을 뜻하는 것으로 보아야 할 것이다.

[20] 佛言. "大慧, 分別不生不滅. 何以故. 不起有無分別相故, 所見外法皆無有故, 了唯自心之所現故. 但以愚夫分別自心種種諸法, 著種種相, 而作是說, 令知所見皆是自心. 斷我・我所一切見著, 離作・所作諸惡因緣, 覺唯心故, 轉其意樂, 善明諸地入佛境界, 捨五法自性 諸分別見. 是故我說, 虛妄分別執著, 種種自心所現諸境界生. 如實了知, 則得解脫."『대정장』16, p.609c.

일으키지 아니하게 하기 때문이고, 일체 현상은 곧 자심自心이 나타난 것이며, 오직 마음일 뿐[唯心]이어서 인식 주체로서의 아我와 인식 대상으로서의 아소我所가 따로 없다는 것을 깨닫게 하기 때문이다. 즉 유심唯心이니 일심一心이고, 또한 능(能; 인식 주체)과 소(所; 인식 대상)가 따로 없어 일심이니 무엇이 무엇을 분별함이 있고, 취착함이 있을 수 없다는 것이다. 그래서 유심임을 요지하면 자연히 일체의 법상에 향함도 취착함도 없게 된다. 그래서 "자심自心임을 본 까닭에 명자名字를 망령되게 지음[作]이 멸한다."고 하였다.[21] 열반이나 해탈 또한 일심을 떠나 어디에 따로 있는 것이 아니고, 대상이 따로 없으니 열반과 해탈 또한 대상이 아니어서 얻거나 취할 것이 아니다. 그래서 일체법이 불가득不可得이다. 『반야경』계통의 핵심 교법이 곧 "일체 모든 것을 얻을 바 없다."는 것이거니와 『능가경』에서는 불가득을 해설함에 인연으로 생긴 것이니 무아無我이고 공空이라는 법문에서 더 나아가 유심唯心과 무생無生과 무상無相의 이법理法에 의해 해설한다. 무생과 무상도 유심唯心이기에 그러하며, 그 유심 또한 마음이 본래 일어남이 없기에 유심이라 할 바도 없다. 이 점에 대해서는 후에 상술할 것이다.

이와 같이 모든 교의가 바로 유심唯心을 일깨우고, 무분별無分別의 일심一心이 되게 하는 것이기에 교와 선이 불이不二가 된다.

그런데 도선(596~667)은 『능가경』에 대해 다음과 같이 말하고 있다.

---

[21] 『대승입능가경』 권제1 偈頌品第十之二에 "由見自心故 妄作名字滅."

"그 경은 본래 유송劉宋 때의 구나발다라삼장이 번역하였으며, ……
오로지 염혜念惠하고 수행을 언어에 두지 않는다. 후에 달마선사가
남북에 전하였다. 망언(忘言; 言語道斷)・망념(忘念; 心行處滅)・
무득(無得; 불가득)의 정관正觀을 종宗으로 한다. 후에 중원에서
행해지게 되었다."(『속고승전』권25 감통편 법충전法沖傳)[22]

여기에서 도선은 『능가경』에서 교리에 의거하지 않으면 안 된다는
면을 강조하고 있는 면보다는 어언을 넘어선 행에 대해 가르친 면을
핵심 교의로 말하고 있다. 사실 각 경은 그 궁극의 이법을 설하면서
먼저 그 앞 단계의 여러 법문을 제시하고 아우르고 넘어서게 하면서
진술하고 있다. 최상승의 이법은 이러한 가운데서 드러날 수 있다.
즉 서로 대비되는 가운데 그 법이 드러나는 것이고, 개인의 수행분상에
서도 그렇다. 그렇지 아니하고 최상의 일법一法만 독자로 세울 수
없다. 무엇을 세우려면 이미 상대가 있지 않으면 안 되는 것이다.
즉 2승과 3승에 의지하고 의거하여 1승법도 세워진다. 나중에 상술하
거니와 본 경의 핵심 요체는 유심唯心・일심一心이고, 그 유심・일심이
라는 법 또한 어디에 따로는 세울 수 없다. "일체견一切見 모두 끊은
것을 나는 설하여 유심唯心이라 하느니라."고 하였다.[23] 그래서 능가선
은 분별에 의해 나온 언설에 향하는 수행이 아니다. 그래서 도선이
"수행을 언어에 두지 않는다."고 한 것이다. 같은 경 권제7 게송품에

---

22 "其經本是宋代求那跋陀羅三藏翻, ……. 專唯念惠, 不在話言. 於後達磨禪師傳之
南北. 忘言忘念無得正觀爲宗. 後行中原."『대정장』50, p.666b.
23 『대승입능가경』권제7 게송품에 "一切見皆斷 我說是唯心"

설한다.

　　名義皆捨離　　명名과 의義를 모두 버리는 것,
　　此是諸佛法　　이것이 모든 부처님의 가르침이나니,
　　若離此求悟　　만약 이를 떠나 깨달음 구한다면,
　　彼無覺自他　　자신도 깨닫지 못하고 남도 깨닫게 하지 못하리라.

여기서 설한 명名과 의義는, 『섭대승론』에 의하면, 명名은 의타기성依他起性이고, 의義는 변계소집성遍計所執性이다. 일체의 명名은 상대되어 다른 것에 의지하여 나온 것이어서 그 실체가 있는 것이 아니다(의타기성). 이 명名은 단지 이름뿐인데 그 이름에 해당하는 것이 실재하는 것으로 착각하여 그 명의 의義를 분별 집착하게 된다(변계소집성). 이 의義는 실유하는 것의 의義가 아니고, 실유하는 것 같이 착각되어 나오게 된 것인 까닭에 '사의似義'라고 한다(『섭대승론』 眞諦 역본). 요컨대 일체는 곧 이 실성이 없는 명名과 의義로부터 나온 것이다. 그래서 일체의 명名과 그 명의名義의 의義에 염착되는(물드는) 것으로부터 탈피해야 한다. 더구나 이 명名과 의義는 미세하고 미세하여 범부로서는 감지조차 되지 않는 제8식의 삼세三細에 해당하며, 번뇌장과 소지장所知障의 이장二障 가운데 소지장에 해당한다. 즉 무시 이래의 근원적 장애이다. 모든 법문 또한 이 명언名言과 의義에 의거한 까닭에 궁극에는 일체의 법상(법문, 교법)도 버리고 넘어서야 하는 것이다.

　심법(心法; 마음수행의 법)을 통해 법미法味를 보았어야 버린다는 것도 알 수 있고, 할 수 있다. 『능가경』의 이러한 심법에 의한 까닭에 달마대사 이래 선법[宗]의 전승은 실은 "교에 의지하여 종을 깨닫는다[籍敎悟宗]"를 전제로 하는 것이었지만 여타의 종파와는 구별될 수 있는 것이었다. 『능가사자기』의 저자 정각의 서문에 말한다.[24]

佛性空無相   불성佛性은 공空하여 무상無相이며
眞如寂不言   진여는 공적空寂하여 언어를 떠나 있나니
口傳文字說   구전口傳의 문자설文字說은
斯皆妄想禪.   이 모두 망상선妄想禪이네.

공空하여 무상無相이고, 공적空寂하여 언어를 떠나 있는 불성(진여)인지라 문자로 드러낼 수 없고, 언어에 의해 들어갈 수 없다. 그래서 문자에 의한 선은 망상선에 불과하다. 그래서 앞의 혜가 어록에서 말한 바와 같이 입선入禪에는 읽고 알았던 모든 것을 버려야 한다. 『능가경』의 중심 교의인 유심唯心 또는 일심一心에 여리如理하고 여실如實하게 따른다면 사실 마음이 어디에 향함도 없고, 견見함도 없으며, 지知함도 없고, 분별함도 없으며, 사의思議함도 없다. 그런데 입선入禪하여 읽고 알았던 것에 마음이 향하여 있거나 잡고 있다면 이미 유심과 일심, 능能과 소所가 따로 없다는 이법에 어긋난다. 마음이 어디에 향하여 있다면 이미 즉심즉불卽心卽佛, 즉심시불卽心是佛이 아니다. 일체의 분별을 떠나면 곧 즉심즉불卽心卽佛이고, 즉심시불卽心是佛이다. 『대승입능가경』 권제7 게송품 第十之初에 설한다.

---

24 앞의 『능가사자기 역주』, p.53.

安住於唯心　오직 마음뿐임에 안주하여
不分別外境　바깥 경계 분별치 않는 것이
住眞如所緣　진여에 머무름이요,
超過於心量　심량心量 넘어선 것이네.

진여가 어디에 따로 있는 것이 아니어서 단지 유심에 안주하여 일체의 분별을 떠나면 그대로가 진여이다. 또 같은 경 게송품에

離於能所取　능취能取와 소취所取 떠난 것을
我說爲眞如　나는 진여眞如라 하느니라.

일체의 분별을 떠난다는 것은 곧 자심에서 능취와 소취를 떠나는 것이며, 자심에서 능취와 소취를 떠나면 즉심즉불卽心卽佛이며 즉심시불卽心是佛이다.

후일 선가에서 유행하게 된 이심전심以心傳心·교외별전·불립문자·직지인심直指人心 견성성불見性成佛 등의 명구는 실은 이러한 뜻을 넘어서는 것이 아니다. 그러나 이들 명구들은 후일 상당히 왜곡되어 이해되고 나쁜 영향을 주었다. 이러한 명구들이 선종을 대표하게 된 것은 대략 중당中唐 이후의 일이다. 달마대사가 지었다는 『혈맥론血脈論』에 설한다.

"삼계가 흥기함은 모두 일심一心에서 되는 것이니 전불前佛 후불後佛이 이심전심하고 문자를 세우지 않았다."[25]

이미 달마대사로부터 이 말이 비롯된 것으로 되어 있다. 『혈맥론』의 성립에 대해 근래 유전성산柳田聖山은 남종의 대표 사서인 『보림전寶林傳』과 같은 시기이거나 그 후에 나온 것이고, 달마의 이름을 가탁하여 우두계牛頭系에서 지었을 것이라고 하였다.[26] '이심전심以心傳心' 등의 구句가 달마 친전의 것인지의 여부는 쉽게 단정하기 어려운 문제이다. 후인의 가탁으로 보는 것이 학계의 일반적인 경향이지만 『혈맥론』의 내용으로 본다면 후술하는 바와 같이 『능가경』의 선지를 통해 그 뜻이 회통되는 것이기에 달마 이래 구전된 것일 가능성도 있다. 후술하는 바와 같이 우두선牛頭禪도 달마선 내지 능가선을 전한 계열 이름일 뿐이고 다른 선법이 아니다. 하택신회荷澤神會가 "6대의 조사께서는 이심전심하셨으니, 문자를 떠나신 까닭이다."라 하였고,[27] 징관澄觀은 "제성諸聖의 전등傳燈이 명명明明 부절不絶하여 성교聖教로써 거울을 삼고, 심계心契로써 명부冥府함을 삼은 까닭에 말하길, '이심전심하여 문자에 두지 않았다.'"고 하였다.[28] 이들을 계승한 종밀은 그 뜻을 다음과 같이 설명한 바 있다.

"이심전심이란 달마대사의 말씀이다. 혜가화상이 질문하길, 이

---

25 "三界興起, 同歸一心, 前佛後佛, 以心傳心, 不立文字." 『대정장』45, p.373b.
26 柳田聖山, 「禪宗の本質(歷史的考察)---その二」(『初期禪宗史書の研究』第六章 第五節, 京都, 法藏館, 2000. 1), p.470 참조.
27 「南陽和尚頓教解脫禪門直了性壇語」(『神會和尚禪話錄』, 北京, 中華書局), p.7에 "六代祖師以心傳心, 離文字故."
28 "諸聖傳燈, 明明不絶. 以聖教爲龜鏡, 以心契爲冥符. 故曰, '以心傳心, 不在文字'", 『화엄경소』行願品, 『卍新纂續藏經』第五冊, p.64a.

법은 어떠한 교전에 의한 것입니까? 하니 대사께서 답하여 말하였다. '나의 법은 이심전심하는 것이어서 불립문자不立文字한다.'고 하였는데 그 의미는 비록 스승의 말씀에 따른다 하더라도 문구로써 도를 삼아서는 안 되고 반드시 문자설명을 잊어야 득의得意한다는 것이니 득의하면 곧 그것이 전심傳心이다."²⁹

신회神會-징관澄觀-종밀宗密로 이어진 선맥에서 대체로 처음 이 명구가 나오는 까닭에 남종 돈법의 주창을 위해 의도적으로 만들어낸 것으로 보는 입장이 대체로 많다.³⁰ 그러나 선지禪旨와 실수實修의 면에서 그 뜻을 안다면 그러한 입장에 수긍하기 어렵게 된다. "이심전심以心傳心 불립문자不立文字"에 대한 종밀의 해석은 어언문자로 된 교법의 설명을 잊어야 득의(得意; 핵심, 진실을 얻음)한다는 것이니, 잊는다는〔忘〕 것은 문자어언 또는 그에 의한 분별 내지 능지能智의 관혜觀慧까지 떠난다는 뜻이다. 즉 이는 분별 떠남이 곧 진여라고 한 『능가경』의 교의나, 혜가가 "또 (경을) 읽는 이는 잠시 보고 나서는 곧바로 버려야 한다."고 한 것과 실은 같은 뜻이다. 그래서 "이심전심"은 곧 『능가경』의 요의인 유심唯心과 일심一心을 요지了知하고 실증함이다. 왜냐하면 유심이고 일심이어서 스승과 제자의 심心이 분별을 떠나 합치(如理, 如實)하는 까닭이다. "불립문자"도 실은 『능가경』의 요의에서 벗어난

---

29 「以心傳心者, 是達磨大師之言也. 因可和尙諸問, 此法有何敎典. 大師答云, "我法以心傳心 不立文字." 謂雖因師說, 而不以文句爲道, 須忘詮得意, 得意卽是傳心.」 (『圓覺經大疏抄』 第三之下, 『新纂續藏經』9, p.531a.)

30 이를테면 柳田聖山의 논구는 그 대표적인 예이다. 앞의 글, 「禪宗の本質(歷史的考察)-その二」, 앞에 든 『初期禪宗史書の硏究』 第六章 第五節, pp.470-482.

말이 아니다. 『대승입능가경』 권제4 무상품에 설한다.

이때에 대혜보살마하살이 다시 부처님께 말하였다.
"세존이시어! 세존께서 설하신 바와 같이 '나는 어느 날 저녁에 무상정등각無上正等覺을 이루고서부터 어느 날 저녁에 열반에 이르기까지의 사이에 한 자도 설하지 않았다.' 하시고, 또한 '이미 설해 마친 것도 아니고 또한 설할 수도 없으며, 불佛이 설한 것이라 하지 않는다.'고 하셨습니다. 세존이시어! 어떠한 비밀의 뜻으로 이와 같이 말씀하시나이까."
부처님께서 말씀하셨다.
"대혜여! 두 가지 밀법密法에 의지하는 까닭에 이와 같이 말하느니라. 무엇이 두 가지 법인가. 자증법自證法과 본주법本住法이다. 무엇이 자증법인가. 제불諸佛이 증득한 바를 나도 또한 똑 같이 증득함이 부증불감不增不減하고, 증득한 지혜로 행하는 바〔證智所行〕가 언설상을 떠나고, 분별상을 떠나며, 문자상을 떠나 있음을 말한다.
무엇이 본주법인가. 법의 본성이, 마치 금金 등이 광물 속에 있는 것과 같이 불佛이 출세出世하든 하지 않든 법法은 주住하고 위位하며 법계의 법성은 모두 다 상주함을 말한다.
대혜여! 비유컨대 어떤 사람이 광야를 가다가 고성古城을 발견하고 평탄한 옛길로 쉽게 따라 들어가서 휴식하며 노는 것과 같느니라. 대혜여! 네 생각에 어떠하냐. 그 사람이 그 도로와 성중城中의 종종 사물들을 만든 것이냐."

(대혜가 부처님께) 말하였다. "아닙니다."

부처님께서 말씀하셨다.

"대혜여! 나와 제불이 증득한 진여와 상주의 법성 또한 이와 같느니라. 이 까닭에 성불한 때로부터 열반하기까지의 사이에 한 자도 설하지 않았고, 또한 설하여 마친 것도 아니고, 또한 설할 수도 없는 것이니라."[31]

제불諸佛이 한 자도 설한 바 없고, 설할 수도 없다는 말은 곧 "불립문자"와 상통한다. 그렇게 말하는 것은 두 가지 뜻에 의해서이다. 하나는 제불이 증득한 바는 문자상과 언설상과 분별상을 떠났다는 자증법(自證法: 自心에서 증득한 진리)이고, 하나는 제불이 증득한 진여와 상주의 법성은 본래부터 있던 것이라 새로 생긴 것이 아니어서 설해질 수 있는 것이 아닌 본주本住의 진리인 까닭이다. 왜냐하면 생긴 것이

---

[31] 「爾時大慧菩薩摩訶薩, 復白佛言.
"世尊, 如世尊說, 我於某夜成最正覺, 乃至某夜當入涅槃, 於其中間不說一字, 亦不已說, 亦不當說, 不說是佛說. 世尊, 依何密意作如是語."
佛言.
"大慧, 依二密法故作如是說. 云何二法. 謂自證法 及本住法. 云何自證法. 謂諸佛所證我亦同 證不增不減, 證智所行 離言說相, 離分別相, 離名字相. 云何本住法. 謂法本性如金等在鑛, 若佛出世, 若不出世, 法住法位, 法界法性皆悉常住. 大慧, 譬如有人行曠野中見向古城平坦舊道, 卽便隨入止息遊戲. 大慧, 於汝意云何. 彼作是道及以城中種種物耶."
(大慧)白言. "不也."
佛言.
"大慧, 我及諸佛所證眞如, 常住法性亦復如是. 是故說言始從成佛乃至涅槃, 於其中間不說一字, 亦不已說, 亦不當說."」

있어야 분별이 되어 문자 언설이 나올 수 있으나, 본래 있는 것이라 분별될 수 없으며 생함이 없어 설할 대상으로 나타난 법이 없기 때문이다. 후술하는 바와 같이 능가선의 핵심 요의의 하나는 먼저 문자를 떠난 심성을 견見하는 것으로, 이것이 이입理入이며, 이입이 전제되어야 비로소 달마선 내지 능가선이라 할 수 있다.

자증법과 본주법은 모두 곧 자심의 성품(심성)이 본래 그렇다는 뜻이니 이를 자심에서 바로 깨우치게 하는 말이 "직지인심 견성성불"이다. 따라서 "직지인심"해 주는 것이 바로 교敎와 그 의義이다. 후대에는 직지인심을 교와는 다른 선법에 의한 "직지直指"로 이해하여, 경에 의한 우회迂廻의 곡지曲指에 대비하여 그 우월성을 과시하는 뜻으로 통용되었다. 그러나 실은 교 자체가 방편이든 직설直說이든 항상 직지直指일 뿐이다. 왜 목표에 빙 둘러 가게 하겠는가. 일체 교법에는 가능한 한 곧바로 가게 하고자 함이 항상 깃들어 있다. 단지 듣는 자의 근기에 따라 일시적으로 큰 길 갈 수 있는 자량資糧을 먼저 갖추게 하는 법은 있다. 그런데 선가에서는 그러한 "직지인심"을 위해 주변 일상의 사물을 들어 문답하는 사례가 빈번하게 되었다. 즉 교를 떠나 사事에 즉하여 심지心地를 깨닫게 한다는 것이다. 그러나 이러한 선법은 『능가사자기』의 초기 선사 어록에 이미 "지사문의指事問義", "지사이문指事以問"한 여러 사례가 있고, 후대의 그러한 풍조는 여기에서 유래된 바라고 하겠지만, 이 또한 『능가경』의 심법을 통하여야 비로소 올바로 이해될 수 있는 것이다. 이 "지사이문"의 의미에 대해서는 뒤에 상술하겠다.

"이심전심 불립문자"의 뜻이 이와 같다면 이보다 더 후대에 나오게 된 "교외별전教外別傳"의 명구는 "이심전심"에 상응하는 당연한 말로 보일 수 있으나 경론 밖에 따로 무슨 법이 있어 전해졌다는 것이 되어 선법을 경론에서 알려고 하지 아니하고, 선사들의 어록이나 선문답에서 주로 찾는 풍조를 야기하였다. 『능가경』과 달마대사의 가르침은 어디까지나 "교에 의거해서 종宗을 깨닫는다"는 것이었지만, 이들 명구가 선가에 횡행하게 될 즈음에 달마 이래의 근본 선법은 이미 제대로 전승되지 못하고 있었다고 할 수 있다. 이 "교외별전"의 명구가 첫 등장하는 것은 『임제록臨濟錄』 끝에 수록된 「임제혜조선사탑기臨濟慧照禪師塔記」인데 사료 신빙성에서 다소 문제가 있다고 한다. 그래서 보다 신빙성이 큰 『조당집祖堂集』 제6 석상(石霜, 807~888)의 장에 설봉(雪峰, 822~908)의 말로 인용된 것이나, 『설봉어록雪峰語錄』 및 『현사광록玄沙廣錄』과 『운문광록雲門廣錄』 등의 예를 첫 사례로 든다.³² 그 일례에 다음의 대화가 있다. 『선문염송집』 제14 「석상石霜 장」에

> 석상石霜이 대중에게 말하였다. "반드시 '교외별전'의 일구一句를 알아야 한다." 그때 어떤 승려가 물었다. "어떠한 것이 '교외별전' 일구입니까?" 사師가 말하였다. "비구非句니라." 운문雲門이 말하였다. "비구非句여야 비로소 구句이다."³³

---

32 柳田聖山, 앞의 책, 제6장 제5절, p.472.
『祖堂集』第六 石霜和尙條에 "師問僧, 從什摩處來. 對云. 雪峰來. 師云, 有什摩佛法因緣, 你擧看. 其僧便擧, 和尙示衆云, 十二分教載不起, 三乘教外別傳, 十方老僧口, 到這裏百雜碎. 師便失聲云, 堪作什摩, 早被你驀頭拗却也."

33 "石霜示衆云, 須知有教外別傳一句. 時有僧出問, 如何是 教外別傳一句. 師云,

여기에서 석상과 운문이 말하고 있는 비구非句란 문자상과 언설상을 떠났다는 뜻이다. 즉 부처님의 궁극의 진실한 뜻, 또는 일심一心 진여眞如는 『능가경』의 도처에서 설하고 있는 바와 같이[34] 무상無相이며 분별을 떠났다. 그래서 문자상과 언설상으로 된 교敎로는 전해질 수 없는 것이어서 비구非句라고 한 것이다. 운문이 "비구非句여야 비로소 구句이다."고 한 것은 바로 문자상과 언설상의 분별을 떠났을 때 진정한 구(句; 說, 가르침)가 된다는 뜻이다. 즉 교를 떠날 때 교의 진실에 이를 수 있다는 것이다.

그러나 이러한 뜻을 나타내기 위해 구태여 왜곡되기 쉬운 '교외별전'이라는 말을 꼭 썼어야 했을까. 『능가경』에도 비록 뜻은 위와 같이 상통한다 하더라도 이러한 말을 쓰지 않았지 않는가. 자칫 문자상과 언설상으로 된 교상敎相에 빠지기 쉬운 것을 경계하는 말씀들은 『능가경』과 초기 선종 선사들의 어록에도 자주 보이고, 그러한 정도의 주의注意만으로도 사실 충분하다. 더구나 유심唯心 일심一心을 근본 요의로 하는 『능가경』의 심법(선법)은 어디까지나 달마대사가 말한 바와 같이 교에서 그 의義와 리理를 요지了知하여야 비로소 오입悟入할 수 있는 것이다. 교를 통하여 교를 초월할 수 있다. 그런데 처음부터 교리의 이해도 거치지 않았다면 어떻게 교상〔法相〕에서 벗어날 수 있을까. 전술한 바와 같이 1승법도 3승법과 2승법에 의지하여 비로소 드러나진다고 하였다. 따라서 유심(일심)의 법도 실은 교敎에 의지하

非句. 雲門云, 非句始是句"

34 그 일례를 들면 "진실이란 諸相을 떠나 있으며(眞實離諸相)"(『대승입능가경』 7게송품 第十之初)

여 요지하게 되고 전해지는 것이다. 단지 그 교에서 의義를 보지 못하고 그 문자상과 언설상만 붙잡게 되면 큰 잘못이고, 이 점은 『능가경』과 초기 선사들의 가르침에 누누이 강조되고 있다.

요컨대 '교외별전'도 위에 든 석상이나 운문과 같이 이해한다면 별 문제가 없는 것이나 글자 그대로만 보아 교를 무시하여 논리와 분석에 의한 경론의 학습을 거치지 않게 되면 이입理入이 안 되어 허공의 뜬구름 잡는 식의 선이 되어 버린다. 진여는 문자상과 언설상을 떠났지만 그 진여란 실은 진여(眞如; 平等, 不可得, 不可思議, 無相, 無生, 唯心, 一心)의 리理를 말하는 것인지라 교로써 리理를 개시開示하여 오입悟入케 할 수 있는 것이다.

주지하다시피 개시오입開示悟入이 모든 불설佛說의 기본 뜻이다. 또한 교선일치의 뜻이기도 하다. 그런데 어찌 교 밖에 어디에 따로 정법正法의 길, 오입悟入의 길이 있겠는가. 이러한 의미에서 "교외별전"은 큰 오해를 야기할 수 있는 말이며, 사실 그러한 악영향을 끼쳐 온 것이 사실이다. 이러한 점에서 "교외별전"은 "이심전심"이나 "불립문자"와는 상당한 차이가 있는 말이다. 종밀이 『선원제전집도서禪源諸詮集都序』에서 "이심전심 불립문자"가 결코 문자를 부정하는 것이 아니라는 점을 반복하여 말하였지만, "교외별전"은 전혀 언급하지 않았고, 종밀의 교선일치를 계승한 영명연수(永明延壽, 904~976)의 『종경록』이나 찬령贊寧의 『송고승전』 습선편 총론 등에서도 전혀 "교외별전"을 언급하지 않은 것도 그러한 차이를 인지한 때문으로 생각된다. 즉 "교외별전"이란 말은 "교선일치"에는 일단 상충되는 뜻으로 받아들여지기 때문이다. 그런데 실제의 전개 양상은, 유전성산柳田聖山이 지적한 바이지만, 『보림전』 출현 이후, 『조당집』과 『전등록』 출현 무렵에 이르는 당말오대의 선에 일관하고 있는 것은 "이심전심 불립문자"보다는 오히려 "교외별전"이라 칭하는 것이 어울리는 것이었다.[35]

우매한 범부들로 하여금 아차 하면 교학을 무시하거나 배제하게 할 수 있는 이러한 명구名句들이 점차 유행하게 되면서 교종과 선종의 구분은 갈수록 심화되었다. 초기 선종시대까지만 해도 중국에는 교종이니 선종이니 하는 구별은 나오지 않았다.[36] 그러나 곧이어 급격히 교종과 선종으로 구분되고 있다. 그 직접적 이유 가운데 하나는 일부 남종 주창자들의 의도적 선전에 의한 것도 있지만 위의 여러 명구名句들이 갈수록 경론의 깊은 이해가 없는 시대로 흘러가면서 그 폐해가 심화되었다는 것이다. 사실 경론에 대한 깊은 통달이 있다면 이러한 명구들이 부정적 영향을 주지는 않는다. 위에서 살핀 바와 같이 그 명구들은 심지心地를 요지하였다면 깊이 있고 원만히 회통하여 오류 없이 이해할 수 있기 때문이다. 초기 선종시내를 넘어서면서 일체 교법을 망라하여 심법心法으로 인도하고 있는 『능가경』은 갈수록 잊혀 가고, 대신에 『금강경』과 같은 자세한 논리 해설이 없는 짤막한

---

35 柳田聖山, 앞의 책, 제6장 제5절, p.474.
36 단지 '禪宗'이라는 어휘의 최초 용례는 唐初 道宣의 『續高僧傳』에서의 서너 사례가 있으나 모두 후대에 교종과 대비하여 달마 이래의 선종을 지칭한 것과는 달리, 義學이나 律學에 대비하여 頭陀行과 習禪을 주로 하는 행자들에 대한 일반적인 호칭으로 종파적 성격의 명칭은 아니었다. 달마 이래의 선종이 일반 교종과 대비되어 선종으로 칭해지기 시작한 것은 中唐에서 五代 사이에 점차 나타나고 있다.
이에 대해서는 柳田聖山, 「禪と禪宗-その二」, 『初期禪宗史書の硏究』 제6장 제3절, 京都, 法藏館, 2000. 1, pp.447-449 참조.

경전이 주 소의경전이 되었으며, 더구나 북송대에서부터는 소위 문자선文字禪이라 하여[37] 당 이래 지식인 사대부 사이에 유행하던 시풍詩風에 영향 받아 선어록이나 선문답에 시적詩的인 송고頌古와 착어着語를 짓거나 읽으면서 선미禪味를 맛보거나 통달한 것인 양하였다. 당시 소동파(소식)는 『능가경』 4권본인 『능가아발다라보경』의 서문에서 다음과 같이 당시 불교계의 풍조를 한탄하였다.

"요즈음의 배우는 사람들은 각기 그 사師를 종으로 삼아 간편함에만 힘써 따른다. 일구일게一句一偈를 얻고는 스스로 자신이 증득하였다고 말한다. 심지어 부인이나 어린애에 이르기까지 기분 좋게 웃으면서 선열禪悅이 어떻다느니 하면서 다투어 말한다. 위에 있는 이들은 명예를 위해서, 아래에 처한 자들은 이익을 위해서 그러하며, 그밖의 말류들은 이리저리 쫓아 다니지 않음이 없어, 불법이 쇠미하게 되었다.……"

이렇다 보니 논리와 분석으로 상세히 해설된 경론은 갈수록 멀리하게 되었다. 송대의 문학적·시적詩的 선화禪話의 풍조는 사대부 지식인층을 불법에 가까이 하게 한 것에는 상당한 기능을 하였으나 그 나쁜 영향이 심화되면서 화두선(간화선)이라는 생소한 법이 나와 그 잘못됨이 한층 심화되었다.

---

[37] 송대의 文字禪에 대해서는 楊維中, "由'不立文字'到'文字禪' …… 論文字禪的起因", 『禪學硏究』3(南京, 江蘇古籍出版社, 1998), pp.247-251.

4. 유심唯心과 무생법인無生法忍

전술한 바와 같이 심心이란 언설로 나타낼 수 없는 것이지만 그 심心의 리理는 교리教理를 통해 개시開示하여 오입悟入케 할 수 있는 것이며 달마대사의 이입理入 또한 여기에 그 요지가 있다. 『금강삼매경』과 원효의 『금강삼매경론』에서 이 이입理入과 행입行入이 더 자세히 설명되어 있거니와 취할 대상으로서의 삼매가 따로 없는 무생無生의 삼매이기에 영원하고 무너질 수 없으며 최상인 금강삼매도 바로 이 이입으로부터 이루어진다. 『능가경』은 일체법이 유심唯心이며 일심一心인 까닭에 본래 무생이라는 진리, 즉 무생법인無生法忍을[38] 개시開示하여 오입悟入케 하고 있다.

『능가경(7권본)』 권제7 게송품 第十之二에 설한다.

若能見世間　　만약 세간을 보는 데서
離能覺所覺　　능각能覺과 소각所覺 떠난다면,
是時則不起　　이때에는
名所名分別　　명名과 소명所名의 분별 일어나지 않으리.

由見自心故　　(일체가) 자심自心임을 본 까닭에
妄作名字滅　　명자名字를 허망하게 지음이 멸하고,
不見於自心　　자심임을 보지 못하여

---

[38] 『大乘義章』 第十一에 "법의 實相에 安住함이 忍이다."고 하였다. 즉 實相(眞理)에 安住하여 如如不動함이 (法)忍이다.

則起彼分別　저러한 분별 일어나는 것이네.[39]

여기에서의 능각能覺과 소각所覺은 각각 지각하는 자와 지각되는 대상을 말한다. 지각의 대상에는 바깥 경계인 색色과 심식心識에 떠오른 갖가지 상념, 즉 심소법心所法이 있다. 식識이란 능각과 소각, 즉 견분見分과 상분相分으로 분화되어 있는 상태를 말한다. 그래서 능각과 소각을 떠난다는 것은 곧 일체의 식을 떠난다는 말이나 같다. 일체의 식을 떠난지라 당연히 명名과 소명所名의 분별이 일어나지 않는다. 여기서의 명名은 곧 전술한 바와 같이 의타기성依他起性이고, 소명所名은 명名에 부수하는 의義이다. 이 의義가 곧 변계소집성遍計所執性이다. 양자는 모두 극히 미세하고 미세한 제8식의 흐름인지라 범부는 그 자리를 감지하지 못한다. 그래서 먼저 명名이 의타성임을 알아 그 체성이 공하여 실유가 아님을 리理로써 알아야 한다는 것이다. 이러한 리理의 요지了知로써 명名의 분별 염착을 떠나는 길이 열린다. 분별이란 곧 이와 같이 능能과 소所로 이분二分된 가운데 일어난다. 그러나 "자심을 본 까닭에 명자名字를 허망하게 작作함이 멸한다."고 하였다. 여기에서 "자심임을 본다"는 것은 곧 "모든 것이 오직 마음일 뿐〔唯心〕이라는 것을 본다."는 말이다. 마음뿐이기에 인식의 주체라든가 대상이 따로 없다. 같은 마음인데 어찌 대상이 따로 있고, 주관이 따로 있겠는가. 그래서 유심唯心은 곧 일심一心이다. 일심의 의義는 견분見分과 상분相分으로 분화되지 않아, 능과 소를 떠나 있음을 드러낸 말이다.

---

[39] 『대정장』16, p.635a.

그래서 일체의 식이 멸진됨이 곧 일심이다. 따라서 유심이며 일심임을 요지하였다면 당연히 명자의 분별상·언설상을 허망하게 짓는 것이 멸해진다. 본래는 견분과 상분이 따로 없는 일심인데 홀연히 무명無明의 바람이 몰아쳐 보는 자리〔見分: 轉相〕가 세워지니 동시에 보이는 대상의 자리〔相分: 現相〕도 함께 이루어지면서 식식의 경계가 전개되고, 전식轉識하며 심(心; 제8식, 아뢰야식, 藏識)과 의(意; 제7식, 마나식) 및 의식(意識; 제6식) 그리고 전5식의 8식이 있게 되었다. 그러나 이러한 식의 경계는 사람이 졸리면 잠들어 꿈을 꾸고, 꿈속의 경계에 빠져 울고 웃고 하지만 꿈 깨고 나면 그러한 일이 없었던 것과 같아서 본래 있었던 일이 아니다. 이에 대한 자세한 설명이 『능가경』의 여러 곳에 설명되어 있다. 요컨대 모든 식은 곧 능能과 소所에 의한 분별상이니 이를 떠난다면 바로 일심이고 유심에 이른다. 동 게송품 第十之初에 또 설한다.

以住唯心故	유심에 머무르는 까닭에
諸相皆捨離	제상諸相을 모두 떠나며,
以住唯心故	유심에 머무르는 까닭에
能見於斷常	단斷과 상常을 능히 본다네.

涅槃無諸蘊	열반에는 모든 온(蘊; 色受想行識) 없고,
無我亦無相	무아이며 무상이라,
以入於唯心	유심에 들어감으로써
轉依得解脫	전의轉依하여 해탈할 수 있느니라.

惡習爲因故	악습이 인이 되어
外現於大地	바깥의 대지와
及以諸衆生	모든 중생 나투나니,
唯心無所見	유심임을 증득하면 보는 바 없으리.

身資土影像	신신과 자토(資土; 몸이 의지하고 있는 모든 환경)의 영상은
衆生習所現	중생의 습기習氣로 나타난 것,
心非是有無	마음은 있다 없다 할 수 있는 것이 아닌데,
習氣令不顯	습기에 가리어 그러함을 보지 못하네.⁴⁰

"유심唯心에 머무르는 까닭에 단斷과 상常을 능히 본다."고 하였다. 유심은 일체의 분별을 떠난 자리이고, 흔들림 없는 거울이 일체를 그대로 비추듯이 분별 떠난 흔들림 없는 자심에 일체가 여실히 비추인다. 단斷과 상常은 외도의 지견으로서 『능가경』에서 이를 비판하고 있다. 『중론中論』을 비롯한 대승경론의 도처에 비판하는 내용이 들어 있다. 『능가경』의 여러 품에서는 사구四句, 즉 단斷·상常·단이상斷而常·부단이불상不斷而不常 그 어느 것이나 잘못된 지견임을 명시하고 있다. 그런데 여기에서 단과 상을 능히 본다고 한 것은 단斷이 그러하고〔如〕, 상常이 그러한〔如〕 실상實相을 여실히 본다는 뜻이다. 중생의 분별은 이 4구四句의 범주를 벗어나지 못하는데, 4구를 떠나 있는 불가설不可說·불가사의의 실상은 오직 유심唯心에서 알 수 있을 뿐이

---

⁴⁰ 『대정장』16, p.630a.

라는 것이다.

"마음은 있다·없다 할 수 있는 것이 아니다."고 하였다. 유심이며 일심인지라 심심은 대상이 될 수 없다. 만약 대상이 되어 버리면 이미 대상과 주관이 있게 되어 일심이 아니다. 즉 '있다' '없다' 하는 인식의 대상이 될 수 없다. 또한 심이 본래 공적空寂하여 무상無相이어서 유有라 할 수 없고, 그 용用이 없지 않아 없다고도 할 수 없다. 또한 유심과 일심을 어디에 따로 세울 수 없다. 세운다는 것은 드러낸다는 것이고, 드러내지려면 상이 있어야 하나 유심과 일심이란 무상無相임을 말하는 것인 까닭이다. 『능가사자기』 저자 정각의 서문 게송에 "불성은 공하여 무상無相이며, 진여는 공적空寂하여 언어를 떠나 있다."라고 하였다. 심심이 본래 공적한지라 '있다' '없다' 할 수 있는 것이 아니다. 『능가경(7권본)』 권제7 게송품 第十之初에 설한다.

若起過心量　심량心量 넘이서게 되년
亦超於無相　또한 무상無相도 넘게 되나니,
以住無相者　무상에 머무르는 것은
不見於大乘　대승을 보지 못함이네.

『능가경』에서 '심량心量'은 자주 등장하는 용어인데 마음으로 상념하는 것, 즉 심식의 법을 가리키기도 하고, 일체 현상은 오직 습기에 의해 심식의 망령된 분별로 나타난 것일 뿐이라는 뜻, 또는 그러하기 때문에 일체법은 곧 오직 마음일 뿐이라는 뜻으로도 쓰이고 있다. 여기서는 이 세 가지 의미 모두 다 포함된다. '유심이라 함'도 일단 심량이다. 일단 무엇이라 함은 모두 다 심량이다. 그러나 일심 진여는 심량을 떠나 있다. 무엇이라 할 수 없기 때문이다. 언어도단言語道斷이고 심행처멸心行處滅의 자리인 까닭이다. 그런데 공적하고 무상無相함이 진여심眞如心이라 하니 마음에서 공적함을 구하고, 무상을 구하여 무상에 취착하면 이 또한 무상이라는 상相에 취한 것이 되고, 분별을 떠난 것이 무상인데 무상이라는 분별을 하고 있는 것이 된다. 그래서 무상에 머무르면 아직 대승은 아니다.

유심唯心이며 일심一心이되, 이 또한 무상無相이고 공적하여, 본래 지知함도 없고, 분별함도 없으며, 인식의 대상이 될 수도 없고, 얻을 바도 없다. 또한 무상이고 공적하다 함도, 그 의義 자체가 거기에 머무르거나 향할 수 없게 한다. 즉 무상인데 무상을 잡으려 하거나 향함이 있다면 무상이 아니게 되어 모순에 빠진다. 이러함을 요지了知하건대 어디에도 마음을 둘 수 없고, 얻을 수 없으며, 향할 수 없고, 취착할 수 없다. 그래서 곧 언어도단이요 심행처멸이다. 이미 능能과 소所를 떠난 일심임을 알았으면 곧바로 즉심즉불卽心卽佛이요 즉심시불卽心是佛이다. 이러함이 곧 『능가경』의 선지이고 선법이다. 그리고 즉심즉불이 곧 자성불自性佛이다. 따로 얻을 바 없다는 반야의 도리와 유심이며 일심이라는 무생의 도리를 요지해야 어디에 따로 있는 불佛이 아닌 자심즉불自心卽佛, 즉 자성불自性佛이 되는 것이다. 『능가경』의 명구名句 "(대혜보살이 부처님께 말하길) 제불의 심심이 제일第一입니다."는 바로 이를 말한다.

보살 제8지는 무생법인을 증득하여 성취한다. 그리고 무생법인은 곧 유심唯心의 진리이다. 이에 대한 설명 또한 『능가경』의 핵심 요의 가운데 하나이다. 무생無生임을 일깨우는 법문이 유심과 더불어 핵심이 되고 있다. 동同 권제7 집일체법품 제2의3第二之三에 설한다.

이때에 대혜보살마하살이 다시 부처님께 말하였다.
"세존이시어! 부처님께서 앞서 설하신 바와 같이 일체제법이 모두 다 무생無生이고 또 환과 같다 하시면 이는 전후가 모순되는 것이 아니겠습니까?"
부처님께서 말씀하셨다.
"대혜여! 모순되지 않느니라. 왜냐하면 나는 생生이 곧 무생無生이며 오직 자심에 있는 것임을 요달한 까닭이니라."

무생無生이란 본래 생긴 바가 없다는 뜻이다. 일체법이 무자성(無自性; 無我)이어서 환과 같고, 꿈과 같으며, 아지랑이와 같아서 생겼다 할 것이 없다. 여러 경론에서는 모든 존재의 근인이 되는 미세하고 미세한 명명이 상호 다른 것에 의지해서 나온 것이니 무자성이라는 의타기성依他起性, 그리고 의타기依他起로 나온 명명에서 그 명명의 의義가 있는 것으로 망령된 분별을 해온 습기習氣에 의해 그렇게 보이게 된 것이니 또한 무자성이라는 변계소집성遍計所執性으로 설명한다.

『능가경』도 이러한 법문을 갖추고 있다. 그런데 본 경은 더 나아가 유심과 무생의 의義로서 인도한다. 그래서 『능가경』 다른 곳에서 "또 다른 무생無生의 법이 있어 모든 성인이 얻는다."고 하였다.[41]

41　無生則無性　無生이니 無性이라,
　　體相如虛空　(無生의) 體相이 허공과 같나니,

위 경문에서 대혜보살이 질문한 것은, 일체법이 무생이라는 것과 환幻과 같다는 것은 모순되지 않겠습니까? 하는 것이다. 무엇이 생긴 바가 먼저 있기 때문에 환과 같다는 말도 나올 수 있지 않습니까? 하는 뜻이다. 그러나 모순되지 않는다. 왜냐하면 무생이라 함은 생生이 없어 허무라고 하는 뜻이 아니고, 생이 그대로 무생이라는 뜻이기 때문이다. 즉 일심이고 유심이니 무생이고, 허무의 무생이 아니라 생生함 없이 생함이기 때문에 일심이고 유심이다. 그리고 일체법의 생함이 곧 자심에 있는 것임을 요달한 때문이다. 무엇이 생하였다는 것이 실은 자심이 나타난 것〔自心所顯〕일 뿐이고, 자심은 이제야 새로 생긴 것이 아니며 마음 밖에 다른 것이 없는〔心外無法〕인 까닭에 무엇이 생하였다는 것을 얻을 수 없다. 그래서 생生함이 없지 아니하되 생生 그대로 무생이다. 『대승입능가경』 권제5 무상품에 설한다.

離鉤瑣求法　인연법 떠나 法(일체 존재) 구하는 것은,
愚夫所分別　어리석은 범부의 분별이라네.

復有餘無生　또 다른 無生의 법 있어,
衆聖所得法　모든 성인이 얻나니,
彼生無生者　그것은 生이 곧 無生임을 증득함이라,
是則無生忍　이것이 無生法忍이라네. (『능가경(7권본)』 권제5 無常品 第三之餘)

無生法忍을 증득하는 데는, 우선 인연법에서 無生인 까닭을 알고, 궁극에 가서는 生卽無生임을 깨달아 증득하여야 함. 즉 인연법에서 無生의 理를 파악하게 되는 것은 無生法忍을 얻는데 있어서 첫 단서가 되는 것임. 궁극의 無生法忍을 성취하는 것은 곧 唯心을 증득하는 것임. 다시 말해서 唯心인 까닭에 無生임.

遠離諸因緣　　모든 인연 멀리 떠났으며,
無有能作者　　짓는 자 없고,
惟心所建立　　오직 마음이 건립한 것이니,
我說是無生　　나는 이를 무생無生이라 하네.

諸法非因生　　모든 것은 인因으로 생한 것도 아니고,
非無亦非有　　비무非無이고 또한 비유非有이나니,
能所分別離　　능能·소所의 분별 떠난 것을
我說是無生　　나는 무생無生이라 설하네.

惟心無所見　　오직 마음이라 보는 바(얻을 바) 없고,
亦離於二性　　또한 이성(二性: 內·外, 有·無, 能·所) 떠나 있으니,
如是轉所依　　이와 같이 의지하던 바를 전轉한 것을,
我說是無生　　나는 무생이라 설하네.

外物有非有　　바깥 사물의 유有와 비유非有에
其心無所取　　그 마음이 취할 바 없어
一切見咸斷　　모든 견見 모두 끊은 것,
此是無生相　　이것이 무생의 상相이라네.

空無性等句　　공·무성無性(無自性) 등의 어구(가르침),
其義皆如是　　그 뜻은 모두 다 이러한 것이나니,
非以空故空　　공空인 까닭에 공이라 하는 것이 아니라,

無生故說空   무생인 까닭에 공이라 설한 것이라네.

"마음이 건립한 것이기에 무생無生이라 한다."고 하였다. 또한 "능·소의 분별 떠난 것을 무생이라 한다."고 하였다. 유심唯心이며 자심소현(自心所顯; 모든 현상은 자심이 밖으로 드러난 것)이되 능·소를 떠난 까닭에 일심이다. 일심一心인 까닭에 무엇이 따로 생겼다 함이 없다. 그래서 망념이 유·무 등의 일체 분별습기에 의지함에서 전의轉依되니 생함에서 생하였다는 상념을 떠난다. 그래서 또한 무생이라 한다. 그러한 전의로 또한 일체견一切見을 끊은 것이 곧 무생의 상相이다. 공·무자성 등 거의 모든 경론에서 반복하여 등장하는 어구들의 근본 뜻은 무생이다. 공空이라 함도 공이어서가 아니라 무생인 까닭에 그렇게 말한 것이라 하였다. 왜냐하면 공이라거나 무자성無自性이라거나 한 것은 아직 유심唯心이고, 일체 현상이 자심이 나타난 것임을 모르는 중생들에게 일단 밖에 있는 것으로 보이는 것에 대한 집착을 벗어나게 해주기 위해 설한 것일 뿐이기 때문이다. 그리하여 밖의 현상에 대한 망집妄執을 떠나게 되면 바로 오직 마음뿐임을 요지하게 된다. 마음뿐이고 자심이 나타난 것이며, 마음 밖에 아무것도 없는[心外無法] 까닭에 무엇이 생生한 바가 없다. 자심은 항상 그대로 여여如如할 뿐이다. 그래서

"대혜여! 내가 설한 여래란, 없다는 것이 (여래라는 것이) 아니며, 또한 '불생불멸'을 취한 것도 아니다. 또한 연緣에 의지하는 것도 아니며, 또한 무의(無義; 없다는 뜻)도 아니다.

내가 설하는 무생無生이 곧 여래이니라. 의생신意生身·법신法身은
그 다른 이름이다."

(『대승입능가경』 권제5 무상품)

라고 설한다. 무생無生이 곧 여래如來라고 하였다. 무생이니 유심唯心이고 일심一心이며, 유심이고 일심이기에 무생인 까닭이다. 그래서 일체법을 얻을 바 없고 취할 바 없으며, 지知함도, 견見함도, 분별함도, 사의思議함도 없어 마치 거울과 같이 일체의 분별 떠나 여여부동如如不動함이 곧 여래이다.

由無所分別　분별할 바 없어서
分別則不起　분별 일어나지 않나니,
云何心不起　어찌 마음 일어나지 않는데
而得有惟心　오직 마음일 뿐이라는 법도 얻을 바 있으랴.

(同 권제7 게송품)

만약 무생無生의 뜻을 요지하지 못하고 유심에만 끌리면 유심이라는 분별에 빠지게 된다. 자칫 유심唯心이라는 상념이 되어 버리는 것이다. 그러나 마음이 일어난 바가 없는 까닭에, 즉 무생인 까닭에 유심 또한 얻을 바 없음을 알아야 한다. 그래서 유심으로서 무생이고, 무생으로서 유심이다. 무생 또한 마찬가지여서 무생에 마음이 끌리거나 염착되면 무생이라는 법法이 생한 것이 되어 무생의 뜻에 어긋나 모순에 빠진다. 그래서 『대승입능가경』 권제7 게송품 제10의2第十之二

에 설한다.

若立無生宗　만약 무생無生을 종宗으로 세운다면
則壞於幻法　곧 환법幻法에 떨어지리.

즉 무생無生을 종宗으로 세운다면 무생이라는 상념이 생한 것이 되어 무생이라는 뜻에 모순되고, 상념이니 환법幻法이 되어 버린다. 무생은 일체의 분별을 떠나야 한다는 뜻인데 무생이 무생이라는 분별이 되어 버리면 이 또한 망념인 것이다. 그래서 또한 언어도단이요, 심행처멸이다. 유심唯心과 무생의 뜻을 이렇게 올바로 요지하여야 무념도 올바른 무념이 될 수 있다. 후대 선가에서 자주 등장하는 무수지수無修之修나 임운任運이라는 어구도 이러한 의義와 리理를 모르고 한다면 또 하나의 환법幻法을 만드는 것이 되기 쉽고, 정법正法을 모르면서 정법이라 하는 우愚와 잘못을 범하게 된다. 이에 대해서는 뒤에 상술할 것이다.

5. 결언

초기 선종의 선법을 능가선楞伽禪이라고 하면서 아직 그 발원이 되는 『능가경』의 선지가 충분히 이해되지 않고 있다. 그래서 선사들의 어록에 자주 등장하는 선법 또한 상당 부분 오해되고 있다. 그리하여 우선 초기 선종의 능가선법을 논구하기 위한 첫 작업으로『능가경』의 통찰을 통하여 그 선지禪旨를 밝히고, 이에 의거하여 선종 선사들의 선법을 재조명해 보았다.

『능가경』의 선법은 교선일치를 바탕으로 한다. 달마대사가 말한 '자교오종藉敎悟宗'도 같은 뜻이다. 어떻게 교와 선이 일치되는 것인가. 그 교는 곧 리理와 의義를 지시하여 주는 것이니 교教를 통하여 그 리理와 의義를 요지함이 여리如理하고 여실如實하게 될 때 바로 선이 되어 교선일치가 이루어진다. 그런데 교란 문자어언으로 된 것이어서 자칫하면 문자어언이 가리키는 리理와 의義를 보지 못하고, 문자어언에만 끌리어 얽매이기 쉬운 것이었고, 당시 중국의 풍요로운 경론과 주석의 바다에서 이러한 현상이 심화되어 있었기 때문에 초기 선종의 선사들은 이를 크게 경계하여 문자어언에 빠지지 말 것을 강조하였다.

'이심전심'이나 '불립문자'는 교를 배제하는 뜻이 들어 있어서 후대의 선종이 교를 무시하거나 멀리한 데 큰 영향을 주었으나 그 본 뜻은 사사事事에 즉심즉불卽心卽佛·즉심시불卽心是佛하라는 것이며, 교를 무시하거나 멀리하리는 의미는 아니었다. 교(敎; 法相)를 통해 그 법상에도 머무르지 아니하고 넘어서게 되면 바로 사事에 즉하여 즉심즉불하는 것이다. 이 명구들은 이미 교를 통해 법상을 충분히 이해한 자들에게 지시한 말이다. 즉 이미 교의 학습이 전제되어 있다. 교를 습득하기도 전에 처음부터 학습하지 말라는 뜻이 아니다. 그런데 이러한 명구는 점차 선종이 다른 종과 경쟁하면서 자신의 우월함을 내세우기 위한 선전명구로 사용되어 갔고, 나중에는 '교외별전'이라는 명구까지 나오게 되면서 인도에서는 없었던 교종과 선종의 구분이 이루어지고, 교(敎; 경론)에는 없는 격상格上의 선법이 있어 이심전심 되었다는 식의 논리까지 나오게 되었다. 또 『능가경』의 4종선법 가운데 여래만이 할 수 있는 행을 '여래선'이라 칭한 사실을 도외시한 채 법상에 머묾이 있는 선을 여래선이라 하고, 이보다 더 격상인 선을 조사선이라 칭하기에 이르니 후대에 상당한 혼란을 야기하게 되었다. 특별한 경우를 제외하고는 후술하는 『능가경』의 4종선 가운데 관찰의선觀察義禪과 반연진여선攀緣眞如禪의 단계를 거쳐야 하는 것이나 처음부터 격상의 조사선을 내세우다보니 명확한 리理의 요지에 바탕한 선법이 이제 뿌리 없이 공중에 뜬 상태의 것이 되고 말았다. 이에 대해서는 뒤에서 상술하겠다.

『능가경』의 선지는 또한 유심唯心이며 일심一心이니 무생無生이고, 무생의 생生이니 일심이고 유심이라는 심지법문心地法門이다. 일심이고 무생인지라 능能과 소所가 따로 없고, 분별할 바도 없으며, 얻을 바도 없고, 견見할 바도, 지知할 바도 없다. 그래서 인식의 대상이 될 수 없는 자심自心이 바로 무심無心이고 무생無生이되, 무심과 무생도 얻을 바 없어 즉심시불卽心是佛이요, 즉심즉불卽心卽佛이며, 자성불自性佛이다. 『능가경』의 명구 "(대혜보살이 부처님께 말하길) 제불의 심心이 제일입니다."는 바로 이를 말한다. 이 또한 일체의 상을 떠나 사事에 즉한 자리이다.

제2장 돈법頓法과 점법漸法의 문제

1. 서언

앞의 글에서 『능가경』의 요의要義인 교선일치의 심의深義와 유심唯心과 무생無生의 리理에 바탕한 선지禪旨를 살펴보았다. 일체법은 본래 유심이고, 능能·소所가 따로 없는 일심一心인지라 무생이며, 불가득 不可得이고, 일체의 분별을 떠나 있다. 자심自心에서 이러함을 여실히 요지了知함에서 자증성지自證聖智(『능가경』; 자심에서 증득한 聖智: 4권 본에서는 自覺聖智)가 이루어진다. 그래서 이 자심自心을 떠나 따로 어디를 향하여 도를 구하지 않는다. 일심인 까닭에 평등하고, 분별을 떠나 있어 언설을 떠난 자각성지自覺聖智이다. 선가에서 자주 말하는 언어도단이며 심행처멸인 자심이며, 자심이 본래 이러함을 여리如理 하고 여실如實하게 요지한지라 이 마음을 다시 어떻게 수정修整하려고 함이 없다. 사실 능과 소가 따로 없는지라 자심에 수정의 대상이 따로 있을 수 없다. 그래서 이 자심을 어떻게 달리 수정하려고 함은 법리法理(無生·平等·不可得의 理)에 어긋난다. 또한 자심이란 인지의 대상이 될 수도 없는 것이다. 본래 자심이 그대로 무생인데 무엇을 무엇이 어떻게 한다 함이 있겠는가. 그래서 무념무수無念無修의 무수지수無修之修와 임운행任運行이 된다. 그리고 이러한 행은 달마의『이입사행론』에서 설한 "자교오종(藉敎悟宗; 敎에 의지하여 宗을 깨닫는다)"의 이입理入을 전제로 한 것이었고, 또한 그 이입이 자심에서 요지될 때 선지가 체득되는 것이며, 이것이 곧 교선일치의 심의深義이다.

"이심전심" "불립문자" 등의 명구는 이러한 심의의 차원에서 이해될 수 있는 것이었고, 아울러 자칫 문자어언의 법상에 끌리어 가기 쉬운 현상을 바로 잡고, 중국전통의 지나친 훈고적 문자해석의 풍조 속에서 나온 경책의 가르침이기도 하였다. 요컨대 이심전심이나 불립문자도 실은 교선일치의 심의를 일깨우기 위한 명구였다. 그러나 이러한 취지의 이들 명구는 뒤이어 나온 교외별전과 어우러지며 심히 교학을 멀리하게 하여, 달마선의 근본인 자교오종藉敎悟宗의 기틀을 무시하게 하는 결과를 초래하였다. 이러한 일련의 과정에서 선종의 우위를 확보하기 위해 의도적으로 이들 명구를 내세우고 이용한 면도 없지 않다.

한편 돈오頓悟의 교의는 이미 인도에서 있었고,[1] 혜능에서 첫 시작한

---

[1] 『俱舍論』에서 '見道'와 '修道'에 대해 논하면서 '見道'의 「頓修十六行(相)」을 설명하고 있고(『大正藏』29, p.128), 후술하는 바와 같이 『능가경』에서도 보이며, 『법화경』에서 사갈라용왕녀가 "忽然之間에 寶蓮華에 坐하여 等正覺을 성취하였다."고(『大正藏』9, p.35) 함도 같은 뜻이다.

것이 아니라『능가사자기』에 수록된 혜능 이전의 선사들의 어록, 우두법융牛頭法融의『절관론絶觀論』이나² 『심명心銘』에 이미 그에 상통하는 내용이 여러 곳에 있다. 더구나 선종 이전에도 돈오론頓悟論이 전개된 바 있다. 돈점頓漸의 논의는 대체로 구마라습鳩摩羅什의 역경을 전후한 시기에 도안道安・혜원慧遠・지둔支遁・(축)도생(竺)道生・승조僧肇 등으로부터 등장하고 있다. 특히 도생의 돈오론은 후대에 상당한 영향을 주었다.³ 이어 각 종파별로 교판敎判하는 가운데 주요 사항으로 논의되었다. 그리고 달마와 혜가의 시대에 승조僧稠・혜광慧光・도항道恒 등의 소위 정학定學 집단과의 마찰 배경을 그 선법의 차이에서 본다면 돈점의 내용이 그 과정에 들어 있다. 그 후 불교사회 전체에 돈점 논쟁의 큰바람을 일으킨 것은 하택신회荷澤神會의 남돈북점론南頓北漸論 주창에 의해서이다. 이 논쟁은 하택신회 계열로부터 자창自唱 자립되어 거의 일방적으로 북종을 점법으로 폄하한 것이었다.

소위 활대滑台의 논쟁에서(개원22년, 734년) 북종의 대표로 참여한 숭원崇遠은 그 논쟁 과정에서의 발언 태도와 내용으로 보아 실재하였던 북종 인물인지 분명치 않다.⁴ 어쨌든 신회의 주창은 후일 크게 선양되어

---

2 돈황출토 필사본인『絶觀論』은『三藏法師菩提達摩絶觀論』으로 題한 本이 있어 달마의 저술일 가능성도 있으나 대체로 牛頭法融의 저술로 보는 견해가 많다. 필자는 일단 그 내용으로 보면 달마선법의 精髓임에 분명하다고 생각한다.
3 특히 胡適은 道生을 "頓宗'의 開山祖師이며, 곧 慧能과 神會의 먼 祖師"라고 하였다(「荷澤大師別傳」,『胡適學術文集・中國佛學史』, 北京, 中華書局, 1997, p.337). 洪修平・孫亦平 共著, 노선환・이승모 共譯,『如來禪』, 운주사, 2002, pp.190-4.
4 이 논쟁에서의 대화록이 곧「菩提達摩南宗定是非論」이다. 본고에서는『神會和尚

남돈북점론南頓北漸論과 정방론正傍論이 후대로 갈수록 거의 당연한 것으로 인식되게 되었다. 북종 신수를 점법으로만 인식해 왔고, 신수가 여러 곳에서 『능가경』을 들어 자신의 수행을 제시하고 있기 때문에 그 『능가경』의 선법도 점법으로 보는 견해들이 근래에까지 이어지게 되었다.

이를테면 돈황 선종문헌 발견 이후 근대 선종사 연구에 큰 업적을 남긴 호적胡適도 『능가경』의 선법을 점법으로 보았다.[5] 또는 단순히 '교학불교에 경종을 울린 실천불교의 입장'으로, 또는 막연히 '소승보다 우월한 대승선의 강조' 또는 '대승사상의 시현' 정도로 이 선법을 설명하는 것도(정성본)[6] 피상적인 설명에서 별로 벗어나지 못한 것이다. 단지 점법으로만 보지 않는 견해로서 김호성의 '돈오점수'설이 있고,[7] 달마 이래의 북종이 오로지 점법만이 아니라 돈오의 법도 포함하고 있다는 점은 김영욱과[8] 홍수평洪修平·손역평孫亦平도[9] 지적한 바가 있다. 호적이, 달마 이래의 선법이란 『능가경』에 의한 소위 '능가선'임을 자세히 논증한 것은 큰 공로라 하겠으나 그의 견해는 결국 달마에서 신수에 이르는 선법이 남종의 돈법과 대비되는 점법이라는 것이 되어

語錄』, 北京, 中華書局, 1996에 수록된 것을 저본으로 한다.
5 胡適, 「楞伽宗考」, 『中央研究員歷史語言研究所集刊』5-3, 1935(『胡適學術文集 - 中國佛學史』, 中華書局, 北京, 1997에 再錄).
6 鄭性本, 『中國禪宗의 成立史研究』, 民族社, 2000(1991), pp.108-179.
7 김호성, 「대승경전과 禪」, 民族社, 2002, pp.295-301.
8 金榮郁, 『『壇經』禪思想의 研究 - 北宗批判을 통한 慧·用思想의 성립과 전개』(고려대학교박사학위논문, 1993.12), pp.12-53.
9 洪修平·孫亦平 共著, 노선환·이승모 共譯, 『如來禪』, 운주사, 2002, pp.194-197.

버려 큰 문제를 남긴 셈이다.

하택신회가 점법으로 몰아친 것은 어디까지나 신수神秀뿐이었지 초조에서 오조에 이르는 조사들에 대해 말한 것은 아니었다. 그에 의하면 돈법이란 달마 이래 정통으로 이어 온 법이다. 따라서 신수의 점법은 정맥을 이은 것이 아니어서 방계傍系라는 것이다. 신수는 방계이고, 혜능이 정맥이라 함은 곧 초조에서 홍인에까지 이어 온 돈법의 정맥을 혜능이 계승하였다는 것이니 하택신회는 달마 이래의 선법이 돈법임을 전제하고 있는 것이다. 또한 그는 활대의 연설에서 자신의 종宗을 "보리달마남종菩提達摩南宗"이라 칭하였다. 따라서 남북 양종을 처음으로 구분한 하택신회의 논지에 의하면 북종은 분명히 신수와 그 직계인 보적普寂·의복義福 등에 한정된 말임이 분명하다. 그런데 근래에 상당수 연구자들은 남돈북점 논의에 더하여 소위 조사선이라는 명구에 영향 받아 달마에서 혜능 이전까지를 여래선으로 보고 혜능에서부터 조사선이 창도되고 마조도일馬祖道一에 의해 조사선이 완성되었다는 견해를 펼치고 있다.[10] 그리고 여래선과 조사선이 구체적으로 어떻게 구분되는가에 대해 상당히 자세한 설명을 하고 있다. 그러나 이러한 견해의 문제점에 대해서는 이미 앞의 제1장에서 제기한 바 있다.

여래선과 조사선의 문제는 뒤에 논하기로 하고, 여기에서는 먼저 돈점의 문제에 대해 검토하고자 한다. 이 문제는 일단 『능가경』의 선법을 이해하는 것이 선결과제이다. 본고에서는 『능가경』의 선법이

---

10 鄭性本, 앞의 『中國禪宗의 成立史硏究』.
   김태완, 『祖師禪의 실천과 사상』, 장경각, 2001.

『단경』이나 신회가 설하고 있는 돈법과 같은 것임을 입증하고자 한다. 한편 『단경』도 돈법과 함께 점법을 갖춘다고 하면서도 점법으로는 성취할 수 없다 하였고, 신회는 아예 점법의 위상조차 인정하지 않고 있으며, 그러한 점법을 북종 신수의 선법으로 보고 있다. 그러나 달마 이래의 초기 조사들의 법문에는 점법 내지는 방편행이 설해져 있다. 그렇다면 점법은 돈법과 관련하여 어떠한 의미와 위상을 지니는 것인가. 『단경』이나 신회가 비판한 그 점법이란 것이 과연 신수 내지는 북종의 선법이라 할 수 있는 것인가. 본장에서는 『단경』이나 신회가 성취할 수 없는 법으로 비판한 그 법은 신수神秀의 선법과 다른 것임을 입증하고자 한다. 이를 통해 진정한 점법漸法이 초기 선종 이래 설해져 온 뜻도 함께 이해될 수 있을 것이다. 아울러 남북종 구분의 타당성 문제도 함께 논의될 수 있을 것이다.

2. 『능가경』의 선법과 돈점頓漸의 문제

주지하는 바와 같이 돈과 점은 각기 여러 경론과 어록에서 다른 어의로 사용되고 있기 때문에 그 자리에서 어떤 의미로 쓰인 것인가를 먼저 파악하지 않으면 안 된다. 종밀宗密은 '교'의 면에서 보면 화의化儀의 돈·점과 응기應機의 돈·점이 있고, '인人'의 면에서 보면 교수방편敎授方便의 돈·점과 근성오입根性悟入의 돈·점, 발의수행發意修行의 돈·점이 있다고 하였다.[11] 또 근래에 양혜남楊惠南은 돈점의 뜻이

---

11 『禪源諸詮集都序』에 "法體頓漸義意, 有此多門. 門門有意, 非强穿鑿. 況楞伽四漸四頓(義與漸修頓悟相類)此猶不敢繁云. 比見時輩論者, 但有頓漸之言, 都不分

남종에서 몇 단계의 변화를 보이고 있다고 하였다. 즉 혜능은 신속한 체오體悟의 뜻으로 썼는데 그것은 중생 근기의 날카로움〔利〕과 둔함〔鈍〕에 의한다 하였으며,[12] 신회神會는 돈법을 "방편도 없고, 점차도 없는 것"이라 하였고, 더 나아가 후대에는 "도란 닦음을 필요로 하지 않는다"·"평상심시도平常心是道"로 변하였다고 한다.[13]

필자는 돈점의 용례나 논점이 여러 가지로 세분될 수 있겠으나 그 주된 초점은 다음의 두 가지에 있다고 본다. 첫째는 수행법, 즉 타고 가는 행법〔乘〕이 단박에 가게 하는 것인가 아니면 점차의 단계를 거치며 가게 하는 것인가를 구분한 것이다. 부처님은 중생 근기에 따라 세 가지의 타고 갈 승(乘; 3승: 성문, 연각, 보살승)을 마련하여 제시하시고 이끄셨다. 이를테면 어떤 목적지에 가는데 자전거와 자동차와 비행기로 가는 차이가 있듯이 타고 갈 가르침〔乘〕의 돈점이 있다. 둘째는 단박에 성취됨과 점차로 성취됨의 차이를 구분한 것이다. 즉 타고 가는 법의 차이가 아니라 오悟나 승證이 이루어지는 시간적 양태를 나타낸 것이다. 이 용례는 『구사론』에서도 도처에 보인다.[14]

析。就教有化儀之頓漸, 應機之頓漸。就人有教授方便之頓漸, 根性悟入之頓漸, 發意修行之頓漸." 『大正藏』48, p.408a.

이 점에 대해서는 조윤호, 「宗密의 돈오점수 성불론」, 『동아시아불교와 화엄사상』, 초롱, 2003, p.76에 언급된 바 있다.

12 『단경』에 "法無頓漸, 人有利鈍"

13 楊惠南, 「南禪頓悟說的理論基礎 - 以'衆生本來是佛'爲中心(1)」, 『台大哲學論評』 6, pp.109-110.

14 "九品善根, 由一刹那邪見頓斷"(『大正藏』권29, p.089a)
"以若此品, 對治道生則此品中諸惑頓斷"(同, p.111a)
"卽用彼道, 此惑頓斷"(同, p.111c)

이 양자 가운데 전자는 행자가 타고(乘) 가는 법(法; 禪旨)이니 곧 리理에 해당하고, 후자는 그렇게 타고 감에 의하여 나타나는 모습이니 사事에 해당한다. 즉 어떤 리理를 요지하여 타고 가는가에 의해 돈점의 사事가 차별되어 나타난다.

먼저 『능가경』의 선법이 과연 점법인가에 대해 살펴보기로 한다. 여러 논자들은 이에 대해 논할 경우 대체로 본 경의 다음 구절을 전제하고 있다.

이때에 대혜보살마하살이 망심妄心의 흐름을 청정케 하고자 부처님께 청문하였다.
"세존이시어! 모든 중생이 자심 망상의 흐름을 청정이 하는데 있어서, 점차 청정이 이루어지는 것입니까(漸淨), 단번에 청정이 이루어지는 것입니까(頓淨)."
부처님께서 설하셨다.
"대혜여! 점차 청정하게 되는 것이지, 단번에 청정이 이루어지는 것이 아니니라. 암라과 열매가 점차 익어 단번에 익지 않듯이, 제불여래諸佛如來가 모든 중생의 자심 망상의 흐름을 청정하게 함도 역시 이와 같아, 점차 청정이 이루어지는 것이지 단번에 청정이 이루어지는 것이 아니니라. 그릇 만드는 사람이 그릇을 만들 때, 그릇이 점차 이루어지고 단번에 이루어지지 않듯이, 제불여래가 중생의 자심 망상의 흐름을 청정하게 함도 역시 이와 같아 점차 이루어지는 것이지, 단번에 이루어지는 것이 아니니라. 비유컨대 대지가 여러 초목을 생함도 점차이지 단번에 생하는 것이 아니듯이,

제불여래가 모든 중생의 자심 망상을 청정하게 함도 이와 같아 점차이지 단번에 이루어지는 것이 아니니라. 대혜여, 비유컨대 사람이 음악·서예·그림이나 여러 기술을 익히는 것도 점차 되는 것이지 단번에 되는 것이 아니듯이, 제불여래가 모든 중생의 자심 망상을 청정케 함도 역시 이와 같아 점차이지 단번에 되는 것이 아니니라.

(이상은 점정상漸淨相이고 이하는 돈정상頓淨相이다.)

비유컨대 거울이 단번에 많은 모습을 나타내되 분별함이 없듯이, 제불여래가 모든 중생의 자심 망상의 흐름을 청정하게 함도 역시 이와 같아 일체의 무상無相 경계를 단번에 나타내되 분별함이 없느니라. 해와 달이 일시에 일체 색상을 두루 비추듯이 제불여래가 모든 중생의 자심自心 망습妄習을 청정케 함도 역시 이와 같아 단번에 불가사의한 제불여래의 지혜경계를 시현示現하느니라. 비유컨대 장식藏識이 몸과 국토의 일체 경계를 단번에 나타내듯이 보신불報身佛도 역시 이와 같아 색구경천色究竟天에서 단번에 일체 중생을 능히 성숙케 하여 제행諸行을 닦게 하느니라. 비유컨대 법신불法身佛이 보신불과 화신불化身佛을 단번에 나타내듯이, 광명으로 빛나는 자증自證의 성스러운 경계도 역시 이와 같아 단번에 법상法相을 나타내고 비추어서 유有·무無 등의 일체 악견을 떠나게 하느니라."[15]

---

15 『大乘入楞伽經』卷第二 集一切法品二之二에
「爾時大慧菩薩摩訶薩, 爲淨心現流故, 而請佛言.
"世尊, 云何淨諸衆生自心現流爲漸次淨, 爲頓淨耶."
佛言.

이 법문에는 돈점이 함께 나와 있어 어느 면에서 돈점이라 한 것이며 어떠한 뜻으로 해석해야 할 것인가가 중요하다. 요컨대 자심 망상의 흐름을 청정케 하는 데는 점차 이루어지는 상(相; 점정상)과 단번에 이루어지는 상(相; 돈정상)이 있다. 점차로 이루어지는 상이란 아직 불과佛果에 이르지 못한 자리에서는 망습이 남아 있고, 망습은 단번에 소멸되는 것이 아닌 까닭에 망습이 점차로 소멸되면서 불과佛果에 나아가는 것임을 말한다. 단번에 이루어지는 상이란, 여래의 경지에서는 일체중생이 언제 미혹된 바가 없어 본래 불佛임을 여실히 아는지라 분별함 없이 일시에 청정하게 함을 말한다. 따라서 점정상과 돈정상이 있으나 사실 돈정상은 불과를 온전히 성취한 자리에서만 있는 것이고, 그 이전의 보살 인행因行 단계에서는 모두 점정상인 것이다. 그리고 이 법문에서 중생의 망상이 청정하게 되는 것은 여래가 그렇게 함에 의해 이루어지는 것으로 되어 있다. 왜 그러한가. 사실 어느 자리에서나 수행이 진전되어 가는 것은 곧 본래의 불심(佛心; 一心)에 돌아가는 것이고, 그렇게 돌아가는 것은 곧 본래의 불심(一心)이 그렇게 함인

"大慧, 漸淨非頓. 如菴羅果漸熟非頓, 諸佛如來淨諸衆生自心現流, 亦復如是, 漸淨非頓. 如陶師造器漸成非頓, 諸佛如來淨諸衆生自心現流, 亦復如是, 漸而非頓. 譬如大地生諸草木漸生非頓, 諸佛如來淨諸衆生自心現流, 亦復如是漸而非頓. 大慧, 譬如人學音樂書畫種種伎術漸成非頓, 諸佛如來淨諸衆生自心現流, 亦復如是漸而非頓. 譬如明鏡頓現衆像而無分別, 諸佛如來淨諸衆生自心現流, 亦復如是, 頓現一切無相境界而無分別. 如日月輪一時遍照一切色像, 諸佛如來淨諸衆生自心過習, 亦復如是, 頓爲示現不可思議諸佛如來智慧境界. 譬如藏識頓現於身及資生國土一切境界, 報佛亦爾, 於色究竟天, 頓能成熟一切衆生令修諸行. 譬如法佛頓現報佛及以化佛, 光明照曜自證聖境, 亦復如是, 頓現法相而爲照曜, 令離一切有無惡見."

까닭이다.

그런데 보통 말하는 수행과정에서의 돈수頓修란 돈정상頓淨相의 뜻이 아니다. 돈정상은 본래 미혹된 바가 없어서 불심佛心과 무이無二인 일심一心에서의 여래행如來行이고, 수행과정에서의 돈수는 점수에 비해 빠르고 원만하며 묘각妙覺에까지 갈 수 있는 법을 말한다. 즉 돈수라는 말은 이미 과果에 도달한 것을 뜻하지 않는다. 어디까지나 돈수는 더 이상 수행이 필요치 않은 위位에 이른 것을 뜻하지 않는다. 앞의 글에서 논한 바와 같이 유심이고 일심이며 무생인 까닭에 무엇이 무엇을 얻고자 이루고자 하는 수修가 없는 수修, 즉 무수지수無修之修가 곧 돈수頓修이다. 그래서 돈수는 먼저 유심이고 일심이며 무생이어서 일체법이 불가득임을 돈오頓悟해야 타고〔乘〕 갈 수 있다(이 理法은 주로 『능가경』에 의한다). 또한 마음이 본래 지知함이 없고, 분별함이 없으며, 견見함이 없고, 사의思議함이 없음을 돈오하고 나서야 행할 수 있다(이 理法은 주로 『반야경』에 의한다). 그래서 이러한 돈오를 아직 이루지 못하여 닦을 것이 있고, 향함이 있는 행인 점수에 대칭해서 돈수라 하니 돈수는 원만하고 빠르며 극과極果인 묘각妙覺에까지 도달할 수 있는 법이란 뜻이다.

그래서 돈수도 점정상에 들어간다. 그러나 돈수는 먼저 돈오, 즉 무심이고 무생이며 일심이니 따로 무엇을 얻을 바가 없는 것임을 깨달아야 가능하다. 그리하여 바로 불과의 과와 같은 인을 이루고 가는지라 인과불이因果不二가 되어 "처음 발심하여 곧 정각을 이룬다."의 뜻을 갖춘다. 그러나 사사事事에 인과동시因果同時가 됨은 곧 여래지如來地일 뿐이다. 여래지에서는 수행분상에서 비교 상대로 말하는 돈점이 따로 없다. 돈수는 어디까지나 수행분상에서 쓰이는 말이다. 돈수란 불과佛果에 정통으로 빠르며 원만하게 갈 수 있는 법이니 이 법이 곧 일불승一佛乘의 법이며 대승의 요체이고, 앞의 여러 글에서 말한 능가선의 요지이다. 돈오가 되어야 돈수라는 빠르고 뛰어나며 원만하고 묘각에까지 갈 수 있는 수행이 된다. 여러 선사들이 도처에서 돈오를 크게 강조하는 뜻도 여기에 있다. 돈오하면 그 깨달은 이법이 곧 묘각에 일치(계합)하는지라 묘각이라는 과果와 일치하는 일因이 되는 것이고, 본래 일심이라는 뜻에서 보면 바로 "처음 발심하여 곧 정각을 이룬다."는 뜻이 된다. 그러나 씨앗[因]이 뿌려졌더라도 여러 여건이 갖추어지면서 싹이 돋고 열매가 열리듯이, 그 인因이 성숙해감에는 점차 청정해지는 상(점정상)이 있게 된다. 인因인과 과果가 불이不二이되 인은 과가 아니어서 인이라 하고 과라고 함이다. 이 두 가지 뜻이 함께 함은 점정상과 돈정상도 마찬가지이다.

따라서 본 경문의 앞부분 점정상 법문만 가지고 본 경의 선법을 점법으로 보는 것은 잘못이다.[16] 사실 세 승(1승~3승)의 법이 모두 점정상의 길이다. 단지 같은 점정상에도 돈점의 차이가 있다. 그래서 『원각경』에서 이르길, 선지식을 만나 그에 의지하여 인지因地 법행法行의 수습을 하는 데는 곧 돈과 점이 있게 된다 하고, 만약 여래의 무상보리 정수행로正修行路를 만나면 근기의 대소를 막론하고 모두 불과를 성취할 수 있다고 하였다.[17] 또 『단경』에도 "왜 대선지식이라

---

16 이를테면 胡適은 바로 이 漸淨相의 부분만 인용 제시하면서 "당연히 漸修의 禪學"이라고 규정하고 있다. 앞의 「楞伽宗考」, p.125.
17 『원각경』 미륵보살장에 "一切衆生皆證圓覺, 逢善知識, 依彼所作因地法行, 爾時

하는가? 최상의 대승법을 이해하여 정로正路를 직시直示하니 바로 대선지식이요 대인연이다."고[18] 하였다. 성문승보다는 보살승이 더 빠르며 원만하고, 자전거로는 갈 수 없는 미국을 비행기로는 갈 수 있듯이 묘각에까지 갈 수 있다. 단지 성문승이 묘각에 이르기 위해서는 여래의 무상보리 정수행로를 만나야 한다. 바로 "여래의 무상보리 정수행로"를 개시오입하고자 함이 대승경전의 뜻이다. 여래가 안 계실 때에 대승경전의 정수행로를 직시해 줄 수 있는 분이 곧 혜능이 말한 대선지식이다. 인지因地의 수습에서 돈점의 차이가 있게 되는 것은 물론 그 사람의 근기 이둔利鈍의 차이에 의한 것이다. 그래서 혜능도 "법에 돈점이 있는 것이 아니라 사람에 따라 이둔利鈍이 있다."고[19] 하였다.

그렇다고 해서 법에 돈법과 점법이 없다고 할 것인가. 위에서 언급한 바와 같이 "여래의 무상보리 정수행로"를 만나야 불과佛果를 성취한다고 하였으니 이미 이러한 법과 그렇지 못한 법이 있다는 것이 된다. 또 불법佛法에는 세 가지의 승이 시설되어 있고 각기 돈점의 차이가 있다. 더구나 본 『능가경』에서는 후술하는 바와 같이 일체의 선법을 소위 '4종선'으로 구분하여 설명하고 있다. 그렇다면 "법에 돈점이 없다."는 무슨 말인가. 혜능은 바로 이어 "아직 깨닫지 못한 자에게는 점법으로 권하나, 깨달은 자는 돈법으로 닦는다〔迷卽漸勸, 悟人頓修〕."라 하였다. 오悟란 『단경』이나 신회어록神會語錄에 누차 강조하고

修習便有頓漸, 若遇如來無上菩提正修行路, 根無大小皆成佛果."
18 周紹良 編, 『敦煌寫本壇經原本』, 北京, 文物出版社, 1997. p.137.
19 돈황본 『壇經』, 앞의 책, p.121.

있는 바와 같이 자심이 그대로 무상無相·무주無住·무생無生·무념無 念임을 깨달음이고, 이 이법理法이 상응하는지라 무수無修의 수修가 된다. 그래서 이 이법을 돈오하기 이전에 타고 가던 법과는 뚜렷이 구별된다. 단지 이 무상·무주·무생·무념(무심)의 이법을 자심에서 깨달았지만 자심이 본래 그러하고, 자심은 따로 대상이 될 수 없고 얻을 바 없는 것인지라 그러한 이법의 상相에 향하거나 취착함은 무상·무주·무생·무념(무심)의 뜻에 어긋나게 되는 것이며 오히려 도를 장애한다. 이러한 취지는 『능가경』과 『단경』을 비롯하여 대승경 전, 그리고 선사들의 어록 도처에 강조되어 있다. 그렇지만 또한 깨닫기 전의 행법과는 다른 것 역시 사실이다. 만약 "법에 돈점이 없다"를 말 그대로 이해한다면 『단경』에서조차 돈법과 점법, 마땅한 행법과 버려야 할 행법의 완연히 다른 두 종류의 법을 대비하고 있는 것과 상호모순이 된다. 종밀은 일찍이 이 말의 뜻을 다음과 같이 해석한 바 있다.

"만약 멀리 숙세의 일까지 생각해본다면 오직 점만 있고 돈(단박에 이루어짐)은 없다. 지금 돈견頓見하는 자도 이미 다생의 점훈漸熏이 있어 발현된 것이다. 어떤 분이 이르길, '법法에 돈점이 있지 아니하고, 돈점은 사람의 근기에 있다'고 하였으니 진실로 그러하다! 이 리理는 분명히 말에 있지 않다. 본래 단지 사람의 근기에 대해서만 논한 것인데 누가 법의 체에 대해 말할 것인가. 돈점의 뜻은 여기에 다문多門이 있는 것이고, 문문門門마다 뜻이 있는 것이니 억지로 천착해서는 안 된다. 하물며 『능가경』의 사점사돈(四漸四頓; 뜻은 점수돈오漸修頓悟의 류이다) 이것은 더더구나 감히 번잡하게 논해서는 안 되는 것이다. 요즈음 보건대 시류의 논자들은 단지 돈점의 말만 하고 모두 분석하지를 않는다."[20]

즉 종밀은 "법에 돈점이 없다"에서의 법法을 법체로 이해하고, 따라서 말로 따질 수 없는 것이라고 하였다. 사실 법체에는 돈점이 따로 없다. 또한 그 법체는 언설상을 떠나 있고 차별이 없기에 돈법과 점법의 상을 따로 얻을 수 없다. 그런데 돈법과 점법의 법이 있는 것은 사람의 근기 차별에 의한 것이고, 그에 상응한 것이다. 그래서 돈점의 법은 법체에 있지 아니하고, 사람의 근기에 인한 것이다. 이렇게 본다면 위의 문제가 해소될 수 있다. 요컨대 "법에 돈점이 없다"는 뜻은 그 법체에서는 돈점이 따로 없으나, 사람의 근기로 인하여 있게 되는 것이라 하였으니 어쨌든 돈점의 법이 없다는 뜻은 아니다. 그래서 혜능도 점법과 돈법을 구분하여 설명하고 있고, 종밀은 바로 뒤이어 앞에서 소개한 여러 경우의 돈점 용례를 분류하여 설명하고 있다.

그런데『능가경』에서 점정상과 돈정상을 말한 것은 어디까지나 성취가 점차로 이루어지는가 단박에 이루어지는가의 시간 차이에 의거한 구분이다. 또한 인지因地의 보살과 과위果位의 여래如來의 행行

---

20 『禪源諸詮集都序』에 "若遠推宿世則唯漸無頓. 今頓見者, 已是多生漸熏而發現也. 有云, 法無頓漸, 頓漸在機者, 誠哉! 此理固不在言. 本只論機, 誰言法體. 頓漸義意, 有此多門. 門門有意, 非强穿鑿. 況楞伽四漸四頓(義與漸修頓悟相類), 此猶不敢繁云. 比見時輩論者, 但有頓漸之言, 都不分析."(『大正藏』48, p.408).

을 대비하여 구분한 것이기도 하다. 즉 어떠한 수행법을 두고 말한 것은 아니다. 그래서 이 부분의 내용에 의거해서 『능가경』의 선법이 돈頓이다 점漸이다를 논할 일이 아니다. 다만 『능가경』에서는 위에서 논한 바와 같이 수행과 성취에는 돈점의 양면이 있음을 말하고자 한 것이다. 인지因地에서의 나아감은 점차가 있지만 동시에 인지에서 오(悟; 了知)한 법은 여래의 돈정상에 계합하는 것이다. 주지하는 바와 같이 보살초지에서 진여眞如를 친증하는데, 이 진여는 다른 말로 하면 여래의 법락을 초지보살 이상의 보살이 체증(體證; 受用)하게 된 불신佛身이라는 점에서 타수용신他受用身에 해당한다. 그리고 여래는 중생을 돈정頓淨케 하기 때문에 이 타수용신의 진여(眞如; 因地에서 證한 진여)는 돈법의 뜻을 갖는다. 즉 점차의 인지因地 법행法行에서 타수용신의 돈법의 뜻이 갖추어져 있다. 『능가경(7권본)』 권제5 현증품에

十地則爲初	십지가 곧 초지요,
初則爲八地	초지가 곧 8지이며,
第九則爲七	제9지가 곧 7지이고,
第七復爲八	제7지가 다시 8지이네.
第二爲第三	제2지가 제3지이고,
第四爲第五	제4지가 제5지이며,
第三爲第六	제3지가 제6지이나니,
無相有何次	무상無相인데 어찌 위차가 있겠는가.

라고 하였다. 타수용신의 진여가 인지因地의 보살을 돈정頓淨하는 상相의 입장에서 보면 인지의 점차도 있지 않다. 돈정이 가능한 것은 본래 일체가 그대로 진여이고, 진여는 무상無相인 까닭이다. 무상이니 차별의 점차상이 따로 있지 않는 것이다. 그래서 앞의 게송에서 "무상인데 어찌 위차가 있겠는가!"라고 하였다. 사事의 위位는 있다 하더라도 타고 가는 리理는 묘각妙覺의 리理를 타고 가는지라 위차가 따로 없다는 것이다. 이렇게 본다면 점漸에 돈頓이 갖추어져 있고, 돈頓에 점漸이 갖추어져 있는 것이 된다. 그러나 타수용신의 진여는 이를 친증한 보살초지 이상에서 갖추어지는 것이기에 돈頓의 뜻은 보살초지에 올라야 있게 된다. 그래서 소위 돈오라 함은 지전(地前; 보살초지 이전)에서 등지登地보살이 될 때의 각覺을 포함한다고 볼 수 있다. 물론 십지十地 사이에서도 여러 돈오가 있게 되고, 등각等覺의 최후 일념에서 묘각이 되는 때의 돈오도 있다. 이들을 모두 돈오라고 말할 수 있는 것은 그 오입悟入에 돈頓의 사실이 있기 때문이다. 이를테면 해가 구름에 가리어 있다가 구름이 점차 거두어지고 옅어지는 과정을 지나 어느 순간 햇빛이 찬연히 드러나게 되는 때가 있고, 이를 표현할 때 앞에서 구름이 점차로 거두어지는 것과 대비하여 '돈頓'이란 말을 쓸 수 있는 까닭이다. 구름이 아직 온전히 거두어지지는 않았지만 그 햇빛 자체는 분명히 진실한 까닭이며, 햇빛이 조금도 드러나지 않은 것과 약간이라도 태양이 보이며 훤히 드러난 것과는 실로 커다란 차이인 까닭이다. 여기에서 돈頓이란 말을 쓰지 않을 수 없는 것이다. 그래서 여러 경론에서도 꼭 묘각에 드는 최후 순간만을 가리켜 돈頓이란 말을 쓴 것은 아니다. 도생道生이 성불할 때의 최후 순간만을 돈오라고 할 수 있다고 한 것은²¹ 경론에서 쓰이던 용례를 무시한 말이다. 전술한 바와 같이 '돈견頓見'·'돈제頓除' 등은 소승경론인『구사론』에 이미 자주 보이는 말이다. 모두 각 단계에서의 돈입頓入을 말하고 있다. 이와 같이 본래 경론에서 쓰여 오던 용례에 수순하여 용어를 써야 한다. 그렇지 아니하고 각자가 새로운 뜻이나 다른 뜻으로 규정하여 사용해 버리면 후대에 큰 혼란을 준다.

더구나 위에서 설명한 돈점이 사事에서 이루어진 것인데 리理에서 이루어지는 것에 대해서 말한다면 보살초지 이전에도 리理의 돈오는 말해진다. 이 단계의 돈오는 아직 사事의 증오證悟가 아닌지라 상사각相似覺이라 하고 해오解悟라고도 한다. 이 단계도 상사각을 이루지 못한 자리와 뚜렷이 구분되며, 시간적으로 돈頓의 사실이 있기 때문에 돈오란 말을 쓴다. 달마대사가 말한 이입二入 가운데 이입理入은 이해오도 포함하고 있다. 또한 이 리理의 오입悟入에도 옅음과 깊음, 초보와 궁극의 차이가 있어 당연히 점오와 돈오의 말이 쓰이게 된다. 결국 어느 자리에서 어떠한 의미로 쓰인 것인가를 판단하는 것이 중요하다.

그리고 각 경론 교의의 돈점 차이는 그 경론의 이법理法이 묘각의 이체理體를 개시한 것인가, 아라한의 열반을 향하게 하는 것인가에 따른다. 전자라면 돈법이고, 후자라면 점법에 해당한다. 사事에 의해서가 아니고 이법에 의해서 그 법문의 돈점이 구분되는 까닭은 사事는 행법行法이 아니라 각 행법에 의해 이루어지는 현실인 까닭이다. 즉

---

21 앞의『如來禪』, p.192.

사事는 리理에 따른 행行의 결과인지라 행자行者가 타고 가는 법의 돈점을 가르는데 의거해야 할 것이 아니다. 즉 여러 행법(行法; 禪法)의 돈점은 그 선법이 의거하고 있는 이법에 의해 판단되어야 한다. 앞에 든 본 경문의 점정상과 돈정상은 사事에 의거한 것이다. 더구나 호적胡適은 그 일부인 점정상에 의거해서 본 경의 선법을 점법으로 단정한 것이니 잘못이라 하지 않을 수 없다.

그렇다면 『능가경』의 선법은 그 교의의 이법(理法; 禪旨)에서 돈점이 판단되어야 할 것이다. 그리고 그 교의의 선지에 대해서는 이미 앞의 제1장과 이를 요약한 본장의 앞부분에서 논급하였다. 아울러 그러한 선지가 왜 돈법인가 하는 이유도 실은 거의 설명된 셈이지만 다시 설명하여 정리해 보도록 하겠다.

능·소를 떠남이 진여眞如이고,[22] 그 진여는 언제 새로 생긴 것이 아니어서 무생無生이며,[23] 또한 무상無相이다. 무생이 생生을 떠나 따로 있는 것이 아니라 생이 곧 무생이다. 생 그대로 본래 공적空寂하여 생을 얻을 바 없는 까닭에 그 뜻이 곧 무생인 것이다. 그리고 그 생生이되 그대로 무생無生인 의義가 곧 진여이다. 그 진여와 무상無相 또한 능·소를 떠난지라 얻을 바 없다. 무생이라는 법도 따로 세울 바가 없다. 무생이라는 법을 세우면 무생이라는 법이 생긴 것이 되어 스스로 무생의 뜻에 모순되기 때문이다.[24] 그리고 능·소가 따로 없는

---

22 7권본 『능가경』 게송품 第十之初에 "能取와 所取 떠난 것을 나는 眞如라 하느니라. (於能所取 我說爲眞如)."

23 7권본 『능가경』 권제5 無常品第三之餘에 "내가 설하는 無生이 곧 여래이니라. 意生身·法身은 그 異名이다(我說無生卽是如來. 意生(身)·法身, 別異之名)."

까닭에 일심이며, 일체의 생멸이 유심唯心인 까닭에 일체의 분별 심량 心量을 넘어서 있고,[25] 유심인지라 무생이다.[26] 그러나 또한 그 유심(유식)도 얻을 바 없고 세울 바 없다. 『능가경(7권본)』 게송품에 설한다.

由無所分別　　분별할 바 없어서
分別則不起　　분별 일어나지 않나니,
云何心不起　　어찌 마음 일어나지 않는데

---

24 7권본 『능가경』 게송품에
　若立不生論　만약 不生論 세운다면
　是因生復　이 因으로 다시 生을 (不生이 生함을) 생하게 되는 것이니,
　如是立無生　이와 같이 無生 세우는 것은
　惟是虛言說　오직 허망한 설일 뿐이니라.

25 7권본 『능가경』 게송품에
　安住於唯心　오직 마음뿐임에 安住하여
　不分別外境　바깥 경계 분별치 않는 것이
　住眞如所緣　眞如에 머무름이요,
　超過於心量　心量 넘어선 것이네.

26 7권본 『능가경』 권제3 集一切法品 第二之三에 "왜냐하면 나는 生이 곧 無生이며 오직 自心에 있는 것임을 了達한 까닭이니라.(何以故. 我了於生卽是無生, 唯是自心之所見故)"
　同 권제5 無常品 第三之餘에
　惟心所建立　오직 마음이 건립한 것이니,
　我說是無生　나는 이를 無生이라 하네.

　諸法非因生　諸法은 因으로 생한 것도 아니고,
　非無亦非有　非無이고 또한 非有이나니,
　能所分別離　能·所의 분별 떠난 것을
　我說是無生　나는 無生이라 설하네.

而得有惟心   유심惟心을 얻을 바 있으랴.

분별할 바 없어서 분별 일어나지 않음이 곧 혜능과 신회가 돈법의 근본으로 말하는 무념의 뜻이다. 즉 억지로 염송을 일어나지 않게 하는 것이 아니라 본래 분별할 바 없음을 알아 분별이 일어나지 않게 되는 것이 무념無念이고 돈법이다. 억지로 생각을 하지 않으려 하거나 일어난 생각을 어떻게 하여 제거하거나 멈추게 함은 돈법이 아니고, 점법에 해당한다. 즉 "불기념不起念(생각을 일어나지 않게 함)"이 점법이라면 "심불기心不起"는 돈법이다. "심불기"의 행은 마음이 본래 일어남이 없다는 뜻을 알아 자심에서 그 뜻이 여리如理하게 구현되는 것이다. 『능가사자기』에서 초기 선종의 초조로 올라 있는 구나발다라삼장은 심心이 일어남이 없는 그 자리가 바로 제불諸佛의 심心이라 하고, 이는 보살십지를 넘어 불과처佛果處를 구경으로 하는 길이라고 하였다.[27] 『단경』에서는 억지로 생각을 하지 않으려 하는 것, 마음을 일으켜 간정看淨하는 것이 모두 오히려 장애가 된다고 하였다(후술). 그리고 위 게송에서 마음이 일어나지 않으니 유심唯心 또한 얻을 바 없다고 하였다. 유심이라 하니 자칫 유심이라는 상을 내어 오직 이것만을 붙잡으려 하기 쉽다. 이렇게 하면 또한 점법이고 대승의 선지를 아직

---

[27] 『능가사자기』 구나발다라삼장의 장에 "내가 법을 敎授할 때에 心이 일어남이 없는 그 자리가 바로 이것(諸佛의 心)이다. 이 법은 三乘(小乘·二乘·菩薩乘)을 초월하며, 菩薩十地를 넘어 佛果處를 究竟으로 하나니 단지 默心하여 스스로 깨달아 알 뿐이다.(我敎授法時, 心不起處是也. 此法超度三乘, 越過十地, 究竟佛果處, 只可默心自知.)"

모르는 소치이다. 본래 마음이 일어나지 않아서 무심 그대로가 유심의 뜻이다. 즉 현전現前의 마음 그대로가 본래 일어난 바가 없는 마음이니 무생의 마음이다. 그래서 동 게송품에 설한다.

無境則無心　경계없음이 곧 무심無心인데
云何成唯識　어찌 유식唯識을 따로 세우리.
以有所緣境　경계를 연緣(攀緣, 인식의 대상으로 잡음)함으로 인해
衆生心得起　중생심 일어나는 것이네.

경계 없으니 인식하는 자로서의 심心도 따로 없어 무심無心이다. 그래서 유식(唯識; 唯心)을 따로 세운다면 유심의 뜻에 어긋난다. 유심唯心이란, 능能과 소所가 따로 없어 무심無心의 뜻인데, 유심을 세운다면 그 유심이라는 것이 따로 있다는 것이 되어 무심의 뜻에 어긋난다. 그리하여 유심을 잡으려 하고, 유심이라는 상에 향함이 있게 되고, 유심을 얻으려 하는 것은 모두 "일체 모든 것을 얻을 바 없다[一切法不可得]"라는 대승의 이법에 어긋난다. 이와 같이 대승의 리理에 여리如理하고 여실如實하게 구현되는 것이 돈법이고, 대승의 법상에 마음을 일으켜 향하거나 얻으려 하거나 제어하거나 하면 모두 아직 2승(3승과 2승)을 벗어나지 못한 것이고, 또한 점법의 행에 해당한다. 혜능은 『단경』에서 이러한 뜻으로 돈법과 점법을 대비하여 돈법을 현창하였다. 또 동 『능가경』 게송품에 설한다.

分別於分別　분별을 분별함은

是二非涅槃　이견(二見: 能·所)이어서 열반이 아니나니,
若立無生宗　만약 무생을 종宗으로 세운다면
則壞於幻法　곧 환법幻法에 떨어지리.

　어떠한 분별에 처해 있든 그 분별의 당념에 대해 이를 공空이나 무상無相·무생無生 등의 법상으로 분별하여 수행하는 것은 바로 "분별을 분별함"이 된다. 이러한 행은 곧 능과 소의 이견二見에 떨어진 것이 된다. 그래서 무생을 종宗으로 내세움은 곧 무생이라는 분별을 일으키는 것이 되어 분별을 분별함이 된다. 즉 또 하나의 환법幻法에 떨어지는 것이 된다. 무상無相 또한 마찬가지여서 同 게송품에

若起過心量　심량心量 넘어서게 되면
亦超於無相　또한 무상無相도 넘게 되나니,
以住無相者　무상에 머무르는 것은
不見於大乘　대승을 보지 못함이네.

　라고 하였다. 그래서 분별의 당념當念에서 더 이상 이를 상相으로 보는 이견二見을 짓지 않음이 곧 돈법이다. 그렇다고 해서 분별을 할 수 없다는 것도 아니고, 분별을 억지로 하지 않으려고 함도 아니다. 『대승입능가경』 게송품에 설한다.

分別非有無　유·무 분별치 않으니
故於有不生　유라는 생각 생기지 않고,

了所見惟心　　보이는 바가 오직 마음임을 깨달으니
分別則不起　　분별 일어나지 않는 것이니라.

또 同 게송품에 설한다.

以覺自心故　　오직 자심일 뿐임을 깨닫는 까닭에
能斷二所執　　능히 이집二執을 끊을 수 있으며,
了知故能斷　　(唯心을) 요지하는 까닭에 끊을 수 있다는 것이지,
非不能分別　　분별할 수 없다는 것이 아니니라.

오직 마음뿐임을 요지了知한지라 분별 일어나지 않음이고, 분별할 수 없다는 것이 아니라 분별의 심행 그대로 자재自在하되 그 분별에 염착染着됨이 없을 뿐이다. 그래서 혜능도 "육진(六塵; 六境) 중에서 떠나지도 아니하되 염착되지도 아니하며, 거래去來함이 자유(自由; 自在)함이 곧 반야삼매이며, 자재해탈自在解脫이고, 무념행이라 이름한다."고[28] 하였다. 또 이르길, "또한 미혹한 사람은 마음을 비우려하고 생각하지 않으려고 함을 '대大'라고 하나 이 또한 잘못이다."고[29] 하였고, "미인迷人은 법상法相에 집착하고 일행삼매一行三昧에 집착하여 직심直心으로 앉아서 부동不動하고, 망妄을 제거하여 심心을 일으키지 않는 것이 곧 일행삼매라고 하니 만약 이렇게 한다면 이 법은

---

[28] 앞의 『敦煌寫本壇經原本』, p.138에 "於六塵中不離不染, 來去自由, 卽是般若三昧, 自在解脫, 名無念行."

[29] 위의 책, p.131에 "又有迷人, 空心不思, 名之爲大, 此亦不是."

무정無情과 같아 오히려 도를 장애하는 인연이 된다."고[30]하였다. 불기념(不起念: 생각을 일으키지 않으려고 함)은 오히려 도를 장애하는 것이다. 그러나 염불기념不起의 행은 돈법이다. 생멸生滅과 상相이 세간법이라면 무생無生과 무상無相은 출세간법이다. 이 출세간법에도 취착함이 없어야 돈법이다. 이러한 『능가경』의 선법은 『단경』에서도 강조되고 있다. 돈황본 『단경』의 무상송無相頌에 다음과 같이 설하였다.

邪見在世間　사견邪見은 세간에 있는 것이고,
正見出世間　정견正見은 출세간의 것이지만
邪正悉打却　사견·정견 모두 타파하는 것,
此但是頓教　이렇게 되어야만 돈교라 하고,
亦名爲大乘　또한 대승이라 하느니라.[31]

즉 세간법으로서의 사견邪見과 출세간법으로서의 성견正見 그 어디에도 마음이 향하거나 얻으려 함이 없어야 돈법이고 참다운 대승이라는 것이다. 이러한 선지는 바로 일체가 유심唯心이며 일심一心이고, 무생無生이며 무상無相이라 하되, 이 출세간법 그 어느 것도 따로 종宗으로 세울 수 없고, 향하거나 취하려 함이 없어야 함을 설하고 있는 『능가경』의 선지와 똑같다. 혜능의 설법 자체가 이미 『능가경』의 선법을 돈법으로 말하고 있는 셈이다. 이러한 돈법으로서의 『능가경』

---

30 앞의 『敦煌寫本壇經原本』, p.120에 "迷人著法相, 執一行三昧. 直心坐不動, 除妄不起心, 卽是一行三昧, 若如是, 此法同無情, 却是障道因緣."
31 앞의 『敦煌寫本壇經原本』, p.147.

의 선지는 후술하는 바와 같이 달마 이래 여러 조사들의 어록에서 일관되고 있다.

오직 마음뿐임을 아는 것이 곧 지혜이고 오悟에 의한 지智인지라 각지覺智라고 한다. 『능가경(7권본)』게송품에 설한다.

不能起分別　　분별 일으키지 않는 것을
愚夫謂解脫　　어리석은 범부는 해탈이라 하나,
心無覺智生　　마음에 각지覺智 생김이 없다면,
豈能斷二執　　어찌 이집二執을 끊을 수 있으리.

以覺自心故　　오직 자심일 뿐임을 깨닫는 까닭에
能斷二所執　　능히 이집二執을 끊을 수 있으며,
了知故能斷　　(唯心을) 요지하는 까닭에 끊을 수 있다는 것이지,
非不能分別　　분별할 수 없다는 것이 아니니라.

了知心所現　　자심이 나타난 것임을 깨달아 알면
分別卽不起　　분별은 곧 일어나지 않나니,
分別不起故　　분별 일어나지 않는 까닭에
眞如心轉依　　전의轉依하여 진여심眞如心 증득하네.

단지 분별 일으키지 않고 있는 것이 해탈이 아니다. 지혜 없는 선정이 되어 버린다. 아집我執과 법집法執의 이집을 끊기 위해서는 깨달은 지혜가 있어야 한다. 그리고 그 지혜의 깨달음이란 오직 자심自

心일 뿐임을 깨닫는 것이다. 그래서 『단경』에서도 반야의 오悟를 크게 강조하고 있는 것이다. 단지 혜능은 『금강경』의 "일체법불가득一切法不可得"에 의거한 반야의 오悟를 설하고 있고, 『능가경』의 오직 자심일 뿐이라는 반야의 오悟를 말하고 있지 않으나 이 양자 모두 실은 상통하는 것이다. 『능가경』에 의하면 일체법이 오직 자심일 뿐이어서 능·소가 따로 없고, 그래서 일심인지라 "일체법불가득"이다. 『금강경』은 유심唯心을 말하고 있지는 않지만 일체법을 얻을 수 없고, 일체법이 본래 무주無住임을 말하고 있다. 바로 이러한 심지心地법문이 곧 돈법이다. 또한 유심이고 "일체법불가득"인지라 무생이다. 혜능도 "만약 무생의 돈법을 깨닫는다면 서방 극락세계를 단지 찰나간에 볼 것이다."고[32] 하였다. 사실 『능가경』과 『금강경』의 핵심 요의要義가 바로 무생無生의 의義이다. 이렇게 무생의 뜻에 바탕하는 돈법 밖에 따로 별다른 돈법이 있는 것이 아니다. 반면에 점법은 마음에 얻으려 함이 있고, 법상法相에 향함이 있으며, 마음을 어떻게 하고자 함이 있으며, 번뇌를 제거하면서 열반을 이루어 간다는 것이다. 돈법은 번뇌가 곧 보리菩提이고, 무생이며, 자심일 뿐임을 돈오한 바탕에서 행하는지라 번뇌의 마음을 어떻게 제거하거나, 어떠한 법상으로 분별하거나 함이 없다. 분별이 그대로 각성覺性의 해海이다. 혜능의 무상송에 "보리가 본래 청정하니 마음 일으키면 곧 망妄이다."고[33] 하였다.

한편 무생이고 무상이라 하니 자칫 허무에 빠질 수도 있게 된다. 이를 막기 위해 무생이며 무상인 자리는 허무가 아니라 여래장如來藏이

---

[32] 앞의 『敦煌寫本壇經原本』, p.143에 "若悟無生頓法者, 見西方只在刹那."
[33] 앞의 『敦煌寫本壇經原本』, p.146에 "菩提本淸淨, 起心卽是妄."

라고 하였다.[34] 또한 능能·소所를 떠남에 곧 각覺이 현전된다. 지전地前의 상사각相似覺은 능·소가 따로 없음을 돈오하여 얻고, 보살초지에서 십지보살에 이르기까지 능·소가 따로 없음을 더 깊고 넓게 심화시키는 가운데 그 정도만큼 수분각隨分覺이 이루어지며, 온전히 능·소가 따로 없음이 구현됨에 구경각(究竟覺; 妙覺)이 된다.[35] 그런데 그 묘각의 이체理體는 곧 능·소를 떠나 있고, 일심·유심이며, 무생·무상의 이법을 모두 만족하는지라 그대로 불가득이고, 불가사의하며, 무엇을 지知한다 함도 없고, 분별한다 함도 없다. 득得하거나 사의思議하거나 지知하거나 분별할 대상이 따로 없는 까닭이다. 그러나 또한 묘각을 득得함이 없지 아니하고 일체종지一切種智를 지니며, 지知하고 분별함이 없지 아니하니, 이렇게 능·소가 따로 없이 지知하고 분별함을 이름하여 각覺이라고 한다. 또한 심心을 관한다거나 향함이 없다. 7권본 『능가경』 게송품에 설한다.

定者觀於心	정정을 닦는 자 심心을 관하나,
心不見於心	심心이 심을 보지 못하나니,
見從所見生	견見이 소견(所見; 보이는 것)에서 생하였다면,
所見何因起	소견은 무엇을 인因으로 생기겠는가.

---

34 7권본 『능가경』 권2 集一切法品 第二之二에 "어리석은 범부들이 無我에 대한 두려움에서 떠나도록 해주기 위해서, 분별이 없고, 影像이 없는 자리인 如來藏의 門을 설한 것이니 미래 현재의 모든 보살마하살은 이를(여래장을) 我로 집착해서는 안 되느니라(爲令愚夫離無我怖, 說無分別·無影像處 如來藏門, 未來現在諸菩薩摩訶薩, 不應於此執著於我)."

35 이에 대해서는 『원각경』 청정혜보살장에 보다 자세한 開示가 있다.

심心이란 본래 일심이어서 능·소가 따로 없는지라 관의 대상이 될 수도 없고, 관하는 자가 따로 있을 수도 없다. 그래서 심心이 심을 보지 못하는 것이다. 심心뿐 아니라 법상法相을 비롯하여 밖으로 어떠한 상을 관하거나 향함도 없다. 일체의 법상과 밖의 법들이 모두 무상이며 무생이고 유심인 까닭이다. 그래서 곧 절관絶觀이다. 절관이니 곧 돈수이다. 돈황에서 발견된 달마대사 또는 우두법융牛頭法融의 법문으로 알려진 『절관론絶觀論』은 곧 『능가경』의 이러한 뜻을 대화형식으로 넓게 설한 것이다.

자심自心에 이러한 이법理法을 그대로 구족하고 있음을 자각하여 이루어지는 지혜가 곧 '자각성지自覺聖智'(4권경) 또는 '자증성지自證聖智'(7권경)이다. 요컨대 『능가경』은 바로 묘각妙覺에 구족된 이법을 그대로 자심에서 자각하여 행함을 개시開示한 까닭에 돈법이다. 그리고 자심自心에서의 그러한 자각이 곧 돈오이다. 또한 돈오하였으면 이제 돈頓의 (빨리 기는) 승(乘, 수레)을 타게 되어 돈수하게 된다. 이 돈법頓法에는 또한 치우침 없이 원만하다는 뜻이 있어 원돈圓頓이라고도 한다. 이미 묘각의 이법을 자각한지라 따로 무엇을 구하려 할 바가 없고, 마음으로 열반이나 묘각에 향함도 없으며, 번뇌의 그 자리 그대로 본래 무생이고 무상이며, 능·소의 분별을 떠난 각覺인 까닭에 어느 마음에서든 그 자리를 어떻게 수정修整하거나 제거하거나 향상向上하고자 함이 없는 무작의無作意의 임운任運이다. 그래서 이를 무수지수無修之修라고 한다. 즉 이 선법은 인위因位에서 타고 가는 이법이 묘각의 그것과 일치하며, 그래서 돈법이고 돈수이다. 이법에서 양자가 일치한지라 시각始覺이 곧 본각本覺이 되어 불이不二로써 돈수의 뜻을 갖는 것이다.³⁶ 그러나 시각은 본각과 구분되는 뜻이 없지 아니한지라 돈수는 등각等覺에서 묘각에 이르는 최후 일념一念의 경우를 제외하고는 수修가 없지 아니하며, 그 수修는 돈오 이전의 수修와는 달리 무수無修의 수修이다.

3. 돈법頓法·점법漸法의 상관성과 남북 이종二宗

돈법의 요의를 앞에서 살펴보았다. 그렇다면 초기 선사들에게 이러한 돈법이 어떻게 개시되고 있으며, 함께 개시開示되고 있는 점법은 돈법에 대해 어떠한 위상과 상관성을 지니는 것인가. 점법을 통하여 돈법으로 이를 수는 없는 것인가. 신회神會가 북종의 선법으로 비판한 점법과 실제 북종의 선법이 일치하는 것인가. 과연 같은 스승으로부터 나온 제자들의 선법이 신회의 말과 같이 극단으로 합치될 수 없는 성질의 것이었을까.

초기 선사들의 법문은 일부 방편의 법문을 제외하고는 온통 위에서 설명한 돈법頓法을 천명하고 있다. 4조 도신道信은 설한다.

"또한 염불하지도 않으며, 또한 마음을 잡으려고도 하지 아니하고, 또한 마음을 보려고도 하지 아니하고, 또한 마음을 분별하지도 아니하며, 또한 사유하지도 아니하고, 또한 관행觀行하지도 아니하고, 또한 산란하지도 아니하며, 단지 바로 임운任運할 뿐이다."³⁷

---

36 이 면에 대해서는 『금강삼매경론』에 보다 자세한 개시開示가 있다.
37 『楞伽師資記』「道信 章」.

이 임운任運은 후대 여러 선사들의 어록에서 자주 보이는 명구로서 선종 선법의 한 기틀을 뚜렷이 드러내고 있는 용어이다. 임운은 달마의 행입行入 법문 가운데 무소구행無所求行과 수연행隨緣行 및 칭법행稱法行에 상통한다. 2조 혜가는 설한다.

"무명無明과 지혜는 평등하여 다르지 아니하나니, 마땅히 만법이 곧 모두 그러함을 알아야 한다. …… 이 몸이 불佛과 더불어 차별이 없다고 관하거늘, 어찌 꼭 저 무여無餘열반을 다시 구해야 하겠는가."[38]

홍인은 "조작함이 없어 물물物物이 모두 대반열반이다.", "생生이 곧 무생無生인 법을 깨닫는다는 것이니, 생법生法을 떠나서 무생이 있는 것이 아니다."고 하였다.[39] 신수神秀는 후에 남종에 의해 점법 행자로 지칭되었지만 『능가사자기』에 수록된 그의 어록을 보면 이미 신증身證한 자리에서 나올 수 있는 사물을 가리켜 직문直問하는 지사이문指事以問의 여러 사례가 있고,[40] 또 "나의 도법道法은 모두 체와 용두 글자로 회귀會歸된다. 또한 '중현문重玄門'이라 하고, 또한 '전법륜轉法輪(법륜을 굴림)'이라 하며, 또한 도과道果라고 한다."고 하였는데 여기서 말하는 중현문은 『보살영락본업경』 권상上 「현성학관품」 제3

---

38 『楞伽師資記』「惠可 章」에, "無明智惠等無異, 當知萬法卽皆如. …… 觀身與佛不差別, 何須更覓彼無餘."
39 『楞伽師資記』「弘忍 章」.
40 이에 대해서는 뒤의 장에서 상론한다.

에 나오는 대승의 수행자가 닦아야 할 42위位의 행 가운데 제41위인 입법계심入法界心에서 닦는 십법十法 가운데 제6의 행이고, 전법륜轉法輪은 『보살영락본업경』 권하下 「석의품釋義品」에서 무구지無垢地(等覺位)를 설명하는 내용에 들어 있다. 이 부분을 인용한다.

"불자여! 보살이 이때에 대적문大寂門 중품인관中品忍觀에 머물러 공행功行이 만족되면 대산大山의 대臺에 오르고, 백천삼매에 들며, 불의佛儀를 모아 쓴다. 오직 누과累果가 있지만, 무상無常의 생멸심이 심무위心無爲인지라, 행行이 보살십지를 넘어서 있고, 해解는 불佛과 더불어 함께 불좌처佛坐處에 자리한다. 그 지智는 이법二法인 상常·무상無常 등의 일체법의 경계를 보는 지智이다. 마땅히 알지니 불佛에 여如한지라 이름하여 학불學佛이라 한다. 하지下地의 일체보살은 이 보살의 경계를 구별하여 알지 못한다. 불佛에 대해서는 보살이라 이름하고, 아래의 보살에 대해서는 불佛이라 이름한다. 왜 그러한가. 이 보살은 대변화력으로 백겁 만겁 동안 머무르며, 불佛로 화현化現하고, 처음 생함에 득도하여 '전법륜轉法輪'하고, 무여멸도無餘滅度에 입入하여 팔법륜八法輪을 설한다. 불佛과 비슷하되 불佛이 아니니 일체의 불佛과 등等한 까닭이다. 위의威儀의 나아가고 멈춤이 일체법과 더불어 함께 하며 백천삼매 가운데 머무른다. 이와 같은 불佛의 행行을 하는 까닭에 금강삼매에 들어가 일상一相·무상無相·적멸寂滅·무위無爲한다. 까닭에 이름하여 무구지無垢地라 한다."

즉 전법륜轉法輪의 행行은 금강삼매에 들어 일상·무상·적멸·무위의 행을 하는 위位이니 인위因位에서의 마지막 최후의 단계〔等覺位〕에 해당한다. 즉 여래如來 이전의 행으로서는 최상승의 행이다. 또 『능가사자기』는 현색玄賾의 『능가인법지楞伽人法志』를 인용하여 신수에 대해 다음과 같이 기술하고 있다.

생각하건대, 안주安州 수산사壽山寺 화상和上(현색대사)이 지은 『능가인법지』에 이르길, "(神秀선사께서) …… 스승을 찾아 도를 구하던 중 기주蘄州 쌍봉산 홍인선사가 계신 곳에 이르러 선법을 받았다. 묵조默照와 언어도단(言語道斷; 말의 길이 끊어짐)·심행처멸(心行處滅; 마음 갈 곳이 멸함)의 법을 전등傳燈하고, 문기文記를 짓지 않았다."

즉 신수의 법도 선종의 언어도단과 심행치멸 바로 그것이었다. 이미 이러한 행의 위位에 이르렀다면 그가 진정 점법의 행밖에 몰랐을 것인가. 하택신회는 신수의 선법을 오직 점법으로만 몰면서 다음과 같이 요약하여 말하였다.

"응심(凝心; 마음을 集注함)하여 정정에 들고, 마음이 (본래) 청정한 성품임을 보는데 머무르며(住心看淨을 住看心淨으로 보아), 마음을 일으켜 바깥 비추고, 섭심(攝心; 마음을 굳게 호지함)하여 내內로 증證한다〔凝心入定, 住心看淨, 起心外照, 攝心內證〕."[41]

---

41 이 句는 荷澤神會의 어록과 법문을 모은 『菩提達摩南宗定是非論』, 『南陽和尚問答

이하 이 선법을 4구四句의 선법이라 칭한다. 전중량소田中良昭도 지적한 바와 같이 『단경』이나 신회가 돈법으로서 주창한 "심불기心不起"의 법이 북종선의 자료인 『북종오방편北宗五方便』의 제4 「명제법정성문明諸法正性門」에 "심불기心不起, 이것이 정定이다."고 한 데서도 보이기 때문에 신수를 비롯한 북종의 선법을 이 4구로만 이해할 수 없다.⁴² 또한 이 4구선법을 『단경』이나 신회의 어록에 제시된 돈법과는 구분되는 점법으로만 보기 쉽다. 사실 점법의 방편행으로만 보여지기 쉬운 글이다. 그러나 점법의 방편문 가운데 돈법의 뜻이 엄연히 들어 있다. 바로 "주심간정住心看淨"을 "주간심정住看心淨"으로 해석한다면 "마음의 성품이 본래 청정함을 본다."는 것이니 이는 전술한 돈법의 뜻에 그대로 상통한다. 『단경』에서는 간정看淨함도 도에 장애되는 것이라 하였다. 왜냐하면 상(相: 분별)을 떠난 것이 청정인데 정淨이라는 상을 취하여 간看하게 되는지라 이는 이미 청정이라는 상에 염착染着된 것이기 때문이다. 그러나 이 4구에서의 "주심간정住心看淨"이 그러한 간정看淨으로만 해석되는 것이 아니다. 즉 "마음의 성품이 본래 청정한 것임을 간看함에 머무른다."고 해석되는 것이다. 신수가 『능가경』을 봉지하고 가까이하여 심요心要로 삼았다."고 하였고,⁴³ 『능가사자기』 홍인의 장에서 홍인은 신수神秀를 평하길, "내가 신수와 더불어

雜徵義』, 『南陽和尙頓教解脫禪門直了性壇語』에서 거론되고 있다. 이 글들은 여러 곳에 수록되어 있으나 최근 중국에서 楊曾文이 교감하여 편한 『神會和尙禪話錄』, 新華書店北京發行所, 1996을 열람하는 것이 좋다.

42 田中良昭, 『敦煌禪宗文獻の研究』, 東京, 大東出版社, 1983, p.495.
43 唐의 張說이 지은 『唐玉泉寺大通禪師碑銘』에 「持奉楞伽, 近爲心要.」(『全唐文』 권231)

『능가경』에 대해 논하였는데 리理를 말함이 통쾌하여 반드시 많은 이익을 얻었음을 알 수 있다."고 한 것에 의하면 그의 선법은 마땅히 후자와 같은 것이었다고 보아야 하지 않을까 하는 것이다. 따라서 이 구는 "주간심정住看心淨"으로 해석되어야 바르다. 『단경』이나 신회가 비판하는 점법은 돈법에는 이를 수 없고 성취할 수도 없는 것이나 이 4구의 선법은 그렇지만은 않은 것이다. 단순한 간심看心이 아니라 마음이 본래 청정한 성품인 것을 본다는 대승의 심의深義와 지혜문이 전제되어 있고, 섭심攝心으로 내증內證한 그 내용이 곧 심해탈心解脫로 이어지는 것이기 때문이다. 이 점에 대해서는 바로 뒤이어 『남천축국보리달마선사관문南天竺國菩提達摩禪師觀門』의 검토에서 자세히 논하고자 한다.

이와 같이 신수가 능가선을 수행한 능가사楞伽師였다면 그 성격이 다른 위의 사구선법이 어떻게 그의 선법으로 알려지게 되었을까. 또한 신수를 비롯한 북종계의 강요서인 『대승무생방편문大乘無生方便門』에는 처음 귀의계歸依戒 시時의 법문과 여러 기본적인 방편의 관법을 비롯하여 순차적으로 대승경전의 심의深義에 의한 선법을 개시開示하고 있어 위의 4구선법만이 아니라 그 안에는 혜능과 신회의 돈법에 상통하는 내용이 있다. 『대승무생방편문』에 대해서는 다른 글에서 상세히 논하겠지만 우선 그에 해당하는 몇 구절만 인용한다면, "불자들이여! 제불여래諸佛如來에게 입도入道의 대방편이 있나니 일념에 정심淨心케 하여 불지佛地에 돈초頓超한다."[44] "보살계는 심계心戒를 지니는

---

[44] "佛子! 諸佛如來有入道方便, 一念淨心頓超佛地." 『大乘無生方便門』(宇井伯壽, 『禪宗史研究』, 岩波書店, 1966), 所收, p.450.

것이다. 마음이 일어나면 곧 불성佛性에 위배되는 것이며, 보살계를 부수는 것이다. 심心이 일어나지 않음을 호지護持함이 곧 불성에 수순함이니 이것이 보살계를 지님이다." 등이 있다.[45] 또『대승북종론大乘北宗論』에 "수修가 있고 학學이 있는 것을 이름하여 생사生死라 하고, 수修도 없고 학學도 없는 것을 이름하여 열반이라 한다.", "번뇌를 끊는 것을 이름하여 생사라 하고, 번뇌를 끊음 없음을 이름하여 열반이라 한다."고[46] 한 것도 돈법이다. 당 현종 때의 승려 청화淸畫가 지은『능수이조찬能秀二祖讚』에 다음과 같은 구절이 있다.

"이공(二公: 신수와 혜능)의 심心은 달과 해가 사방四方에 구름 한 점 없는 가운데 그 허공에 나온 것과 같다. 3승이 동궤同軌이고, 만법이 하나이니 남북의 분종分宗이란 역시 잘못된 말이다."[47]

청화淸畫는『송고승전』을 비롯한 여러 사전史傳에 입전立傳되어 있지 않다.『전당문全唐文』에는 그의 글로서 이밖에『당대통화상법문의찬唐大通和尙法門義讚』과[48] 『대당진화사다보탑원고사주임대덕니여원율사묘지명大唐眞化寺多寶塔院故寺主臨大德尼如願律師墓誌銘』[49] 등 십

---

45 위의『禪宗史硏究』, p.450.
46 "有修有學名曰生死, 無修無學名曰涅槃.", "斷煩惱名曰生死, 不斷煩惱名曰涅槃."『大乘北宗論』(앞의『禪宗史硏究』, p.448)
47 "二公之心如月如日, 四方無雲, 當空而出, 三乘同軌, 萬法斯一, 南北分宗, 亦言之失."『全唐文』권917, p.12059.(臺灣大通書局)
48 『全唐文』권917 p.12059.
49 『全唐文』권916, p.12044.

여 편의 글이 실려 있다. 특히 전자는 신수를 혜능과 함께 현창하는 글이고, 대통신수大通神秀를 "오사吾師"라 하고 있어 신수의 직계 제자로 보아야 할 것이다. 후대 여러 사전史傳이 거의 모두 남종 계통에서 나온 것이라 북종계北宗系인 청화는 입전되지 않은 것으로 보인다. 『전당문』은 간략히 그의 전기를 기술하고 있는데 그는 속성이 사씨謝氏로 남북조 유송劉宋시대 사령운謝靈運의 십세 손이며 시詩에 이름이 높아 자사刺史 안진경顏眞卿 및 여러 명사와 어울려 수창酬唱하였다고 한다.[50] 그가 시문에 능하였기 때문에 북종을 대표하여 그 계통의 인사에 대한 찬문讚文이나 비문碑文을 짓게 된 것으로 보이는데, 그의 글에서 당시 신회로부터 전개된 남북 분종分宗의 사태에 대한 북종 인사들의 입장을 엿볼 수 있다. 즉 그들은 능수이조能秀二祖를 함께 현창하고 있어 신수를 폄하하던 남종과는 뚜렷이 대비되며, 또한 남북분종이라는 말 자체가 실언이라 하고 있다. 북종의 입장에서 보면 『단경』이나 신회의 어록에서 수창하는 돈법도 사실 결국에는 상통되는 것으로 여기고 있었다는 것이다. 반면 신회의 입장에서는 북종의 점법이란 인정될 수 없는 것이었다. 신회가 북종을 점법으로 한정지으면서 돈법과의 차이를 뚜렷이 제시한 내용이 많은데 그 가운데 징선사澄禪師와의 다음 대화를 살펴보자.[51]

신회神會가 징선사에게 물었다.

---

50 "字皎然, 俗姓謝氏. 宋昃運十世孫. 住吳興興國寺. 有詩名, 與刺史顏眞卿諸名士酬唱, 預撰韻海鏡源, 貞元中勅寫其文集入秘閣." 『全唐文』 권917, p.12059.
51 앞의 『神會和尙禪話錄』에 실린 『南陽和尙問答雜徵義』, pp.71-2.

"어떠한 법을 닦아 견성할 수 있습니까?"

징선사가 답하였다.

"먼저 모름지기 좌坐하여 정定을 닦는 것을 배워야 하고, 정定을 얻은 이후에는 정으로 인하여 혜慧가 발하며, 지혜로 인하여 곧 견성見性할 수 있습니다."

신회가 물었다.

"정을 닦을 때에 어찌 모름지기 작의作意함을 요要하지 않겠습니까?"

징선사가 답하였다.

"(作意함을) 요要합니다."

(신회가 물었다.)

"이미 작의作意함이 있다면 곧 이는 식정識定인데 견정見性할 수 있겠습니까?"

(징선사가) 답하였다.

"지금 말하는 견성이란 반드시 정을 닦아야 하며, 정을 닦지 않고 어떻게 견성할 수 있겠습니까?"

(신회가) 물었다.

"지금 정定을 닦는다 한 것은 본래 망심妄心인데 망심이 정을 닦아서 어떻게 정을 얻을 수 있겠습니까?"

(징선사가) 답하였다.

"지금 정定을 닦아 정을 얻는다 한 것은 스스로 내외內外를 비추고, 내외를 비추는 까닭에 청정함을 얻을 수 있으며, 마음이 청정하게 되는 까닭에 곧 이것이 견성이라는 것입니다."

(신회가) 말하였다.

"지금 견성이라 하는 것은 그 본성이 내외가 없는 것인데 만약 내외를 비추어 보는 것으로 인하여 정定을 얻게 되는 것이라 한다면 이는 원래 망심妄心을 보는 것이 되는데 견성見性이 될까요? 경에서 이르길, '만약 여러 삼매를 수학한다면 이는 동動이어서 좌선이 아니나니 마음이 경계에 따라서 흐르는데 어찌 정이라 이름하겠는가?'라 하였습니다. 만약 이러한 정이 옳은 것이라면, 유마힐이 사리불의 연좌행宴坐行을 응당 꾸짖지 않았을 것입니다."

점법을 말하고 있는 징선사는 점차로 정이 닦아지는 가운데 청정이 이루어지는 까닭에 혜慧가 발하여 견성見性할 수 있게 된다 하고, 이에 대해 신회는 혜나 견성의 리理에 어긋나는 심행心行으로 어떻게 혜나 견성을 얻을 수 있겠는가라고 하였다. 그는 또 위의 4구四句에 의거한 선법을 비판하길,

"이는 보리菩提를 장애하고, 보리와 아직 상응하지 못하였거늘 어찌 해탈할 수 있겠는가?"[52]

라 하고 있다. 점법으로서는 궁극의 깨달음, 즉 불지佛地에 이를 수 없다는 것은 『단경』에서도 다음과 같이 설한 바 있다.

"자성自性이 본래 청정함을 보지 못하고, 마음을 일으켜 정淨을

---

52 앞에 든 『南陽和尙問答雜徵義』, 앞의 책, 81-2쪽.

간看하는 것은 오히려 정淨의 망妄을 생기게 한다."⁵³

"(마음을 일으켜 淨한다는 것은) 정淨이 형상 없는 것인데 오히려 정淨의 상相을 세우는 짓이다."⁵⁴

또 오조 홍인이 신수가 지은 게송에 대해 이르길, "범부가 이 게송에 의해 수행한다면 타락하지는 않을 것이나 이 견해를 지어 무상無上보리菩提를 얻고자 하면 얻을 수 없다."고 한 것도⁵⁵ 같은 뜻이다. 앞에서 설명하였거니와 마음을 어떻게 하고자 하면, 즉 작의作意함이 있게 되면 이미 최상승선이 아니고 능가선이 아니다. 마음을 어떻게 하여 맑게 하고자 하고, 가지런히 하고, 무엇을 구하고 얻고자 한다면 이는 마음의 본성에 어긋나는 행이다. 돈황본 『단경』에

"일체의 사물(경계)을 (억지로) 생각하지 않으려 하고, 생각을 끊도록 해야 하는 것이 마땅하다고 생각한다면 곧 이것이 법박(法縛; 법에 묶임)이며 곧 변견邊見이라고 이름하는 것이다."⁵⁶

---

53 "不見自性本淨, 起心看淨, 却生妄淨." 앞의 돈황본 『敦煌寫本壇經原本』, p.123.
54 위와 같음.
55 "凡夫依此偈修行, 即不墮落. 作此見害, 若覓無上菩提, 即不可得." 앞의 『敦煌寫本壇經原本』, p.115.
56 앞의 『敦煌寫本壇經原本』 p.138에 "莫(若)百物不思, 當令念絶, 即是法縛, 即名邊見." 본서의 편자는 필사본 원문 '莫'을 誤字로 보고 '若'을 正字로 보아 ( )에 기입하였으나 앞부분 "莫百物不思, 當令念絶"를 독립문장으로 끊어 읽어 "일체 모든 것을 (억지로) 생각하지 않으려거나 생각을 마땅히 끊어야 하는 것으로 여기지도 말라."로 해도 이하의 글과 더불어 뜻이 통한다. 그래서 '若'을 正字로 보아 전체를 하나의 연접문으로 해석한 것과 같은 뜻이 된다.

고 함도 같은 뜻이다. 마음의 본성에 어긋나는 행에 의해서 마음의 본성에 이를 수 없다. 즉 인因이 과果에 다르게 되어 그 인행因行이 묘각의 과를 얻을 수 없다. 볍씨로 사과 열매를 얻을 수 없는 것과 같다.

그런데 전술한 바와 같이 혜능도 일찍이 이르길, 그의 선대先代 조사 이래로 돈점을 함께 지녀왔다고 한 것이나 혜능 이전의 조사 어록에도 돈점을 함께 개시하고 있는 사례들을 어떻게 이해해야 할까. 즉 점수의 필요성 여부의 문제가 있다. 물론 『단경』이나 신회로서도 초심자나 근기가 미약한 이들에게 방편의 기본적인 점법을 권하는 것까지 비판하지는 않았을 것으로 생각한다. 문제는 초심자나 근기가 미약한 이들에 대한 방편 시설의 법에 대한 문제가 아니라, 대승법을 지닐 수 있는 이들이 점법으로 나아감에 따라 궁극의 깨달음이 열리는가 불가한가의 문제이다.

이 문제와 관련하여 초기(6조 이전) 선종 내지는 북종北宗의 선법서禪法書 가운데 하나인 『남천축국보리달마선사관문南天竺國菩提達摩禪師觀門』(이하 『관문觀門』)이[57] 좋은 시사점을 제공해준다. 본 『관문』은

---

[57] 『南天竺國菩提達摩禪師觀門』의 저자는 不明이나 弘忍의 제자 가운데 念佛禪을 주장한 일파의 저작일 것으로 보는 견해가 있다(田中良昭, 『禪學硏究入門』, 東京, 大東出版社, 1994, p.64). 물론 이 견해도 분명치는 않지만 글로 작성되어 유포된 것은 이 즈음이라 하더라도 그 所傳의 유래는 보다 윗대의 조사에게서 구해야 하지 않을까 한다. 즉 이미 이러한 선법이 윗대로부터 행해져 온 바가 있었다고 보지 않으면 안 된다. 한편 본 『觀門』의 5종의 필사본은 『敦煌禪宗文獻集成(上)』 (北京, 中華全國圖書館文獻縮微復制中心, 1998), pp.438-454에 실려 있고, 일본에서 이루어진 對照 校訂 작업의 성과물과 주요 연구에 대해서는 위의 『禪學硏究入門』, p.64에 소개되어 있다. 이 글에서는 『대정장』 권제85에 수록된 원문을 저본으로

다음의 7종(7단계) 관문을 개시하고 있다.

"초학시初學時에는 처음부터 끝까지 7종의 관문이 있으니, 제1은 주심문住心門, 제2는 공심문空心門, 제3은 무문無門(心無相門), 제4는 심해탈문心解脫門, 제5는 선정문禪定門, 제6은 진묘문眞妙門, 제7은 지혜문智慧門이다."

제1 주심문은 "오로지 섭념攝念하여 염念을 주住하게 해서 다시는 움직이지 않도록 하는 행〔專攝念住, 更無去動〕이다." 이 법은 앞에 인용한 신수의 4구선법에 들어간다고 볼 수 있다.

제2 공심문은 "간심看心을 이어 나가 마음이 공적空寂하여 거去함도 없고 래來함도 없으며 머무는 곳도 없고, 의지할 바의 마음도 없는 것임을 깨닫는다."[58] 이 또한 앞의 4구의 선법 가운데 "마음의 성품이 본래 청정함을 간看한다."고 함과 상통한다. 즉 대승의 심의이며, 『능가경』의 요지인 "마음의 성품이 본래 청정하다."는 지혜법문이 전제되어 있다. 단순한 외도의 간심看心이 아닌 것이다. 또한 4구선법의 "섭심내증攝心內證"에서의 섭심攝心이 여기서 "간심看心"하는 것이라면 내증內證은 무엇일까. 바로 본 『관문』에서 개시하고 있는 "마음이 공적한 것임을 깨달음"이고, "마음이 거래去來함 없고, 머무르는 곳도 없으며 의지할 바도 없는 것임을 깨달음"이다. 즉 "간심看心"이라고 해서 신회가 비판하는 바와 같이 정定으로 정을 이루려는 행은 아니다.

하였다.

58 "看心轉追, 覺心空寂, 無去無來, 無有住處, 無所依心."

이미 교법에서 신해信解한 "마음이 본래 공적하여 거래去來가 없고, 머무름도 없으며, 의지할 바도 없음"을 간심看心에서 확인하고 뚜렷이 하는 것이다. 뚜렷하여 흔들림 없으면 정定이고 마음이 곧 그러함을 요지了知함은 혜慧이니 정혜쌍수定慧雙修가 이미 이루어지고 있다. 앞의 주심문住心門은 외도나 성문승이나 공통의 행으로 교법을 모른 상태에서도 행할 수 있다. 그러나 본 공심문空心門에서는 이미 불교의 지혜법문이 전제되어 있는 것이다. 또한 전술한 바와 같이 "마음이 본래 공적하고 거래가 없으며 머무는 바도 없고, 의지할 바도 없음"은 돈법頓法의 바탕이 되는 것이다.

제3 심무상문은 "마음이 청정해져 모습이 없게 됨에 비청非靑·비황非黃·비적非赤·비백非白하고, 비장非長·비단非短·비대非大·비소非少하며, 비방非方·비원非圓하여 고요하고 흔들림 없음이다."[59] 앞의 공심문에서의 간심看心 진전으로 마음의 본래 성품이 내증內證됨에 따라 이와 같이 심무상心無相의 경지가 드러나게 된다. 이 단계에서도 마음을 일으켜 정定을 이루려 한다거나 무상無相을 취하려 하는 행이 아니다. 마음이 고요히 흔들림 없는 경지이니 이미 정이 이루어진 것이고, 이 정定은 정의 행으로써 정을 얻게 된 것이 아니다. 즉 신회가 비판하는 내용하고는 전혀 다른 것이다.

제4 심해탈문은 "마음이 (본래) 묶임이 없는 것임을 알아 일체의 번뇌가 마음에 들어오지 못하는 것이다.[60] 이 단계에서는 지知, 즉

---

[59] "謂心澄淨, 無有相貌, 非靑非黃, 非赤非白, 非長非短, 非大非少, 非方非圓, 湛然不動."

[60] "知心無繫無縛 一切煩惱不來上心."

오悟가 수반되고 전제되어 있다. 마음이 본래 묶임이 없음을 요지(了知: 깨달아 알게 됨)한다는 것이니 이는 앞의 제3 심무상문에서 마음이 고요하여 흔들림 없음이 이어진 결과라 할 수 있다. 즉 정定이 이루어지니 혜慧 또한 밝아짐이다. 그렇다고 해서 이 선법이 꼭 정을 우선으로 함은 아니다. 앞 단계에서 이미 혜가 전제가 되며 또한 수반되고 있기 때문이다. 이 심해탈문에서도 마찬가지로 마음을 어디에 묶이지 않게 하려고 하는 행이 아니라 마음이 본래 어디에도 묶임이 없는 것임을 깨달아 알고 있는 것이 전제되어 있다. 그러함을 여실히 알고 있는 까닭에, 즉 지혜의 빛이 밝은 까닭에 무명無明이 힘을 잃어 마음이 소연所緣에 물들지 아니하고 걸림 없게 된다. 그래서 심해탈心解脫이다. 이 단계의 법은 이미 돈법에 그대로 상통한다. 그리고 그 혜慧는 전술한 『능가경』을 비롯한 여러 대승경론 및 선사들의 어록에 개시開示된 심의와 이미 상통하는 것임을 알 수 있다.

제5 선정문은 "마음이 적정寂靜함을 각지(覺知; 了知, 覺智)하여 행주좌와 어느 때나 모두 적정하여 흔들림이 없는 것이다."[61] 이 선정禪定도 마음을 어느 면으로 비추거나 향하여 얻어진 정定이 아니라 마음이 본래 적정寂靜한 것임을 깨달아 알고 있다 함이니, 『단경』에서 말하는 바와 같이 마음을 일으키지 않도록 함[不起心]이 아니라 마음이 본래 일어나지 않는 것을[心不起] 아는 행과 같다. 또한 이 법은 신회神會에 의해 비판된, '마음으로 내외內外를 비추어 정정을 얻는다는 법'과는 이미 차원이 다르다. 즉 이 선정에는 이미 앞의 제4 심해탈문

---

[61] "覺心寂靜, 行時住時坐時臥時皆悉寂靜, 無有散動. 故名寂靜."

까지 성취한 지혜가 전제되어 상응하고 있는 자리에서의 선정이다. 마음을 억지로 고정시켜서 얻어진 선정(지혜 없는 선정)하고는 근본적으로 다르다. 따라서 징선사澄禪師는 달마 이래의 정통선법을 행하고 있지 못한 이였다고 할 수 있다.

제6 진여문이란 "마음이 무심無心하여 허공과 같고, 법계에 두루하여 평등平等 불이不二하고, 변함이 없는 것임을 각지覺知함이다.(覺心無心等同虛空. 遍周法界平等不二. 無千無變.)" 이 단계도 마음을 어디로 향하고 관함이 없다. 즉 심心이 그대로 무심無心이니 곧 절관絶觀이다. 마음이 곧 무심이라고 요지한 각지覺智가 구현되는 무위無爲의 위位이다. 돈법의 뜻과 다를 바가 없다.

제7 지혜문이란, "일체를 요지한지라 이를 이름하여 지智라 하고, 공空의 원원에 계합契合 통달한지라 이를 이름하여 혜惠라 하고, 까닭에 지혜문이라 하며, 또한 구경도究竟道라 하고, 또한 대승무상선관문大乘無相禪觀門이라고 하니 이것이 곧 선禪을 닦는 것이다." 이 지혜문智慧門은 일체를 요지하고, 공의 원원에 계합 통달한 위位이다. 즉 진여眞如의 공용功用과 이미 함께 하게 된 위位이다.

이상의 선법을 "7종관문觀門"이라 이름하였으나 그 내용으로 보건대 이미 제3 심무상문 내지는 제4 심해탈문으로부터는 이미 마음을 일으켜 관행觀行하는 행이 아니다. 돈법頓法에서 말하는 무작의無作意, 무수지수無修之修의 행이 이미 이 네 번째 단계에서부터 이루어지고 있다. 앞의 두 단계는 마음을 집중하거나 간심看心하는 심행心行이 있기 때문에 당연히 4구四句의 선법 일부에 들어간다 하겠으나 제2 공심문도 이미 대승의 심의深義, 지혜의 법이 전제되어 있다. 4구四句의 선법禪法에서도 "내증內證"의 뜻을 밝힌다면 여기에도 혜慧가 들어 있다고 보아야 한다. 4구에서 말하는 간심看心이나 섭심攝心도 제2의 공심문과 같이 대승의 심의深義를 전제로 하여 이에 상응하는 행일 가능성이 있다. 그런데 4구선법은 너무 간략히 기술되어 단순한 간심이나 섭심으로 오해받기 쉽다. 이 7단계의 선법에서는 앞 단계의 행이 익어지고 성취되면서 자연스럽게 다음 단계로 진전된다는 것으로 되어 있다. 물론 사람에 따라서 앞의 몇 단계를 거치지 아니하고 네 번째나 여섯 번째 혹은 일곱 번째의 법으로 바로 들어갈 수 있다. 그러나 대부분은 일단 마음을 안정시키고, 간심하는 행을 통해 그 심心의 성性을 관찰하여 내증하는 단계를 필요로 하게 된다. 전술한 바와 같이 "섭심내증攝心內證"에서 이루어진 내증을 통해 심성이 본래 무상無相이고 걸림 없이 자재하는 것임을 요지한 까닭에 곧 무작의無作意의 돈법을 구현할 수 있게 되는 것이다. 신수를 비롯한 그 일문一門의 선법인 『대승무생방편문』에서 첫 번째로 개시된 법도 허공을 관하도록 하여 이를 자심의 성性으로 내증케 하는 것이고, 이어 대승경론에 의한 지혜문이 개시되어 있는 것도 모두 점법을 통한 돈법에로의 진전으로 연결되고 있는 체제이다. 또 장설張說이 지은 『당옥천사대통선사비명唐玉泉寺大通禪師碑銘』에는 대통신수大通神秀의 개법開法을 약술하길 "그 개법開法의 대략을 말한다면 혜념慧念으로써 상념을 멸하고, 힘을 다하여 섭심攝心한다."고[62] 하였다. 이 또한 4구의 선법에 해당하나 여기에서는 분명히 혜념慧念으로써의 심행心行이 전제되어

---

62 "爾其開法大略則, 慧念以息想, 極力以攝心." 『全唐文』 권231.

있다. 즉 혜념으로써 상념의 멸이 이루어진다는 것이어서 7종관문의 앞 단계와 상통한다. 장설에 의하면 신수는 7종관문의 앞부분을 주로 사용하여 행화行化한 것으로 보아야 할 것이다. 요컨대 이러한 사실로 그의 선법의 뿌리나 위상을 모두 점법으로만 보아서는 안 된다. 또한 그 점법이 바로 돈법으로 직결될 수 있는 것으로 보아야 한다.

요컨대 4구의 선법이나 『관문』의 선법은 『단경』이나 신회가 도에 장애가 되고 성취할 수 없다고 비판한 선법하고는 다르다는 것이다. 4구의 선법이나 『관문』의 선법은 『단경』에서 비판하고 있는 "일체의 경계를 (억지로) 생각하지 않으려 하고, 생각을 끊도록 하는 행"에 해당되지 않는다. 『관문』과 징澄선사의 선법도 크게 다르다.

앞에 인용한 징선사와 신회의 대화에서 징선사가 "지금 정定을 닦아 정定을 얻는다 한 것은 스스로 내외를 비추고, 내외를 비추는 까닭에 청정함을 얻을 수 있으며, 마음이 청정하게 되는 까닭에 곧 이것이 견성見性이라는 것입니다."고 한 것은 위의 7종관문과 어떻게 관련되는 것일까. 내외를 비추는 행은 일단 간심행看心行에 들어가는데 7단계 중 제1 주심문住心門하고는 다르고, 제2 공심문空心門인 "간심看心을 이어나가 마음이 공적하여 거去함도 없고 래來함도 없으며, 머무는 곳도 없고 의지할 바의 마음도 없는 것임을 각覺하는 것"과는 간심看心이라는 점에서는 같으나 그 내용이 전혀 다르다. 왜냐하면 징선사의 선법은 마음으로 마음의 내외를 비추어보는 행이지만, 이 공심문에서는 간심하되 그 심心이 본래 공적하여 거去함도 래來함도, 머무름도, 의지할 바의 마음도 없는 것임을 각覺하도록 나아가는 것이기 때문이다. 즉 이 공심문에서는 대승경론이나 스승의 가르침에 의한 이입理入이 수반되어 행해지는 간심看心이다. 그냥 단순히 마음의 내외內外만 비추어보고 있는 징선사의 행법하고는 분명히 구분된다. 첫 번째 단계인 주심문을 제외하면 모두 지혜가 수반되어 있다. 만약 불법의 리(理; 지혜)가 수반되어 있지 않는 심행心行이라면 외도外道의 행과 다를 바가 없는 것이다.

초기 불교에서의 근본 수행법도 제자들이 부처님의 설법을 듣고 그 들은 내용을 자심自心에서 관찰하여 명확히 하고 입증하는 것이었다. 단지 맨 처음 초심자가 산란심을 제어하기 위해 행하는 주심문 같은 것은 어느 행법에서나 처음 행하게 되는 공통의 법이다. 요컨대 신회가 비판한 것은 어디까지나 그러한 징선사澄禪師의 선법을 비판한 것이다. 그리고 그 비판은 전술한 바와 같이 옳다고 본다. 그러나 신회는 징선사의 선법이 북종을 대표하는 선법인 것처럼 매도하였다. 그리고 징선사가 과연 신수의 법을 계승한 인물인지도 의심스럽다. 가공의 인물일 가능성도 있다.

또한 4구선법은 단순한 간심看心이나 섭심이 아니고 대승의 심의를 요지하여 그 리理에 상응하는 것이라는 점에서 징선사의 선법하고는 엄밀히 구분되는 것이다. 4구의 선법에서 첫 구句인 응심凝心의 행을 제외하면 (이 부분은 『관문』의 第一 住心門에 해당한다) 분명히 "마음의 성품이 본래 청정함을 본다."는 지혜로써 간심看心하고, 섭심함으로써 내증하는 행이니 사실 『관문』의 선법에 상통하는 것이며, 따라서 돈법으로 나아갈 수 있는 행이다. 사실 이미 "마음이 본래 청정함을 알고"가 전제된 행법은 돈법에 상통해 있는 것이다. 그 뜻은 이미 앞에서 충분히 설명하였다. 즉 4구의 선법은 점법의 방편문만이 쉽게 드러나기 쉬우나 이미 돈법의 뜻을 갖추고 있음을 알아야 할 것이다.
 신수의 수제자인 대조보적大照普寂의 행적이나 설법에서는 『단경』
의 내용과 같은 돈법이 개시되고 있다.

 "혹은 찰나 사이에 곧바로 깨닫고, 혹은 세월이 지나며 점차 증證하
여 불체佛體를 온전히 밝힌다. 법신을 바로 가리키는 법문을 전해
듣고 자연히 깨닫기도 하며, 한 방울 한 방울 떨어지는 물방울이
그릇을 가득 채우게 되고, 서리 내릴 때가 되면 굳은 얼음 얼게
될 때가 곧 이르게 되기도 하나니 까닭에 능히 방편문을 열고,
곧바로 실상을 개시하며, 깊고 확고한 법장法藏에 들고, 청정인清淨
因을 깨닫는다."
 "물들지 않음〔不染〕이 해탈의 인因이며, 취하고자 함이 없음이 열반
에 합치함이다."[63]

 신회가 신수의 법이라고 말한 내용은 돈법을 알기 전에는 대체로
누구나 거치게 되는 단계이기도 하다. 돈법을 처음부터 바로 깨닫고
행하는 경우는 사실 대단히 드문 일이다. 그래서 나중에 돈법을 깨달아
성취한 이들도 처음에는 이 법으로 닦았던 바가 있는 경우가 대부분이
고, 또한 남을 이끌 때는 상대에 따라 먼저 위와 같은 점수의 행을
권할 수 있다. 이 법도 불법佛法에 있는 것이 사실이고, 달마대사

---

[63] 唐의 李邕이 지은 『大照禪師塔銘』에 "或刹那便通, 或歲月漸證, 總明佛體; 曾是聞
 傳, 直指法身, 自然獲念; 滴水滿器, 履霜堅氷, 故能開方便門, 示直實相, 入深固藏,
 了淸淨因.", "不染爲解脫之因, 無取爲涅槃之會."

이후의 여러 선사들의 법문에도 어떤 곳에서는 위와 같은 점수에 속한 법문도 있다. 이를테면 『능가사자기』에 수록된 도신의 법문에 처음 좌선 간심看心을 배울 때 행하는 여러 기초적인 방편법문을 설명하고 나서 이르길 "(이 단락의 내용은) 초학자의 전방편前方便에 해당하는 글이다. 까닭에 수도에는 방편이 있음을 알 것이니, 이렇게 방편에 따라 하여야 성심聖心에 회합會合하게 된다."고[64] 하였다. 또 같은 법문에 "까닭에 수학하는 자가 깨달음을 얻게 되는 길이 달라 이와 같은 차별이 있다. 이제 근기의 같지 않음에 대해 간략히 설명하나니 남을 이끄는 자는 잘 식별하여야 한다."[65]고 하였다.

또한 돈법으로만 주창되어 온 혜능의 선법도 돈황본 『단경』에

"선지식들이여! 나의 법문은 위로부터 전해져 온 이래의 돈법과 점법을 모두 세웠다."[66]

고 하였다. 즉 혜능도 점법의 필요성을 언급하였던 것이다. 혜능의 뜻은 점법에 머무르지 말고 돈법으로 가야 한다는 것이다. 그러나 일부 특수한 경우를 제외하면 대부분 점법을 거치게 된다. 또한 점법을 통해서 돈법의 의미가 뚜렷이 부각된다. 3승과 2승의 전제를 통해서 1승의 의미가 뚜렷이 부각되는 것과 같다. 또한 점법을 전혀 거치지

---

64 박건주 譯註, 『楞伽師資記』, 운주사, 2001, pp.142-144.
65 앞의 『능가사자기』, p.124.
66 "善知識, 我自法門, 從上已來, 頓漸皆立." 『敦煌寫本壇經原本』(周紹良 編著, 北京, 文物出版社, 1997), p.121.

아니하고 돈법에 직입할 수 있는 이가 얼마나 있을 것인가. 혜능의 돈법 강조는 잘못된 점법에만 매어 있거나 오직 그 길만이 당연한 것으로 알고 있던 이들을 간곡히 일깨우고자 한 것이었다고 할 수 있다. 여기서 말한 잘못된 점법이란 앞에서 인용한 징법사의 선법과 같은 것이다.

이렇게 초기 선종에서 시설한 점법이 그대로 돈법으로 진전되는 것이라면 후대에 남종과 북종 또는 남돈북점으로 엄밀히 구분한 것은 청화淸畫의 지적처럼 실언이라 할 수 있는 것이다. 따라서 신회가 일방적으로 남북을 대비하여 북종의 선법으로 명시한 내용에 의거하여 북종의 선법을 규정하는 것은 잘못이다. 그러나 그 후 지금에 이르기까지 북종에 대한 이해는 거의 신회의 비판에 의거한 것이었다. 북종 선법에 대한 편견이 전개되는 과정에서 부처님 이래 시설되어 온 점법의 위상이 여지없이 무시되어 버리고 말아 후대 선법이 체계도 없고, 기초도 없는 모습으로 흘러가게 되었다.

또한 혜능의 돈법 또한 선성先聖으로부터 전해진 것을 이어받은 것이었고, 종래와는 다른 무슨 특별난 선법이 새로 창도된 것은 아니었다. 돈황본 『단경』에

> "혜능이 이 지역에 와서 여러 관료와 도속道俗들과 함께 어울리게 된 것 또한 누겁累劫의 인연이 있어서이다. (나의) 교는 선성先聖의 소전所傳이지 혜능이 스스로 알게 된 것이 아니다."[67]

67　앞의 『敦煌寫本壇經原本』, p.119에 "惠(慧)能來於此地, 與諸官僚道俗, 亦有累劫之因. 教是先聖所傳, 不是惠(慧)能自知."

라 하였다. 혜능도 자신의 가르침이 이전 선성先聖으로부터 전해진 것이지 자신이 새로 알게 된 것이 아님을 말하고 있다. 그런데 후대의 남종이나 근래의 학자들은 이러한 뜻이 무시되거나 이해되지 못하여 혜능으로부터 조사선이라는, 이전과는 다른 무슨 격별한 선법이 창도되었다는 식으로 이해하는 경향이 많았다. 또한 혜능 이전의 조사들이 점법을 종종 말하였던 사실과 그 의미를 도외시하였다. 하택신회는 "우리의 육대대사(六代大師; 육조혜능)께서는 언제나 항상 이르시길, '단도직입單刀直入, 직료견성直了見性하라!' 하셨고, 점차를 말씀하지 않으셨다[不言階漸]."[68]고 하였다.

신회의 이러한 돈법 일변도의 주창은 나름대로 중요한 뜻이 있다. 점법을 거치더라도 궁극에는 돈법의 길을 타야 하는데 앞에 든 징선사의 경우와 같이, 돈법으로 진전되게 하는 점법이 아니라 혜행慧行과 이입理入이 없는 잘못된 길에만 빠져 안주하다 보면 "여래의 무상보리 정수행로正修行路"를 만나야 불과佛果를 성취한다는『원각경』의 가르침과 같이 대승의 정로正路에 들지 못하게 된다. 그러나 신회는 징선사의 선법이 바로 신수 내지는 북종의 선법인 양 비치게 하여 신수와 북종을 매도하였다.『단경』의 앞부분 고사에 실려 있는 신수의 게송 1게와 혜능의 게송 2게는 실린 차례대로 '성문승의 행법'-'2승의 행법'-'1승의 행법(돈법)'을 대비되게 표현한 것이다.[69]

---

[68] 앞의「菩提達摩南宗定是非論」, p.30.
[69] "身是菩提樹, 心如明鏡臺, 時時勤拂拭, 莫使有塵埃." : 聲聞乘
　　"菩提本無樹, 明鏡亦無臺, 佛性常淸淨, 何處有塵埃." : 二乘
　　"心是菩提樹, 身是明鏡臺, 明鏡本淸淨, 何處染塵埃." : 一乘(頓法)

홍인 문하의 기라성같은 많은 제자 가운데 수제자였던 신수가 그러한 수준의 게송을 밤새껏 고심하다가 그것도 벽에다가 썼다는 것은 참으로 우스꽝스러운 픽션에 불과하다. 그러한 내용 정도는 불교에 입문한지 몇 개월도 되지 않은 초심자도 쓸 수 있는 내용이다. 더구나 홍인과 같은 성인이 어찌 제자를 시험하고 공개적으로 육조를 인가하기 위해 그렇게 유치한 방법을 썼을 것인가. 또한 나중에 이러한 일을 혜능이 수많은 청중 앞에서 이전에 있었던 일이라고 말하였다는 것도 있을 수 없는 일이다. 그러한 일이 실재한 것이 아님이 분명하지만 실제로 있었다 하더라도 어찌 혜능과 같은 성인이 스승과 사형의 변변치 못한 일을 대중 앞에서 말할 수 있을 것인가. 자신의 스승과 사형을 부끄럽게 하고 자신의 위대성을 자랑하는 내용의 말을 어찌 했을 것인가. 이러한 허위 조작의 부분을 혜능의 어록 앞에 실은 자는 하택신회도 아니고, 『단경』의 편집자로 명기된 법해法海도 아니며, 그의 제자 또는 재전再傳제자 정도가 아닐까 한다. 왜냐하면 하택신회나 법해는 혜능의 제자이기 때문에 시기적으로 혜능의 시대와 가까워 누구나 쉽게 그 허위의 사실을 알 수 있는 상황에서 이러한 허위의 고사를 조작하여 공공연하게 말하거나 쓸 수 없었을 것이며, 하택신회 또한 그의 법문으로 보건대 이미 돈법을 훤히 요달한 대선사로서 그렇게 유치한 행을 했다고는 생각되지 않기 때문이다. 『단경』 앞부분의 고사를 조작한 이도 편집자로 기재된 법해法海로 보기 어렵다. 자신이 조작한 글에 자신의 이름을 올렸을 가능성보다는 그 제자가

인용은 앞의 돈황본에 의함.

스승의 이름을 빌려 공신력을 배가시킨 것일 가능성이 더 크다. 한편 『단경』에서 이렇게 픽션의 고사를 곁들여 점법과 돈법을 대비하여 선전함으로써 양자의 대비가 보다 뚜렷해지고 널리 알려진 효과를 준 것만은 인정된다.

마음은 본래 무상無相이고 무심無心이며, 무념無念이고 무작의無作意이며, 공적空寂, 불가득不可得이고 무소유無所有이다. 하택신회는 이러한 명구들을 자주 들어 설파하고 있다. 다른 분들의 법문에도 물론 이에 관한 내용이 많으나 그의 해설은 명료하고 명쾌한 바가 있다. 여기에 그의 법문을 몇 가지 인용한다.

"마음(心)은 본래 무작無作이고, 도는 항상 무념이니 염念함이 없고〔無念〕 사思함도 없으며〔無思〕, 구함도 없고〔無求〕 얻을 바도 없다〔無得〕."(『현종기顯宗記』)[70]

"마음에 만약 염念이 일어나면 곧 각조覺照함이 있게 된다. 마음 일어남이 멸하면 각조함이 스스로 없어지니 이것이 곧 무념無念이다. 이 무념이란 곧 하나의 경계도 없는 것이다. 만약 하나의 경계라도 있으면 곧 무념에 상응하지 못한다."(『菩提達摩南宗定是非論』)[71]

"단지 작의作意하지 아니하여 마음이 일어남이 없음, 이것이 진무념眞無念이다. 견見이 있으면 필경 지知함을 떠나지 못하고, 지知함이

---

70 앞의 『神會和尙語錄』, p.52. 앞의 『全唐文』 권916(pp.12040-1)
71 앞의 『神會和尙禪話錄』, p.39.

있으면 견見을 떠나지 못한다. 일체 중생이 본래 무상無相이다. 지금 상相이라 한 것은 모두 망심妄心을 말한다. 마음에 상이 없게 되면 이것이 곧 불심佛心이다. 만약 작의作意하여 마음이 일어나지 않도록 한다면 이것은 식정識定이며, 또한 이름하여 법견法見의 심心이 있는 성격의 정定이라 한다. 마명馬鳴보살이 이르길, '만약 중생이(중생의 마음이 본래) 무념임을 관하게 되면 곧 불지佛智이다.'고 하였다."(『南陽和尙頓敎解脫禪門直了性壇語』)[72]

여기서 말한 '식정識定'이란 여리如理한 무위無爲의 정定이 아니고, 유위有爲로 어느 법상法相의 견見을 잡고 흔들림 없이 있는 것(定)이다. 이는 불가득不可得·무분별無分別이라는 리理에 어긋난다. 무념이란 상념이 일어나지 않음(念不起)이다. 무념행이란 억지로 생각을 일으키지(作意하지) 않도록 함이 아니다. 작의作意하여 염念을 일으키지 않도록 하면 이미 염념이 있으니 무념이 될 수 없다. 단지 본래 자심自心이 사념하지 않는 것임을 알 뿐이다. 그래서 무념행은 곧 본래 중생심이 본래 무념임을 알아 작의하여 무념하고자 함도 없는 것이다.

신회는 또 이르길, "작의作意하지 않으면 곧 그대로 자성보리自性菩提이다."고[73] 하였다. 중생심이 본래 무념이라 함은 중생심이 곧 공적하고 적멸하며 무소유無所有이고 무상無相이기에 그렇다. 전술한 바와 같이 마음이 본래 공적하니 무심無心이고 지知함이 없으며, 견見함도 없다. 신회는 이르길

---

[72] 앞의 책, p.12.
[73] 『南陽和尙頓敎解脫禪門直了聖壇語』, 앞의 책, p.13.

"마음이 공적空寂함을 아는 것, 이것이 곧 용처用處이다."[74]

고 하였다. 본래 그러하니 따로 작의作意함이 없이, 구하고자 얻고자 함이 없이 있을 뿐이다.

선가의 명구 '지관타좌只管打坐'는 곧 그러한 뜻이다. 이 말을 직역하면 "단지 그대로 앉아 있으라."이다. 이 말은 외적 모습인 앉아 있음에만 그 뜻이 있는 것으로 이해하기 쉬우나 실은 앉아서 마음으로 작의하여 무엇을 얻고자 하거나 정돈하고 고요히 하고자 하거나 이루고자 함이 없이 그냥 그대로 무심히 앉아 있으라는 뜻이다. 대체로 수선修禪한다고 앉아 있을 경우 마음으로 무언가 어떻게 하고자 하기 쉽다. 그래야 무언가 수행을 하고 있다는 감이 든다. 이는 아직 최상승선에 들지 못함이다. 이러한 잘못을 깨우쳐주기 위해 '지관타좌'의 경구警句가 나오게 되었다. 이 명구는 실제 돈법의 수행에 큰 도움을 준다.

무수無修라 함은 위와 같이 무작의無作意의 수修인 까닭이며, 수행修行이 없음이 아니니 무수지수無修之修이다. 무수無修라 하니 이 글자대로만 해석하여 '수행하지 않음'으로만 이해한다면 이는 불교수행을 하지 않는 일반인과 다를 바가 없게 되어 버린다. 무작의의 수이니 무수이고, 이로써 진여眞如에 돈입頓入하는지라 수修가 되어 무수지수라 한다. 『능가경(7권본)』 게송품에 설한다.

行寂無功用　　적정寂靜의 무공용행無功用行과

---

[74] "知心空寂, 卽是用處", 『南陽和上頓敎解脫禪門直了性壇語』(앞의 『神會和尙語錄』, p.9)

淨修諸大願　정수淨修와 여러 대원,
及我最勝智　그리고 나의 가장 뛰어난 지혜는
無相故不見　무상無相인 까닭에 보지 못하는 것이네.

여기서 말한 무공용행이란 곧 억지 수행이 아닌 무수無修의 임운행任運行을 말한다. 이 용어들은 선사들의 어록에 자주 등장한다. 돈황본 『단경』에도 "지혜로써 관조하여 일체법에 취함도 없고 버림도 없으면 곧 견성하여 불도를 성취한다."고[75] 하였다. 일체법에 취함도 없고, 버림도 없는 행이 곧 무수지수無修之修이거니와 이 또한 수修인 것은 "지혜로써 관조한다."는 행이 전제되어 있는 것에서 알 수 있다. 인위因位에서의 심행心行에는 조조함이 있다. 『능가사자기』의 신수神秀 어록 가운데는 "『영락경』에 이르길, '보살은 적멸을 조照하고〔照寂〕, 불佛은 적멸에서 조조한다〔寂照〕'고 하였다."고 한 구절이 있다.[76] 즉 인위因位

---

[75] "用智惠觀照, 於一切法不取不捨, 即見性成佛道." 앞의 『敦煌寫本壇經原本』, p.133.

[76] 『菩薩瓔珞本業經』卷下 釋義品第四에 나오는 구절. 菩薩地의 位를 歡喜地에서부터 法雲地 乃至 無垢地(等覺)까지 설한 후 끝으로 佛地를 설명한 부분이다. 佛地 부분을 모두 인용한다.
"佛子여! 妙觀上忍의 大寂無相에서는 오직 일체중생을 緣으로 하여 善法을 生하며, 또한 일체의 공덕을 스스로 지니는 까닭에 이름하여 佛藏이라 하고 일체법을 寂照하며, 佛 이하의 일체 보살은 照寂하느니라. 이 까닭에 佛子여! 내가 이전에 第四禪 중에서 8억의 범천왕을 위해 寂照를 설하였나니, 如來는 無心·無色이면서 일체법을 寂照하느니라."
또 원효대사의 『금강삼매경론』 卷下 眞性空品에서는 "또 이 智用(圓智의 自用)은 等覺位에서는 照寂慧라 이름하니, 아직 生滅의 動相을 떠나지 못한 까닭이다. 妙覺位에 이르러서는 寂照慧라 이름하니, ……"라 하였다.

의 보살위에서는 적적寂을 조照하는 심행心行이 있다. 그런데 이 심행은 혜능이 "미인迷人은 구념口念하고, 지자智者는 심행心行한다." 하였고, "지혜를 상행常行함이 곧 반야행이다."고 한 바와 같이[77] 자심에서 깨달은 지혜로써 조응照應이 되는 행이다. 즉 행行(修)이 없지 아니하되 지혜의 리理에 따르는 것이어서 일부러 일으키는 행하고는 구분된다. 그 리理가 무상無相・무주無住・불가득不可得・무생無生의 리理인 까닭에 마음을 일부러 일으켜 관조하면 이러한 리理에 어긋나는지라 그 리理에 합당하게[如理] 심행이 되어야 한다. 그래서 "지智로써 관조하는 심행"은 그 오悟한 리理에 깨어 수순하는 것이지 마음을 일으켜 어떠한 법상을 관조하는 것은 아니다. 그래서 무수지수無修之修이다. 또 돈황본 『단경』에

"무념無念의 법이란 일체를 견見하되 일체법에 집착하지 않음이다."

고[78] 하였다. 무념이라고 하니 자칫 무념이라는 상相을 세워 이를 이루기 위해 염念을 일부러 없게 하고자 견見하거나 사思함을 억지로 차단하고 제어하는 행을 하게 되기 쉽다. 그러나 견見하고 사思함이 본래 그대로 무견無見이고 무념無念임을 자심自心에서 깨달은 것이[頓悟] 전제되어 있는 까닭에 일체를 견見하되 견見하거나 사思함에 염착染着됨이 없는 것이다. 이와 같이 돈법의 심행心行은 반야지혜를 자심에서 이루어 사事에서 항상 여리如理한 까닭에 혜능은 이를 "반야삼매

---

77 앞의 『敦煌寫本壇經原本』, p.132.
78 앞의 책, p.138에 "無念法者, 見一切法, 不著一切法."

를 오悟함이 곧 무념이다."고[79] 하였고, "6진(六塵; 六境)에서 떠나지 아니하되 염착되지 아니하며, 거래去來에 자재自在함이 곧 반야삼매이며, 자재 해탈이고, 무념행이라 한다."고[80] 하였다. 혜능이 돈법과 무념을 왜 반야삼매라고 했고, 대선지식이란 최상의 대승법을 이해한 자라고 했는지 그 뜻이 더욱 명료해진다. 그의 돈법이란 곧 대승경론에서 선지를 깨닫는 것이고, 그 선지란 곧 대승경론의 심의인 반야의 뜻을 자심에서 증證하는 것이다. 이것이 곧 그가 자주 말한 마하반야바라밀의 선법이요 돈법이다. 그러한 반야가 현실에서 여리如理하게 무수지수無修之修로 행해지는 것이 반야삼매이고 무념행이다. 혜능은 행자가 대승경론에서 이러한 선지禪旨를 얻지 못했을 때는 대선지식을 찾아 반야바라밀의 개시開示를 받지 않으면 안 된다고 하였다.

그런데 돈오를 언하言下에 편오(便悟; 곧바로 깨달음)하는 것으로 이해하는 경향이 적지 않다. 더구나 이렇게 되어야 궁극의 깨달음이 이루어진 것이라 하거나, 스승이나 대선지식의 언하言下 또는 언어문자를 매개하지 아니하고 어떠한 행동 등에 의한 직시直示를 통해 기연을 만나 대오大悟를 성취하는 것이 선문의 종법인 것처럼 행하는 현상이 후대 선종의 한 모습이었다. 이는 또한 선종 특유의 선문답이 나온 배경 가운데 하나가 되었다. 일부 논자는 이러한 모습을 조사선의 주요 특성의 하나로 해석하기도 한다.[81] 그러나 여래선과 다른 특별한

---

[79] 앞의 『敦煌寫本壇經原本』, p.137에 "悟般若三昧, 卽是無念."
[80] 앞의 책, p.138에 "於六塵中不離不染, 來去自由, 卽是般若三昧, 自在解脫, 念無念行."
[81] 김태완, 『祖師禪의 실천과 사상』, 장경각, 2001, pp.65-80.

선법이 있어 조사선이라 한 것이 아니라는 것이 필자의 입장이다. 이에 대해서는 앞에서도 약간 언급한 바 있고, 뒤에서 상론하도록 하겠다.

'언하편오言下便悟'는 먼저 『단경』에 보인다.

"선지식이여! 내가 홍인화상 계신 곳에서 한 번 듣고는 언하言下에 대오大悟하여 진여본성眞如本性을 돈견頓見하였나니라. 이 까닭에 너희는 이러한 교법으로 후대에 유행하도록 해야 한다. 지금 도를 배우는 이들이 돈오하여 깨우치려거든 각기 스스로 마음을 관하여 자심의 본성을 돈오하도록 해야 한다. 만약 스스로 오悟할 수 없다면 반드시 대선지식이 도를 개시開示함을 찾아 견성見性하라. …… 만약 자오自悟할 수 있는 이라면 밖으로 선지식을 구할 필요가 없다."[82]

대선지식의 가르침을 찾아 그 언하言下에 편오便悟하여야 한다는

---

82 "善知識, 我於忍和尙處一聞, 言下大悟, 頓見眞如本性. 是故(是頓)(汝)以敎法流行後代. 今學道者頓悟菩提, 各自觀心, 令自本性頓悟. 若能自悟者(若自不悟), 須覓大善知識示道見性. …… 若自悟者, 不假外求善知識." 앞의 『敦煌寫本壇經原本』, p.137

北京圖書館藏本은 「是頓」이고, 大英박물관소장의 Stein본은 "是故"인데 후자가 옳을 것이다. 그리고 本『敦煌寫本壇經原本』은 북경도서관장본을 저본으로 하였는데, "汝"字가 누락되어 있다. 앞의 대영박불관소장본에는 "汝"가 있다. "汝"字가 들어가야 옳다. 그리고 이 本은 「若能自悟者」이나 뒷구와 어울리지 않는다. 大乘寺本・興聖寺本・德異本・宗寶本 등은 모두 "若自不悟"이고, 이것이 전후 문맥으로 보아 옳다.

것은 "만약 스스로 오悟할 수 없다면[若自不悟]"이라는 전제 하에 말한 것이다. 그래서 "만약 자오自悟할 수 있는 이라면 밖으로 선지식을 구할 필요가 없다."고 하였다. 경론을 통하여 자심自心에서 진여자성眞如本性을 얼마든지 돈견할 수 있다. 경론이 그렇게 개시오입케 하고 있기 때문이다. 그러나 어떤 이들은 경론의 뜻을 제대로 요달하지 못하고, 문자상에만 끌리어 관념만 잡고 있거나, 경론의 선지를 자심에서 요지了知하지 못한다. 이러한 이들은 대선지식을 찾아가 그의 "정로正路를 직시直示한 가르침"을 받아야 한다. 이때 대선지식은 가르침을 받으러 온 자의 근기나 막혀 있는 부분 등을 파악하여 경론보다 더 자세하고 친절하게 논리적으로 해설해주거나 또는 간단명료하게 요점을 일깨워주는 방법 등을 쓸 것이다. 후대에는 선문답 식의 직절의 지시를 받고 그 언하에 편오한 사례들만 주로 전해지고 회자되다 보니 경론을 통해 자오自悟한 경우나 논리적으로 자세한 해설을 통해 개오케 한 사례들은 거의 없는 것처럼 되어 버렸다. 더욱이 대오大悟 또는 돈오란 선사의 언하에 편오하는 것이어야 한다는 듯이 인식되었으며, 이러한 법이 조사선의 주요 내용 가운데 하나라고까지 해석하게 되었다. 그러나 위의 『단경』 인용문에 명기되어 있는 바와 같이 실은 대선지식을 찾아 그 개시開示에 의해 오입悟入한 이들보다 경론 등을 통하여 자오自悟한 이들이 더 높은 근기이다. 조사선을 여래선보다 뛰어난 최상의 선법이라고 하지만 자오하지 못하고 대선지식의 가르침에 의지해서 그 언하에 깨우치는 일들이 어찌 자오한 경우보다 더 뛰어나다고 할 수 있을까. 선지식의 언하에 편오하는 것이 가장 뛰어난 행법이고 성취라면 왜 혜능은 이와 같이 "자오自悟하면 선지식을 구할 필요가 없다."고 하였겠는가. 혜능이나 마조도일馬祖道一로부터 조사선이 시작되거나 완성되었다고 한다면 그 훨씬 이전에 성취한 분들은 대부분 언하에 편오한 경우가 아니라는 사실을 어떻게 이해해야 할 것인가.

또한 언하에 편오한다는 것이 어떤 특별하고 높은 선법이라고 할 수 있을까. '직지인심直指人心 견성성불見性成佛'을 언하편오言下便悟의 면으로만 해석하는 논자도 있지만,[83] 실은 모든 경론의 가르침이 바로 이 뜻을 개시하고 있다. 언하에 편오하기 이전에 자오한 이들과 그들의 선법을 놓쳐서는 안 된다.

마조도일의 "평상심平常心이 도道다."고 한 데서 '평상심'은 평상의 마음이 그대로 능能과 소所를 떠나 대상이 될 수 없고, 분별할 수도, 분별될 수 있는 것도 아니며, 일심一心이고 각覺임을 확증한 가운데 무원無願·무구無求의 무수지수無修之修가 행해지는 자리이다. 마음을 가지고 마음을 어떻게 하려는 행은 이미 이치에 어긋난다. 마음을 가지고 마음을 어떻게 하려는 행을 떠나야 평상심이 도가 된다. 그는 '평상심'을 "무조작無造作, 무시비無是非, 무취사無取捨, 무단상無斷常, 무범무성無凡無聖"이라고 하였다.[84] 바로 대승의 요의要義인 공空·무상無相·무원無願(無作)의 삼해탈에 상응하는 행이다. 이 '평상심시도平常心是道'를 일상생활 그대로에서의 수행을 지향한다는 식으로 해석하여 생활선이라 하거나, 중국적 선의 창립이라거나, 중국적 선에의 혁명적 변화라는 식으로 이해해서는 안 된다. 일상생활에서의 선을

---

83 김태완, 앞의 책, pp.65-80.
84 『江西馬祖道一禪師語錄』(『속장경』69)

창도하기 위해서 한 말이 아니다. 일상생활에서의 선이란 대승·소승을 막론하고 공통의 당연한 가르침이다. 이 말이 바로 인도에서 나온 경론에 온전히 의거한 것인데 어찌 중국적 선의 혁명적 창도라고 할 수 있겠는가. 혹자는 인도의 선을 선정 위주의 것으로 특징짓지만 이는 반야지혜를 위주로 설해진 수많은 대승경전이 인도에서 나온 것이라는 사실을 망각한 것이다. 요컨대 마조도일의 선법도 인도의 그것과 전혀 다를 바 없고, 달마 이래의 선사들과도 다를 바가 없으며, 새로운 것도 없다. 단지 친근한 말을 쓴 것에 불과한 것인데, 그 때문에 그 진의가 잘못 전달되기 쉬운 것이었다.

4. 결언

북종 신수의 선법을 남종에서 비판한 바와 같이 점법으로 보려는 시각 때문에 신수가 주로 의지한 『능가경』의 선법도 마찬가지로 점법으로 보는 견해가 대체로 많다. 그러나 『능가경』에서 개시開示하고 있는 선법은 돈법이다.

능·소가 따로 없어 유심唯心이고, 일심一心인 까닭에 무생無生이고, 무상無相이며, 그 유심과 일심·무상·무생도 또한 얻을 수 없고, 머무를 수 없다. 즉 생生이 그대로 무생임을 요지하는 것이요, 심心이 곧 그대로 무심無心임을 요지하는 것이니 분별을 억지로 하지 않으려 함이 아니라 분별이 본래 생한 바가 없고, 번뇌가 그대로 무생임을 요지함이다.

능과 소가 따로 없기에 무엇이 무엇을 향하거나 얻으려 함은 이미 리理에 어긋난다. 이러한 이체理體가 곧 법신이요 진여인지라 이 리理에 어긋남이 없으면 그대로 돈법이다. 분별함을 거부하는 행이 아니라 본래 마음이 분별함 없는 것임을 요지하는 행이고, 무작의無作意의 행이 곧 무수지수無修之修이고 돈법이었다. 단지 『능가경』에서 설한 돈정상頓淨相은 인지因地에서의 보살행이 아니라 과위果位인 여래의 행이다. 리理에 어긋남 없는 돈법을 승乘하였다 하더라도 아직 인지因地의 보살위에 있다면 점정상漸淨相이 없지 아니하다.

『능가경』에서의 점정상과 돈정상은 이와 같이 양위(兩位; 因位와 果位)에서의 시간적 차이를 드러낸 것이지 선법의 빠르고 더딤을 설한 것이 아니다. 이러한 『능가경』의 선법은 육조 이전의 초기 조사들의 선법과 『단경』이나 신회가 개시하고 강조한 선법과 전혀 다를 바가 없다. 단지 점법이 방편행으로서 시설된 경우가 있을 뿐이다. 『단경』이나 신회의 설법에는 『금강경』을 비롯한 『반야경』 계통의 반야바라밀법을 내세워 설한 부분이 있으나 그 뜻은 『능가경』의 요의와 그대로 상통하며, 우두법융牛頭法融의 법문에 이미 그 내용이 들어있다. 이에 대해서는 뒤에서 상론할 것이다.

한편 『단경』이나 신회가 비판하고 있는 점법은 신수의 선법이라 볼 수 없는 것이었다. 본래 진실한 점법은 첫 단계의 산란심 대치법對治法을 제외하면 교의에 의한 혜행慧行 내지는 이입理入이 전제되어 있는 것이었다. 그리하여 혜慧와 함께 정定이 이루어지고, 그 정定의 심화 내지는 진전으로부터 돈오와 지혜문도 열리게 되는 것이었다. 즉 점법이라 하더라도 마음을 작의作意하는 행의 법이 아니라 대승 심의에 따라 요지해가는 행이었다. 그래서 돈법의 근본인 무작의無作

意의 면을 이미 갖추고 있었다. 또 이 점법이 완숙되는 가운데 곧바로 돈법으로 직결될 수 있는 것이었다. 선정에서 지혜가 나온다고 하는 여러 경론의 가르침 또한 이를 뒷받침하고 있다. 단지 신수의 4구선법에는 간심看心과 섭심攝心의 행이 있어 작의의 심행心行으로 보기 쉬우나, 이 또한 심心이 본래 청정함을 보는 행이고 그러한 심의를 호지하여 내증內證하는 행이기 때문에 이 또한 아직 돈법은 아니라 하더라도 반야관조가 없는 것도 아니고, 작의의 행도 아니다.

한편 진실한 점법이 돈법에 직결될 수 있는 것이나 자칫하면 아직 지혜가 충분히 발현되지 않은 상황에서 그 자리에 안주해 버릴 수 있는 것이기 때문에, 『단경』이나 신회의 점법 비판과 돈법 선양은 궁극으로는 돈법에 이르지 않으면 안 된다는 것을 개시하여 주었고, 양자의 차이를 뚜렷이 부각시켜 준 것이라는 점에서 의의가 있다 하겠다.

이렇게 초기 선송에서 시설한 점법이 그대로 돈법으로 진전되는 것이라면 후대에 남종과 북종 또는 남돈북점으로 엄밀히 구분한 것은 청화淸畫의 지적처럼 실언이라 할 수 있는 것이고, 그럼에도 불구하고 신회가 일방적으로 남북을 대비하여 선전하고 있는 데서 분명히 의도적인 왜곡이 있었다고 보여지는 것이다. 그 과정에서 부처님 이래 시설되어 온 점법의 위상位相이 여지없이 무시되어 버리고 말아 후대 선법이 체계도 없고, 기초도 없는 모습으로 흘러가게 되었다.

처음부터 돈법으로 갈 수 있는 이가 드물다면 돈법으로 갈 수 있는 점법은 필요하다. 단지 그 점법도 돈법의 뜻을 갖추고 있는 것이어야 하고, 그 실례를 곧 북종北宗의 여러 법문에서 찾아볼 수 있었다.

제3장 여래선·조사선의 문제

1. 서언

본장에서는 앞의 글들에서 검토한 초기 선종의 선법인 능가선법과 돈법頓法 점법漸法에 대한 이해를 바탕으로 여래선如來禪·조사선祖師禪에 대한 문제를 다루고자 한다. 주지하다시피 신회神會와 종밀宗密은 달마에서 혜능까지의 선법을 여래(淸淨)선이라 하였는데, 혜능 입적(713년) 후 150여 년이 지나 앙산혜적(仰山慧寂; 807~883)과 그의 사제인 향엄지한(香嚴智閑; ?~897)의 대화에서 처음 등장하게 된 '조사선'에 의거하여 이를 여래선보다 뛰어난 최상 내지는 격상의 선법으로 인정하고, 그 첫 출발은 혜능, 그 완성은 마조도일馬祖道一로 보는 것이 대체로 일반적인 견해로 자리 잡고 있다. 그러나 필자의 기본 입장은 혜능이나 신회 및 마조도일의 선법이 모두 달마에서 5조에 이르는 초기 조사들의 선법과 하등 다를 바가 없다는 것이며,

『능가경』에서 말한 4종선 가운데 여래선의 뜻을 자세히 살펴보면 여래如來만이 행할 수 있는 보살에 대한 가지행加持行을 말한 것이 분명하기 때문에 그 이상의 선법禪法이 있을 수 없다는 것이다.『금강삼매경』에 보이는 '여래선'도 자칫 오해할 수 있는 글이지만 여래만의 선법을 말하고 있다는 것은 분명하다.

한편 앙산과 향엄이 여래선과 조사선을 대비하여 말한 것은, 그 명칭 사용의 적절성 여부를 차치하고, 더 높고 낮은 단계의 선법을 구별하여 쓴 것이라는 점에서 일단 양자의 차이를 어떻게 이해할 수 있겠는가 하는 점이 밝혀져야 할 것이다. 본장에서는 이러한 관점에서 앙산이 어떠한 입장에서 두 가지 선법을 대비한 것이며, 그가 말한 두 선법은 구체적으로 어떠한 것인가, 그러한 선법이 앞에서 밝힌 초기 선종의 돈법과 관련하여 어떻게 이해되어야 할 것인가, 아울러 경론에서 쓰인 '여래선'의 용례와 어떻게 다른 것인가를 중심으로 해명하고자 한다.

2. 사종선四種禪의 이해와 여래선·조사선의 문제

『능가경』에 설해진 사종선四種禪은 선법의 점차와 각 위상을 명료하게 판별할 수 있도록 한 중요한 내용인 까닭에 고래로 선법에 대한 연구에서 자주 언급되어 왔다. 그러나 사종선 가운데 세 번째 반연진여선攀緣眞如禪과 네 번째 여래선에 대한 이해는 잘못되거나 미진한 바가 있다. 특히 여기서 말하는 여래선과 후대에 유행하게 된 조사선과의 관계에 대해 지금까지 많은 논란이 있어 왔기 때문에 일단 사종선을 올바로 이해하는 것이 선결과제이다.

사종선에 대해 『능가경(7권본)』 권제3 집일체법품 제2의3第二之三에 다음과 같이 설해져 있다.

"또한 대혜여! 네 가지 선이 있나니, 어떠한 것들인가. 그것은 우부소행선愚夫所行禪・관찰의선觀察義禪・반연진여선攀緣眞如禪・제여래선諸如來禪이니라.

대혜여! 무엇을 우부소행선이라 하는가. 성문・연각의 제수행자가 인무아人無我를 알며, 자타自他의 신신身이 뼈로 연결되어 있음을 보고, 이것들은 모두 무상無常하고 고苦이며, 부정不淨한 상相이라고 관찰하기를 굳게 지키고 놓지 않으면, 차츰 진전하여 무상멸정無想滅定에 이르나니, 이를 우부소행선이라 하느니라.

무엇을 관찰의선이라 하는가. 자상自相・공상共相・타상他相이 무아無我임을 알고, 또한 외도가 설하는 자타가 함께 작作한 것이라는 견해에서도 떠나, 법무아法無我와 수증의 여러 단계의 모습과 뜻을 잘 따라 관찰하는 것을 관찰의선이라 하느니라.

무엇이 반연진여선인가. 무아無我에 둘(法無我, 人無我)이 있다고 분별하면, 이것도 허망한 생각이니, 이렇게 여실히 알아 그러한 생각도 일어나지 않음을 반연진여선이라 하느니라.

무엇을 제여래선이라 하는가. 불지佛地에 들어가 자증성지自證聖智의 세 가지 락樂에 머물러 모든 중생을 위해 부사의사不思議事를 하는 것을 말하여 제여래선이라 하느니라."[1]

---

[1] "復次大慧, 有四種禪, 何等爲四. 謂愚夫所行禪・觀察義禪・攀緣眞如禪・諸如來

이 사종선은 크게 성문·연각(우부소행선)—보살승(관찰의선과 반연진여선)—여래의 행화行化(여래선)의 세 가지 단계로 다시 구분될 수 있다. 우부소행선은 성문과 연각이 인무아人無我를 알아 무상멸정을 성취하는 것이라 하였으니 아직 법무아法無我는 요지하지 못한 위位이다. 그러나 관찰의선은 법무아를 요지한 것이 전제되어 있다. 『능가경』에서 '자상自相'이란 공상共相의 대어對語로서 일체법 하나하나의 개별상을 뜻한다. 이에 대해 '공상共相'은 일체법이 무상無常·고苦·공空·부정不淨·무상無相이라 할 때 이 법들이 곧 일체법의 공상(共相; 공통한 相)이다. 또는 소나무·느티나무 등 개별 나무가 자상이라면 '나무'나 '식물'은 그 공상이 된다. 중생의 분별은 항상 이러한 자상과 공상의 분별로 행해진다. 우부소행선이 아직 무상·고·공·부정·무상 등의 법상法相을 취하고 있다면 관찰의선은 이들 법상도 무아無我(法無我)이기에 얻을 바 없고 취할 바 없다는 의義를 관찰하는 선禪이다. 여러 경론에서 법무아를 요지하여 닦아가는 위位는 보살위이다. 따라서 관찰의선에서부터 보살위의 행이라 할 수 있으나 원돈圓頓의 위位가 아니고 편교偏敎의 보살이라 할 것이다. 다음으로 반연진여선이란 법무아라고 보는 것에서도 떠나 일체의 분별상이 일어나지 않음이라 하였는데 이를 반연진여선(眞如에 所緣되는 禪)이라 함은

禪. 大慧, 云何愚夫所行禪, 謂聲聞緣覺諸修行者, 知人無我, 見自地身骨鎖相連, 皆是無常·苦·不淨相, 如是觀察, 堅著不捨, 漸次增勝至無想滅定, 是名愚夫所行禪. 云何觀察義禪, 謂知自·共相·人無我已, 亦離外道自他俱作, 於法無我諸地相義, 隨順觀察, 是名觀察義禪. 云何攀緣眞如禪, 謂若分別無我有二 是虛妄念, 若如實知, 彼念不起, 是名攀緣眞如禪. 云何諸如來禪, 謂入佛地住自證聖智三種樂, 爲諸衆生作不思議事, 是名諸如來禪."

진여眞如가 무상無相인지라 일체의 분별상을 떠난 무상인 자리가 곧 진여에 계합된 자리인 까닭이다. 안정광제安井廣濟가 범본梵本을 일역日譯한 『입능가경入楞伽經』에는[2] 이 부분이 다음과 같이 되어 있다.

"변계소집遍計所執된 이무아二無我의 분별이 있지만 그대로 진실에 주住함에 의해 분별이 일어나지 않는 때, 진여를 소연所緣으로 하는 (禪定이다)고, 나는 말한다."

이무아二無我의 분별이 있으나 그대로 진실에 주住함이란, 그 무아無我의 법 또한 무아임을 아는지라 분별이 일어나지 않음을 말한다. 즉 '진실'이란 일체법이 무아이니 그 무아라는 법 또한 무아임을 말한다. 그 진실에 주함이란, 변계소집된 이무아를 버리려 하거나 떠나려 함도 없음을 말한다. 본래 무아인데 떠나거나 버려야 할 대상이 어디에 따로 있겠는가. 이는 『단경』에서 일체법에서 취하려 함도 버리려 함도 없음이 곧 무념無念이라고 함과 같다. 또한 분별을 하지 않으려는 것이 아니라 그러한 진실의 의義를 요지한 까닭에 분별이 일어나지 않는 것이다. 그와 같이 분별을 떠나 있으니 곧 진여에 소연(所緣; 攀緣)된 선이라 한 것이다. 분별할 수 없고, 분별을 떠나 있으며, 언설을 떠나 있다는 뜻이 곧 '진여眞如'이다. 앞의 관찰의선이 얻을 바 없고 취할 바 없다는 의義를 관찰함이 있는 행이라면 반연진여선에서는 어떠한 법상法相을 관찰함도 떠나 있다. 즉 절관絶觀의 위位이다.

---

[2] 安井廣濟 譯, 『梵文和譯 入楞伽經』, 京都, 法藏館, 1976, p.87.

반연진여선을 얼핏 진여라는 일상一相을 대상으로 취하고 있는 것으로 오해하기 쉽다. 그렇게 행한다면 일체법이 무아인 까닭에 대상으로 볼 어떠한 것도 없다는 리理에 어긋나는 것이고, 무상無相이며 대상이 될 수 없다는 진여의 뜻에 어긋난다. 그래서 진여에 반연攀緣함이란 진여라는 상을 관함이 아니고, 진여의 그러한 뜻에 계합됨을 말한다. 즉 진여眞如의 그러한 의義가 여실히 행해짐이다. 만약 이렇게 이해하지 않는다면 이 반연진여선과 앞의 관찰의선이 구분되지 않게 되어 버린다. 여기에서 "이무아二無我의 분별이 있지만"이라고 한 것은 곧 분별에서 분별을 떠남을 말한다. 즉 분별을 억지로 하지 않으려 함이 아니다. 『대승입능가경』게송품에 설한다.

不能起分別　　분별 일으키지 않는 것을
愚夫謂解脫　　어리석은 범부는 해탈이라 하나,
心無覺智生　　마음에 각지覺智 생김이 없다면,
豈能斷二執　　어찌 이집二執을 끊을 수 있으리.

以覺自心故　　오직 자심自心일 뿐임을 깨닫는 까닭에
能斷二所執　　능히 이집二執을 끊을 수 있으며,
了知故能斷　　(唯心을) 요지하는 까닭에 끊을 수 있다는 것이지,
非不能分別　　분별할 수 없다는 것이 아니니라.

즉 아我・법法의 두 가지 집착을 끊는 데는 억지로 분별을 일으키지 않으려 해서 되는 것이 아니고 유심唯心이고 일심一心임을 요지하여

각지覺智가 생겨야 한다. 유심이고 일심인지라 분별한 자와 분별할 대상이 따로 있지 아니하여 본래 분별이 무생無生임을 요지함에 사事도 이에 응하여 분별이 일어나지 않게 되는 것이다. 그래서 "이무아二無我의 분별이 있지만" 이미 각지가 생긴 까닭에 분별에서 분별을 떠나는 "진실에 주住함"이 된다. 따라서 이러한 선법은 곧 앞에서 자세히 설명한 초기 선종의 돈법과 같다.

다음으로 "여래선"은 이미 불지佛地에 들어간 후에 자증성지의 락樂에 머물러 중생과 보살을 위해 부사의사不思議事를 행함이다. 즉 인위(因位; 보살위)에서의 행이 아니라 과위果位에서의 행이다. 그렇다면 그 중생을 위한 부사의사란 무엇인가. 그 내용은 『대승입능가경』 권제3 집일체법품 제2의2第二之二의 다음 법문에서 알 수 있다.

"또한 대혜여! 제불諸佛에게는 두 가지 가지加持로 모든 보살을 가지하여 부처님의 발에 정례頂禮하고 여러 뜻을 듣게 하나니라. 두 가지가 무엇인가 하면, 삼매에 들게 하며, 그 보살의 앞에 몸을 나타내어 손으로 관정灌頂하는 것이니라. 대혜여! 초지初地보살마하살이 제불의 가지력을 입은 까닭에 보살대승광명정大乘光明定에 들고, 들고나면 시방제불十方諸佛이 그 앞에 두루 나타나시어 신身과 어語로 가지하시나니, 금강장보살과 그밖에 이와 같은 공덕상을 성취한 보살마하살이 그러함과 같나니라. …… (중략) …… 또한 대혜여! 제보살마하살은 삼매에 들어 신통을 나타내어 설법을 하나니, 이와 같은 모든 일은 모두 제불의 두 가지 가지력에 말미암은 것이니라. …… (중략) ……"

대혜보살마하살이 다시 부처님께 여쭈었다.

"무슨 까닭에 여래께서 그 가지력으로 모든 보살로 하여금 삼매에 들게 하고 수승한 보살지(보살第十地)에 이른 보살에게 손으로 관정灌頂하시나이까."

부처님께서 말씀하셨다.

"대혜여! 만약 이렇게 하지 않으면 저 보살들은 곧 외도와 성문, 마경魔境 가운데 떨어져 무상보리를 이룰 수 없나니, 이 때문에 여래는 가지력으로 모든 보살을 거두어주시느니라."[3]

이 법문은 여래께서 중생을 위해 행하는 부사의사不思議事의 일단이다. 여래는 두 가지 가지加持로 일체 보살이 정법正法의 행에서 진전하고 성취할 수 있도록 하며 삼매에 들게 하고 신통을 나타내어 설법하게 한다. 이러한 여래의 가지력이 없다면 보살은 외도나 성문 및 마경魔境에 떨어지고 만다. 이러한 행이 여래신이다. 따라서 아직 불지에

---

[3] "復次大慧, 諸菩薩摩訶薩, 入於三昧現通說法, 如是一切皆由諸佛二種持力. 大慧, 若諸菩薩離佛加持能說法者, 則諸凡夫亦應能說. 大慧, 山林草樹城郭宮殿及諸樂器如來至處, 以佛持力尙演法音, 況有心者. 聾盲瘖瘂離苦解脫. 大慧, 如來持力有如是等廣大作用."

大慧菩薩復白佛言.

"何故如來以其持力, 令諸菩薩入於三昧, 及殊勝地中手灌其頂."

佛言.

"大慧, 爲欲令其遠離魔業諸煩惱故, 爲令不墮聲聞地故, 爲令速入如來地故, 令所得法倍增長故, 是故諸佛以加持力持諸菩薩. 大慧, 若不如是, 彼菩薩便墮外道, 及以聲聞魔境之中, 則不能得無上菩提. 是故如來以加持力攝諸菩薩."『大正藏』권 16, p.602.

이르지 못한 인위因位에서 아무리 최상의 선법이라 하더라도 이보다 더 뛰어난 선법이 있을 수 없다.

그런데 후대에 '여래선' 용어와 관련하여 두 가지 새로운 경향이 나오게 되어 혼란을 초래하게 되었다. 하나는 위와 같은 『능가경』의 여래선 정의와 다르게 달마대사 이래의 돈법을 여래선 혹은 여래청정선如來淸淨禪으로 칭한 사례이고(神會, 馬祖道一, 宗密 등), 또 하나는 여래선 위에 조사선이 있다고 하여 여래선이란 아직 궁극의 선법이 아닌 것으로 이해하는 경향이다. 근래의 학자들도 『능가경』에서 말하는 여래선을 신회나 종밀·마조도일이 언명하고 있는 여래선 내지는 여래청정선과 같은 것으로 이해하고 있다.[4] 이러한 잘못은 경문을 명확하게 이해하지 못한 데서 나온 것이다. 단지 달마 이래의 돈법은 곧바로 여래선에 증입證入되어 가기 때문에 여래선에 들어가게 하는 선법이라는 뜻에서 '여래선'이라 칭하였을 가능성은 있다. 이는 후술하는 바와 같이 『금강삼매경』 입실제품에서 존삼수일存三守一의 선법을 "여래선에 들어가는"으로 언명言明하고 있는 것과 상통한다. 그러나 어디까지나 경문은 "여래선에 들어가는"이지 여래선 자체라고는 하지 않았음을 명심해야 한다.

한편 최초로 '조사선'이란 용어가 등장하는 것은 앙산혜적(仰山慧寂, 807~883)과 그의 사제인 향엄지한(香嚴智閑, ?~897)의 대화에서이다.[5] 그 전후의 일들을 『조당집』(952년)에서 요약하면 다음과 같다.[6]

---

4 柳田聖山, 「祖師禪の源と流」, 『印佛硏』9-1, 1961, 1. pp.86-87.
5 이에 대한 기사는 『祖堂集』 제19권 香嚴和尙, 『潙仰錄』(『五家語錄』所收), 『五燈會元』 권제9 香嚴智閑禪師, 『경덕전등록』 제11 仰山慧寂 등에 실려 있다.

향엄香嚴은 박문博聞 재학才學하여, 스승 위산潙山을 자주 논박하는 말을 능란하게 잘하였는데 위산은 그가 아직 근본을 통달하지 못한 것을 알았으나 그의 말재주를 제지할 수 없었다. 하루는 위산이 그에게 다음과 같이 물었다. "네가 처음 부모의 태중胎中에서 나와서 아직 사물을 알지 못하였을 때의 본분사에 대해 일구一句를 지어 가져와 보라. 내가 너를 인가해 주리라." 향엄은 바로 대답하지 못하고 오랫동안 숙고하고 나서 몇 차례 말하였으나 위산은 받아들여 주지 않았다. 마침내 향엄이 위산에게 가르쳐 주시라고 하니 위산이 말하였다. "나의 도는 말해 줄 것이 아니다. 너 스스로 말해야 한다. 이것이 너의 안목이다." 향엄은 두루 여러 책들을 펼쳐보며 답할 것을 찾았으나 찾지 못하게 되자 책을 모두 불살라버렸다. 곧바로 위산潙山에게 예를 올리고 눈물을 흘리며 문을 나와 향엄산 혜충국사의 유적지에 왔다가 그곳에서 지내기로 하였다. 하루는 잡초를 베다가 기왓장을 던져 부딪히는 소리에 대오하고 다음의 게를 지었다.

一挃(擊)忘所知	기왓장 부딪히는 소리에 알 바를 잃어버렸으니
更不自修持	더 이상 스스로 수지修持할 바 없네.
處處無蹤迹	어디든 아무런 자취 없고,
聲色外威儀	소리와 모습 밖의 위의威儀로다!
十方達道者	시방十方의 달도達道한 이들이
咸言上上機	모두 상상기上上機라 말하네.

---

6 『祖堂集』(張華 点校, 鄭州, 中州古籍出版社, 2001년), pp.615-7.

향엄은 곧 위산潙山에게 돌아와 그간의 일을 말하였다. 위산이 이 게송을 모든 대중에게 보이게 하니 대중이 모두 축하하였다. 그런데 당시 밖에 나가 있던 앙산仰山이 나중에 돌아와 이를 보고 축하의 말을 건넨 후 위산에게 말하였다. "비록 얼마의 발명發明이 있긴 합니다만 화상께서 그를 시험해 보셨습니까?" 위산이 "그를 시험해 보지 않았다."고 하자 앙산이 곧 향엄한테 가서 축하의 말을 건넨 후 다시 지어 보라 하였다. 이에 향엄은 다음의 게를 지었다.

去年未時貧　　지난해에는 아직 가난하지 않았으나
今年始時貧　　금년에야 비로소 가난하게 되었네.
去年無卓錐之地　지난해에는 송곳 꽂을 땅이 없었으나
今年錐也無　　금년에는 송곳도 없네.

그런데 『오가어록五家語錄』에 수록된 『위앙록潙仰錄』과 『오등회원五燈會元』 권제9 향엄지한선사조에는 이 게가 다르게 기재되어 있다.

去年貧未時貧　　지난해의 가난은 아직 가난이 아니었으나
今年貧始時貧　　금년의 가난이 비로소 가난이네.
去年貧 猶有卓錐之地　지난해의 가난은 오히려 송곳 꽂을 땅이 있었으나
今年貧錐也無　　금년에는 송곳도 없네.

이 4구句 가운데 제3구 "유유탁추지지猶有卓錐之地"는 『경덕전등록』

(1004년) 권11에는 "거년무탁추지지去年無卓錐之地"다. 이 게송에서 "송곳 꽂을 땅"은 생사生死, 유무有無 등의 분별이 있는 세간법世間法을 말하고, "송곳"은 그러한 세간법을 넘어서기 위해 세간법에 투사投射 (觀照)해야 할 공空·무상無相·해탈·열반 등의 출세간법出世間法을 말한다. 또한 "송곳 꽂을 땅"이 소지所智의 경계라면 "송곳"은 능지能智를 말한 것일 수도 있다. 단지 능지能智까지 사라지는 경지는 출세간법을 해오하였다 하더라도 바로 이루어지는 것은 아니다. 능지까지 사라지는 경지는 후술하는『능가경』의 3종 지혜 가운데 출세간상상지 出世間上上智에 해당한다고 할 수 있다. 그래서 송곳도 없어졌다는 가난이 능지까지 소멸된 것을 말함인지의 여부는 이 게송만으로는 판별하기 어렵다. 향엄이 대오하기 이전에 세간법을 넘어서는 출세간의 법상法相에 머물러 있었다면 "거년무탁추지지"가 옳다. 그러나 그가 출세간의 대승 법상을 이해하지 못하였다면 그때의 가난이란 "유유닥추지시"로 표현될 수 있다. 그러나 그가 그 전의 가난을 진정한 가난은 아니지만 일단 가난이라고 하였다면 세간법을 어느 정도 넘어섬이 있었다고 보아야 한다. 그 가난은 아직 상대의 크고 작은 상相과 득실의 상을 여의지 못하여 세간법을 온전히는 벗어나지 못한 것이다. "송곳 꽂을 땅이 없다"가 세간법이 공空함을 요지하여 세간법이 소멸한 것이라면, "송곳 꽂을 땅이 있다"는 아직 제거하고 정화해야 할 세간법이 남아 있는 것을 말한다. 그래서 먼 저 든 4구(『조당집』)에서 "지난해에는 아직 가난하지 않았으나 ……, 지난해에는 송곳 꽂을 땅이 없었으나"는 어울리지 아니하고, 또한 다음에 든 4구(『오가어록』)에서 "지난해의 가난은 아직 가난이 아니었으나 ……, 지난해의 가난은 오히려

송곳 꽂을 땅이 있었으나"도 또한 어울리지 않는다. 가난함이 없었다면 당연히 송곳 꽂을 땅이 있어야 하고, 가난함이 있었다면 당연히 송곳 꽂을 땅이 없어야 한다. 그러나 양쪽 모두 어긋나 있다. 따라서 이 양자는 앞의 두 구句를 서로 교환하면 일단 전후 문맥이 제대로 통한다. 그러나 그 가운데 어느 쪽이 사실인지는 향엄의 대오大悟 이전의 경지가 어떠하였는지가 명확하지 않아서 쉽게 단정하기 어렵다. "송곳도 없다"는 전술한 바와 같이 세간법을 넘게 한 출세간법도 불가득不可得임을 증오한 단계를 말한 것일 수도 있고, 이를 뚜렷이 요지함에 어떠한 법상을 관함도 끊어져〔絶觀〕 능지能智도 따로 없는 경지를 말한 것일 수도 있다. 『대승입능가경』 권제4 무상품에 3종 지혜를 설하고 있다.

> "대혜여! 지智에는 세 가지가 있나니 세간지世間智와 출세간지出世間智・출세간상상지出世間上上智이다. 무엇이 세간지인가 하면, 일체의 외도와 어리석은 범부가 유有・무無의 법을 분별함을 말하며, 무엇이 출세간지인가 하면, 일체의 이승(3승과 2승)이 자상自相과 공상(共相; 自相에 공통인 無常・無我・空 등의 法相)에 집착함이요, 무엇이 출세간상상지인가 하면, 제불보살께서 일체법이 모두 무상無相이며 불생불멸이고 비유非有 비무非無임을 보고 법무아法無我를 증득하여 여래지如來地에 들어감을 말한다."[7]

---

[7] "大慧, 智有三種, 謂世間智・出世間智・出世間上上智. 云何世間智. 謂一切外道凡愚計有無法. 云何出世間智. 謂一切二乘著自共相. 云何出世間上上智. 謂諸佛菩薩觀一切法皆無有相, 不生不滅, 非有非無, 證法無我, 入如來地. 大慧, 復有三種智,

요컨대 출세간지는 아직 법상에 취착함이 있는 것이고, 출세간상상지는 법무아法無我를 증득하여 일체의 법상도 넘어서서 여래지如來地에 들어감이다. 이미 여래지에 들어감이니 절관이며 능지能智도 따로 없는 경지이다. 단지 향엄의 게에서 송곳도 없게 된 경지라 한 것이 이러한 출세간상상지에 온전히 이른 것을 말한 것인지는 불분명하다. 전술한 바와 같이 아직 출세간법에 향하거나 관함이 남아 있는 가난을 말한 것일 수도 있는 까닭이다. 그런데 향엄의 이 게에 대해 앙산은 이르길,

"여래선은 사제가 깨달았다고 인정하겠으나 조사선은 아직 꿈에서도 보지 못하고 있네.〔如來禪. 許師弟會. 祖師禪. 未夢見在.〕"[8]

라고 하였다. 즉 이 말은 향엄의 '송곳도 없다는 가난'이 아직 온전한 것은 아니었음을 뜻한다. 이 평을 듣고, 향엄은 다시 다음의 게를 지었다.

我有一機　나에게 하나의 기틀이 있어
瞬目視伊　눈을 깜짝여 이를 보여주리.

謂知自相共相智・知生滅智・知不生不滅智. 復次大慧, 生滅是識, 不生滅是智. 墮相・無相及以有無種種相因是識, 離相・無相及有無因是智. 有積集相是識, 無積集相是智. 著境界相是識, 不著境界相是智. 三和合相應生是識, 無礙相應自性相是智. 有得相是識, 無得相是智. 證自聖智所行境界, 如水中月, 不入不出故." 『대정장』16, p.610b.

8 『五家語錄』에 수록된 『潙仰錄』.

若人不會 이 뜻을 알아보지 못하면
別喚沙彌 따로 사미를 부르리다.⁹

앙산은 이 게송을 듣고서야 스승인 위산에게 사제가 이제 조사선에 이르렀다고 하였다. 언어를 떠난 몸짓으로 깨달은 경계를 보임은 후대 여러 선사들에게서 자주 보이고, 조사선의 특징이나 정의를 여기에서 찾는 논자도 있다. 어쨌든 몸짓으로 드러냄은 말을 떠난 당처에서 진리가 구현되고 있음을 뜻하는 것이다. 사실 깨달은 자리는 말로 드러낼 수 없다. 그래서 이리저리 문자를 구사하여 게송으로 지어 보았지만 신증身證의 자리가 아니라 해오解悟의 자리에서도 그러한 게를 지을 수 있는지라 앙산이 신증의 자리를 보이라 한 것이다. 여러 선문답이 교법을 진술하는 형태가 아니라 주변의 사事로써 깨달음의 경계를 드러냄도 그 사事에서 자신이 진리의 세계를 체험하고 있음을 설파하는 것이다. 그래서 그러한 신증에 이르지 못한 이들은 그 자리를 알아들을 수 없다. 단지 언어로 된 교의 내지는 교리로써 미루어 이해할 수는 있다. "이 뜻을 알아보지 못한다면 따로 사미를 부르겠다."는 것은 도란 바로 평범한 데 있는 것인지라 사미한테 보여 알게 할 수도 있다는 것이다. 그 평범함이란 바로 눈앞에 현전된 사事이다. 마조馬祖의 "평상심시도平常心是道"나 약산유엄藥山惟嚴의 "산시진산山是眞山, 수시진수水是眞水"나 임제의 "입처개진立處皆眞"도 마찬가지의 뜻이다. 향엄은 이 게로써 자신이 신증身證하여 당처의

---

9 앞의 『潙仰錄』.

평범한 사事에서 진리를 체증하고 있음을 드러내었고, 앙산은 비로소 그를 인가한 셈이다. 그렇다면 앙산이 말하는 조사선이란 결국 언어를 넘어선 신증의 경계에서의 행이라 한다면, 그가 말한 여래선은 아직 언어에 의지한 법상法相의 경계를 넘지 못한 행, 또는 법상도 무아無我 임을 요지하였으나 신증에는 이르지 못한 위位에서의 행을 말한 것으로 보인다.

그렇다면 앙산이 말한 여래선은 전술한 『능가경』의 사종선四種禪에 있는 여래선이 과위果位에서 여래의 보살에 대한 가지행加持行인 것과는 전혀 다르다. 사실 사종선에서의 여래선보다 더 높은 선법이란 있을 수 없다. 따라서 앙산이 말한 여래선이란 여래께서 언어로 된 법상으로 개시한 선법 정도의 뜻으로 보아야 하지 않을까 한다. 이에 비해 조사선은 그러한 법상을 실제로 넘은 신증의 차원이기에 전자와 구분된다. 그런데 신증이란 보살초지(환희지)에서부터 성취된다. 이 위에 이르지 못하고 앞의 신해행信解行과 선정행의 성취로 자신의 오悟를 과대하거나 그 자리에 안주하며 노래하는 경우가 많은 까닭에 또 하나의 향상向上 방편으로서 조사선의 구句를 제시한 것으로 본다. 그러나 보살초지 이상의 신증과 그 선도 여래가 개시한 가르침 내에 모두 들어 있다. 따라서 앙산이 말한 입장을 취한다면 양자의 구분이 되지 않는 것은 아니나 그가 말한 조사선도 무슨 특별하거나 새로 등장한 선법은 아니라고 보아야 한다. 이러한 신증을 이전의 수많은 조사와 선사들도 체현하였음은 말할 나위 없고, 육조혜능과 마조·백장·황벽선사 등도 자신들의 선법을 여래선이라고만 하고 조사선이란 말은 하지도 않았다. 또한 앙산 이후에도 조사선이란 말은 여러 등사류

燈史類, 어록 등에도 매우 희소하게 등장하고 있으며, 대부분 앙산과 향엄의 이 대화에 의거한 것들이다.[10]

그런데 앙산仰山의 여래선과 조사선의 대비가 그 스승 위산潙山과 사제師弟 향엄에게 통용되고 있다는 사실에 유의할 필요가 있다. 즉 현재 전하는 기록으로는 앙산이 처음 쓴 말이긴 하지만 대화의 과정에 의하면 이들 집단에서는 어느 정도 통용되고 있음이 인정되는 것이다. 위와 같은 뜻에서 조사선을 쓴 것이라면 그들에겐 그렇게 쓸 만한 근거가 있었지 않을까.

혹자는 『보림전』(801년) 권8 달마행교유한토達摩行敎遊漢土의 장에서 달마대사와 양현지楊衒之의 '조祖'에 대한 문답에서 조사선의 근원을 찾기도 한다.[11] 그 부분을 보도록 하자.

"이때 달마대사께서 대중을 이끌고 구름처럼 몰려와서 우문禹門에 모였는데 그곳에 사찰이 있었으니 편액의 이름이 천성千聖이었다. 대사께서 이곳에 머무른 지 삼일이 지났다. 그때 기성태수期成太守 양현지楊衒之가 대사에게 물었다.

"서국오천(西國五天: 五天竺國)에서는 사승師承하여 조祖가 된다고 하는데 이 뜻을 모르겠습니다. 그 뜻이 무엇입니까?"

---

10 김태완(『祖師禪의 실천과 사상』, 장경각, 2001, p.65)의 조사에 의하면 『오등회원』과 『고존숙어록』같은 방대한 분량의 전등록과 어록에도 '조사선'이란 단어가 겨우 각각 7회와 5회 정도밖에 나오지 않고 있다.

11 柳田聖山, 앞의 「祖師禪の源と流」, p.87. 이 문답의 내용이 바로 祖師禪의 極則이라 하고 있다.

李永朗, 「祖師禪の成立」, 『印佛研』50-1, 2002. pp.285-6.

제3장 여래선·조사선의 문제

(달마)대사가 말하였다.

"불심佛心의 종宗을 밝히고, 고금의 일을 알며, 유무有無를 꺼림이 없고, 또한 (有無를) 취함도 없어, 현賢도 아니고 우愚도 아니며, 미迷함도 없고, 오悟도 없다. 만약 능히 이렇게 이해한다면 또한 '조祖'라고 이름한다."

양현지가 또 물었다.

"제자는 오랫동안 악업을 지으며 선지식을 가까이 하여 부지런히 좌선하고 공경하지 않아 지혜가 적게 됨에 묶이게 되어서는 오히려 어리석음과 미혹을 쌓게 되어 깨달을 수 없었습니다. (대사님을 뵙는) 이 자리에 이르게 되었사오니 엎드려 원하옵건대 화상이시어! 대도를 지시指示하시어 불심佛心을 통달케 하여 주옵소서. 수행修行 용심用心하는데 어떻게 하는 것을 법조(法祖; 祖師의 선법을 본받음)라 하는 것입니까?"

대사께서 게송으로 말씀하셨다.

"또한 악을 보지도 아니하고, 꺼려하지도 않는다.

또한 선을 보지도 아니하되 (선을 행하고자) 애써 노력하지도 않는다.

또한 어리석음을 버리지도 아니하되 현賢을 불러들이지도 아니하며,

또한 미혹을 버리지 아니하고 깨달음에 나아간다.

대도를 통달함에 사량분별 넘어섰고,

불심佛心에 통달함에 분별 넘어섰다.

범성凡聖과 함께 하지 아니하고

초연하나니 이를 이름하여 '조祖'라고 한다."[12]

이 기사의 내용이 사실인지는 확인하기 어렵다. 양현지(대략 500~570년 사이 생존)는 『낙양가람기』(대략 550년 전후)의 저자로 보리달마가 영령사永寧寺 탑의 장려함을 보고 찬탄하였다는 것을 기술한 바가 있다.[13] 학계에서는 이 보리달마가 선종초조 보리달마인지에 대해 아직 명확한 결론이 나 있지 않다. 단지 인도에서부터 사자상승師資相承으로 조祖(師)가 이어지고, 그 조祖(師)의 선법을 본받는다〔法祖〕는 것은 후대 선종의 근간이 된 것이지만, 달마대사 시대에 이미 그러한 인식이 알려져 있었는지 불분명하다. 단지 대략 이 이후 여러 종파가 인도로부터 전승되어 온 각자의 법맥을 공언하고 있는데, 선종과는 차이가 있다. 즉 천태종이나 화엄종은 인도의 마명馬鳴이나 용수로부터 자종自宗의 종조에로 잇고 있어 대략 이삼백년의 공백이 있으나 선종은 달마대사가 직접 와서 전한 것인 까닭에 조사직전祖師直傳의 뜻을 갖는다. 선종은 이러한 특징을 입지에 활용하고 있다. 그래서 여타의 종파에 비해 사자상승師資相承을 많이 내세우고 자주 말한다.

---

12 是時達摩 領衆雲往 而湊禹門, 彼處有寺, 額名千聖. 大師止此, 經于三日. 時有期成太守楊衒之, 問大師曰, "西國五天, 師承爲祖, 未曉此意, 其義云何?." 師曰, "明佛心宗, 知其今古, 不厭有無, 亦非取故. 不賢不愚, 無迷無悟. 若能是解, 亦名爲祖." 衒之又問曰, "弟子久在惡業, 不近知識. 勤坐恭敬, 被小智慧, 而生纏縛, 却成愚惑, 不得寤道, 而致於此, 伏願和尙, 指示大道, 通達佛心. 修行用心, 何名法祖?" 師以偈曰, "亦不覩惡而生慊, 亦不觀善而勤措, 亦不捨愚而延賢, 亦下(不)拖迷而就寤, 達大道兮過量, 通佛心兮出度, 不與凡聖同躔, 超然名之曰祖."

13 『낙양가람기』 권제1(『大正藏』51, p.1000b)

이렇게 스승과 제자 간에 심법(心法; 心地法門)을 통한 전승이 이루어진다는 점에서 경전의 해석을 배워 전해지는 일반 교종과 구별되게 되었다. 따라서 달마대사가 처음부터 그러한 뜻을 명언明言하지 않았다 하더라도 중국에 와서 직접 전한 것 자체가 이미 그러한 뜻을 지니고 있는 것이 된다. 어쨌든 후대 선종의 선사들은 자신들의 법을 다른 종파보다 유독 조사의 사자상승으로 직전된 선법이라는 자긍심을 지니고 내세우고 있거니와, 위의 대화는 곧 그러한 조류를 뚜렷이 보여주고 있는 것으로 이해된다. 따라서 조사선이란 곧 조사의 사자상승으로 직전된 선법을 간추린 말이라는 일면을 지닌다고 할 수 있고, 그 법의 요체가 곧 위의 대화에서 달마가 설한 법어인 셈이다. 그리고 이 법어가 기재된 800년 무렵으로부터 앙산(807~883)과 향엄(?~897)의 대화 시기는 대략 60년 정도 지난 때인 까닭에 이러한 인식이 상당히 보편화되기에 충분한 기간이었다고 할 수 있다. 즉 앙산이 말한 '조사선'은 이미 선종 내에서는 통용되고 있던 용어였다고 본다.

그런데 이 법어는 앞의 글에서 살펴본 달마에서 혜능까지의 돈법과 일치한다. 따라서 앙산이 여래선보다 격상의 선법으로서 지칭한 조사선도 그 내용으로 보면 하택신회나 종밀 및 마조도일이 말한 여래(청정)선과 다를 바가 없다. 어리석음과 미혹도 버리지 아니하고 깨달음에로 나아간다는 선법은 『유마경』 불국품의

"만약 반드시 보리를 성취하고자 하건대 음애淫愛·노怒·치癡를 끊지 아니하되 또한 지니지도 않아야 하며, 몸을 멸하지 아니하되 일상一相에 따라야 하고, 어리석음과 애착을 멸하지 아니하고 해탈해야

하며, 오역상五逆相으로써 해탈할 수 있는 것이나니, 또한 해탈함도 없고, 묶임도 없다.[14]

고 한 법문과 일치하고, 돈황에서 발견된 북종北宗 선서 가운데 하나인 『대승북종론大乘北宗論』에

번뇌를 끊는 것을 이름하여 생사라 하고(斷煩惱名曰生死),
번뇌를 끊지 않는 것을 이름하여 열반이라 하며(不斷煩惱名曰涅槃),
해탈 보는 것을 이름하여 생사라 하고(見解脫名曰生死),
해탈 보지 않는 것을 이름하여 열반이라 하며(不見解脫名曰涅槃),
열반 보는 것을 이름하여 생사라 하고(見涅槃名曰生死),
열반 보지 않는 것을 이름하여 열반이라 하네(不見涅槃名曰涅槃).[15]

라고 한 선법과 상통한다. 그리고 이 법은 『능가경』의 유심唯心과 일심一心 및 무생無生의 심의가 전제되어 있는 까닭에 이와 같이 설해질 수 있다. 마음이 본래 일체상을 떠나 있어 어떤 법은 끊거나 버리고 어떤 법만 취하거나 함은 바로 일심과 무생의 이법理法에 어긋난다. 어리석음과 애착에서 바로 일심과 무생의 심의를 깨닫는다. 어떠한 법을 취하거나 버리고자 하면 또 하나의 망념을 더하게 되는 것일

---

14 "若須菩提, 不斷婬怒癡, 亦不與俱. 不壞於身, 而隨一相. 不滅癡愛,, 起於明脫. 以五逆相, 而得解脫. 亦不解不縛." 『유마힐소설경』 권제1 불국품(『대정장』14, p.540b)

15 『大乘北宗論』(宇井伯壽, 『禪宗史研究』, 岩波書店, 1966, 所收, p.448.)

뿐이다. 『단경』에서 "사견邪見과 정견正見을 모두 쓰지 않는다〔邪正悉不用〕."라거나 "보리는 본래 청정하나니 마음 일으키면 바로 망妄이다〔菩提本淸淨 起心卽是妄〕."고 함도[16] 마찬가지의 뜻이다. 이러한 뜻에 대해서는 이미 앞에서 혜능 이전 조사들의 법문 및 『단경』의 여러 구절을 인용하여 설명한 바 있다.

그리고 이러한 법은 정견으로써 사견을 제어 내지는 제거한다거나 번뇌를 끊어 열반을 성취한다거나 어리석음과 애착을 어떻게 해서 버리려고 하는 선법과는 판이하게 다르고 파격적이다. 위의 선법에 의한다면 마음을 어떻게 할 수가 없고, 어디에 놓을 자리가 없어 곧 신수가 말한 바와 같이 "마음 갈 길 끊어졌고, 언어의 길 끊어졌다〔心行處滅, 言語道斷〕."는[17] 것이 된다. 그래서 교가에서 단계별로 설정된 관행하고도 구분된다. 그래서 이를 절관絶觀이라고도 한다. 우두법융牛頭法融의 저서로 보이는 『절관론』에도[18] 다음과 같은 구절이 있다.

묻기를, 무엇이 불법佛法입니까?
답하기를, 심법心法이 없음을 아는 것, 바로 이것이 불법佛法이다.
〔問, 何名佛法. 答, 知心法無, 卽是佛法.〕

심법心法이 없다 함은 곧 무심無心이되, 무심이 따로 있는 것도

---

16 앞의 『敦煌寫本壇經原本』, p.146.
17 앞에 든 『능가사자기』 神秀의 章.
18 돈황에서 발견된 『絶觀論』에는 5종의 필사본이 있고, 『敦煌禪宗文獻集成』 上卷(新華書店北京發行所, 1998)에 모두 실려 있다. 여기서는 가장 완비된 『p.2045본』 (pp.563-573)을 저본으로 한다.

아닌지라 무심이라고 함에도 머무름이 없어야 진실로 "심법이 없다 함"이고, 불법의 요의이다. 마음을 일으켜 관행한다면 유심有心이 되어 버린다. 본래 없는 심법이 나오게 되었으니 망妄이다. 그렇다고 닦는 행이 전혀 없는 것도 아니어서 무수지수라고 한다. 즉 무수의 닦음은 있다. 그래서 『절관론』에 또 다음과 같이 말하고 있다.

> 묻기를, 어떻게 망상을 멸합니까?
> 답하기를, 망상이 (본래) 생기지 않았고, 멸해야 할 망상이 없음을 알며, 심心이 그대로 무심無心임을 알면 멸할 수 있나니, 바로 이것이다.〔問, 云何息妄想. 答, 知妄想不生, 無妄可息, 知心無心, 可息, 是也.〕[19]

즉 망상이 본래 무생이어서 멸해야 할 망상이 본래 없는 것이며, 심心(法)이 그대로 무심임을 알면 망상이 멸한다. 그래서 수修가 된다. 신회神會도 "단지 본래 자성自性이 공적空寂함을 요지了知하여 다시는 관을 일으키지 않는 것이 곧 종통宗通이다."고 하였다. 『능가경』에서 종통宗通과 설통說通(4권본: 7권본에서는 '如實法'과 '言說法')은 각각 마음에 나타난 상相에서 모든 분별을 떠나 일체의 식識을 뛰어 넘으며, 자각성지自覺聖智의 소행所行 경계에서 모든 인연상과 능·소의 취상取相을 떠남이고〔宗通〕, 중생심에 따라 갖가지 방편으로 설한 가르침〔說通〕이다.[20] 『단경』에서는 이를 심통心通과 설통說通으로 쓰고 있다. 요컨대 능·소를 떠난 까닭에 자각성지가 발현되고, 모든 인연상을

---

[19] 위와 같음.
[20] 『능가경(7권본)』 권제4 無常品 第三之一.

떠나게 되어 관을 일으킴이 없게 되니 그대로 절관絶觀의 행이 된다. 이것이 종통(宗通; 心通)이다.

그러나 이러한 절관의 행도 달마대사가 '교에 의지하여 근본(심성)을 깨닫는다.'라 한 바와 같이 대승의 교의에 개시되어 있다.[21] 단지 교관敎觀을 넘어서는 뜻이 있어 교관에 대비되는 까닭에 선종은 자종自宗의 선법을 교관과 구분하여 조사 직전直傳의 심법心法 내지는 이심전심의 법이라는 뜻에서 조사선祖師禪이란 용어를 쓴 면이 있다고 본다. 여기에는 당연히 일반 교관의 행보다 격상格上 내지는 격외格外의 뜻도 담겨 있는데, 격외의 뜻은 다음에 논하는 초기 선사들의 지사이문指事以問에서 더 명확히 드러난다.

3. 조사선과 '지사이문指事以問'

『능가사사기』에는 조기 선사들이 주변의 사물을 가리켜 묻는 소위 '지사문의指事問義', '지사이문指事以問'의 사례가 자주 보인다. 그 예를 일괄하여 다음에 열거한다.[22]

구나발다라삼장:

"스승 따라 배우되, 깨달음은 스승으로 말미암지 않는다. 무릇 사람에게 지혜를 가르치되 아직까지 법을 설한 바가 없다. 사물에 나아가(사물을 가리켜) 험증驗證하니, 나뭇잎을 가리키며, '이것이

---

21 이 점에 대해서는 제1장 '『능가경』의 禪法'에서 상술하였다.
22 이 글에서 인용한 『능가사자기』 원문은 박건주 역주, 『능가사자기』(서울, 운주사, 2001)에 의거한다.

어떤 물건인가?'라고 말한다."

"네가 능히 물병에 들어갈 수 있고, 기둥에 들어갈 수 있으며, 그리고 불구덩이에 들어갈 수 있다. (그러한데) 나무지팡이가 설법할 수 있는가 없는가?"

"(병이나 기둥에 들어갈 때) 너의 몸뚱어리가 들어가는가 마음이 들어가는가?"

"집 안에 물병이 있는데, 집 밖에도 또한 물병이 있는가 없는가? 물병 속에 물이 있는 것인가, 물속에 병이 있는 것인가, 내지 천하의 모든 물 가운데 모두 물병이 있는 것인가?"

"이 물은 어떠한 물건인가?"

달마대사:

(달마)대사께서는 또 사물을 가리키며 그 뜻을 질문하곤 하였는데, 단지 한 사물을 가리키며 "무슨 물건인가?" 하고 물었다. 여러 사물에 대해서도 모두 질문하고 나서는 돌려서 사물의 이름을 부르고 다시 "이것이 무엇인가?" 하고 물었다.

"이 몸이 있는가 없는가? 몸이란 어떤 것인가?"[23]

홍인대사:

"불佛에게 32상三十二相이 있는데, 물병에도 또한 32상이 있는가, 기둥에도 또한 32상이 있는가, 내지 토목土木과 와석瓦石에도 또한

---

23 大師又指事問義, 但指一物, 喚作何物. 衆物皆問之, 廻換物名, 變易問之. 又云, "此身有不. 身是何身."

32상이 있는가?"

또 부젓가락 한 가지는 길고 한 가지는 짧은 것을 함께 들고,
"어떤 것이 긴 것이고, 어떤 것이 짧은 것인가?"[24]

신수대사:

"이 마음이 있는가 없는가? 마음이 왜 마음인가?"
"보이는 색색이 있는 것인가, 없는 것인가. 색이 왜 색인가?"
"너희가 종 치는 소리를 듣는가? 그 소리가 종을 칠 때 있는가, 아직 치지 않을 때 있는가? 소리가 왜 소리인가?"
또 날으는 새가 지나가는 것을 보고
"이것이 어떤 것인가?"
"네가 나무 가지에 거꾸로 매달려서 좌선을 한다면 할 수 있겠는가?"
"네가 벽 속에 바로 들어가 통과할 수 있겠는가?"[25]

---

24 又云, "佛有三十二相, 瓶亦有三十二相不, 柱亦有三十二相不, 乃至土木瓦石亦有三十二相不."
又將火筋一長一短並著, 問, "若箇長若箇短也."
又見人然燈, 及造作萬物, 皆云, "此人作夢作術也."
或云, "不造不作, 物物皆是大般涅槃也."

25 「又云, "此心有心不, 心是何心."
又云, "見色有色不, 色是何色."
又云, "汝聞打鐘聲. 打時有, 未打時有. 聲是何聲."
…… 中略 ……
又見飛鳥過, 問云, "是何物."
又云, "汝向了↲(조)樹枝頭坐禪去時, 得不."
又云, "汝直入壁中過, 得不."

『능가사자기』의 위와 같은 조사어록에 의하면 지사이문指事以問은 구나발다라삼장으로부터 시작되고 있다. 주지하다시피 구나발다라 삼장은 『4권본능가경(능가아발다라보경)』을 중국에 가져와 번역한 분으로 달마가 혜가에게 전하며 의지하여 수행할 것을 당부한 경이 곧 이 경본經本이다. 『능가사자기』에서 구나발다라삼장을 달마대사 앞에 두어 선종의 초조로 삼고 있는 것은 일단 그의 『능가경』 전래와 역경 때문인 것으로 볼 수 있다. 그러나 실은 이 이유 때문만이 아니라고 생각된다. 왜냐하면 『능가사자기』에 수록된 구나발다라삼장의 어록에 보이는 선법이 초기 선종 선사들의 선법에 관통되어 있는 까닭이다. 아울러 여기서 논하고자 하는 지사이문도 마찬가지인데, 특히 구나발다라는 이 지사이문의 취지 내지는 그 서언을 말한 셈이다. "스승 따라 배우되, 깨달음은 스승으로 말미암지 않는다."는 것은 자심自心에서 스스로 정진하여 해오解悟하고 나아가 증오(證悟: 身證)하는 것이고, 스승은 지혜를 가르쳐줄 뿐이라는 말이다. "지혜를 가르치되 아직까지 법을 설한 바가 없다."란 법을 설한 바가 없이 설한다는 뜻이니, 바로 앞의 글에서 인용한 바 있는 『능가경』 권제4 무상품無常品 제3의1 第三之一에서 자증법自證法과 본주법本住法을 들어 그 까닭을 설명한 뜻과 같다. 이러한 뜻으로 법을 설함 없이 설해야 지혜를 가르침이 된다. 즉 설하는 자[能說]와 소설(所說: 설함을 듣는 자, 설해지는 법)이 따로 없는 경계이다. 지혜란 능·소를 떠남에서 나오고, 능·소를 떠나게 함이 곧 지혜의 가르침인 까닭이다. 『대승입능가경』 권제2 집일체법품 제2의2第二之二에

眞實自證處　진실을 자심에서 증득한 자리는
能所分別離　능·소의 분별 떠나 있으나,
此爲佛子說　불자 위해 설하고
愚夫別開演　어리석은 범부들에게 근기에 따라 분별하여
　　　　　　설하느니라.

라 하였고, 同 권제6 게송품偈頌品 第十之初에

離於能所取　능취能取와 소취所取 떠난 것을
我說爲眞如　나는 진여眞如라 하느니라.

라 하였다. 즉 진여의 자리에서는 본래 법을 설함이 없다. 그래서 불자佛子 위해 설함은 설함 없이 설함이고, 바로 능·소를 떠난 지혜의 가르침이다. 그리고 자심에서 능·소를 떠났으니 심心이 그대로 무심無心이라 심心에 걸리는 법상法相이 없고, 오직 현전의 사事가 그대로 내 몸과 둘이 아니며, 함께 각覺되어 있다. 즉 일체의 상념을 벗어나게 되니 현전의 사事가 본래의 실상實相 그대로 청정하여 대상이 아니고, 단지 몸으로 체현되니 바로 각覺의 경계이다. 능소를 떠나 지知함 없이 지知함이 곧 각覺이다. 지知함이 없다 함은 심心이 본래 지知함이 없고 분별함이 없기 때문이고, 지知함이란 심心이 본래 지知함이 없고 분별함이 없기 때문에 지知할 수 있고 분별도 한다. 마치 거울이 일체를 비추어 드러내나 거울 자체는 지知하거나 흔들림이 없듯이. 만약 거울이 지知하거나 분별함이 있게 되면 곧 대상에 영향을 받게 되어 거울 표면이 주름지게 되거나 흔들려 만상을 비출 수 없게 되어 버린다. 마음도 마찬가지로 이리저리 자유자재로 보고 듣고 지知함은 마음이 본래 흔들림이 없고 지知함이 없는 까닭이다. 바로 이러한 경계에서 지사이문指事以問은 행해진다. 주변의 나뭇잎을 보고 이것이 무엇인가 하고 묻는다. 머리로 분별하여 나뭇잎을 아는 것이 아니라, 온몸으로 나뭇잎이 체현되어 있음이라 그 경계를 말로 드러낼 수 없다. 지사이문은 곧 그러한 경지에 이르렀는가를 묻고 있는 것이며, 아직 이르지 않았다면 능・소를 떠난 자리에서 사事를 체현하는 자리로 이끄는 것이다. 그 지사이문의 질문에 곧장 일체의 상념과 법상과 분별이 모두 사라지는 것이다. 사실 일체의 존재는 사량분별을 떠나 있다. 그래서 사량분별을 떠나면 그 사事의 실상이 드러난다. 사事의 실상은 곧 자심自心과 자신自身에서 체현되고 증명된다. 따라서 아직 법상法相에 머무르거나 향함이 있다면 최상승의 차원이 아니다.

향엄이 송곳조차 없다고 한 가난은 그 표현 자체가 위와 같은 지사이문의 경계하고는 구분된다. '가난'이란 일단 그 나타내는 뜻이 '부정否定하고 배제한다(또는 '제거하였다')'는 것을 담고 있다. 반면 지사이문은 일체의 경계가 개진皆眞의 각覺인지라 이제 부정할 것도 제거할 것도 없는 자리를 드러내고자 함이다. 앙산仰山이 송곳조차 없다는 가난을 최상 내지는 궁극의 자리로 보지 않고, 향엄의 "눈을 깜짝이는" 사事에 즉한 표현을 듣고서야 인정한 것은 그러한 점에서 이해할 수 있다. 그리고 후자를 조사선이라 이름한 것도 바로 구나발다라삼장으로부터 달마대사를 거쳐 이어지고 있는 조사들의 지사이문의 사례에 의거한 것으로 본다면 바로 그러한 전통에서 언어경계에 의한 선법과 구분하는 차원에서 '조사선'이란 말을 썼을 가능성이 있다. 즉 전술한 사자상전師資相傳에 의한 조법祖法의 직전直傳의 뜻과 신증身證의 차원을 사사에 즉하여 문답하는 지사이문으로써 이끌고 증명하는 법이라는 뜻이 함께 어울려 조사선이란 말을 쓰게 된 것이 아닐까 하는 것이다. 그리고 그러한 전통은 또한 사事에 즉한 후대의 선문답에서 이어지고 있음을 볼 수 있다. 그러나 후대의 선문답은 갈수록 전단계의 수증修證이 이루어지지 못한 상태에서 자신을 과시하거나 흉내 낸 것이 많았고, 소위 '문자선'에서 시작詩作에 의한 음풍농월吟風弄月로 아직 통달하지 못한 채로 기분에 젖은 선미禪味를 노래한 경우가 많았다.

4. 『단경』의 돈오돈수론과 조사선

한편 『단경』의 맨 끝 게송에서 혜능은 자신이 설한 "돈교頓敎의 법은 인도에서 전해진 것〔西流〕이다."고 하였다. 여기서 말한 서류西流는 인도에서 온 경전에 의한다는 뜻이거나 인도에서 온 달마로부터 직전直傳된 것이라는 의미이겠는데, 달마 또한 자신의 법은 '교에 의지하여 종(宗; 심성)을 깨닫는다'를 근본으로 한다고 하였으니 실은 두 가지 뜻이 함께 깃들어 있다고 본다. 『능가경』의 선법과 초기 조사들의 선법은 『단경』에서 말하는 돈법과 서로 상통하는 것이었다. 단지 『단경』에서는 방편의 설이 거의 없다고 한다면 이전의 선법에서는 방편의 과정도 함께 설한 경우가 있다는 점이 다르다. 그런데 『단경』의 "자성견진불해탈송自性見眞佛解脫頌"에 있는 이 구절은 여래선과 조사선에 관련하여 주의를 요한다.

性中但自離五欲　　자성 가운데서 단지 5욕 떠나면
見性刹那卽是眞　　견성하는 찰나에 곧바로 진眞이네.
今生若悟頓教門　　금생에 돈교의 문門을 깨닫는다면
悟卽眼前見世尊　　깨달으면서 곧바로 눈앞에 세존을 보리라.
若欲修行求覓佛　　수행하여 불佛을 구하고자 한다면
不知何處欲覓眞　　모르겠거니와 어디에서 진眞을 구하고자 할 것인가?[26]

이 구절은 견성 또는 돈오하면 곧바로 진眞 또는 불佛의 경계가 현전되는지라 더 이상 닦을 바 없다는 뜻을 말하고 있어 후대 선종의 돈오주의 내지는 돈오돈수 주창의 근거가 되는 셈이다. 그러나 이 게송의 뜻도 앞에 설명한 돈법이 그대로 적용된 것으로 무수지수無修之修의 뜻을 벗어난 것은 아니다. 무수지수의 뜻도 이미 불佛을 구하고자 함을 떠난 수修인 까닭이다. 단지 "견성하는 찰나에 곧바로 진眞이라" 하고, "깨달으면서 곧바로 눈앞에 세존을 본다."는 것이 여래위如來位에 이른 것을 말하는 것인가 하는 문제가 있다. 견성이라는 말은 글자 그대로 자심自心에서 진여眞如 성품을 본다는 것으로 진여를 처음 친증하는 보살초지도 견성이라 할 수 있고, 보살칠지와 제팔지에서도 물론이고, 등각과 묘각에서는 말할 나위 없다. 그러나 여래위를 표현하는 데는 견성이라는 말이 어울리지 않는다. 견성은 이미 여래위 이전에 한 까닭에 성불하기 이전의 위位에서 쓰인 말을 여래위로 지칭함은 어울리지 않고 혼란을 주는 까닭이다. 여래위는 견성見性의

26　앞의 『敦煌寫本壇經原本』, p.170.

뜻 말고도 얼마든지 여래위에만 해당되는 뜻이 있고, 그 용어가 있다. 그래서 구태여 보살초지에서 이루어진 견성을 여래위의 지칭으로 쓰지 않는다. 단지 처음 견성에 곧바로 여래위에 이르는 경우도 생각해 볼 수는 있다. 제팔지보살은 보살초지가 되면서 곧바로 보살제팔지에 이른다고 한다. 그래서 여래도 마찬가지이겠으나 이러한 예는 극히 드물다. 견성은 이들에게만 해당되는 용어가 아니다. 『단경』에서도 혜능의 법어를 듣고 있는 도속道俗들의 견성을 말하고 있다. 신수神秀의 게송에 대해 오조가 평하길 "이 게송을 모두 다 송한 자는 바야흐로 견성할 수 있을 것이다. 이에 의해 수행하면 타락하지는 않을 것이다."고 한 것은, 근기가 낮은 이들에게는 신수의 게송도 필요한지라 이렇게 말한 것이지만 어쨌든 여기서 말한 견성이 꼭 여래위만을 가리키는 것은 아니다. 또 혜능이 방앗간에서 한 동자가 지나가면서 외운 신수의 게송을 듣고 아직 견성하지 못하였음을 알았다고 한 구절에서의 견성도 성불成佛의 위位를 의미하지는 않는다. 신수가 당시 아직 성불하지 못하였음은 공지의 사실인데 성불하지 못하였음을 알았다고 하는 말은 나올 수 없는 것이기 때문이다. 이곳에서는 자심에서 진여의 성품을 보았다는 정도의 뜻이다. 또 "일체법에 취함도 없고 버림도 없으면 곧 견성하게 되어 불도를 성취한다."도 견성이 곧 불도의 성취를 뜻하는 것은 아니고 견성함으로써 성불할 수 있게 된다는 뜻이다. 또 "단지 『금강경』 1권만 지니면 곧 견성하게 되어 곧바로 성불하게 된다.", "단경을 필사하고 대대로 유행시켜 가면 얻는 자 반드시 견성하게 되리라."에서의 견성도 마찬가지다. 이 "견성見性"은 곧 학법무익學法無益 식심견성識心見性 즉오대의卽悟大意(법을 배우는 것은 무익하나니 自心에서 眞如의 성품을 알면 곧바로 大意를 깨닫는다)에서의 "식심견성(自心에서 진여의 성품을 알라)"을 줄인 말이다. 이와 같이 견성이 성불에 이르는 기본 전제이므로 "견성이 공功이 되고, 평직平直함이 덕이 된다〔見性是功 平直是德〕."라 하였다.[27] 견성이 곧 성불이라면 "견성이 공이 된다."란 표현은 나오지 않는다. 따라서 "견성하는 찰나에 바로 진眞이다."고 한 것은 견성으로 진眞의 경계를 요지하게 되었다는 것이고, "곧바로 눈앞에 세존을 본다."고 한 것도 진여를 친증하게 된 것을 말하는 것이지 여래위에 이르렀다는 것을 뜻하지는 않는다. 보살초지에서 진여를 친증하지만 아직 불위佛位는 아니다. "수행하여 불佛을 구함이 없다."도 견성하여 깨닫게 된 진여가 무상無相이고, 무생無生이며, 불가득不可得이고, 능能·소所가 따로 없는 자리인지라 무엇을 구하는 수행이 없게 된 것을 말함이지 불佛의 자리에 이른 것을 말함이 아니다. 견성은 시간의 면에서 표현하여 '돈오'라고 칭할 수 있다. 그러나 진여를 친증할 때 외에 그 이전의 여러 깨달음도 돈(頓: 단박에)으로 이루어지는 까닭에 돈오라는 표현을 쓸 수 있다. 그런데 『단경』의 위 게송에서 혜능이 말한 돈오는 이미 오욕五欲을 떠난 자리에서 진여를 친증하게 된 것을 말하고 있어 돈오돈수頓悟頓修의 돈오이고, 그 돈수는 곧 앞에서 말한 무수지수無修之修이다. 돈수는 앞의 글에서 설명한 바와 같이 돈법에 의한 수修를 말하는 것이고, 여래위에서 닦음이 완료된 것을 뜻하지 않는다. 견성한 보살초지에서 수修가 완료된 것은 아니다. 견성하였으니 이제 단박에 가며(빠르고),

---

27 이상의 『壇經』 인용은 앞의 『敦煌寫本壇經原本』에 의하였다.

원만하고, 구경각에 이를 수 있는 수修라는 뜻에서 돈수頓修이다.

그런데 위의 게송에서 부각되는 어구들은 이제까지 닦음을 강조하고 당연시한 선법에 비해 격상格上 내지는 격하格外의 법으로서 인식되게 할 소지가 충분히 있었을 것으로 보인다. 그래서 이러한 인식도 앞에서 제기한 여러 사항들과 함께 조사선을 지칭하는 근거가 된 것으로 생각된다. 그러나 위 게송의 진실한 뜻을 안다면 앞에서 설명한 돈법과 다를 바가 없는 것이었다.

5. 『금강삼매경』에서의 '여래선'과 앙산의 '여래선'

앙산仰山이 말한 '조사선'을 위와 같이 이해한다면 '여래선'이라 한 것은 어디에 근거한 것이고, 어떻게 이해해야 할까. 앙산이 말한 여래선은 전기한 『능가경』에서의 사종선 중의 여래선과는 너무 동떨어진 것이었다. 한편 『금강삼매경』에도 '여래선如來禪'이 나오는 까닭에 그 뜻을 파악하여 양자를 대비할 필요가 있다.

『금강삼매경』 입실제품入實際品에 다음과 같이 설하였다.

대력大力보살이 말하였다.

"무제無際(際는 한계 ; 分際 ; 경계)인 심지心智는 그 지智가 무애(無涯; 갓과 끝이 없음)이며, 무애의 심심은 마음에서 자재自在함과 자재하는 지智를 얻은지라 실제實際에 들 수 있사오나, 저 범부들의 마음은 연약하고 중생의 그러한 마음은 많이 헐떡거리는데 어떠한 법으로 견고한 마음을 얻게 하여 실제實際에 들어갈 수 있도록 하겠나이까?"

부처님께서 말씀하셨다.

"보살이여! ①저 마음이 헐떡거리는 이들은 사사(內使: 末那識의 四使, 外使: 意識의 六使)가 내외內外로 경계를 연緣하고, 수사번뇌隨使煩惱가²⁸ 흐르며 집주集注하는 까닭이니, 물방울 떨어져 바다 이루고, 천풍天風이 (바다를) 두드려 파도를 일으키니 대룡大龍이 놀라듯 마음이 놀라는 까닭에 많이 헐떡거리게 되는 것이니라. 보살이여! ②저 중생들로 하여금 존삼수일(存三守一: 삼해탈을²⁹ 지니고 心이 如함을 守一함)하도록 하여 여래선에 들게 함으로써 선정을 이루게 되는 까닭에 마음에 헐떡거림이 없게 되느니라."

대력보살이 말하였다.

"무엇을 존삼수일하여 여래선如來禪에 들어감이라 하옵니까?"

부처님께서 말씀하셨다.

"'존삼存三'이란, 삼해탈三解脫을 지니고 심心이 여如함을 수일守一함이며, '여래선에 들어간다'란, 심心의 여如함을 이관理觀함이니, 이러한 여如의 지地에 들어감이 즉 실제實際에 들어감이니라."

대력보살이 말하였다.

---

28 隨煩惱를 말한다. 隨煩惱는 근본번뇌에 따라서 일어나는 번뇌로 유식종에서 20종으로 나누고, 크게는 小隨煩惱 中隨煩惱 大隨煩惱로 나눈다.
　小隨煩惱 : 忿 恨 覆 惱 慳 嫉 誑 諂 害 憍
　中隨煩惱 : 無慚 無愧
　大隨煩惱 : 掉擧 惛沈 不信 懈怠 放逸 失念 散亂 不正知.
29 三解脫은 보통 空과 無相·願(無作)을 말하는데, 여기서는 바로 이어지는 본문에 허공해탈·금강해탈·반야해탈이라 하였다. 본문과 本論에 자세히 설명되어 있다.

"삼해탈법은 어떠한 것이오며, 이관삼매理觀三昧는 어떠한 법으로 부터 들어가는 것이나이까?"

부처님께서 말씀하셨다.

"삼해탈이란, 허공해탈·금강해탈·반야해탈을 말하나니, 이관理觀하는 가운데 심심이 여리如理하여 청정함에 마음 아니라 할 것이 없음을 깨달아 아는 것이니라."

대력보살이 말하였다.

"어떻게 (行法을) 수지修持하는 용(用; 存用)이라 하오며, 어떻게 관하는 것입니까?"

부처님께서 말씀하셨다.

"심심과 사사가 불이不二함을 수지修持하는 용[存用]이라 이름하고, 내행(內行; 寂照行)과 외행(外行; 중생구제행)으로 출입하되 불이이고, (不二이되) 일상一相에 머무르지 아니하며, 마음에 득실이 없고, 심심을 청정하게 하여 일불일지(一不一地; 보살十地가 初地라는 면에서 一地이고, 보살初地가 곧 보살십지라는 면에서 不一地라 함: 원효의 『금강삼매경론』)에 유입流入함을 이름하여 관함이라 하느니라. 보살이여! 이와 같은 행을 하는 이는 이상(二相; 俗과 眞)에 있지 아니하나니, 비록 출가를 하지 않았다 하더라도 재가在家가 아닌 까닭이니라. 비록 법복이 없고, 바라제목차계를 갖추어 지니고 있지 않으며, 포살布薩에 들지 않는다 하더라도 능히 자심自心의 무위無爲로 자자自恣하며, 성과聖果를 얻어 이승二乘(3승과 2승)에 머무르지 아니하고, 보살도에 들어 후에 마땅히 만지(滿地; 보살지의 수행을 모두 성취함: 보살십지 내지 等覺까지)하고 성불成佛 대각大

覺할 것이니라."

대력보살이 말하였다.

"불가사의하옵니다. 이와 같은 이는 출가한 것이 아니되 출가하지 않은 것도 아닙니다. 왜냐하면 열반의 집에 들어가 여래의 옷을 입고 보리좌菩提座에 앉아 있는 이와 같은 이에 대해서는 사문沙門이라 하더라도 마땅히 공경하고 봉양해야 할 것입니다."

부처님께서 말씀하셨다.

"그와 같다. 왜냐하면 열반의 집에 들어 마음에 삼계三界를 일으키고, 여래의 옷을 입고, 법공처法空處에 들어 보리좌菩提座에 앉아, 정각正覺의 일지一地에 오른 이와 같은 이는 마음에서 이아二我를 뛰어넘었는데, 하물며 사문이라 할지라도 어찌 공경하고 봉양하지 않아야겠느냐."

여기서 말하는 존삼수일存三守一의 선법은 모두 "여래선如來禪에 들어가는"으로 되어 있어 여래선 자체는 아니다. 서두의 질문에서 말하고 있는 바와 같이 실제實際에 바로 이르기 어려운 중생을 위한 방편의 선법이다. 그런데 위의 단락에서 자칫 존삼수일의 선법이 곧 여래선인 것으로 오해할 수 있는 소지가 높다. 조사선에 대비하여 그 하급의 선법으로서 '여래선'을 말하게 된 것이 혹 이러한 착각 내지는 오해에서 비롯된 것인지도 모른다. 삼해탈의 존삼행存三行에 대해 원효元曉는 『본업경』의 십주十住 해설을 인용하고 다시 이를 부연설명하고 있다. 이에 의하면 문혜聞慧와 사혜思慧와 수혜修慧에 의해 차례로 내외의 상相이 얻을 바 없음을 깨닫고, 오음五陰과 일체법이 얻을 바 없음을 깨달으며, 사공처四空處 및 멸진정을 넘어서는 해탈을 말한다.[30] 원효의 해설에 의하면 이 단락의 선법을 행하는 자는 십주위十住位와 십회향十廻向을 거쳐 보살초지에 들고, 이 보살초지의 증오證悟와 행상行相이 이미 보살십지에 통하는 까닭에 보살초지가 곧 보살십지이고, 보살십지가 보살초지인 일불일지一不一地에 든 것이며, 삼계三界의 마음을 일으켜 중생구제행을 하며, 여래의 옷을 입고 법공처法空處에 들어 보리좌에 앉아 정각正覺의 일지(一地; 보살初地 이상을 말함)에 오른다. 그래서 본 경에서 말한 바와 같이 이러한 과정을 거쳐 "여래선에 들어가게 되는" 선법이다. 이렇게 본다면 본 『금강삼매경』에서의 '여래선'도 여래위에서의 행상行相을 말하는 까닭에 『능가경』에서의 '여래선'과 같은 의미로 쓰인 것이다. 그리고 이 존삼수일의 선법이 『능가경』의 사종선四種禪 가운데 반연진여선攀緣眞如禪에 해당한다는 것을 알 수 있다. 그러나 이 존삼수일存三守一의 선법이 "여래선으로 들어가는", "여래선에 들게 하는"으로 되어 있어 여래선인 것으로 이해되기 쉽다.

그리고 십주十住에서 십지十地에 이르는 수행법과 상세한 행상行相

---

[30] 처음 답변 가운데 "三解脫"이란, 곧 三慧(聞慧·思慧·修慧)인데 八解脫을 융섭하는 까닭에 '해탈'이라 이름하였다. 『본업경』의 十住해설에서 말씀하길, "六은 諸佛께서 護持하는 바이다. 소위 八解脫觀이란, 聞慧로 內假와 外假의 二相을 얻을 바 없음을 깨달은 까닭에 一解脫이라 하고, 思慧로 內의 五陰法과 外의 일체법이 얻을 바 없는 것임을 깨달은 까닭에 二解脫이라 하며, 修慧에 의지하여 여섯 가지 觀을 發하여 색계와 五陰이 空함을 (깨달아) 구족한 까닭에 三解脫이라 한다. 四空處의 五陰 및 滅盡定이 모두 얻을 바 없는 것임을 관하는 까닭에 (나머지) 다섯 가지 解脫이라 함이니, 如한 相인 까닭이다."고 하였다. 『金剛三昧經論』 入實際品.

은 대승의 여러 교법에서 여래가 자주 설하는 가르침이라는 점에서 이를 '여래선如來禪'으로 칭하였을 가능성도 있다. 언설에 의한 법상法相으로 개시開示된 여래의 가르침이라는 뜻에서 여래선이라고 하지 않았을까 하는 것이다. 존삼수일存三守一의 법은 일단 단계로 해탈되어 가는 선법이다. 『금강삼매경』은 이를 통하여 "여래선에 이르게 된다"는 것인데, 바로 그 법을 여래선으로 오인할 가능성은 충분히 있다고 본다. 또한 이미 여러 연구자가 논급하고 있는 바와 같이 『금강삼매경』은 초기 선종과 밀접한 관련을 지니고 있다. 달마의 이입二入 법문과 도신道信 및 홍인弘忍의 수일수심守一守心의 선법이 『금강삼매경』에 있고, 본 경의 성립 및 작자도 대체로 초기 선종과 관련지어 해설되고 있는 경향이다.[31] 또한 하택신회도 『금강삼매경』을 인용하고 있으며,[32] 원효의 『금강삼매경론』이 종밀宗密과 연수延壽의 저서에 자주 인용되고 있다. 요컨대 앙산과 향엄도 이 『금감삼매경』 또는 원효의 『금강삼매경론』을 보았을 가능성이 크다. 이들이 말한 여래선이 『능가경』의 사종선과 『금강삼매경』에 나오는 여래선에 의한 것이었다면 모두

---

[31] 일찍이 水野弘元은 달마의 二入 법문과 『금강삼매경』의 법문을 대비하여 초기 선종과 『금강삼매경』 사이에는 밀접한 관계가 있음을 부정할 수 없다고 하였다. (「菩提達摩の理入四行說と金剛三昧經」, 『駒澤大學研究所紀要』13, 1955.3, p.36.) 그리고 그 성립 연대를 玄奘의 역경사업 이후인 650년에서 665년 사이로 보았다. 이후 작자 등의 문제에 대해 여러 의견이 제기되었으나 신라 원효나 大安 또는 慧空을 중심으로 한 논의를 제외하면 초기 선종을 중심으로 논의가 집중되는 것이 대체적인 경향이다. 한편 石井公成은 본 경이 居士像을 理想으로 하여 어떤 사정에서 居士像을 예찬할 필요에서 저작한 것으로 보고 있다.(「『金剛三昧經』成立事情」, 『印佛研』46-2, 1999, 3, p.556)

[32] 『南陽和上問答雜徵義』(楊曾文 編校, 『神會和尙禪話錄』, 北京, 中華書局, 1996), p.102.

각 경문의 해당 내용을 면밀히 이해하지 못한 데서 나온 소치라고 보여진다. 양 경에서 말한 여래선은 모두 과위果位인 여래위如來位에서 행해지는 여래행如來行이고, 인위因位에서의 행법을 말한 것이 아닌 까닭이다.

한편 신회(神會, 685~760)나 마조도일(馬祖道一, 709~788) 및 종밀(宗密, 780~841)은 모두 달마 이래의 선법을 여래선으로 호칭하였고, 조사선이란 말을 쓰지 않았다. 즉 이들이 활동하던 시기는 모두『보림전』(801)이 나오기 이전이거나 직후이다. 전술한 바와 같이『보림전』의 조법祖法에 대한 대화에서 조사선이란 말이 쓰인 연원을 찾는다면 일단 시기적인 면에서는 타당성이 있다. 단지 종밀은『보림전』이 나온 후에도 활동하였고 선종과 관련이 깊으나 화엄4조 징관澄觀을 계승한 화엄5조로서 당시 선종에서 쓰이기 시작한 조사선이란 말을 쓰지 않았을 가능성이 있다.『보림전』은 주지하다시피 전등사傳燈史의 시초로서 인도에서 중국에 이르는 조법祖法의 전등傳燈 계보를 제정하여 남종 선법의 정통성과 위상을 높이기 위해 지어진 책으로, 그 내용에 사실성이 의심스러운 부분이 많은 것으로 정평이 나 있다. 시기적으로『보림전』이 나오게 된 후에 조사선이란 용어도 나오게 되었다면 그 조사선은 곧 부처님으로부터 사자상승師資相承으로 전해진 조법祖道의 선법이란 뜻으로 쓰인 것이라 할 수 있다. 따라서 그러한 의미에서의 조사선이라면 이전부터 쓰여 오던 달마 이래의 선법을 호칭한 여래선과 내용상으로는 다를 바 없는 것이다.

『금강삼매경』에서는 존삼행存三行과 아울러 "심心이 여如함을 이관理觀"하는 행이 들어 있다. 심心이 여如함이란 오직 마음 아닌 것이 없고, 일상一相에 머무름도 없으며, 마음이 평등하여 득실이 없음이다. 즉 앞에서 설명한 돈법의 행이 들어 있다. 이 선법이 진전됨에 따라 여래선이 되는 것이기에 이미 여래선의 행상行相이 갖추어진다. 즉 앞의 인용문에, 이 선법에도 증證해감에 따라

"존삼存三이란, 삼해탈을 지니고 심심이 여여함을 수일守一함이며, 여래선에 들어간다란, 심심의 여여함을 이관理觀함이니, 이러한 여여의 지地에 들어감이 즉 실제實際에 들어감이니라."

라고 한 바와 같이 "심심의 여여함을 이관理觀함"에서 "여여의 지地, 즉 실제實際에 들어감"이 이루어지고 있다. 앞의 인용문에 이 선법을 더 구체적으로 해설하되

"심심과 사사가 불이不二함을, 수지修持하는 용(用; 存用)이라 이름하고, 내행(內行; 寂照行)과 외행(外行; 중생구제행)으로 출입하되 불이이고, (不二이되) 일상一相에 머무르지 아니하며, 마음에 득실得失이 없고, 심심을 청정하게 하여 일불일지一不一地에 유입流入함을 이름하여 관함이라 하느니라."

고 하였는데, 이 내행內行을 원효는 적조행寂照行으로, 외행外行을 중생구제행이라 하였다(『금강삼매경론』). 본 경론에 의하면 인위因位의 보살행에서는 조적행照寂行이고, 과위果位인 여래위에서는 적조행寂照行이며, 중생구제행은 양자 공통이다. 즉 보살위에서는 적조행照

寂行이고, 바로 "심心의 여如함을 이관理觀함"이 이에 해당하는 것이지만, 이 선법이 진전됨에 따라 여래선의 적조행이 상응되어 구현되어 가고 있다. 뒷 문단에 "마음에 삼계三界를 일으켜"라 한 것은, 열반에 안주하지 아니하고 중생계에 함께하며 구제행을 함도 아직 보살위에서의 행이지만 여래위의 중생구제행과 상통한다. 이 존삼存三의 이관理觀을 통해 일불일지一不一地에 유입流入하는 것이라 하였는데, 일불일지란 원효에 의하면 보살십지가 곧 초지이고[一地], 초지가 곧 보살십지임을[不一地] 뜻하는 것으로, 보살초지에 이르면서 이미 보살십지의 행상行相을 갖추고 있음을 말한다. 보살초지에서 이미 진여를 친증親證하기 때문에 아직 온전하지는 않으나 구름이 약간 걷힘에 태양이 일부 드러나면 아직 온전한 태양(빛)은 아니지만 그 태양(빛)도 진실한 것과 마찬가지로 그 증證한 진여는 이미 다른 진여眞如가 아니라 진실한 것이다. 그래서 이 위位에 든 보살을 "열반의 집에 들어 마음에 삼계三界를 일으키고, 여래의 옷을 입고, 법공처法空處에 들어 보리좌菩提座에 앉아, 정각正覺의 일지一地에 오른 이와 같은 이는"이라 하였다. 즉 완전히 여래위如來位에 들지는 않았으나 그 일분一分을 이룬 것이다. 따라서 이 선법도 여래선으로 칭해질 수 있는 이유가 있는 것이고, 달마 이래의 선법도 과위果位에서의 여래행은 아니지만 여래선이라 칭해온 것은 이러한 의미에서 이해할 수 있다. 그리고『보림전』출현 이후에는 선가에서 특별히 조전상승祖傳相承된 조도祖道의 법임을 강조하여 여타의 종파와 대비하게 되면서 선종과 교종의 구별도 이루어지고, 조사선이란 말과 함께 교외별전이라는 말도 내세우게 된 것으로 보인다.[33]

6. 결언

『능가경』의 사종선과 『금강삼매경』의 존삼수일存三守一 등의 여래선 해설을 재조명하여 여래선의 진실한 뜻을 밝히고, 후대에 '조사선'이 쓰인 뜻을 해명하여 그 배경과 진의를 파악하여 보았다. 『능가경』에서 말하는 여래선은 여래만이 행할 수 있는 것으로 보살에 대한 두 가지 가지加持를 통한 호지護持인지라 인위因位에서의 행법이 아니다. 『금강삼매경』의 존삼수일도 '여래선으로 들어가는' 법으로 되어 있음에 유의해야 한다. 후대에 쓰인 '조사선'이 실은 신회나 마조 및 종밀이 썼던 '여래(청정)선'과 같아 별다른 법이 아니다. 그러나 이를 조사선으로 특칭한 데는 그만한 이유와 배경이 있는 것으로 보았다. 첫째는, 초기 선종 조사들의 사事에 즉한 대담인 지사이문指事以問을 통해 언어분별을 넘어선 신증身證의 경계를 개시하는 것에서 여타의 선과 구분하여 조사선이라 한 것일 가능성, 둘째는, 일반 교종이 여래가 개시한 교법에 의한 교관의 행을 선법으로 하는지라 이를 여래선이라 하고, 선종은 관행을 넘어선 절관의 행인지라 전자보다 격상格上의 선임을 나타내기 위해 조사선이라 하였고, 셋째는, 일반 교종의 전승은 마명이나 용수 등을 통하여 왔으나 그 맥이 중국에 직전直傳된 것이 아닌 반면 선종은 이심전심으로 제조諸祖 상전相傳하여 온 법을 달마가 중국에 직전한 것이라는 것을 현창하는 차원에서 자종自宗의 선법을 조사선이라 하였으며, 넷째는, 그 법이 돈오돈수 무수지수無修之修의

---

33 후대 선종의 名句가 된 '直指人心', '見性成佛', '以心傳心', '敎外別傳' 가운데 '敎外別傳'이 제일 나중에 나온 것에 대해서는 제1장 『능가경』의 禪法에서 언급하였다.

선법인지라 여타의 선과 구별한 것, 다섯째는, 초기 선종과 관련이 깊은 『금강삼매경』에서 십주十住 십회향十廻向과 보살초지를 거쳐 진전되는 존삼수일存三守一의 선법이 '여래선으로 들어가는'으로 설명되어 있는 것을 그대로 여래선으로 오해하고, 이러한 여러 과정을 거치는 선법에 대비하여 직입直入하는 자종自宗의 선법을 조사선이라 칭하였을 가능성을 제시하였다.

그러나 사실에 입각해 본다면 존삼수일의 행도 처음부터 이미 달마 이래의 돈법이 갖추어져 있는 까닭에 선법 자체가 조사선과 다른 것은 아니라고 본다. 증證해 가는 과정이 없지 아니한지라 "여래선으로 들어가는"이라 하였지만 그 타고 가는 법은 이미 돈법이라는 것이다.

'조사선'은 능가선을 기본으로 하면서 여기에 신증身證을 전제로 한 인가印可와 조사친전의 법이라는 내용이 들어 있고, 아울러 선종 특유의 향상向上법문이기도 하였다. 한편으로 '조사선'이란 용어는 후대에는 갈수록 선법의 바탕이 되는 이입理入을 도외시하게 하여 선지를 모르고 선을 하게 되는 잘못을 양성한 면도 있다.

제4장 불교의 종과 능가선의 이입理入

1. 서언

각 종교가 지니는 종宗에는 서로 상통하는 면도 있지만 독자적인 내용 또는 특성이 있다. 불교에서도 대승에서의 종은 특히 그 독자성이 뚜렷하다. 왜냐하면 종은 근본 내지 근원의 뜻과 함께 '궁극'·'구경'의 뜻을 가리키는 말인데 대승은 불법 가운데서도 궁극의 가르침이라는 뜻이 있고, 광대한 대승경론에 그 심오한 종宗의 리理와 사事가 광설되어 있는 까닭이다. 그리고 그 리理와 사事는 곧 믿음과 지혜와 자비가 불가분리不可分離로 상관된 가운데 펼쳐지고 있다. 그런데 지혜와 자비에도 각기 깊고 얕음, 수승하고 평범한 차이가 있고, 그에 따른 종교의 의미도 달라진다.

주지하다시피 '종교'의 정의에 대해서는 종래 숱한 의론이 이루어진 바 있다. 여기에서는 단지 불교에서 말하는 '종宗'의 뜻을 바탕으로 믿음과 지혜와 자비가 불교에서 어떠한 구도 하에 위치하고 있는가를 살펴보고자 한다. 또한 달마대사의 『이입사행론二入四行論』에서 강조한 이입理入의 의미도 이를 통해 한층 더 뚜렷해 질 수 있을 것이다. 불교에서는 믿음과 지혜와 자비를 올바로 이해하여야 종의 뜻이 명료하게 드러나고, 종宗이 명료하게 이해될 때 믿음과 지혜와 자비의 심의와 위상도 올바르고 깊게 이해할 수 있게 된다. 또한 불교에서의 믿음과 지혜와 자비가 세속이나 여타의 종교와 대비되는 독자성을 지닌다면, 그 독자성은 어디에서 찾을 수 있으며, 어떠한 것인가 하는 문제도 해명될 수 있을 것이다.

2. 불교의 종과 수증修證 체위상의 믿음과 지혜와 자비

학문적 어의로서의 '종교'는 물론 근세 서양학문의 유입에 의해 'religion'의 역어로서 채택된 것이지만 중국에서는 이미 불교 전래 이전에도 '종宗'이 독자의 어의를 지니고 사용되었고, 불교도 이를 곳곳에 사용하여 왔다. '종宗'은 '宀'와 '시示'의 합자로 '宀'은 묘실廟室의 형상이고 '시示'는 은대殷代의 갑골문에서 조상신을 지칭하거나(一示, 二示, 大示 등), 주主의 뜻으로 쓰인다. 이를테면 토지신을 뜻하는 사社는 곧 땅의 주인主人이란 뜻이다. 조상신이 곧 주主가 되는 까닭에 두 뜻은 상통된다. '종'은 곧 조상신 또는 주主가 건물에 모셔져 있는 것을 가리키고 있는데 갑골문에서 조상신을 시示와 함께 종宗으로도 사용하고 있다(大宗, 中宗, 小宗 등). 이렇게 조상신(主人)이나 이를 모신 곳이 곧 종宗이고, 후대에 '종'이 '근본', '근원'의 뜻을 갖게 된 것은 여기에서 비롯되어 전의轉義된 것이다. 불교에서 쓰인 '종宗'도 '근본', '근원'의 뜻이다. 그래서 '종교'란 인생의 근본 근원의 문제에 대한 가르침이란 뜻이다. 그렇다면 인생의 근본 근원의 문제란 무엇인가. 불교에서는 이를 생사의 문제라고 한다. 사실 수많은 문제가 있으나 생사문제보다 더 근원적이고 중요한 것은 없다. 그리고 이 생사문제를 해결하는 길이 곧 지혜와 자비이다.

불교에서 부처님의 경지는 불가사의하다고 한다. 그래서 부처님의 지혜와 자비 또한 불가사의하다. 그런데 불교에서는 본래 누구나 불성佛性을 지니고 있는 까닭에 누구나 부처님이 될 수 있다고 한다. 그렇다면 어떻게 하여 불가사의한 불佛의 지혜와 자비에 이를 수 있는가. 이미 불가사의하다고 한 자리에 어떻게 이를 수 있다는 것인가. 불교에서는 그 길이 곧 이법理法의 이해와 통달과 증명(證明; 體證)에 있다고 한다. 그래서 불교에서의 믿음은 곧 리理의 실유實有함을 믿는 것이다. 원효는 『대승기신론소』에서 제명題名 '기신起信'을 해설하는 가운데

"소위 믿음이란 이理가 실유함을 믿는 것이니 이것이 믿음의 체대體大이다."[1]

라 하였고, 달마대사는 『이입사행론二入四行論』에서 먼저 이입理入하고 다음에 행입行入하는 이입二入의 길이 모든 부처님 성취의 요도要道

---

[1] "所謂信理實有, 是信體大."

임을 명언하였다. 그리고 원효는 바로 이어서 이르길, 그 리理는 곧 '일체법불가득(一切法不可得; 일체 모든 것을 얻을 바 없다)'이라고 하였다. 여기서 말하는 '일체법'이란 정신적·물질적 모든 존재, 그리고 모든 개념, 언어문자로 된 교법(敎法; 法相: 空, 無相, 涅槃, 有爲, 無爲 등) 등을 모두 포괄하여 말한 것이다. 모든 것을 얻을 바 없다는 것은 대승경전의 요체이다. 모든 것은 수많은 요소들이 인연화합으로 모아져 있는 것이고, 한 찰나도 변치 않는 것이 없는 까닭에 아我라고 할 것이 없어 무아(無我; 無自性)이고 공空이며, 따라서 얻을 바가 없다. 또한 무엇을 얻는다 하면 마음 외에 다른 것이 있다는 것이 되나 오직 마음뿐이고 마음 밖에는 아무것도 없는지라[心外無法] 얻는다고 함이 없다. 그 마음 또한 대상이 될 수 없는 것이어서 얻어질 수 없는 것이다. 항상 취할 바 없는 그 당처의 마음뿐인지라 열반이든 공空이든 무엇을 소유所有함이 없고 향向함이 없다. 그래서 어디에나 항상 평등한 일심의 법세일 뿐이다. 그래서 원효는

"일체법이 얻을 바 없는 것임을 믿는 까닭에 곧 실유의 평등한 법계를 믿게 되어 믿음이 얻어진 것이라 이것이 믿음의 상대相大이다."[2]

라고 하였다. "실유實有의 평등한 법계"란 곧 이법계理法界를 말한다. 상相은 생멸하나 성性은 불생불멸이니 이 불생불멸의 리理는 실유이

---

[2] "信一切法不可得故, 卽信實有平等法界, 信可得者, 是信相大."(『대승기신론소』)

며, 어느 상相이든 그 성性, 즉 불생불멸의 이理는 여일如一 평등하다. 그리고 상相은 무아이고 공이며 일심이며 유심唯心인 까닭에 얻을 바 없는 것[不可得]이나 그 상이 불가득이라는 본성은 깨달아 얻어짐이 있다. 그리고 그 성은 일체의 상에 평등하며 법계에 두루하다는 믿음이 얻어진다. 이것이 믿음의 상대(相大; 진실한 모습)이다. 즉 믿음의 체대(體大; 진실한 본체)가 실유의 리理를 알아 믿는 것이라면, 믿음의 상대相大는 그러한 리理가 일체법계의 사상事相에서 평등함을 알아 믿는 것이다. 그 리理가 일체법불가득이라는 리理이고, 이는 또한 일체의 상에 공통한 성인지라 실유의 평등한 법계를 알게 되는 것이다. 불교의 수증은 신해행증信解行證의 네 단계로 설해지는데 이 가운데 신信과 해解는 사실 동시에 이루어진다. 즉 위에 인용한 믿음의 체대體大와 상대相大 모두 해解를 바탕으로 한 믿음이다. 그래서 불교는 선오후수先悟後修하는 가르침이라고 한다. 해오한 뒤의 후수後修가 곧 신해행증에서의 행이고, 증證은 일심법계의 진리를 몸에서 체득(증)하는 성불이다. 올바른 이해가 전제되지 않은 믿음은 맹신이 되기 쉽다.

그리고 올바른 이해로 팔정도의 시작인 정견正見을 갖춘다. 또한 올바른 이해와 정견은 색법色法과 심법心法의 사상事相에서 여리如理함을 비추어보는 데서 지혜가 된다. 이때 자심의 미망이 그만큼 걷히어 지혜광명이 발현된다. 그래서 사실 지혜란 본래 자심에 갖추어진 것이 신信·해解·행行의 수준에 따라 발현되는 것이다. 단지 이법은 본래 불이不二이고 평등하나 사람에 따른 이해 통달에 깊고 얕음의 차이가 있어, 깊이 이법을 해오解悟하였다면 그만큼 깊고 높은 지혜의 빛을 발하게 된다. 또한 이법理法을 통달한 수준에 따라 선법도 높고 낮은 차이가 생긴다. 이 지혜(반야)는 광명의 공용功用이 있어 미망을 있게 한 무명無明을 부순다.

그런데 불교에서는 이 지혜만 가지고는 성불하지 못하는 것으로 되어 있다. 즉 자비의 행이 함께 갖추어져야 한다. 부처님을 양족존兩足尊이라 하는데, 이는 '지혜와 복덕'의 두 가지를 원만히 갖춘 존자尊者란 뜻이다. 이 가운데 복덕은 곧 일체 중생에 대한 자비의 행으로 갖추어진다. 『화엄경』등에서 설하는 보살승의 수증단계는 십신十信·십주十住·십행十行·십회향十廻向·십지十地·등각等覺·묘각妙覺의 52위인데 십신·십주·십행 단계에서 신해信解의 행이 이루어지고, 십회향에서부터는 이입을 바탕으로 하되 행입에 해당하는 갖가지 보살행이 제시된다. 보살십지를 한 계단씩 오를 때마다 각각 보시·애어愛語·직심直心·심심深心·평등심·평등법·묘행·대비大悲(이상은 보살7지까지)를 갖추어야 히고, 더 나아가 팔지보살에서 십지보살에 이르기 위해서는 대원력·여래의 지혜에 들어감·복덕지혜의 성취·대원비심大願悲心·여래의 력力에 수순함·여래의 지혜에 수순함·일체지·자재력 등 외에 수많은 행이 수반되거나 갖추어져야 한다. 그런데 『화엄경(60권본)』권25 십지품 제22의3에 보살제7지를 설한 가운데

> "이 (칠지)보살은 염념 가운데 대비大悲를 으뜸으로 하여 불법佛法을 수습한다."[3]

---

[3] "是菩薩, 於念念中, 大悲爲首, 修習佛法."

고 하였다. 비悲의 행은 아래 단계에서도 행할 것이 설해지지만, 왜 보살제7지에서 대비가 전제되는 행이 더욱 강조되는가. 여기에는 두 가지 뜻이 있다. 첫째는 보살제7지에서 열반의 무위를 증하게 되며, 무위심無爲心에서 대비가 발현되는 까닭이다. 『천수경』에서 "무위심에서 비심悲心을 일으킨다〔無爲心乃起悲心〕."라 함은 바로 이 위에서의 행을 말한 것이다. 즉 참다운 대비는 무위심에서 발현되며, 무위는 아상(我相: 我가 있다는, 我라는 생각)의 뿌리까지 소멸되는 보살제7지에서 이루어지는 까닭이다. 둘째는 이 위에서 증한 열반의 락樂에 취하여 고해의 중생을 방기하기 쉬운 까닭에 발현된 대비를 으뜸으로 하여 수습한다는 것이다. 그러나 보살제7지에서의 대비도 그 상위 보살지나 불위佛位에서의 대비에는 미치지 못한다.

대비大悲를 셋으로 나누어 구분하는데, 첫째 중생연자비衆生緣慈悲는 친소親疎 각별의 중생을 반연하여 일으킨 자비이니 일반 중생이나 학인이 아직 정에서 벗어나지 못한 가운데 일으키는 것이고, 둘째 법연자비法緣慈悲는 무아無我의 이치를 깨달아 중생이 환화幻化와 같은 줄 알고 행하는 자비이니 보살의 행이고, 셋째 무연자비無緣慈悲는 법상과 중생상을 보지 아니하고 제일의제第一義諦에 머물러 평등하게 일으키는 자비이니 부처님만의 자비로서 이를 대자대비大慈大悲라고 한다.[4] 보살제7지에서의 대비는 법연자비이다. 요컨대 대비도 본래 자심에 갖추어진 것이 여러 보살행의 성취에 따라 그에 상응하여 발현되는 것이다. 법연대비의 발현에 이르기까지 숱한 지혜행・회향

---

[4] 『大智度論』卷第二十

행과 보시·애어 등의 복덕행과 직심·평등심 등의 선정행이 실천되어 왔고, 이들 행이 인因이 되어 구현된 결실이 곧 그러한 수준의 대비이다. 그리고 이 대비로부터 아래의 위位보다 더 크고 원만한 복덕행이 갖추어지게 된다. 왜냐하면 현행하는 아상我相은 보살초지에서 넘게 되니, 보살초지에서부터 무주無住의 행이 구현되지만, 보살 제7지에서 아상의 뿌리까지 제거되어 무위가 성취되면서 보다 원만한 무주無住의 행이 이루어지는 까닭이다. 보살행을 보시·지계·인욕·정진·선정·지혜의 육바라밀[六度]이라 하거니와 이 행들이 무주의 행이 되어야 진정한 보살행이다. 이를테면 보시를 행하더라도 행한 주체로서의 아상과 보시한 물건 및 보시했다는 일의 삼자의 상에 머무름이 있다면 이는 온전한 보살행이 되지 못한다. 『금강경』에 상에 머무르지 않는 보시라야 그 공덕이 한량이 없다고 하였다. 원효의 『대승기신론소』에 "머무름 없는 육바라밀로써 일체지[薩般若]에 회향한다."고 하였다. 또 『화엄경(60권본)』 권25 십지품 제22의3 제7지보살 항목에

"환희지(보살초지)보살에서부터 행하는 바가 모두 죄업을 떠난다. 왜 그러한가. 아뇩다라삼먁삼보리[無上正等覺]에 회향하는 까닭이다."[5]

라고 하였다. 회향은 자신의 공덕을 모든 중생의 안락과 해탈 또는

---

5 "從歡喜地菩薩所行皆離罪業. 何以故. 迴向阿耨多羅三藐三菩提故."

자신의 아뇩다라삼먁삼보리로 발원하여 돌리는 것이고, 또 다시 그 회향공덕으로 일체지를 얻고 아뇩다라삼먁삼보리를 성취한다. 이는 일체제불도 마찬가지여서 『화엄경(60권본)』 불부사의법품 제28의1에 "일체 모든 부처님은 모든 공덕을 닦고 모두 다 일체종지一切種智에 회향하여, 세간의 행을 구하지 않는다."라 하였다. 보살초지 이상의 보살지에서는 현행하는 아상이 사라짐과 함께 이러한 회향행으로 인해 일체의 행이 아뇩다라삼먁삼보리로 귀결되는 까닭에 그 행하는 바가 모두 죄업을 떠난다는 것이다. 즉 일체의 행이 아뇩다라삼먁삼보리의 과果를 맺게 하는 인因의 의미를 갖게 된다. 그래서 회향은 대단히 중요한 행이다. 이 회향행에는 발원의 대원행이 함께 하게 된다. 특히 보살제7지를 넘어 보살제8지에 이르는 데는 이 대원행이 요청된다. 『화엄경(60권본)』 권25 십지품 제22의3 제8지보살의 항에 설한다.

"불자여! 보살마하살이 이미 보살제7지의 미묘한 지혜행과 청정한 방편도로 조도법助道法을 훌륭하게 쌓고 나서 대원력을 갖추면 모든 부처님과 신력의 호지를 받아 스스로의 선근이 힘을 얻게 되며, 여래의 력力과 무외無畏와 불공법不共法을 항상 염하여 수순하고, 직심直心과 심심深心과 청정행으로 복덕과 지혜를 성취하며, 대자대비로 중생을 버리지 아니하고, 무량한 지혜의 도를 수행하여 모든 것이 본래 무생無生이어서 생기함이 없고, 상이 없으며, 이루어짐도 없고, 무너짐도 없으며, 오는 바도 없고, 가는 바도 없고, 시작도 없고, 중간도 없고, 후도 없는 자리에 들고, 여래의 지혜에 드니 일체의 심의식과 억상臆想 분별에 탐착함이 없어 일체법이 허공성과 같음을 증득하나니, 이를 이름하여 보살이 무생법인無生法忍을 증득하여 제8지에 든 것이라 하느니라. 부동지(보살제8지)에 들어간 자를 심행보살深行菩薩이라 하나니 일체 세간이 측량할 수 없느니라."⁶

제8지보살에서부터 심행보살 또는 대보살이라 함은 위의 인용문에서 설한 바와 같이 대원력과 중생을 버리지 않는 대자대비가 실행되는 까닭이고, 무생법인(본래 모든 존재가 生한 바가 없다는 진리)을 증득하여 이 위位에서부터는 퇴보함이 없는 불퇴전지不退轉地가 되는 까닭이다. 아상의 뿌리까지 소멸되어(열반 성취) 무위를 성취한 보살제7지를 넘어 이제 중생제도의 대원력과 중생을 버리지 않는 대자대비로 대보살행이 시작되는 것이다. 이 위位에서부터 특히 대원력이 요청되는 것은 보살제7지에서의 열반 성취로, 그 열반락에 머물러 버리기 쉽기 때문에 그 자리를 박차고 나오게 하는 인因과 힘이 있어야 하고 그것이 곧 중생과 내가 한 몸이라는 동체대비同體大悲와 동수성불同修成佛의 대원력인 까닭이다. 그리하여 중생세계에 뛰어드는 것이니 연꽃이 시궁창 물속에서 자라지만 그 더러움에 오염되지 아니하고 청정하고 밝은 연꽃을 피우듯이 보살행은 중생과 함께 하되 거기에 염착됨이

---

6 "佛子! 菩薩摩訶薩 已習七地微妙行慧, 方便道淨, 善集助道法, 具大願力, 諸佛神力所護, 自善根得力, 常念隨順如來力·無畏·不共法, 直心·深心·淸淨, 成就福德智慧, 大慈大悲不捨衆生, 修行無量智道, 入諸法本來無生, 無起無相, 無成無壞, 無來無去, 無初無中無後, 入如來智, 一切心意識, 憶想分別, 無所貪著, 一切法如虛空性. 是名菩薩得無生法忍, 入第八地. 入不動地名爲深行菩薩, 一切世間所不能測."

없는 행이다. 그리고 염착됨이 없게 해주는 것이 곧 지혜와 선정과 회향이다. 팔지보살 이상의 위位에서 이루어지는 행은 자비행원慈悲行願을 제외하고는 무생법인을 증하고 여래의 지혜에 들어간 전제 위에서 이루어질 수 있는 행이다. 그리고 십지十地에 이어 개시된 법문은 여래의 경지를 드러낸 것이다. 여래는 원융 상즉상입相卽相入하여 중중무진重重無盡 사사무애事事無碍하는 일심법계이다.

요컨대 보살행에서의 자비는 아상을 벗어난 자리에서 발현되는 것이며, 지혜와 회향이 함께 어우러져 나오게 되는 것이다. 그래서 친소관계에 좌우되고, 정에 이끌려 나왔다 사라지는 범부 중생의 자비는 보살의 자비행과는 다르다.

3. 이입理入과 수증修證의 영원성

한편 종宗에는 영원성이 전제되지 않으면 안 된다. 즉 일시적으로만 적용되거나 구현되는 진리는 종이라 할 수 없다. 불교에서의 깨달음과 지혜와 선정도 마찬가지로 영원성을 지니지 못한 단계의 것이 있고 영원성의 것이 있다. 보살초지에서 현행하는 아상은 벗었지만 아직 그 뿌리는 남아 있어서 어떠한 여건에서 솟구쳐 나올 수 있다. 그래서 보살초지의 지혜와 선정과 깨달음은 아직 원만치 못하다. 그러나 보살초지에서 진여를 친증한 까닭에 그 지혜와 깨달음이 잘못된 것은 아니다. 단지 구경에 이르지 못하여 원만하지 못한 것일 뿐이다. 지혜와 선정과 깨달음의 영원성은 보살제8지에서 무생법인을 증득함에 따라 갖추어진다. 무생법인이란 일체의 모든 존재가 본래 생긴 바가 없다는 진리이다. 그래서 그 위位에서 증득된 선정과 지혜와 깨달음도 무생無生임을 증득한지라 멸함도 없게 되어 더 이상 퇴보함이 없는 불퇴전지에 이르게 된 것이다. 보살제8지에서의 선정을 여환삼매 如幻三昧라고 하는 것은 삼매도 환과 같아 생한 바 없음을 증득한지라 삼매를 따로 잡으려 하거나 지니려 함도 없기 때문이며, 이 삼매를 거쳐 보살제9지와 제10지 및 등각과 묘각에서 금강유정金剛喩定과 금강삼매가 이루어지는 것이다. 금강삼매란 무너짐이 없는 영원한 삼매를 뜻하며, 이는 삼매도 무생임을 증득한 까닭에 무생인 삼매가 되어 멸함도 없는 삼매가 되는 까닭이다. 즉 삼매라고 할 격별의 자리가 따로 있는 것이 아니라 생한 바 없는 그대로가 삼매인 것이 곧 금강삼매이다. 즉 여환삼매와 금강유정 및 금강삼매는 무생법인의 지혜가 성취된 바탕에서 이루어질 수 있는 삼매이다.

불교의 종宗은 생사문제의 해탈이거니와 이 생사문제가 곧 무생법인의 깨달음과 증득에 의해 해결되는 것이다. 석가모니불도 바로 무생법인을 깨달아 해탈 성불하였다. 본래 언제 생生한 바가 없음을 깨달으니 이제 사死할 바도 없게 된 것이다. 생이 본래 없었으니 사死가 있지 아니하다. 이를테면 꿈속에서 울고불고 하였으나 꿈 깨고 나면 언제 내가 울고불고 한 바가 없음을 알았으니 울고불고 하던 것을 마친 바도 없음을 아울러 아는 것과 같다. 그런데 일체법이 무생인 까닭은 일체법이 무아無我이고 공이기 때문이고, 또한 보다 근본적으로는 유심唯心이고 일심인 까닭이다. 일체법이 오직 마음일 뿐이고, 이 마음은 본래 공적하여 생멸이 없다. 또한 능(能; 인식주관)과 소(所; 인식대상)가 따로 없는 일심인 까닭에 무엇이 무엇을 분별하거나 지知하거나 견見함이 없다. 무생법인을 깨달음도 마음이요, 그 마음이 곧 무생無生이라는 진리이며, 그 마음은 능과 소를 떠난 일심이고 공적한지라 아무것도 소유하는 바 없는 무소유이고, 일체법불가득이다. 즉 무생법인도 마음일 뿐인지라 이를 얻을 바 없다. 또한 무생이라는 법 자체가 무생의 진리에 향하거나 취착할 수 없게 한다. 『대승입능가경』 권제4 무상품에 설한다.

"또한 대혜여! 보살마하살은 마땅히 일체제법은 모두 다 생함이 없다는 것을 (宗으로) 세우지 말지니라. 무슨 까닭인가. 일체법은 본래 있지 않은 까닭이며, 그 종(宗; 一切法不生)이 인因이 되어 생한다는 상(생상)을 내기 때문이니라. 또한 대혜여! 일체법이 불생不生이다는 이 말은 스스로 무너지는 것이니라. 왜냐하면 그 종宗은 유有를 전제로 하여 생하는 까닭이며, 또한 그 종도 곧 일체법 가운데에 들어가는 것이니(일체법 불생이라는 종도 하나의 법이라는 뜻) 불생不生의 상 또한 생하지 않는 것이기 때문이고, 또 저 종도 모든 분별로부터 나온 것이기 때문이며, 저 종에서는 유·무의 법이 모두 생하지 않기 때문이고, 이 종도 바로 일체법 가운데 들어가는 것이므로 유·무의 상이 생하지 않는 까닭이다. 이 까닭에 일체법이 생함 없다는 이 종은 스스로 무너지는 것이니라 ('일체법불생'은 일체법불생이라는 법의 有를 스스로 부정함). (그래서) 이와 같이 (종을) 세우지 말아야 한다."[7]

---

[7] "復次大慧, 菩薩摩訶薩不應成立一切諸法皆悉不生. 何以故. 一切法本無有故, 及彼宗因生相故. 復次大慧, 一切法不生此言自壞. 何以故. 彼宗有待而生故, 又彼宗卽

이와 같이 만약 무생이라는 진리를 종으로 세운다면 무생이라는 것(法)이 생한 것이 되어 무생의 뜻에 어긋나게 된다. 즉 무생을 세운다면 스스로 무생의 리理가 깨뜨려지고 만다. 요컨대 불교에서의 종은 세울 바가 없는 종이고, 마음이 어느 면으로 향할 바가 없는 종이며, 얻을 바가 없는 종이고, 마음을 떠나 어디에 따로 있는 종이 아니며, 분별을 떠난 종이다. 그렇다고 해서 종이 없는 것도 아니어서 타고(乘) 가는 가르침이 있고, 인위(因位: 보살)와 과위(果位: 佛果)가 없지 아니하다. 그 종은 언어도단이며 심행처멸로 이끄는 것이고, 그 종宗 자체가 유·무의 모든 분별을 떠난 언어도단의 것이다.

그래서 불교에는 언어도단의 법설과 언어의 법설이 있다. 『대승입능가경』 권제4 무상품에 설한다.

"또한 대혜여! 어리석은 범부는 무시無始 이래 허위이며 나쁘고 삿된 분별의 환幻에 미혹되어 여실법如實法(『4권본』은 '宗通')과 언설법言說法(『4권본』은 '說通')을 잘 알지 못하고 마음 밖의 상을 분별하여 방편설에 집착하나니, 청정한 진실법을 수습하여 사구四句의 법(有, 無, 有而無, 非有而非無; 一, 異, 一而異, 不一而不異)을 떠나지 못하는구나."

대혜가 말하였다.

"그러하고 그러하옵니다. 진실로 세존께서 가르쳐주신 바와 같사옵니다. 원컨대 저희를 위해 여실한 법과 언설법을 설해주시어 저와

入一切法中, 不生相亦不生故. 又彼宗諸分而成故, 又彼宗有無法皆不生, 此宗卽入一切法中, 有無相亦不生故. 是故一切法不生此宗自壞, 不應如是立."

모든 보살마하살이 이 이법二法에서 선교(善巧: 뛰어난 방편의 지혜)를 얻어 외도와 이승二乘의 법이 들어오지 못하게 하여 주옵소서."
부처님께서 설하셨다.

"자세히 들으라! 너희들을 위해 설하리라. 대혜여! 삼세의 여래에게는 두 가지 법이 있나니 언설법과 여실법如實法이다. 언설법이란, 중생심에 따라 갖가지 방편으로 설한 가르침이며, 여실법이란, 수행자가 마음에 나타난 상에서 모든 분별을 떠나 일一·이異·구구(一而異)·불구不俱(不一而不異)의 품류에 떨어지지 아니하고, 일체의 심心(제8식)·의意(제7식)·의식(제6식)을 뛰어넘고, 자각성지에서 행해지는 경계에서 모든 인연상과 능·소의 취상取相(응견상應見相)을 떠나는 것이니, (이는) 일체의 외도와 성문·연각의 이변(二邊: 有·無, 一·異 등)에 떨어진 자는 알 수 없는 것이다. 이를 이름하여 여실법이라 한다. 이 두 가지 법을 너와 모든 보살마하살은 마땅히 잘 수학하여야 하느니라."[8]

---

8 "復次大慧, 愚癡凡夫無始虛僞惡邪分別之所幻惑, 不了如實及言說法, 計心外相, 著方便說, 不能修習淸淨眞實離四句法."
大慧白言.
"如是如是, 誠如尊敎. 願爲我說如實之法及言說法, 令我及諸菩薩摩訶薩於此二法而得善巧, 非外道二乘之所能入."
佛言.
"諦聽, 當爲汝說. 大慧, 三世如來有二種法, 謂言說法及如實法. 言說法者, 謂隨衆生心爲說種種諸方便敎. 如實法者, 謂修行者於心所現離諸分別, 不墮一·異·俱·不俱品, 超度一切心·意·意識, 於自覺聖智所行境界, 離諸因緣相應見相, 一切外道聲聞緣覺墮二邊者, 所不能知, 是名如實法. 此二種法, 汝及諸菩薩摩訶薩當善修學."

중생심에 따라 갖가지 언설과 방편으로 설한 가르침이 언설법[說通]이고, 오직 마음일 뿐임을 알아 일체의 상념과 분별을 떠난 언어도단이 곧 여실법[宗通]이다. 일체의 상념과 분별을 떠난다는 것은 곧 위의 경문에서 전5식에서 제8식까지의 일체의 식을 뛰어 넘는다는 뜻이다. 모든 식은 견분(見分; 能)과 상분(相分; 所)으로 이분되어 있고, 이 때문에 끊임없는 전변과 분별이 이어지는 것이지만, 본래 일심인지라 견분과 상분으로 나누임이 없었다. 언어도단은 곧 본래 본연의 일심에 돌아감이다. 이를 선종에서 후에 불립문자라는 말로 강조한 것이지만, 본래의 뜻에 어긋나게 교를 무시하는 경향을 초래하였다. 언어도단은 먼저 교를 통해 이입理入이 되어야 가능한 것으로 이입이 되지 아니한 상태에서 언어도단 한다는 것은 단지 흉내에 지나지 않는다. 왜 언어도단일 수밖에 없는가를 명료하게 자심에서 깨달아 알지 않고는 구현되지 않는 것이다. 그래서 달마대사도 "이입이란 교에 의지해서 종(宗; 심성)을 깨닫는 것이다."고[9] 하였다. 돈황본 『단경』의 무상송無相頌에 "설통說通과 심통心通이 마치 해가 허공에 떠 오른 것과 같다."라 하였는데 위 『능가경』에서의 '종통宗通'을 여기서는 '심통心通'이라 하였다. 즉 불교에서의 종宗은 곧 유심唯心이다. 『대승입능가경』 권제7 게송품에 설한다.

不能起分別　　분별 일으키지 않는 것을
愚夫謂解脫　　어리석은 범부는 해탈이라 하나,

---

9 『능가사자기』에 수록된 「이입사행론」.

心無覺智生　　마음에 각지覺智 생김이 없다면,
豈能斷二執　　어찌 이집(二執; 아집과 법집)을 끊을 수 있으리.

以覺自心故　　오직 자심일 뿐임을 깨닫는 까닭에
能斷二所執　　능히 이집을 끊을 수 있으며,
了知故能斷　　(唯心을) 요지하는 까닭에 끊을 수 있다는 것이지,
非不能分別　　분별할 수 없다는 것이 아니니라.

분별을 떠나야 하지만 단지 깨달음에 의한 지혜〔覺智〕가 전제되어 있지 않으면 분별을 떠나는 모습만 짓고 있는 것이 된다. 그리고 그 각지는 곧 오직 자심일 뿐임을 깨닫는 것이다. 분별을 제어하고 있는 것이 아니라 일체법을 분별함 그대로 마음일 뿐임을 요지하는 것이니 그 마음의 당처에 즉하게 되어 즉심시불卽心是佛이요 즉심즉불卽心卽佛이다. 그래서 "번뇌가 곧 보리〔覺〕다."고 한다. 바로 그 자리의 마음인 당처에 즉한지라 그 마음은 인식과 판단의 대상이 되지 아니하여 유·무, 일一·이異 등 일체의 사량분별과 선악 판단을 넘어선다. 즉 아我·법法 이집을 끊는 데는 억지로 분별을 일으키지 않으려 해서 되는 것이 아니고, 유심이고 일심임을 요지한 각지가 생겨야 한다. 유심이고 일심인지라 분별한 자와 분별할 대상이 따로 있지 아니하여 본래 분별이 무생임을 요지함에 현실〔事〕에서도 이에 응하여 분별이 일어나지 않게 되는 것이다.

따라서 불교에서의 종은 유심과 일심과 무생법인에 있되, 이 또한 하나의 법상으로서 세우거나 향하거나 취착할 수 없는 것이니 유심과

일심과 무생無生의 뜻이 자상에 향하거나 취착함을 스스로 부정하고 있기 때문이다. 그래서 일체법불가득이고 무소유이다. 『육조단경』에서 강조한 무주행無住行도 이러한 깨달음에서 행해질 수 있다.

4. 무아와 유심唯心과 여래장

석가모니불 당시 인도에 상당한 세력을 지닌 외도 가운데 고행파 또는 나체행파로 유명한 니간타 외도가 있었다. 그들을 이끈 지도자 니간따 나타뿍따는 이르길 "수없는 생을 따라온 깜마(업)가 깨끗해지도록 자기 몸을 힘들고 괴롭게 하는 수행을 행하여야 한다. 새로운 업도 짓지 아니하고 이렇게 업이 다하면 고통도 다한다. 고통이 다하면 느낌도 다한다. 느낌이 다하면 모든 고통이 다할 것이다. 이것만이 모든 고통에서 벗어나게 하는 옳은 수행이다."고[10] 하였다. 그리하여 온종일 한쪽 발로 서 있거나 못을 박은 판자에 눕거나 타들어가는 솔잎에 누워 있는 등의 혹독한 고행을 일삼아 행하였다. 그러나 이들의 행에는 지혜가 전제되어 있지 않았다. 단지 불선업不善業을 빼어버리기 위한 억지의 행뿐이었다. 그들은 오직 마음일 뿐이라는 법을 알지도 못하였고, '나'라고 할 수 있는 것이 전혀 없는 것임을 몰랐으며, 일체 현상이 하는 이 없이 함뿐인 것을 받아들이지 못하였다. '나'가 없는데서 '나'를 짓고 나서는 '나의 악업'을 제거하고 '나의 선업'을 쌓는다는 뜻에서 스스로 자신에게 형벌을 가하였다. 그들이 중생과 자신에게

---

[10] 원나 시리 지음, 범라 옮김, 『아난존자의 일기』권2, 서울, 운주사, 2000, p.235.

갖은 벌을 주지만 벌을 받는 중생이 없고 아我가 없다. 없는 중생과 없는 아我 대신 법을 받는 이는 업의 결과로 받은 이 몸뿐이다.[11] '나'를 짓고 이 몸을 괴롭히는 것이 오히려 큰 악업이라 '나'에 대한 집착만 커질 뿐이다.

또한 자신의 미래를 위한 고행일 뿐 여기에 중생을 향한 자비행은 없다. 과거 숙세의 악업에 메여서 현실을 온통 희생시킨다면 이어지는 현실은 항상 괴로움의 연속이 될 것이 아닌가. 날란다 도시에서 촌장이며 니간타 신도인 아띠반다까 뿍따라와의 대화에서 불타佛陀는 이르길, "지혜가 있다면 악처에 태어나지 않기 위해 이렇게 고생을 지어갈 필요가 없을 것이다. … 오히려 '내가 지은 악업 때문에 내가 악처에 떨어질 것'이라는 '나'와 '나의 것'에 대한 집착이 악처에 태어나게 되는 씨앗이 되는 것이며, 그 악업으로 인해서 마음 불편하게 지내면 이미 지은 악업들이 사라지는 것도 아니고 악업 위에 다시 악업을 얹어 가는 것이 되나니, 지금과 다음다음 미래에도 악업을 삼가고 선업을 쌓아가는 것이 악업에서 벗어나는 길이다." 하고 있다.[12] 요컨대 무아를 모르면 모든 행이 오히려 '나'와 '나의 것'에 대한 집착을 증대시킨다.

계행이라는 선행도 무아에 철저하지 않다보면 나는 계를 잘 지킨 자라는 아만심과 계를 지키지 못한 자에 대해 멸시하는 마음이 일어나게 된다. 불교에서는 이를 계금취견戒禁取見이라 하여 크게 경계하고, 버려야 할 것임을 강조한다. 그래서 육바라밀(보시, 지계, 인욕, 정진,

---

11 앞의 『아난존자의 일기』, pp. 236-7.
12 앞의 『아난존자의 일기』, pp. 244-5.

선정, 지혜)이 모두 무주無住의 행이 되어야 진실한 보살행이라 하였다.
 무주의 행이 되기 위해서는 어느 행의 자리에서나 무아가 구현되어야 하는 것이다. 단지 무아라고 하니 자칫 아我가 없다는 상을 내어 허무로 빠지거나 무아를 하나의 상으로 지니고 이에 머무르거나 취착한다면 이는 무아의 진실한 뜻에 위배되어 버린다. 무아는 아집을 버리게 하는 것이니 달을 가리키는 손가락과 같은 것으로 무아를 잡고 있으면 달을 보는 것이 아니라 손가락을 보는 것이 되어 버린다. 그래서 무아를 잘못 이해하여 허무에 빠지지 않도록 '여래장如來藏' 법문을 설하였다. 즉 아상을 넘어선 자리는 허무가 아니라 여래의 청정무구한 성품이 구현되는 까닭에 항상 자심에 여래의 성품이 구족되어 있다는 뜻에서 여래장如來藏이라 칭한 것이다. 이에 대해서는 『능가경』에 잘 설명되어 있다. 무아가 하나의 법상으로서 취착의 대상이 되면 이 또한 아집이며 법집이다. 무아의 뜻에 의해 환상의 거짓 아我를 벗어날 때 허무가 아니라 진실한 아我가 구현된다. 그 진실한 아我는 영원하고 환희에 충만하며 청정한 아我이다. 이 상락아정常樂我淨에 대해서는 『열반경』에 설명되어 있다.
 먼저 『대승입능가경』 권제2 일체법품에 설해진 무아와 여래장의 뜻에 대해 설한 부분을 보도록 하자.

 이때에 대혜보살마하살이 부처님께 아뢰었다.
 "(중략) 세존께서 설하신 여래장의 뜻은 외도가 말하는 아我와 어떻게 다르나이까."
 부처님께서 말씀하셨다.

"대혜여! 내가 말하는 여래장은 외도가 설하는 아我와는 다르다. 대혜여! 여래응정등각께서는 성공性空·실제·열반涅槃·불생不生·무상·무원 등의 여러 뜻으로 여래장을 설하여서, 어리석은 범부들이 무아에 대한 두려움에서 떠나도록 해주기 위해서, 분별이 없고 영상影像이 없는 자리인 여래장의 문을 설한 것이니, 미래 현재의 모든 보살마하살들은 이를(여래장을) 아我로 집착해서는 안 된다. 비유컨대 질그릇 만드는 사람이 진흙에 인공을 들여 물을 먹이고 물레를 돌려서 여러 가지 모양의 그릇을 만드는 것과 같이, 여래도 역시 이와 같다. 일체의 분별상을 멀리 떠나게 하는 무아법을 바탕으로 갖가지 지혜와 방편의 뛰어나고 교묘함으로 혹은 여래장을 설하기도 하고, 혹은 무아를 설하기도 하나니, 갖가지 명자名字가 각각 차별이 있다. 대혜여! 내가 여래장을 설하는 것은 아我에 집착한 제외도의 무리를 싸안아서 망견을 떠나 삼해탈(공·무상·무원)에 들어가 속히 아뇩다라삼먁삼보리를 얻도록 하기 위함이니, 이 까닭에 제불諸佛께서 설하시는 여래장은 외도가 설하는 아我와 다르다. 만약 외도의 지견을 떠나고자 하면, 마땅히 무아의 여래장의如來藏義를 알아야 한다."[13]

---

13 爾時大慧菩薩摩訶薩白佛言 "世尊所說如來藏義, 豈不同於外道我耶." 佛言. "大慧, 我說如來藏, 不同外道所說之我. 大慧, 如來應正等覺, 以性空·實際·涅槃·不生·無相·無願等諸句義, 說如來藏, 爲令愚夫離無我怖, 說無分別·無影像處如來藏門, 未來現在諸菩薩摩訶薩, 不應於此執著於我. 大慧, 譬如陶師於泥聚中, 以人功水杖輪繩方便, 作種種器, 如來亦爾, 於遠離一切分別相無我法中, 以種種智慧方便善巧, 或說如來藏, 或說爲無我, 種種名字各各差別. 大慧, 我說如來藏, 爲攝著我諸外道衆, 令離妄見入三解脫, 速得證於阿耨多羅三藐三菩提. 是故諸佛說如來藏, 不同外道所說之我. 若欲離於外道見者, 應知無我如來藏義."

요컨대 무아라 해서 아무것도 없는 허무의 자리가 아니라 여래의 성을 갖춘 자리인 까닭에 성공性空·실제·열반·불생不生·무상·무원 등의 여러 뜻을 함용한 여래장이다. 그러나 그 여래장은 중생이 분별하는 아我는 아닌 까닭에 무아의 여래장의如來藏義를 잘 알아야 한다고 하였다. 여래장은 좀 더 구체적으로 말하자면 상락아정의 열반四德이다. 이 면에 대해서는『열반경』에 주로 설명되어 있다.『대반열반경』권제2 수명품 제1의2에서 여래께서 설하시길, "어느 곳에서나 항상 아상我想과 상락정상을 닦아야 한다."고[14] 하였다. 이 가르침은 종전의 여러 법과 달라서 제자들이 이렇게 질문하였다. "세존이시여, 부처님께서 이전에는 모든 것이 무아無我임을 설하시고 너희는 응당 이를 수학하라고 하셨습니다. 이를 수학하고 나면 아상我想으로부터 떠나고, 아상을 떠나면 교만으로부터 떠나며, 교만으로부터 떠나면 열반에 들 수 있다고 하셨습니다. 그런데 이렇게 설하시는 뜻은 어떠한 것입니까?"[15] 이에 여래는 그 까닭을 비유로서 먼저 설한다. 모든 질병에 우유만을 약으로 썼던 무지몽매한 의사가 있는 나라에 어느 날 객의客醫가 와서 그 잘못을 일깨워 옛 의원을 물리친 후 왕의王醫가 되어 어떤 때는 우유를 해로운 것이라 하여 물리치고, 어떤 때는 이를 양약으로 써서 왕과 온 백성의 공경을 받은 예를 들고 다음과 같이 설하였다

---

14 "在在處處, 常修我想常樂淨想."

15 "世尊!如佛先說諸法無我汝當修學. 修學是已則離我想, 離我想者則離憍慢, 離憍慢者得入涅槃.是義云何."

"비구들이여, 마땅히 알라. 모든 외도들이 아我라고 하는 것은 벌레가 나무를 파먹음에 우연히 이루어진 글자와 같은 것이다. 이 까닭에 여래는 불법에서 무아無我를 설한 것이니라. (그렇게 설해야 할) 마땅한 때임을 지知한 까닭에 그렇게 무아를 설한 것이며, 인연이 있어 또한 아我가 있다고 설하는 것이니라. 이를테면 저 훌륭한 의사는 우유가 (어느 경우에는) 약이 될 수 있고 (어느 경우에는) 약이 될 수 없다는 것을 잘 알고 쓴 것과 같다. …(중략)… 만약 법(어떠한 것)이 진실하다면 이 진실한 것은 항상한 것이고, 주主이며, 의지할 바이고, 그 성품이 변하지 않는 것이니 이를 이름하여 '아我'라고 한다. 저 위대한 의사와 같이 여래도 또한 그러하여, 중생 위해 모든 존재 중의 진실함(진실한 성품)을 설하여 '아'가 있다고 하는 것이니 너희 사부대중들은 마땅히 이와 같이 이 가르침을 닦아야 하느니라."[16]

여래가 한때 제자들에게 무아를 설한 것은, 진실한 아我가 아니라 거짓의 나에 집착하고 있는 까닭에 이 거짓 나에 대한 집착을 제거하기 위해 무아라는 약을 써서 다스렸는데 나중에 어떤 이들은 이 무아에 집착하여 아무것도 없다는 허무에 빠지게 되어 상락아정의 진실한 아我가 없지 않음을 모르고 있으니, 이때가 되어서는 상락아정의

---

16 "比丘當知. 是諸外道所言我者, 如虫食木偶成字耳. 是故如來於佛法中唱是無我, 爲調衆生故. 爲知時故, 說是無我. 有因緣故, 亦說有我. 如彼良醫善知於乳是藥非藥, 非如凡夫所計吾我. …(중략)… 何者是我. 若法是實, 是眞 是常 是主 是依, 性不變易者. 是名爲我. 如彼大醫善解乳藥, 如來亦爾. 爲衆生故, 說諸法中眞實有我. 汝等四衆應當如是修習是法."『대반열반경』권제 2 壽命品第一之二

진실한 아我를 설하게 된 것이라는 뜻이다. 즉 여래가 갖가지 가르침을 펴게 된 진실한 뜻은 가아假我의 환상에서 벗어나 상락아정의 진실한 아我를 회복하게 함에 있다.

한편 가아假我에서의 아我는 능(能; 주관)과 소(所; 객관, 대상)로 이분된 식상識上에서의 가상假相인지라 무아의 뜻을 온전히 통달하였다면 능과 소가 따로 없게 되어 바로 무생법인과 유심의 뜻이 되며, 어디에도 머무름이 없는 무주無住의 행이 되고 무작의無作意의 행이 된다. 이것이 불교 수행의 종宗이니 그 종에도 머무를 바 없고 그 종을 소유함도 없다. 그 종의 뜻이 얻을 바 없는 무소유인 까닭이다. 그래서 머무를 바 없고 향할 바 없는 행이다. 마음이 어디에도 향하는 바가 없어야 즉심이 되고 당처에 즉하게 된다. 그 즉심이 되고 당처에 즉함이 곧 여래이되[卽心是佛], 여래의 행상은 곧 사사事事 무애無碍하는 법계연기 그대로이다. 그래서 현실의 사사事事에서 불佛의 교화중생하는 무연대비無緣大悲의 경계를 증한다고 하며, 두두물물이 무량한 법문을 하고 있다고 한다. 일체 만법의 사사事事가 일심법계이고, 불보살의 현현이며, 부처님의 공덕으로 화려하게 장엄된 화엄세계이다. 그리고 일심법계에는 무아無我의 뜻이 구현되어 있다. 온 우주가 일심인지라 따로 아我를 세울 수도 없고 대상으로 보는 분별이 성립되지 않는다. 이러한 일심법계의 뜻이 곧 불교의 종이다. 이에 대한 광대한 법문은 주로 『화엄경』에 설명되어 있다.

5. 이입理入과 정혜무이定慧無二의 선

불교는 이와 같이 일심법계임을 요달하는 것이기에 따로 취하거나 버릴 것이 있는 것이 아니어서 종宗이라 해서 취하여 붙잡을 바가 없다. 또한 종이되 머무르는 대상으로서의 종이 아니다. 일심법계를 확실히 요달하였다면 일체 모든 것이 종 아님이 없게 된다. 어느 자리나 즉심시불卽心是佛이니 부처님의 지혜와 자비가 현현된 자리가 되기 때문이다. 종이 이렇게 체현되는 것은 지혜와 자비에 의해서이고, 그 지혜와 자비 또한 일심이며, 유심이고, 무생無生이어서 '일체 모든 것을 얻을 바 없다'는 종宗의 뜻을 지니는 것이기 때문에 세속의 지혜와 자비가 아니다. 또한 지혜를 갖춘 자비이고, 자비를 갖춘 지혜이다. 이를 통해 지혜와 복덕이 구족되며, 그 완성이 불佛이다. 또한 지혜와 자비의 양자는 불佛의 덕성이고 보신報身이니 보살초지 이상에서 행하는 지혜와 자비의 보살행은 곧 불佛의 덕성 일부분을 수용하여 행함이 된다. 그 보살에게 수용된 부처님의 덕성의 분分을 타수용신他受用身이라고 한다. 그리고 부처님(법신) 본연의 덕성을 자수용신自受用身이라고 한다.

이상에서 논한 불교에 있어서의 종宗은 우두법융(牛頭法融, 594~657)이 지은 『심명心銘』에 잘 개시되어 있다.

實無一物 妙智獨尊
本際虛沖 非心所窮.
正覺無覺 眞空不空

三世諸佛 皆乘此宗.

실로 한 물건도 없는 가운데 묘한 지혜가 독존獨尊하며,
본제本際는 텅 비어 마음으로 궁구할 수 있는 대상이 아니다.
정각正覺이란 각覺이 없음이요, 진공眞空은 공空이 아님이나니
삼세제불이 모두 이 종宗을 따라 성불하셨다.

모든 것이 무생無生이고 무소유이며 무상無相인지라 실로 한 물건도 없다. 유심이고 일심이라 하나 그 마음은 처소가 없고, 공적하며 무상인지라 얻을 바 없고, 상을 떠났다. 그래서 마음이 그대로 무심이다. 그렇다고 해서 허무의 상태가 아니며, 한 물건도 얻을 바 없는 가운데 묘한 지혜가 활발하여 홀로 높아 있다. 무량한 공덕이 함용된 자리이다.

본제本際란 실제實際라고도 한다 실상實相·진여眞如·불성佛性·본각本覺과 같은 말이다. 제際라 함은 어떠한 존재의 형상을 가름하는 바깥 테두리[邊際]를 뜻한다. 즉 다른 형상과 맞닿아 있는 접합 부분이다. 중생은 이 변제로 드러나게 되는 형상에 끌리어(攀緣되어) 사량분별한다. 그런데 이러한 변제는 끊임없이 생멸한다. 본제本際란 곧 이러한 생멸의 변제를 떠난 불생불멸의 결정성을 드러낸 말이다. 생한 바 없이 있는 것이 곧 결정성이다. 그래서 실제實際라고도 한다. 또한 변제邊際를 떠난 까닭에 텅 비어 있다고 하였다. 텅 비어 있음은 곧 무상無相이며 능能과 소所를 떠났고, 무소유라는 말이라 마음으로 궁구할 수 있는 것도 아니고, 궁구해서 알 수 있는 것도 아니다.

각覺이라고 하니 자칫 얻어지는 물건으로 여겨 잡으려 하거나 향하거나 하기 쉽다. 그러나 각은 잡으려 하거나 향하거나 분별함을 떠난 것이고, 잡으려 하거나 향하거나 분별함을 떠나야 발현되는 자리이다. 각을 구경으로 원만히 증하지 못한 자리인 상사각相似覺과 수분각隨分覺(보살초지에서 보살제십지)에서는 각에 향함이 있다. 그러나 구경의 정각인 아뇩다라삼먁삼보리〔無上正等覺〕에서는 각 아닌 바가 없고, 각이 어디에만 따로 있는 것이 아니어서 향할 각이 따로 없으니 곧 무각無覺이다. 즉 각이라 할 것을 소유함도 없어야 정각正覺이고 최상이며 구경의 묘각이다. 각覺의 의義가 상相을 떠난 자리이기 때문에 각에 각의 상을 떠나 있어야 정각이다. 진공도 마찬가지로 공의 상을 떠나야 진실한 공이다. 공이라는 법상이 있게 되면 이미 공의 뜻에 어긋나기 때문이다. 이와 같이 각과 공을 알되 여리如理하게 그 각과 공에 향하거나 머물거나 취착함이 없는 것이 불교의 종宗이고, 삼세제불이 모두 이 심의 종에 여리如理하게 행하여 성불하였다. 또 우두법융의 『심명』에 설한다.

此宗毫末 沙界含容
一切莫顧 安心無處.
無處安心 處明自露
寂靜不生 放曠縱橫.

이 종宗은 하나의 터럭 끝이라도 사바세계의 모든 것을 함용하되, 일체를 돌아봄도 없고, 안심이란 (마음의) 처소가 없어야 되는 것이다.
(마음의) 처소가 없으니 안심이고, (처소 없는) 그 자리 밝아지니 (지혜) 자연히 드러나며,
적정도 생하지 않음에, 종횡으로 사방에 두루 빛을 발한다.

이 종宗의 지늡에 따르면 어떠한 법이든 버릴 것이 하나도 없다. 취하고 버릴 바가 없는 자리가 종인지라 모든 시비是非를 떠난다. 일체법이 그대로 즉심즉불이니 불심佛心으로 함용含容된다. 어느 것에나 돌아볼 틈이 없다. 마음 갈 길 끊어졌기 때문이다. 또한 마음이 그대로 무심無心한 까닭이며, 일심一心이라 능能과 소所가 따로 없는 까닭이다. 안심할 곳을 당념 아닌 다른 곳에서 구할 바가 없다. 그냥 당념에서 처소가 없으면 안심이 된다. 처소가 없으니 무상無相이고, 무상이니 무념이고 안심이다. 마음이 본래 처소가 없는 것임을 뚜렷이 알아야 한다. 처소 없어 안심 이루어지고, 안심한 가운데 처소 없는 그 자리 밝아져 한량없는 지혜 발현된다. 적정도 생하면 하나의 상이니 무상과 무생의 리理에 어긋난다. 선禪에 치우치다 보면 자칫 적정에 취착하거나 젖어 있기 쉽다. 적정 그대로 무상이고 불가득이며 무생임을 요지하여야 한다. 적정이라는 상도 떠나게 되니 이제 가리는 것 하나도 없게 되어 시방十方에 두루 한량없는 빛을 발한다.

이렇게 종宗을 아는 것이 곧 최상의 선법이 되고 선지가 된다. 또한 이 종을 뚜렷이 요달하였을 때는 선정과 지혜가 불이不二이다. 그래서 최상승선은 정혜무이定慧無二의 선법이다. 달마대사가 전한 선종의 선법이 바로 이것이다.

6. 결언

이상의 글에서 살핀 바와 같이 불교의 종宗은 유심唯心 또는 일심一心이 되, 그 마음 또한 공적하고 무상無相이며 무소유인 까닭에 얻을 바 없고, 지知함도 견見함도 분별함도 없는 것이기에 무심無心이며 무생인 마음이다. 그래서 생한 바 없이 생한 마음이고 무심인 마음이라 한다. 이 무생이고 무심인 마음은 어디에 따로 있는 것이 아니라 바로 당념의 당처에 즉하면 곧 이것이 불佛인지라 즉심즉불卽心卽佛이라 하고, 당처에서 곧 일심법계의 사사무애연기가 체득되는지라 버릴 것이 하나도 없고, 평등 여여如如하다. 사량분별을 떠난 종이고 무생인 종인 까닭에 이를 뚜렷이 알았다면 자연히 일체의 시비是非를 떠난다. 또한 이 종은 대상이 될 수 없고 무생인지라 이를 따로 세우는 것은 이 두 가지 뜻에 어긋난다. 이를 취하거나 향할 수도 없으니 언어도단이고 심행처멸이다. 무작의無作意의 최상승 선법은 이렇게 종宗이 요지了知되었을 때 이루어진다.

  불교의 진정한 믿음도 곧 자심에서 이러한 종宗을 뚜렷이 알아야 이루어지게 된다. 그래서 맹신이 아니라 먼저 올바로 알고 확신하여 믿는 것이다. 올바로 안다는 것은 일단 이理에 통하여 들어가는 것〔理入〕이다. 그리고 여리한 실천행〔行入〕에 의해 사事가 리理와 일치하게 되어 이사무애理事無碍가 이루어지고(보살위), 나아가 불위佛位에서 사사무애事事無碍가 성취된다.

  또한 불교의 지혜와 자비도 이 이입理入을 통해서 구현되는 것이기에 아상에 매인 범부의 미혹과 정에 염착된 지혜와 자비와는 다르다.

무아의 심의가 해오되거나 더 나아가 증된 지혜와 자비이다. 특히 그 자비는 하화중생下化衆生의 발원과 중생이 동체임을 체득한 데서 발현되는 대비大悲로서 열반에도 머무르지 않게 하는 것이다.

따라서 불교의 종宗과 믿음과 지혜와 자비는 모두 이입理入을 기초로 하여 이루어지는 것이니 달마대사가 『이입사행론二入四行論』에서 이입理入과 행입行入의 이입二入으로 일체 불법佛法 수증의 길을 요약한 뜻이 실로 여기에 있다 하겠다. 불교가 지니는 독자성은 실로 이와 같이 믿음과 지혜와 자비가 모두 이입理入을 전제로 하고 있다는 데서 찾을 수 있다.

제2부

도신道信선사의 능가선 계승

제5장 「입도안심요방편법문」의 선리와 능가선

1. 서언

근래 초기 선종사 연구의 몇 가지 경향 가운데 4조 도신道信선사의 선법을 달마 이래의 능가선법 내지 그 전통과는 다른 것으로 이해하는 설이 있다. 초기 선종의 선법을 능가선과 반야선으로 나누기도 하고, 관심觀心(또는 看心)과 절관絶觀으로 구분하기도 하며, 도신과 우두법융牛頭法融의 선법을 수심관심守心觀心과 무심절관無心絶觀으로 다르게 보아 양인兩人의 전법 사실을 부정한다. 이렇게 양자를 다르게 보는 가장 큰 요인은 관심(혹은 看心, 守心)과 무심절관의 뜻을 제대로 알지 못하고 단지 피상적인 문의상文義上의 차이만을 가지고 전체 선법을 논단하기 때문인데, 이러한 잘못된 선법 이해가 전제되다 보니 사실관계를 전하는 여러 기록도 일단 그 사실성을 부정하는 입장을 취하여 문헌비판의 형식을 통해 대부분의 사실 기록들을 저술자의 의도에 의해 조작된 것으로 보아버린다. 대체로 어느 한 가지 의혹을 토대로 이를 확산시켜 다방면으로 가지를 쳐 추단推斷한다. 후대 선종의 사서들에는 조작과 부언附言이 많다는 것은 이미 주지의 사실이다. 여러 면에서 유의하여 그 사실성을 확인하려는 자세는 중요한 것이지만 사실성과 진실성까지 함부로 가벼운 추단으로 시비를 논정하는 것은 삼가해야 한다. 한두 가지 애매한 잣대로 후자의 사실 부분까지 일거에 부정해 버리는 잘못을 범해서는 안 된다. 특히 초기 선사들의 행적과 전승에 관한 기록은 매우 영세하여 그 사실성과 조작성 모두 입증하기 어려운 면이 많다. 그 단편적인 기록들을 의혹의 눈으로 보기 이전에 우선 그 전승된 선법의 뜻을 명확히 알아야 한다. 이를 제대로 파악하지 못하고 자료를 보니 그야말로 낭설과 억측이 난무한다.

　능가선과 반야선, 또는 능가사상과 반야사상으로 나누어 논단하는 것부터가 애매하고 우스운 일이다. 반야바라밀을 바탕으로 하지 않는 대승경론이 어디에 있는가. 『반야경』이나 중관中觀 계통만 반야바라밀 내지 반야선이 아니고, 유식唯識도 반야바라밀이고 반야선이다. '능가종' 내지 '능가선'이란 말은 호적胡適에 의해 처음 쓰이기 시작했고, '반야선'은 대체로 초기 선종 내지 북종의 능가선에 대비하여 혜능의 선법을 지칭하는 용어로 쓰이게 되었는데, 전자는 점법이고 후자는 돈법이라는 시각이 호적 이래 초기 선종 선법에 대한 주요 견해로서 큰 영향을 끼쳐 왔다. 그러나 필자는 『능가경』 내지 북종의 선법도 점법이 아니라 돈법이라는 견해를 앞 장의 여러 글에서 논술한 바가 있다. 『능가경』을 주요 소의경전으로 하는 선법을 능가선이라 한다면 반야선은 당연히 『반야경』이나 『금강경』 등을 주 소의경전으로 하는 선법이라 하겠으나, 반야라는 말은 어느 한 경전만 지칭하는 용어가 아니고 지혜와 이법理法을 바탕으로 하는 불법佛法 전체를 가리키기 때문에 어느 한 경전을 중심으로 하는 선법의 용어로 쓰기 어려운 용어이다.

사실 일체의 경론이 모두 반야바라밀을 바탕으로 하기 때문에 반야선은 어느 특정 경론의 선법만을 지칭하는 용어로 쓰인다면 여러 문제가 야기될 수 있다. 불교에서 반야바라밀 내지 반야선의 의미는 일체법이 공空이라든가, 일체법이 유심唯心이며 무생無生이고, 분별 떠난 진여眞如라는 자심自心의 성품 자리를 요지了知하고 행하는 선법을 가리키는 것이어야 한다고 생각한다. 『능가경』은 중관과 유식을 유심唯心・일심一心・무생無生의 법으로 회통하고 있는 경이다. 능가선도 반야바라밀, 즉 지혜를 근본으로 한다. 또 『마하반야바라밀경(대품반야경)』에서는 "염念하는 바 없음, 이를 이름하여 염불念佛이라 한다."고 하였고,[1] 『능가경』에서는 "분별하지 않음이 곧 진여眞如다."고 하였다. 같은 뜻을 약간 다르게 말한 것일 뿐이다. 『속고승전』의 저자 도선道宣은 달마의 선법을 허종虛宗이라 하였다.[2] 그 뜻은 반야공관을 바탕으로 한다는 뜻이 들어 있다. 아울러 달마의 선법은 능가선으로 칭해지고 있다. 능가선과 반야선의 구분 자체가 당시에 이미 실재하

---

1 『마하반야바라밀경』 권23 三次品에 "無憶故 是爲念佛"(『대정장』8, p.385b), "無所念 是爲念佛"(同, p.385c)
2 『속고승전』 권제20 習禪篇의 論贊에 "(達)摩法虛宗玄旨幽賾"(『대정장』50, p.595c)

지 않는 것이다. 후에 육조혜능과 하택신회가 『금강경』을 강조하였지만, 티베트종론에서 신수神秀의 재전제자再傳弟子 마하연은 『능가경』과 『금강경』을 수십 번 함께 인용하고 있으며, 어떤 때는 같은 뜻의 구문句文을 양 경에서 인용하고 있다. 의도적으로 능가주의를 주장하기 위해 『능가사자기』를 지은 것으로 근래 일부 학자에 의해 비평되고 있는 정각淨覺은 『주반야바라밀다심경注般若婆羅蜜多心經』을 저술한 바 있다. 즉 북종 신수계도 반야공은 공통사항이었다. 혜능이 『금강경』 위주로 법을 폈다고 하지만 『육조단경』의 핵심 요의는 "식심견성識心見性"이고 이는 『반야경』보다는 『능가경』의 법문이다. 이 "식심견성識心見性"이 곧 하택신회에 의해 북종의 점법으로 폄하된 간심看心과 둘이 아님을 본고에서 논증할 것이다. 유식법상의 조사 무착無着과 세친世親이 각각 『금강반야바라밀경론(금강반야론)』 3권(2권)(당의 달마급다 역)과 『금강반야바라밀경론』 3권(북위의 보리유지 역)을 저술한 바 있다. 즉 유식법상가라 하더라도 반야바라밀 내지 반야실상의 법은 공통으로 연찬하였다. 사실 반야바라밀 내지 반야공의 법은 유식에도 있고, 유식 자체가 그대로 반야바라밀이고 반야공의 도리를 말하고 있다.

　『능가사자기』에 전하는 도신의 선법에는 초심初心의 방편문에서 중간 정도의 단계로 이끄는 법문, 그리고 최상승의 심지법문에 이르기까지 동시에 강술되어 있다. 그런데 일부 연구자들은 그 가운데 한 부분만 가지고 도신선법의 전체로 인식하고, 이를 잣대로 하여 다른 선사의 선법과 대비 논단한다. 신수의 법을 점법漸法으로만 보는 잘못도 이와 마찬가지이다. 우두법융 선법의 성격을 '반야선적般若禪的'인 것으로 입론한 다음 이를 잣대로 여타의 여러 사항들을 대조하여 '우두법융의 저술이다, 아니다', '우두법융은 도신의 선법을 상승相承한 것이 아니다', '어떠한 선법과 같다, 다르다'고 논단하고 추단한다. 그러나 필자가 보기에 우두법융의 선법도 능가선이면서 반야선이다. 초기 선종의 선사들 모두 이 면에서는 공통이다. 그러한즉 능가선이니 반야선이니 하는 용어로써 초기 선종의 선법이나 선사들을 구분하거나 논단하는 것은 삼가야 할 것이다.

선종 선사들의 전법상승은 오랫동안 어느 경론의 학습을 통해 전승되는 일반 교종이나 교학과 달리 몇 번의 대화만으로 이루어질 수 있다. 그래서 그 전법상승의 사실이 그 계파의 인원들에게만 대대代代 상전相傳되고, 일반 사서류에는 기록되지 못하기 쉽다. 『속고승전』에 도신과 법융의 전법 사실이 기록되지 않았다 하여 그 사실을 전하는 여타의 기록들을 부정하기는 어렵다. 전법상승의 사실관계 확인은 무엇보다도 그 법의 일치성 여부에서 찾아야 한다. 다만 선법의 내용을 파악하는 데 있어서 주의할 사항은 각 용어가 지니는 실수實修에서의 뜻을 알지 못한 채로 피상적인 문구상의 어의語義 차이만으로 동이同異와 고하高下를 논단해서는 안 된다는 것이다.

주지하다시피 화엄종사들이라 하더라도 『화엄경』뿐 아니라 거의 모든 경론을 인용 내지 의거하고 있고, 다른 종파도 마찬가지이다. 따라서 선종이 『능가경』을 주요 소의경전으로 하였지만 그 밖의 다양한 경론에 의거하고, 인용하는 것은 실로 당연한 일이다. 승찬 이후 『능가경』보다는 다른 경론이 보다 많이 인용되고 있는 점에만 착안하고, 그 일맥상통하는 선지는 바로 보지 못하고 있는 것이 근래 연구경향의 병폐이다. 『능가경』의 선지를 『화엄경』에서도 볼 수 있고, 『금강경』에서도 볼 수 있다. 중관이든 유식이든 『능가경』이든 『금강경』이든 대승의 선지로 본다면 불가득不可得과 무생無生 무주無住 무소유無所有의 취지는 마찬가지이다. 자종自宗의 선지를 쉽고 널리 펼 수 있는 어구가 있다면 어느 경론의 글이든 인용하고 의거한다. 어느 하나의 경에만 국집하지 않는 것이 당唐 중기까지 여러 종파와 선종의 공통된 경향이었다. 그래서 주지하다시피 이때까지는 자신들이 자종自宗을 무슨 종宗으로 이름하지도 않았다.

이러한 입장과 시각에서 근래 주요 견해를 살펴보고 그 잘못됨을 지적하고자 한다. 본 주제와 관련한 여러 연구가 있으나 대체로 유전성산柳田聖山의 입장에 연緣해 있고, 그 범주를 거의 벗어나 있지 않은 까닭에 후반부에서 논급하게 되는 몇 가지 연구 외에는 그의 견해를 중심으로 논한다. 본 장에서는 『능가사자기』 도신의 장에 수록된 「입도안심요방편법문」의 선리를 분석하여 근래 의론되고 있는 문제들의 시비를 밝히고자 한다.

2. 동산법문과 능가선

도신道信의 선법이 『능가경』 소의所依의 달마선법을 계승한 것이 아니라는 견해는 그 계승을 최초로 기록한 『능가(불)인법지楞伽(佛)人法志』와 『능가사자기楞伽師資記』에 대한 문헌비판을 통해 그 논지를 전개하고 있다. 대체로 그 저자인 현색玄賾과 정각淨覺이 능가주의를 내세워 도신→홍인→신수·현색→정각으로 이어지는 자종自宗의 정통성을 확보하기 위해 의도적으로 저술한 것이라는 입장을 펴고 있다. 그 가운데 가장 억측에 의한 추단으로 그 의도성을 무리하게 주장한 연구자는 유전성산柳田聖山이다. 우선 그의 주요 견해들을 살펴보면서 그 잘못됨을 지적하고자 한다.

유전성산의 기본 입장은, 능가선법으로 보기 어려운 도신→홍인의 동산법문東山法門을 『속고승전』이 전하는 옛 달마계의 북지北地 능가사楞伽師들의 계승자로 하고자 기존의 동산법문에 없던 새로운 특색을 붙여서 찬술한 것이 『능가인법지』와 『능가사자기』라는 것이다.[3] 그리하여 여러 면에서 그 저술의 그러한 의도성을 추단하고 있다.[4]

먼저 그는 『능가사자기』에 도신의 법문으로 소개된 「입도안심요방편법문入道安心要方便法門」에는 맨 앞에 "제불심제일諸佛心第一"의 구와 "독일청정獨一淸淨" 등의 단구短句를 제외하고는 『능가경』의 인용이 전혀 보이지 않는다는 점을 지적한다.[5] 그러나 상식적으로 생각할 때 정각淨覺이 괴연 그러한 의도로 저술하였다면 당연히 도신의 장에서 가능한 한 『능가경』을 많이 인용하여 그 사실성을 제고하였을 것인데 왜 이렇게 하지 않았을까. 진정 그러한 의도였다면 어찌 그 법문에

---

3 柳田聖山, 『初期禪宗史書의 研究(柳田聖山集第六卷)』(京都, 法藏館, 2000), p.62.
4 弘忍과 神秀가 『능가경』과 관련이 없다고 보는 鄭性本의 견해나 『능가경』의 '諸佛心第一'은 도신의 본래사상이 아닌, 단지 『능가사자기』 찬술자 淨覺이 자신의 생각에 비추어 덧붙인 것일 가능성이 있다고 보는 金鎭茂의 견해도 柳田聖山의 입장에 緣해 있다.
   鄭性本, 『中國禪宗의 成立史研究』, 서울, 민족사, 2000 ; 1991, pp.165-169, p.384.
   金鎭茂, 「論道信禪---以 『楞伽師資記』爲中心」, 『禪學研究』4(南京, 江蘇古籍出版社, 2000), p.113.
5 柳田聖山, 앞의 책, p.64.

여타의 경전 인용만으로 채우는 일이 있을 수 있을까. 또한 『능가불인법지』의 글을 그대로 인용한 『능가사자기』의 신수의 장에 측천무후가 신수에게 "동산법문이 어떠한 경전에 의거한 것입니까?" 하니 신수가 "『문수설반야경』의 일행삼매에 의거한다."고 하였는데, 어떻게 이와 같이 의도와 상반된 대화를 그대로 기록하였을까. 의도대로라면 "『능가경』의 무슨 법문에 의거한다."고 해야 했을 것이 아닌가.

또 유전성산은 이 "제불심제일諸佛心第一"이 『능가경』의 중심사상이 아니라고까지 말하고 있다.[6] 도신의 법문으로서는 거의 유일한 『능가사자기』 소인所引의 「입도안심요방편법문」에 인용된 십여 종의 대승경전 가운데 위의 구句를 제외하고는 『능가경』 인용문은 보이지 않는다는 점은 이미 여러 학자들에 의해 지적되어 왔지만, 유전성산은 더 나아가 유일한 『능가경』의 인용구조차 『능가경』의 중심사상이 아니라고 한다. 그러나 필자는 "제불심제일"은 『능가경』의 핵심 요의이며, 분별 떠난 자심自心이 곧 불심佛心임을 요지하는 것이 제일의 법이라는 뜻으로, 「입도안심요방편법문」 가운데 이어지는 방편의 여러 법문을 행하기 이전에 먼저 마땅히 요지하여야 할 당리當理의 면을 궁극으로 개시開示한 것이었다고 본다. 그리고 바로 이어 『문수설반야경』의 "일행삼매一行三昧"에 의거한다고 한 글로부터 이어진 10여 종의 대승경론을 인용 해설 부분은 먼저 자심自心이 곧 불심佛心이라는 선지를 요지了知한 후에 이 뜻을 염념念念히 이어가는 방편행方便行, 즉 공용功用의 가행加行을 주로 설한 것이라고 본다. 이러한 법문

---

6 위의 책, p. 64.

양식은 먼저 이법理法의 심오心悟를 인도하고 이어서 방편행으로서 행증行證의 길을 이끄는 대승경론 전반의 형태 그대로이다. 주지하다시피 불교는 선오후수先悟後修의 길이거니와 도신의 법문 또한 마찬가지이다. 그래서 『문수설반야경』에서도 "만약 선남자 선여인이 일행삼매一行三昧에 들어가고자 한다면 마땅히 먼저 반야바라밀을 듣고 여법하게 수학修學한 연후에야 능히 일행삼매에 들어갈 수 있다."고[7] 하였다. 도신의 법문에서 '일행삼매'를 먼저 제시하고 이어 여러 초심 방편법문을 설하고 있는 것은 실로 당연한 일이다. 이를 더 자세히 살펴보기로 한다.

먼저 '제불심제일諸佛心第一'의 뜻은 무엇인가.

이 구는 주지하다시피 『능가아발다라보경』 권제1의 게송에 대혜보살이 부처님께 청문하면서 말하길, "무상無上 세간해世間解이시여! 설하신 저 게송을 듣자오니, 대승의 모든 해탈문 가운데 제불심諸佛心이 제일第一이옵니다.(大乘諸度門 諸佛心第一)"고 한 데서 나온다. 이 어구는 바로 『능가경』의 핵심 요의인 유심·일심과 무생의 리理를 불심佛心으로 칭한 것이다. 『능가경』의 이 요의에 대해서는 앞의 글들에서 설명한 바 있다. 자심이 본래 능소를 떠나 있어 일심이다. 『대승입능가경』 권제5 무상품에

"오직 마음이 건립한 것이니, 나는 이를 무생無生이라 하네."[8]

---

[7] "若善男子善女人 欲入一行三昧, 當先聞般若波羅蜜 如說修學, 然後能入一行三昧." 『문수사리소설마하반야바라밀경』 권하, 『대정장』8, p.731a.

[8] "惟心所建立 我說是無生"

"능·소의 분별 떠난 것을 나는 무생이라 설하네."[9]

라 하였다. 도신이 「입도안심요방편법문」에서

"그리하여 이러한 심심이 바로 여래如來 진실법성眞實法性의 신身임을 본다. 또한 이를 정법正法이라 하고, 또한 불성佛性이라 하며, 또한 제법실상諸法實相·실제實際라 하고, 또한 정토淨土라 하며, 또한 보리菩提·금강삼매·본각 등이라 하며, 또한 열반신이라 이름한다. 이름은 비록 한량없으나 모두 다 똑같이 또한 능관(能觀; 주관, 인식의 주체)과 소관(所觀; 객관, 인식의 대상)이 없다는 뜻이다."[10]

라 함도 이 뜻이다. 또한 일체의 분별 떠남이 진여이고 유심唯心이며, 일심一心과 유심 또한 불가득不可得이고 무생無生이어서 따로 세울 바 없다. 무생인데 무생이라는 법을 세운다면 스스로 모순된다. 유심이란 일체의 분별을 떠난다는 뜻인데 유심을 세운다면 이 또한 그 뜻에 어긋난다. 그래서 유심唯心이되 무심無心이다. 이러한 뜻은 마음의 성품이 본래 그러하기에 그렇게 설하는 것이다. 색수상행식의 성품이 본래 지知함도 없고, 견見함도 없으며, 분별함도 없다는 뜻은 『대반야

---

9 "能所分別離 我說是無生"
10 "卽看此等心卽是如來眞實法性之身, 亦名正法, 亦名佛性, 亦名諸法實性實際, 亦名淨土, 亦名菩提金剛三昧本覺等, 亦名涅槃界般若等. 名雖無量, 皆同一切亦無能觀所觀之意." 朴健柱 譯註, 『楞伽師資記』, 서울, 운주사, 2001, pp.115-7.

경』의 여러 곳에 설해져 있다. 또한 『화엄경』에서도 설한다. 승조僧肇는 이 뜻을 '반야무지般若無知'라 하였고, 하택신회는 『현종론』 등에서 이 법문을 주조主調로 하여 법을 펼쳤다. 이 '반야무지'에서 '무지無知'의 주어는, 『대반야경』에서는 색수상행식의 일체법이다. 그런데 『능가경』에 의하면 일체법은 곧 유심인지라 오직 마음이 본래 지知함이 없고 견見함이 없으며 분별함이 없다는 것이 된다. 즉 『능가경』에 따르면 "지知함이 없다."는 심心이 그렇다는 것이다. 그래서 무심無心이든 무념無念이든 그것이 행으로 될 때는 마음이 본래 무심이고 무념인 까닭에 마음이 본래 그러함을 요지하는 것이 앞서야 한다. 그래서 『능가경』에 단지 분별만 하지 않는다고 해서 되는 것이 아니고 일체법이 유심임을 깨달은 지혜가 먼저 있어야 한다고 하였다.[11] 도신도 바로 이 「입도안심요방편법문」에서 이 점을 강조하여 "수학修學하는 데 유의해야 할 사항은 반드시 심로心路가 명정明淨해야 하며, 법상法相을 뚜렷이 분명하게 알아야 하고, 그러한 후에야 마땅히 남을 이끄는 스승이 될 수 있다."고[12] 하였고,

---

11 『대승입능가경』 권제7 게송품에(『대정장』16, p.631b)
　不能起分別　　분별 일으킬 수 없는 것을
　愚夫謂解脫　　어리석은 범부는 해탈이라 하나,
　心無覺智生　　마음에 覺智 생김이 없다면,
　豈能斷二執　　어찌 二執을 끊을 수 있으리.

　以覺自心故　　오직 自心일 뿐임을 깨닫는 까닭에
　能斷二所執　　능히 二執을 끊을 수 있으며,
　了知故能斷　　(唯心을) 了知하는 까닭에 끊을 수 있다는 것이지,
　非不能分別　　분별할 수 없다는 것이 아니니라.

"지知함이 없는 바를(知함이 없다는 것을) 지知함이 되어야 이름하여 일체지一切智라 이름한다."[13]

라고 하였다. 또한 이것이 『육조단경』에서 강조하는 '심성을 알라〔識心見性〕'의 뜻이다. 심성心性을 요지한다는 것은 곧 자심自心이 공적공적空寂하여 그 성품이 본래 지知함도 없고, 견見함도 없으며, 분별함도 없고, 능소能所를 떠난 유심唯心이며 일심一心임을 요지了知하라는 뜻이다. 도신道信은 육근六根이 공적함에 지知하는 바가 없음을 관찰하라 하였고(「입도안심요방편법문」),[14] 하택신회는 "심心이 본래 공적함을 지知함이 수행의 용처用處"라 하고,[15] "지知함이란 곧 심心이 공적함을 지知하는 것"이라 하였다.[16] 모두 같은 뜻이다. 이렇게 먼저 심성心性을 요지한지라 마음을 일으켜 억지로 무념하게 하고 무심하게 하는 행이 아니다. 억지로 무념하게 한다면 이미 무념無念이라는 염念이 있게 되어 버린다. 그래서 무작의無作意의 무수지수無修之修가 후대의 선사들에게서 강조된다. 그리고 이러한 심성心性이 곧 불심佛心이다. 이러한 심성, 즉 불심을 자심自心에서 요지하고 이를 통해 나아가는 해탈문이 제일第

---

12 "學用心者, 要須心路明淨, 悟解法相了了分明, 然後乃當爲人師耳.", 앞의 『능가사자기』, pp. 127-8.

13 "知所無知, 乃名一切智.", 앞의 『능가사자기』, pp. 118-121.

14 앞의 『능가사자기』, pp. 132-136.

15 『南陽和尙頓敎解脫禪門直了性壇語』에 "知心空寂, 卽是用處." 楊曾文 編校, 『神會和尙禪話錄』(北京, 中華書局, 1996), p. 9.

16 『顯宗記』에 "知卽知心空寂". 朴健柱 譯解, 『禪과 깨달음; 초기 선종법문 해설』(서울, 운주사, 2004), p. 175.

一이기에 '제불심제일諸佛心第一'이라 한 것이다. 그래서 『대승입능가경』 권제3 집일체법품에 설한다.

"제일의는 오직 자심일 뿐이라는 것이다〔第一義者 但唯自心〕."[17]

이 구의 뜻이 곧 '제불심제일諸佛心第一'이다. 본 경에 먼저 일체가 오직 자심自心일 뿐임을 요지한 각지覺智가 있어야 이집二執을 끊어 성취할 수 있다고 함은 그 이유를 설명한 것이다. 『능가경』에서는 바로 이 구를 서두에 개시開示하고 이어 분별 떠난 심성心性의 자리를 여러 면에서 설하여 오입悟入 내지 증입證入하게 하고 있다. 이러한 취지는 도신의 「입도안심요방편법문」도 마찬가지이다. 그 제명題名에서 드러나듯이 이 법문에는 여러 초심初心의 방편법문이 상당부분 들어 있지만, 궁극의 선지는 바로 『능가경』의 선지를 그대로 설하고 있다. 혹자는 이 두 부분이 혼재된 것에 의거하여 「입도안심요방편법문」을 조작에 의해 다른 법이 혼합된 법문이라는 견해까지 제기하고 있다. 그러나 부처님을 위시한 조사들의 여러 법문에는 이 두 면의 법문이 거의 대부분 함께 설해지는 것이 보통이다. 이 도신의 법문에서도 이를테면 '약초학좌선지若初學坐禪時'로 이어지는 여러 기초법문과 "만약 처음 좌선을 배우게 된 때에는 고요한 곳에서 신심身心을 직관해야 하나니, …… 일체 모든 것에 이르기까지 본래로 공적하고, 불생불멸不生不滅이며, 평등하여 무이無二이고, 본래로 무소유여서 구경으로

---

[17] 『大正藏』16, p.600c.

적멸한 것이며, 본래로 청정해탈되어 있다고 응당 관찰하여야 한다. 낮과 밤을 가리지 아니하고 행주좌와에 항상 이 관을 하게 되면 ……"라든가 "또한 마음이 어떤 다른 경계에 끌리어 생각이 일어날 때에는 곧바로 그 일어난 곳이 필경에 일어난 바가 없음을 관찰하라. 이 마음이 끌리어 생각이 일어난 때 (그 생각이) 시방十方 어디로부터도 온 바가 없으며, 사라져도 또한 간 바가 없다. 마음이 대상에 끌리어 가는 것과 각관覺觀하는 망식妄識과 사상의 잡념과 어지러운 마음이 일어난 바가 없음을 항상 관하면 곧 거친 마음의 동요가 안정을 이루게 된다." 등의 몇 가지 관행을 설하고 있다.

그러나 이러한 관행을 궁극의 선법으로 설한 것은 아니다. 이를테면 도신은 설하길,

『대품경』에 말한다. "생각하는 바가 없는 것, 이것을 불佛을 염송하는 것이라 이름한다."[18] 어떠한 것을 생각하는 바 없는 것이라 하는가 하면, 즉 불심佛心을 염하는 것을 이름하여 생각하는 바가 없는 것이라 한다.[19]

고 하였다. 왜냐하면 전술한 『능가경』의 선지禪旨와 같이 불심佛心이란 곧 분별을 떠남인 까닭이고, 분별 떠난 유심唯心이며 일심一心인 까닭이다. 불심佛心과 염불念佛의 뜻이 이러하기에 도신道信은 이르길,

---

[18] 『마하반야바라밀경』 권23 三次品에 "無憶故 是爲念佛"(『대정장』8, p.385b), "無所念 是爲念佛"(『大正藏』8, p.385c)

[19] 앞의 『능가사자기』 道信의 章 「입도안심요방편법문」.

"또한 염불하지도 않으며, 또한 마음을 잡으려고도 하지 아니하고, 또한 마음을 보려고도 하지 아니하고, 또한 마음을 분별하지도 아니하며, 또한 사유하지도 아니하고, 또한 관행하지도 아니하고, 또한 산란하지도 아니하며, 단지 바로 임운任運할 뿐이다. 또한 가게 하지도 아니하고, 머무르게 하지도 아니하며, 오로지 하나 청정한 구경처에 있으면 마음이 스스로 명정明淨해진다. 혹은 자세히 이법理法을 관하는 것으로 마음이 곧 명정해질 수도 있다. 마음이 밝은 거울과 같이 되어 혹은 일년이 지나면 마음이 더욱 명정해지고, 혹은 3년에서 5년이 지나면 마음은 더욱 명정해진다."[20]

고 설한다. 여기에서 "사유하지도 아니하고, 관행하지도 아니한다."는 등의 법은 앞에서 여러 관행을 설한 것과는 일견 모순되게 여겨질 수 있다. 그러나 실수實修의 면에서 가르침을 편다고 한다면 이렇게 방편의 면과 궁극의 면을 함께 설하지 않을 수기 없다는 사실을 알아야 한다. 처음부터 누구에게나 "사유하지도 아니하고, 관행하지도 아니한다."고 가르친다면 이것이 무슨 수행인가를 알 수 있을까. 이 법은 먼저 심성이 본래 사유함도 없고, 염念함도 없음을 요지해야 할 수 있는 궁극의 행이고, 심성이 그러함을 요지하기 위해서는 우선 자심自心이 그러함을 관찰해야 하는 것이다. 그래서 도신은 앞부분에서 그러한 관찰행을 말하고 있다. 후술하는 바와 같이 티베트종론에서 마하연이 간심看心과 불관不觀・부사不思・불행不行의 선법을 펼쳤는데 간심과 불관 등의 행법이 서로 모순되는 것 같지만 실은 일관된

---

[20] 앞의 『능가사자기』 道信의 章 「입도안심요방편법문」.

하나의 행법임을 알아야 한다. 그러함을 모르니 자꾸 피상적이고 상식적인 문구 해석만 가지고 엉뚱한 견해를 제기하게 된다.

도신은 설하길,

"항상 불佛(心)을 염念하여 대상에 끌리는 마음이 일어나지 아니하면 상이 끊어져 무상無相하고, 평등하여 불이不二하다. 이 경지에 들어 나아가면 불佛(心)을 염하는 마음도 사라지고 다시는 (앞의 법을) 꼭 의거해야 할 필요가 없게 된다."[21]

고 하였다. 즉 처음에는 일단 불심佛心을 염(念; 관찰)하는 마음, 즉 자심自心의 성품이 본래 분별과 염念을 떠나 있음을 관찰하다 보면 상相이 끊어져 평등 무이無二하게 되는 것이라 이 경지에 이르면 관찰하던 마음도 사라져 그러한 관행에 의거할 필요도 없게 된다는 것이다. 이것을 말하여 능지能智도 사라짐이라 한다. 즉 자심自心의 성품을 요지하면 그 성품의 뜻이 사事에 상응하여 증입證入되어 간다는 것이다. 그렇게 되어가면서 무작의無作意의 불관不觀・부사不思・불행不行이 되어 간다. 그 자리를 개시開示할 필요가 있는지라 또한 설하길 "사유하지도 아니하고, 관행하지도 아니한다."고 한 것이니 한 선법에서 이 두 법이 함께 설해질 수 없는 것이 아니다. 실수實修면에서 당연한 가르침이다. 처음에 심성心性이 그러함을 요지了知하였다 하더라도 보살제7지까지는 공용功用이 들어가는 관행이 있게 된다. 그래서

---

21 위와 같음.

원효대사의 『대승기신론소』에 "이 보살제7지는 무상관無相觀을 행함에 있어서 가행加行과 공용功用함이 있는 까닭에 무상방편지無相方便地라고 이름한다."라 하였다.[22] 보살제7지에서는 마나식末那識이 영원히 현행하지 않게 되어 무상無相이 이루어졌으나 아직 공용功用의 행이 남아 있는 까닭에 '방편지方便地'라고 이름한다는 것이다. 「입도안심요방편법문」에 "(이 단락의 내용은) 초학자初學者의 전방편前方便에 해당하는 글이다. 까닭에 수도修道에는 방편이 있음을 알 것이니, 이렇게 방편에 따라 하여야 성심聖心에 회합(會合; 合致)하게 되는 것이다."고[23] 한 것은 도신이 바로 그 방편의 뜻을 적절히 드러낸 말이다. 공용功用을 떠난 무공용無功用은 보살제8지에서 성취된다. 즉 무작의無作意 내지 무공용無功用은 심성心性을 요지하였다 해도 바로 이루어지는 것은 아니고 간심看心의 공용행功用行이 실행되는 가운데 이리와 사사가 점차 일치되고, 능지能智까지 사라지면서 성취된다. 그래서 『대승입능가경』 권제6 세송품에 "심성心性 본래 청정함이 허공의 청정함과 같나니, 마음에서 다시 마음 취하게 하는 것은 습기習氣 때문이지 다른 인因이 있는 것이 아니니라."고[24] 하였다. 심성心性을 요지하였다 하더라도 습기習氣 때문에 일어나는 망념인지라 공용功用의 방편행을 거쳐야 습기가 점멸漸滅되어 간다. 따라서 도신이 자신의 법문을 「입도안심요방편법문」이라 하여 "방편법문"임을 제명題名으로 명시明示한 것도 그 법문에 아직 공용이 들어가는 행을 설하고 있기 때문이다.

---

22 "此第七地 於無相觀有加行有功用, 故名無相方便地也."
23 위와 같음.
24 "心性本淸淨 猶若淨虛空 令心還取心 由習非異因." 『大正藏』16, p.626c.

방편과 구경은 실행 증입證入의 면에서는 연결되는 것이기에 함께 설해지는 것이 당연하다. 이 두 면이 하나의 법문에 들어 있다 하여 진위眞僞문제로까지 논급하는 것은 큰 잘못이다.

이렇게 본다면 『능가사자기』에 수록된 도신의 거의 유일한 법문인 「입도안심요방편법문」은 '제불심제일諸佛心第一'을 제외하고는 『능가경』의 인용문이 없다거나 『능가경』의 중심사상이 아니라고 주장하는 견해는 잘못임이 드러난다. 맨 앞에 인용한 『능가경』의 명구 '제불심제일'은 곧 뒤이어 설한 여러 법문의 행법에 전제가 되는 선지禪旨이기에 맨 앞에 제시하여 그 중요성을 강조한 것이라고 할 수 있다. 도신道信은 자신의 법이 '제불심제일'과 『문수설반야경』의 '일행삼매一行三昧'에 의거한 것이라 하고, 이어 "즉염불심시불卽念佛心是佛, 망념시범부妄念是凡夫"라 하였다. 여기에서 '제불심제일'이 당리當理이고 혜慧라면 '일행삼매'는 당행當行이고 정定의 면이다. 그래서 '즉염불심시불卽念佛心是佛'에서 '불심시불佛心是佛'은 '제불심諸佛心'에 해당하고, '염(念; 관찰)한다'는 '일행삼매'에 해당한다. 이 리理와 행行이 곧 제일第一이라는 것이 도신 선법의 핵심 요의이고, 그 당리當理 부분은 어디까지나 『능가경』에 의거하고 있기에 그 구문을 인용한 것으로 보아야 할 것이다. 이어지는 여러 대승경론 인용문은 대체로 행문行門에 관한 사항이 많지만 『능가경』과 일치하는 이법理法의 내용 또한 있다. 인용된 경론이 다르다고 해서 그 법도 다르다고 쉽게 논정해 버리면 여러 과오를 범할 수 있다.

3. 조작설의 문제

유전성산柳田聖山은 또 『능가인법지』와 『능가사자기』의 저술 배경을 다음과 같이 말하고 있다.

"신수神秀 입적 후 중종中宗에게 부름 받아 입경한 현색玄賾이 신수와 함께 능가의 뜻을 널리 펼 것을 홍인弘忍으로부터 부촉 받았다고 (『능가인법지』에) 주장한 것은 신수를 자기의 입장에서 끌어안는 것에 의해 신수를 넘어서려는 자세를 보인 것이라 말할 수 있지 않을까?"

이렇게 어림짐작을 한 후에 곧바로 다음과 같이 말한다.

"어떻든 현색이 신수를 넘어서기 위해 거슬러 홍인에게서 인정하고자 한 능가의 입장을, 정각淨覺은 다시 도신에게까지 소급하는 것에 의해 (道信을) 달마 - 혜가 - 승찬의 능가주의의 재흥자再興者인 것으로 하였다. 현색의 『능가인법지』는 아마 도신전道信傳을 포함하지 않았을 것이다. 만약 가령 그것을 포함하였다고 한다면, 반드시 『속고승전』에 의한 것이었을 것으로 생각한다. ······ 『속고승전』의 도신전은 능가楞伽의 색채를 결여缺如하고 있다. 홍인 및 그 문하 신수, 현색, 혜안 등의 주장을 『능가경』에 의한 것으로 하여 달마 - 혜가 - 승찬의 계통, 또는 승나僧那 - 혜만慧滿 등 화북의 옛 능가사楞伽師의 전통에 연결시키기 위해서는 『속고승전』의 도신전은 부적격이다. 그러나 아마 『속고승전』의 편자 도선을 알고 있던 현색은 이 모순을 알고 있으면서 오히려 아직 도신전을 버리지는 않았다. 그런데 현색의 제자 정각에 이르러, 그는 『속고승전』의 도신전을 감히 버리고, 「입도안심요방편법문」에 의한 전혀 새로운 도신전道信傳을 만들었다. 이것은 극히 의식적인 일이었다."[25]

유전성산의 이러한 주장은 도신에서 홍인으로 이어진 소위 동산법문도 능가종임을 말하는 자료를 송두리째 부정하는 시각에서 나온 것으로 대부분 그 주장의 근거가 뚜렷하지 않고, '그렇지 않을까?' 하는 짐작으로 결론 내린 후 이를 근거로 다시 다음의 추론을 도출하여 기정사실화 하고 있다. 즉 추론에 의한 가설에 불과하다. 또한 그의 주장에는 어떠한 근거 자료도 없다. 또한 상식적으로 생각하여도 법형제法兄弟 간인 신수와 현색은 『능가사자기』와 그 어떤 기록에도 상호 대립이나 경쟁의 모습이 없고, 현색이 신수의 뒤를 이어 제사帝師가 된 것은 어디까지나 신수가 입적함에 동문형제로서 그 후임이 된 것뿐이다. 또한 현색이 신수를 넘어서려고 있지도 않은 사실을 날조할 필요가 있었을까. 더구나 스승이 부촉한 일에 대해 당대의 일을 스승이 안 계신다고 하여 제자로서 양심을 속이는 일을 하였을까. 더구나 신수와 현색은 모두 황제를 비롯한 만인의 추앙을 받고 있던 성승聖僧이었다. 유전성산은 정각이 『속고승전』의 도신전道信傳을 버렸다고 하지만 『능가사자기』에 『속고승전』의 도신전과 같은 내용이

---

[25] 앞의 『初期禪宗史書の硏究』, 京都, 法藏館, 2000, pp.65-66.

없다고 하여 이렇게 단언할 수 있는 것일까. 오히려 이미 『속고승전』 도신전에 나오는 내용을 그대로 옮겼다면 이것이 더 문제가 되는 것이 아닐까. 이미 기록되어 널리 소개되어 있는 내용을 그대로 옮긴다면 새로 저술할 필요가 어디에 있을 것인가. 『능가인법지』에는 도신전 내용이 포함되지 않았을 것이라거나 포함되었다면 『속고승전』의 내용에 의거한 것이었을 것이라는 추측도 아무런 근거 없는 억측에 불과하다. 『능가인법지』가 달마 이래의 능가전법楞伽傳法을 기술한 것이라면 도신을 빠뜨릴 이유가 전혀 없다. 『능가사자기』의 다른 조사의 장에 『속고승전』을 인용한 듯한 부분이 있지만 이는 그 조사의 전기를 기록하지 않을 수 없는 것이기에 『속고승전』의 전기를 인용한 것일 수 있고, 직접 인용하지 않았다 하더라도 내용이 비슷해질 수 있는 일이다. 『속고승전』으로부터 몇 가지 전기 부분을 인용하였다고 하여 이 사실만으로 『능가사자기』 도신전에 『속고승전』에 없는 내용이 있다는 것을 해설하길, 저자가 『속고승전』의 도신전을 의도적으로 버렸다고 한 것은 지나친 추론이다. 더구나 그 「입도안심요방편법문」은 전기가 아니라 법문이고, 전기를 주요 내용으로 하는 『속고승전』에 이 내용이 없다는 것 또한 오히려 당연한 일이기도 하다.

유전성산은 또 홍인의 저술로 되어 있는 『수심요론修心要論』에도 『능가경』의 사상은 보이지 않는다고 하였다.[26] 심지어 그는

"『수심요론修心要論』은 갖가지 경론을 인용하지만 『능가경』에 의거

---

26 위의 책, pp. 43-44.

할 생각이 없다. 이전에 영목대졸鈴木大拙이 주의한 바와 같이 『수심요론』의 근본취지는 수심守心의 법을 설함이다. 또는 본심을 지킨다 하고, 또는 진심眞心을 지킨다 하며, 또는 수본진심守本眞心이라고도 한다. 진심眞心의 설은 『기신론』이나 『화엄경』에 있지만, 이 글의 문맥은 진심을 주체시하는 점에서 오히려 도교에 가깝다. 중생에게 정성精誠의 내발內發을 요하고, 그렇지 않으면 항하사 제불諸佛도 어쩔 수가 없다는 정성의 구句도 경전의 말씀으로 되어 있지만 본래는 도가의 발상이다. 이입사행설二入四行說을 포함한 『금강삼매경』에도 존삼수일存三守一이라는 도교 교의가 혼입되어 있다. 요컨대 『수심요론』은 도교에 가깝다."

라 한다.[27] 주지하다시피 도교에도 불교와 유사한 수행론이 있고, 부분적으로 그 어의語義가 불교용어와 상통하는 것이 있다. 이를테면 '무위無爲'는 양교에 공통으로 두루 쓰이는 중요한 용어이다. 불교에서 무위無爲를 누가 말했다 하여 이것이 도교의 교의를 설한 것이라 할 수 없다. (守本)진심眞心이나 존삼수일存三守一도 마찬가지이다. 진심眞心은 자성청정심自性淸淨心이고, 망심妄心에 상대하여 쓰이는 매우 적절 유효한 불교용어이다. 망심이 분별에 물든 마음이라면 진심은 분별 떠난 일심 무생의 마음이다. 존삼수일도 『금강삼매경』에 "'존삼存三(守一)'이란, 삼해탈三解脫을 지니고 심심이 여如함을 수일守一함이며, '여래선에 들어간다'란, 심心의 여如함을 이관理觀함이니, 이러한 여如의 지地에 들어감이 즉 실제實際에 들어감이니라."고 한

---

27 『禪文獻の硏究(上)』(『柳田聖山集 第二卷』), 京都, 法藏館, 2001, pp.155-6.

바와 같이 심심心이 분별을 떠나 여如함을 먼저 요지了知해야 행할 수 있는 것이다. 원효대사는 해설하길, "생각건대 삼시三時에 중도일미中道一味를 잃지 아니하면 곧 이 관觀이 수일守一하는 용用이다."(『금강삼매경론』)라 하였다. 분별 떠난 자리에 있는 것이 곧 중도일미中道一味를 잃지 않는 것이고, 수일守一하는 것이다. 『대승입능가경』 권7 게송품에

惟心無有境   오직 마음이라 경계가 따로 없으며,
無境心不生   경계 없다는 마음도 생生함이 없나니,
我及諸如來   나와 모든 여래는
說此爲中道   이를 중도中道라 하느니라.[28]

라 하였다. 수일守一이라 하여 일一을 붙잡고 있다면 이는 이미 중도일미中道一味가 아니다. 단지 심심心이 일체의 분별 떠나 여如함에 유무중도有無中道의 뜻이 항상 구현되게 한다는 뜻으로 말한 것이 곧 수일守一이다. 요컨대 수본진심守本眞心이나 존삼수일存三守一 모두 대승의 심의深義를 요지了知한 바탕 위해서 행하는 법이다. 마음을 근본으로 하고 마음 수행을 통해 성불하는 것이 불교이다. 그래서 수본진심은 불교의 근본이라 하지 않을 수 없는데 어찌 이것이 도교의 교의를 말한 것이라 할 수 있을까. 도신은 일찍이 노장老莊을 다음과 같이 비평한 바가 있다.

---

28 『대정장』16, p.631b.

"까닭에 장자莊子는 오히려 일一에 걸려 (정체停滯되어) 있다. 『노자老子』에[29] 이르길, '그윽하고 아득하도다, 그 가운데 정정精이 있나니.'라 한 것은, 밖으로는 비록 상想을 떠났으나, 안으로는 아직 심心이 있는 경계이다."[30]

즉 노자老子는 밖으로 대상에 대한 상想은 떠났으나 아직 안으로 인식의 주체로서의 심心은 떠나지 못하였음을 말한 것이다. 수본진심守本眞心의 뜻을 잘못 이해하여 진심眞心이라는 것이 어디에 따로 있어서 그것에 향하거나 취하고 있는 행으로 생각한다면 이는 일一이나 정정精에 걸려 있는 노장老莊의 법과 비슷한 것으로 자칫 오해될 수 있다. 불교에서의 진심眞心은 능能·소所를 떠난 일심一心이고, 무생無生이며, 불가득不可得이어서 마음으로 향하거나 취할 수 있는 것이 아니다. 이 진심眞心이란 『대승입능가경』 권제6 게송품에 "능취能取와 소취所取 떠난 것을 나는 진여眞如라 하느니라."고 한 능·소를 떠난 일심을 말한다. 능·소를 떠나야 일체의 분별로부터 온전히 떠난다. 분별 떠난 자리가 진심이니 수진심守眞心이라 하나 마음이 어디에 향함이 있다면 이미 진심이 아니다. 진심은 이미 대상이 아니다. 수본守本에서 수守의 행이 있지만 그 대상이 이미 대상이 될 수 없는 진심이며 일심이기에 단지 그 뜻을 요지하여 그 뜻에 상응할 뿐이다. 즉 수守이지만 심성을 요지한 지혜가 구현되어가는 수守인지라 마음을 억지로 일으켜 행하는 것이 아니다. 그 심성의 뜻에 따라

---

29 『老子道德經』 제21장.
30 앞의 『능가사자기』 도신의 장.

능지能智를 넘어서는데 무엇이 무엇을 수守한다고 함이 있겠는가. 단지 수본守本이라고 굳이 말한 것은 전술한 바와 같이 처음 입도入道의 방편행을 거치게 되는 까닭이다. 달마선에서의 방편행은 어디까지나 궁극의 뜻을 요지하고 실수實修하는 것이다. 처음에는 그 의義가 무공용無功用으로 구현되지 못하는 까닭에 공용功用의 관행 내지 수본행守本行이 필요한 것이고, 이를 방편행이라 이름하는 것이다. 전술한 바와 같이 도신이「입도안심요방편법문」이라 제명題名한 것은 그 뜻이다. 불교와 도교에는 동일 사회에서 수행 문화의 전통을 함께 이어오는 동안 여러 용어와 개념이 공유 내지 공용된 부분이 있다. 그러나 그 심천深淺과 광협廣狹의 차이뿐 아니라 그 뜻이 분명히 구분된다. 도신이 이미 그러한 뜻을 밝혀 노장을 비평하였는데 그 수제자인 홍인이 오히려 노장을 의용依用하였을 것인가.

'수진심守眞心'의 뜻이 이러하건대 이를 강조한 홍인의 『수심요론』에 『능가경』의 사상이 보이지 않는다는 것은 실로 가당치 않은 말이다. 오히려 『수심요론』의 뜻도 『능가경』에 의하고 있다. 『수심요론』에 "명료하게 (了知하여) 수심守心하면 망심 일어나지 않아 바로 무생無生에 이른다. 까닭에 마음이 본사本師임을 안다."라 하였다.[31] 분별하는 망념이 본래 무생無生이라는 리理는 『능가경』의 요의要義이다. 『대승입능가경』 권제5 무상품에 "내가 설하는 무생이 곧 여래이니라. 의생신意生身·법신法身은 그 이명異名이다."고 하였다. 단지 『수심요론』에서는 그러한 무생의 심성心性을 요지하여 이를 분명하게 수심守心하는

---

31 "了然守心 妄心不起 卽到無生. 故知, 心爲本師."

공용功用의 방편행을 통해 실제로 무생의 사사에 이르게 됨을 말한 것이다. 공용의 수심은 어디까지나 방편행인 까닭에 궁극에는 무공용無功用 무위無爲의 수심守心이 되어야 한다. 그래서 『수심요론』에 이르길, "자신이 조속히 성불하고자 하건대 반드시 무위無爲로 수진심守眞心하라."고 하였다. 수진심도 무위의 행이 되어야 한다는 것이다. 이것이 가능하게 되는 것은 먼저 심성을 요지한 각지覺智가 있기 때문이다. 이 또한 전술한 바와 같이 『능가경』의 요의이다. 또 이르길, "능히 뚜렷하여 정념正念을 잃지 않고, 무위심無爲心 가운데서 수학修學할 수 있다면 이것이 진학眞學이다."고 하고,[32] "비록 진학眞學이라 하나 궁극으로 말한다면 수학修學할 바가 없다."고 하였다. 궁극에는 공용을 떠난 무위의 수진심이 되어야 진학이라는 말이다. 이는 무생無生도 유심唯心도 얻을 바 없다는 『능가경』의 법문에 의거한 것이다. 무생이나 유심의 뜻을 확연하게 요지하였다면 무생이나 유심이라는 법상法相에 향하거나 취하고자 함도 없다. 무생과 유심의 뜻이 본래 어떠한 분별도 떠나게 하기 때문이다. 『대승입능가경』 권제7 게송품에

了知心所現　자심소현自心所現임을 깨달아 알면
分別卽不起　분별은 곧 일어나지 않나니,
分別不起故　분별 일어나지 않는 까닭에
眞如心轉依　전의轉依하여 진여심眞如心 증득하네.[33]

---

[32] "若能了然不失正念, 無爲心中學得者, 此是眞學."
[33] 『대정장』16, p.631b.

라 함도 그러한 뜻이다.

또 유전성산은 승찬과 도신의 사법嗣法 관계도 그 실재성을 부정적으로 보아 『전법보기』와 『역대법보기』 등에 전하는 관련 내용도 의도적으로 짜 맞춘 것이라 한다.

"승찬이 북주 무제의 파법破法을 피하여 산곡山谷에 유랑하며 숨어 있기 10년, 개황開皇 초에 이르러 동학同學 정선사定禪師와 서주舒州 환공산에 들어갔다고 한 것은, 다음의 도신과의 해후를 예상한 것으로『속고승전』의 도신전에, 도신이 환공산에 온 이승二僧을 사사師事한 이야기에 사리를 맞춘 것이다. 그리고 환공산에는 이미 신승 보월寶月이 있고, 암嚴선사의 스승인데, 승찬이 왔다는 말을 듣고 곧장 고개를 넘어 상견하고, 기뻐하길 옛 친구 만난 듯하였다는 것은 마찬가지로『속고승전』의 지엄전智嚴傳으로부터 발전한 것이다."[34]

승찬선사의 전기는 『속고승전』에는 없고, 단지 감통편 중 법충전法沖傳에 달마와 혜가가 남북으로 『능가경』을 전하였다 하고, 이를 더욱 넓힌 사람으로서 "가선사후찬선사可禪師後粲禪師"라고 한 기사가 있을 뿐이다. 『능가사자기』도 그의 성명과 출신지를 모른다 하였고, 문기文記도 내지 아니하고, 산중에 은거하였다 하였으니 도선이 그의 자세한 전기를 기록하지 못하였다 하여도 이상한 일이 아니다.『전법보기』 등에 전하는 승찬과 도신의 만남은 깊은 산중에서 일어난 일이고,

---

34 『初期禪宗史書の研究』, 京都, 法藏館, 2000, p.54.

그 계맥에서 구전된 것에 의해 기록된 것일 가능성이 있는 이상 이 내용을 모두 짜 맞춘 것으로 논단할 수도 없다.

신수와 현색 및 정각으로 이어진 계통에서『능가경』의 전지傳持로서 달마선법 계승의 정통성을 인정받기 위함이었다고 한다면, 왜 혜가의 영향으로『능가경』에 주소注疏한 여러 능가사楞伽師들 가운데 어느 1인을 선택하여 3조로 하지 아니하고,『능가경』과 관련된 아무런 행적이 없는 승찬을 3조로 하였을까. 기왕이면『능가경』의 전지傳持와 현창의 행적이 분명한 분을 등장시키는 것이 그 목적을 위해서는 타당하지 않을까. 더구나 달마 이래『능가경』의 전지를 강조하였다는 사실은『능가불인법지』와『능가사자기』보다 약간 앞서 나온 것으로 인정되는『전법보기傳法寶記』에서 이미 뚜렷이 기록되어 있다. 유전성산은『전법보기』도 "명확히는 그것(『능가경』과의 관계)을 말한 것은 아니다."라[35] 하였으나,『전법보기』「달마와 혜가의 장」및 저자 논찬에서 뚜렷이『능가경』부촉과 전지傳持의 사실을 명기하고 있다.『전법보기』의 작자는 그 논찬에서 달마 이래 선법의 성격과 특징에 대해 말하길, 달마가 전한 법은 언어문자를 떠난 심증心證의 법이고, 한 법과 한 찰나간도 진실을 여의지 않는 자리이며, 모든 유위有爲가 고요하여 일어남이 없는 자리라 하고, 이 까닭에 혜가와 승찬이 행함에는 자취가 없고, 행하였으되 현창하는 기록이 없었으며, 법장法匠은 잠운潛運하고, 학도學徒는 묵연히 수행하기만 하였다고 한다.[36]

---

35 柳田聖山, 위의 책 제2장, p.64.
36 "是故, 惠可僧璨理得眞, 行無轍迹, 動無彰記, 法匠潛運, 學徒默修." 이하『傳法寶紀』본문 인용은 柳田聖山의『初期禪宗史書の研究』, 京都, 法藏館, 2000,

주지하다시피 이러한 법장法匠의 은둔행은 혜가나 승찬 모두 처음은 탄압이나 폐불 등 외적 사정에 발단한 것이기도 하다. 『전법보기』 「승찬의 장」에 의하면 승찬은 혜가에게 입실한 후 얼마 되지 않아 북주北周 무제의 폐불을 만나 산곡에 은거하게 되었다고 하였다. 승찬은 이때 10년의 은거 후에도 남하하면서 계속 산간의 생활을 계속하였다. 이러한 법장의 모습이 바꾸어져 널리 행화行化하는 모습을 보인 것은 도신으로부터이다. 도신과 홍인의 양대의 기간 동안에 달마의 선법이 천하에 크게 울려 퍼졌는데, 『전법보기』 「홍인의 장」에 의하면 홍인이 도신으로부터 법을 부촉 받은 후 10여 년 동안에 매일 1배씩 수학자受學者가 늘어나 천하의 십중팔구가 되었다고 하였다. 물론 이는 과장된 표현이라 하겠으나 종전의 여러 선법禪法들이 이후 거의 그 전승의 맥이 약해지고 오직 달마선의 계열만 우뚝 천하를 휘어잡아 선법의 종주宗主로서 '선종禪宗'으로 칭해지게 된 사실을 생각한다면 이러한 표현이 나올 수 있었던 사성을 어느 정도 인정하지 않을 수 없다.

그렇다면 이때 만년晩年의 혜가로부터 승찬으로 이어진 조사들의 은둔으로 세상에 알려진 바가 적어 『속고승전』의 저자 도선조차도 승찬의 일을 자세히 몰랐을 정도인데 어떻게 이와 같이 갑자기 그 성망이 천하에 떨쳐지게 되었을까. 이 문제와 관련하여 우선 달마의 법이 보살승의 선법으로 지칭되었다는 사실에 유의해야 할 것이다. 보살선이라 함은 일단 선정을 우선으로 닦아 혜慧를 낸다는 소승의

---

pp.560-572에 수록된 교정본에 의한다.

선법에 대비한 것이기도 하고, 자리自利와 더불어 대중에의 행화行化를 통한 이타행利他行을 함께 행하는 법을 말한다. 달마와 혜가의 전기에는 두타頭陀와 행화行化와 선정행禪定行의 면이 모두 들어 있고, 그 행화의 성과로서『속고승전』에는 당시 승조僧稠와 더불어 가장 성행하고 영향력이 컸던 양대兩代 선법으로서 칭해지고 있으며, 달마의 가르침에 "귀의하고 추앙하는 이들로 성황을 이루어 마치 시장과 같았다[歸仰如市]."고 하였다. 그 성망을 이은 혜가도 한때에는 북제의 업도鄴都 등에서 크게 행화하여 여타의 집단으로부터 시기를 받을 정도로 성망을 떨친 바가 있다. 요컨대 달마와 혜가가 이룬 성망이 전해져 오다가 승찬의 대에 수십 년 간 잠복된 다음 그 전인傳人이라는 도신의 존재가 세상에 알려지게 되면서 다시 그 성망이 재현된 일면이 있다고 본다. 즉 달마와 혜가의 성망이 본래 크게 전해져 온 바가 있었기 때문에 그 후인(後人: 傳人)의 등장이 그 후광을 입게 된 면이 있다고 생각한다.

　유전성산의 견해는 어디까지나 자파의 정통성을 내세우기 위한 의도적 저술이라는 가설에 입각하여 추론한 것에 불과하고, 상당부분 억측에 의한 짐작의 수준에서 제기한 것이다. 이러한 가설을 기정사실화 하여 다른 논의에 근거로 삼을 수는 없다. 초기 선종 사서에도 자파의 정통성을 내세우기 위한 의도가 없지는 않겠지만 그렇다고 하여 그 저자들이 모든 사실을 왜곡하거나 조작하여 기술하였다고는 볼 수 없다. 선대로 이어져 온 소중한 법문과 전기들을 사실대로 기록하여 전하고자 하는 뜻이 있었을 것이다. 조사의 가르침이 희미해져 가는 상황에서 그 본래의 법을 소중하게 지키며 전하고자 하는 뜻이 정각의『능가사자기』서문에도 보인다.

"세세생생 이 목숨 다하여 달마의 유문을 전하고자 하오며, 세세생생 달마대사의 족하足下에서 그 가르침 받들기를 서원하나이다."

이러한 여러 조사들의 진실한 구도와 전법의 열의를 무시해서는 안 될 것이다.

유전성산은 또 도신과 홍인의 동산법문 계통을 비평하길,

"본래『능가경』과 관계가 있었는가 어떠했는가 확실하지 않은 동산법문의 사람들도, 장안과 낙양지역에 교화를 펴게 됨에 따라 이 지역에 일찍이 있었던 옛 능가사의 전통에 감히 결부하여 가지 않을 수 없었을 것이다."

라 하고, 그래서 만든 것이 『능가인법지』와 『능가사자기』라고 한다.[37] 다시 말하자면 당대에 성승으로 추앙받던 신수・현색 등이 현지의 옛 능가사에 대한 인기와 분위기에 영합하여 자신들을 새로운 색깔로 치장했다는 것이다. 그러나 신수와 현색이 과연 그렇게 세속적인 인물들이었을까. 자신들의 스승들이 전대前代에 이곳에서 활동하였던 능가사들과 전혀 관계가 없는데도 이를 속이면서까지 행세하였을까. 더구나 중앙 무대에서 크게 주목을 받고 있으면서 자신들의 내력을 거짓으로 치장하여 만인을 쉽게 속일 수 있었을까. 다른 사람들은 자신들이 능가사를 전승하였다고 나서는 이가 없는데 왜 이들만이

---

[37] 위의 책, pp.61-62.

나선 것이었을까. 당시에 왜 이들이 거짓 행세한다고 비판하는 사람들이 없었을까. 이러한 사항들이 명백하게 해명되기 이전에는 함부로 동산법문과 능가사의 상승相承 사실을 무시하거나 부정해서는 안 될 것이다.

유전성산의 지나친 억측은 여기에 머무르지 않는다. 그는 『당옥천사대통선사비명唐玉泉寺大通禪師碑銘』에[38] "동산東山의 법이 모두 신수에게 전해졌다."고 홍인이 말하였다고 한 기사에 대해

"이곳에서는 법여法如가 일찍이 홍인의 부촉을 받은 사람으로 되어 있는 것에 대항한 것이다. 법여가 입적한 영창원년(689)으로부터 약 20년이 지난 일이지만 이 20년은 바로 측천무후의 대주大周 혁명의 시기이다. 그리고 이 혁명은 상층사회의 내부혁명이다. 혁명이 불교를 이용하고, 불교가 혁명을 이용한 경향이 크다. 개인으로서의 의지의 선악 여하를 불문하고, 혁명에 의한 사회의 변화에 편승하여 각파의 불교가 제도帝都에 성행하였고, 소위 북종선의 기초가 나온 것은 확실히 무주(武周: 측천무후) 혁명의 결과였다."[39]

고 한다. 측천무후의 혁명을 과연 불교와 관련하여 그렇게 해석할 수 있을까. 무주혁명의 성격 문제는 우선 차치하고, 신수와 관련한 기본적인 사항만 참고하더라도 위의 견해에 수긍할 수 없게 된다.

---

[38] 『全唐文』 권제231. 柳田聖山의 『初期禪宗史書の硏究』, 京都, 法藏館, 2000, p.497-501쪽에 校本 수록.

[39] 『初期禪宗史書の硏究』, 京都, 法藏館, 2000, p.4.

측천무후(624~705)가 황후가 된 것은 영휘6년(655년)이고, 무주武周 혁명으로 황제가 된 것은 690년이다. 신수가 홍인을 수종하게 된 해가 655년이고, 이후 16년간 은둔생활(退藏於密)을 한 후 형주荊州에 나와 법을 펴면서 많은 추앙을 받았다. 그 명성이 널리 퍼져 마침내 송지문宋之問의 주청奏請으로 측천무후가 신수를 초빙하게 되었다. 초빙의 조칙은 구시久視원년(700년)이고, 제도帝都에 도착한 것은 대족大足원년(701년)이다. 즉 무주혁명이 일어난 후 11년이 지난 때였다. 이때 신수神秀의 연세는 94세였고, 측천무후는 77세로 그녀가 서거하기 4년 전이었다. 신수는 신룡2년(706) 낙양 천궁사에서 입적할 때까지 양경兩京에 6년 머무르며 많은 숭앙을 받았다.[40] 측천무후는 개인적으로 불법佛法에 상당히 깊이 있는 이해를 갖고 있었다. 『능가경』7권본(『대승입능가경』)과 『화엄경』80권본 등을 서역에서 가져오게 하여 번역 편찬케 한 바가 있고, 수시로 여러 고승들을 초대하여 대화하곤 하였다. 이러한 황제에게 송지문이 명성이 자자한 신수의 초빙을 주청한 것이 두 사람의 만남이 이루어진 계기였다. 이때 두 사람 모두 각각 90대와 70대의 노년老年이었다. 그런데 94세의 신수가 스승으로부터 이어받은 법과는 다르게 치장할 사정이나 필요가 있었을까. 신수 입적 후 그 뒤를 이은 현색이 입경入京 이전에 머무르던 곳도 멀리 떨어진 호북 안주安州 수산사壽山寺였다. 그는 700년 측천무후에 의해 초빙된 적이 있었지만(『역대법보기』) 신수를 이어 제사帝師로서 입경한 것은 708년으로 측천무후가 이미 서거한 후 중종中宗의

---

[40] 이 연대 고증에 대해서는 宇井伯壽, 『禪宗史研究』, 東京, 岩波書店, 1966(1935), pp.145-147 참조.

초빙에 의해서였다. 양인의 초빙 모두 무주혁명의 과정에서 일어난 일이 아니었다. 신수와 현색 모두 어떤 야망이 있어 도성에 오고자 하여 온 것도 아니었다. 그런데 어찌 스승의 법까지 다르게 바꾸는 일을 할 수 있었겠는가. 더구나 입적을 불과 몇 년 앞둔 노년이었고, 일반 세속인이라도 하기 어려운 일이 아닌가.

유전성산은 『능가인법지』와 『능가사자기』의 저술 배경에 대해 앞에서 논급한 견해 외에 또 다음과 같은 견해도 피력한 바 있다.

"『능가경』의 주석을 전문으로 하는 문기파文記派에 대하여 불출문기不出文記의 사람들을 상위上位에 올리려는 현색의 『능가인법지』는 『능가경』의 문기文記에 대신하여 무엇인가의 구체적 방법을 가지고 있어야 하였는데, 그런 때를 당하여 스승이 제자에게 묻는 지사문의指事問義의 기록은 한층 특색 있는 설교집이 되고 어록집이 될 터이었다."[41]

이 또한 전혀 지사문의指事問義의 깊은 뜻을 모르고 억측으로 매도한 것에 불과하다. 『능가사자기』에 기록된 구나발다라와 달마로부터 신수에 이르기까지 초기 선종의 여러 조사들이 "이 나뭇잎이 무엇인가?"와 같은 지사문의를 한 것은 앞에서 논급한 바와 같이[42] 일체의 법상法相을 떠난 선의 행증行證에 직입直入하도록 이끌고, 불가언설不

---

[41] 『禪文獻の研究(上)(柳田聖山集第二卷)』, 京都, 法藏館, 2001, p.153.
[42] 본서 제3장 如來禪과 祖師禪의 문제.

可言說의 신증身證 내지 각覺의 경계를 드러내기 위함이며, 행자들이 자신의 올바른 증證을 점검하도록 하기 위한 것이다. 요컨대 증(證: 체험)의 차원을 직현直顯하는 법문이다. 달마선이 "교에 의지하여 종宗을 깨닫는다."(『二入四行論』)라 하여 교를 중시하면서도 언어문자를 경계하거나 멀리하는 가르침 또한 함께 설해지고 있는 것은 양쪽 모두 모순으로 볼 것이 아니라 다 뜻이 있어 그러한 것으로 알아야 한다. 교를 통해서 심성心性을 요지了知할 수 있는 것이고, 요지하였다면 심성이 언어분별을 떠난 자리이기 때문에 수증修證에서는 문자를 떠나라고 말하게 된다. 지사문의指事問義는 바로 언어분별을 떠나 수증으로 바로 이끄는 법문이다. 그 수증은 신증이니 오悟는 심心으로 하나 증證은 신身에서 이루어진다. 신증身證의 경계는 말로 드러낼 수 없어 불가사의不可思議하다고 한다. 이렇게 깊은 뜻이 있는 지사문의指事問義를 특색 있는 설교집으로 위장하기 위해 붙여 놓았다니 실로 어이없는 낭설이다.

4. 결언

도신의 법문으로서는 거의 유일하게 전하는 『능가사자기』 수록의 「입도안심요방편법문」은 마땅히 먼저 자심自心에서 요지了知하여야 할 당리當理 내지 선지禪旨로서 『능가경』의 '제불심제일諸佛心第一'의 구句와, 이를 전제로 그 뜻을 염념念念 이어나가 습기를 제거해 나가는 방편의 당행當行으로서 『문수설반야경』의 '일행삼매一行三昧' 및 초심初心의 여러 방편행을 십여 종 대승경론 인용을 통해 개시한 것으로,

그 심요心要는 바로 『능가경』의 심지법문心地法門이다. 무공용無功用의 무관無觀 내지 절관絶觀이 이루어지기 전까지는 가행加行 내지 공용功用의 방편행이 있게 되는 것이고, 도신道信의 법문에는 이 양자가 모두 설해져 있다. 따라서 이 법문이 다른 사람의 법문이거나 다른 법문이 혼재된 것도 아니다. 유전성산柳田聖山은 방편행과 궁극의 심지법문이 하나의 법문에 설해지는 것이 실수實修의 면에서 당연하다는 사실을 몰랐기에 도신의 법문은 능가선의 법이 아니라고 단정해 버리고는 이에 의거하여 여러 사실관계까지 모두 부정해 버렸다.

유전성산은 추론하길, 도신에서 홍인으로 이어진 소위 동산법문은 능가선의 전승 계보가 아닌데 현색과 정각이 지은 『능가불인법지』와 『능가사자기』는 바로 그 사실을 왜곡하여 새로운 특색을 붙여서 능가선의 계보인 것처럼 조작하고자 저술된 것이라고 하였다. 그러나 이러한 주장을 뒷받침할 만한 근거자료가 있는 것이 아니고 어디까지나 앞의 선법을 제대로 이해하지 못한 나머지 그 선법을 다르게 보다 보니 전승의 사실이나 그 기록들을 모두 조작과 왜곡에 의한 것으로 보는 시각에 빠지게 된 것이다. 때문에 그의 추론은 지나친 억측과 과오로 점철되어 있다고 해도 과언이 아니다.

제6장 반야선과 능가선의 전통

1. 서언

앞의 5장에서 언급한 것처럼, 근래 도신(道信, 580~651)선사의 선법禪法과 그 전승이 달마에서 혜가를 거쳐 승찬으로 계승된 소위 달마선 내지 능가선의 계보로 볼 수 없다는 견해가 제기된 이래 상당한 영향력을 행사하고 있다. 도신의 선법을 전해주는 거의 유일한 자료가 정각(淨覺, 683~750)의 『능가사자기』에 수록된 「입도안심요방편법문入道安心要方便法門」인데 여기에서 보이는 선법이 능가선이라고 볼 수 없고, 다른 계통의 이질적인 선법이 혼재되어 있다는 것이다. 선법 문제에 관한 이러한 입장에서 당연히 그 전승의 사실을 전하는 자료도 부정하게 되었다. 그리하여 그 내용은 『능가불인법지楞伽佛人法志』의 저자 현색玄賾과 그 제자 정각淨覺이 의도적으로 위조僞造한 것이라 하였다.

이에 필자는 앞의 글에서 이러한 견해가 잘못된 것임을 상당부분 의론하였다. 「입도안심요방편법문」에서 먼저 전제한 『능가경』의 '제불심제일諸佛心第一'은 먼저 요지了知하여 이입理入해야 할 당리當理를 개시開示한 것이고, 여러 대승경전을 인용한 뒷부분은 그 방편행을 낮은 단계의 관행에서 돈법인 절관絶觀에 이르기까지 함께 편 것으로 이는 당리當理와 당행當行을 함께 갖추고 있는 일반 경론과 다를 바가 없다는 점을 설명하였다. 또한 일부 연구자들이 여러 사실관계를 부정하고, 의도적 위조로 보는 것은 선법에 대한 깊은 이해의 결여와 억측과 추론에 의거한 문헌비판에 따른 것임을 의론하였다.

한편 근래 초기 선종의 선법을 논하면서 반야선과 능가선으로 획분하여 성격과 계보를 단정해 버리는 경향이 있다. 도신道信과 우두법융牛頭法融의 선법을 논하면서 반야선인가 능가선인가 하는 잣대로 그 성격과 계보의 사실관계를 인정하거나 부정해 버린다. 그러나 이러한 잣대가 초기 선종에서는 극히 잘못된 것임을 본고에서 밝히고자 한다. 아울러 792~794년의 티베트종론(라싸의 종론)에서 마하연이 펼친 선법(『돈오대승정리결頓悟大乘正理決』)에는 근래 논자들이 잘못 이해하고 있는 간심看心과 불관不觀·절관絶觀의 관계를 해명시켜 줄 수 있는 중요한 내용이 있어 이를 분석 소개함으로부터 필자의 논지를 보완하고자 한다. 아울러 도신에서 법융法融에로 이어진 전승의 사실관계를 부정하는 견해에 대해서도, 그 선법과 전승 사실의 양면에서 부정할 수 없다는 것도 밝히고자 한다.

2. 반야선과 능가선의 문제

도신道信에서 홍인弘忍에 이르는 소위 동산법문은 능가선이 아닌 반야선이라고 하여 달마와 혜가, 그리고 신수·현색·정각 계통의 『능가경』전지傳持 및 현창의 계통과는 다른 것으로 보는 견해가 있다. 대승경론의 심의는 중관과 유식을 막론하고 마하반야바라밀에 의거하는 것인지라 능가선도 당연히 반야선인 것인데 이러한 용어로 구분하는 것 자체가 어불성설의 것이지만, 설령 반야선을 단지 반야경 내지 중관사상에 국한된 선법이라는 협의狹義로 본다 할지라도 능가선을 전지傳持한 법장法匠들이 그러한 반야선도 함께 회통하여 지니고 설파하고 있음을 어떻게 해명할 것인가. 이를테면 『능가사자기』의 저자 정각은 그 서문에서 다음과 같이 설한다.

> "진여眞如는 무상無相이며, 지知 노한 무지無知이나니, 무지無知의 지知가 어찌 여如를 떠나 있을 것이며, 무상無相의 상相이 어찌 상을 떠나 있을 것인가. 인人과 법法이 이와 같고, (법을) 설함 또한 이와 같다. 여如함이란 본래 설할 수 없음이니 설한다면 곧 여如가 아니며, 여如가 본래 무지無知인지라 지知함이 있다면 여如가 아니다."[1]

---

1 "眞如無相, 知亦無知, 無知之知, 豈離知也. 無相之相, 豈離相也. 人法皆如, 說亦如也. 如自無說, 說則非如. 如本無知, 知非如矣."(박건주 역주, 『능가사자기』, 운주사, 2001, p.58)

여기서 말하는 지知와 무지無知의 법문은 곧 색수상행식色受想行識의 일체법 그대로의 행行이 모두 지知함이 없다는 『반야경』의 여러 법문에 의한 것으로 일찍이 승조僧肇는 그 뜻을 '반야무지(般若無知; 본래 마음이 知하는 바 없음을 知하는 것이 반야이다)로 간략히 설한 바 있다.[2] 반야란 곧 거울이 일체의 상을 대함에 지知한다 함이 없이 일체를 비추는 것과 같아서 일체상에 대하여 지知함이 없는 것, 분별함이 없는 것이다. 그래서 이를 '반야무지'라고 한다. 『대반야바라밀다경』 권595 제16 반야바라밀다분에 다음과 같이 설하였다.

"또한 선용맹이여! 색온色蘊이 색온의 소행所行이 아닌 까닭에 지知함이 없고 견見함도 없나니, 색온에서 지知함이 없고 견見함이 없다면 이를 반야바라밀다라 한다. 선용맹이여, 수受・상想・행行・식온識蘊도 또한 수・상・행・식온의 소행所行이 아닌 까닭에 지知함이 없고 견見함이 없나니, 수・상・행・식온에 지知함이 없고 견見함이 없다면 이를 반야바라밀다라 하느니라."[3]

색色에 색의 자성이 없는지라 색으로서의 행상行相이 있을 수 없다. 그래서 색色이 지知함도 없고, 견見함도 없으며, 또한 색을 지知함도 없는 것이고, 견見함도 없는 것이다. 이하 수상행식의 일체법이 모두

2「般若無知論」(『肇論』)
3 "善勇猛, 色蘊非色蘊所行故無知無見. 若於色蘊無知無見, 是謂般若波羅蜜多. 善勇猛, 受想行識蘊亦非受想行識蘊所行故無知無見. 若於受想行識蘊無知無見, 是謂般若波羅蜜多."『대정장』7, p.1076c.

마찬가지이다. 그래서 일체법[一切相]에서 지知함도 없고, 견見함도 없음이 곧 반야바라밀다이다. 또 같은 경 권제510 제삼분 현세간품 제15의1第十五之一에도 "일체법이 공空하여 무소유無所有이니 모두 스스로 존재하지 아니하며, 허광하고 견고하지 못한 까닭에 일체법이 무생無生 무기無起하고, 무지無知 무견無見하느니라."고 하였고,[4] 권제 286 초분찬청정품 제35의2第三十五之二에서는 "일체법의 본성이 둔鈍한 까닭에 이와 같이 청정한 본성은 지知함이 없는 것이다."고 하였다.[5] 일체법의 본성이 둔하다 함은 마치 거울과 같이 상에 물들거나 영향 받지 아니하고 흔들림 없는 까닭이다. 즉 지知함이(분별함이) 없는 까닭이다. 청정함이란 바로 이와 같이 지知함이 없는 것을 말한다. 색色을 비롯한 일체법의 본성이 본래 무엇을 지知한다 함이 없다. 왜냐하면 색色의 자상自相, 자성自性이 공空한 까닭이다. 앞에서 색色이 색의 소행所行이 아니라고 한 것도 같은 뜻이다. 지知함에는 마땅히 능能과 소所가 있는 것이나 일체법의 본성에는 능能과 소所가 따로 없다. 그래서 『대반야바라밀다경』 권제347 초분촉루품 제58의2第五十八之二에 설한다.

"일체법은 행하는 자도 없고, 견見하는 자도 없으며, 지知하는 자도 없고, 동動함도 없으며, 작作함도 없다. 왜 그러한가. 일체법은 모두 작용함이 없나니, 능취能取와 소취所取의 성性을 멀리 떠났기

---

4 佛告善現, "以一切法空無所有, 皆不自在 虛誑 不堅故, 一切法無生 無起 無知 無見." 『대정장』7, p.606a
5 佛言, "以一切法本性鈍故, 如是淸淨本性無知." 『대정장』6, p.454a.

때문이니라. 일체법은 사의思議할 수 없는 것이나니, 능・소의 사의성思議性을 멀리 떠난 까닭이다. 일체법이 환幻과 같은 것이나니, 모든 연緣이 화합하여 마치 있는 것과 같게 된 까닭이니라."[6]

거울이 대상을 비추나 대상에 물들거나 분별함이 없듯이 마음이 본래 대상을 아는 것 또한 그러하여 본래 대상에 물들거나 취하고 버림이 없다. 곧 마음과 일체법이 본래 무분별無分別이고 무지無知이며 무견無見이다. 본래 일체법(모든 존재)은 견見하고, 지知하는 자(能)와 그 대상(所)이 따로 없기 때문이다. 이러함을 여실히 깨달아 아는 것이 곧 진정한 반야바라밀이며 아뇩다라삼먁삼보리에 들어감이다.

달마 이래의 초기 선종 선법을 '여래청정선如來淸淨禪'이라 하는데 이는 '직지인심直指人心, 견성성불見性成佛', '식심견성(識心見性; 心性을 알라)'의 명구名句가 가리키는 바와 같이 자심自心의 청정한 성품이 곧 그대로 불심佛心임을 알게 하는 선법이다. 그리고 그 청정한 자심의 성품이란 바로 분별하는 상념의 당처가 그대로 본래 분별을 떠나 있다는 성품이다. 위의 『반야경』에서 자주 강조하고 있는 능・소를 떠나 있어 본래 사의성思議性을 멀리 떠났다는 법문은 『능가경』에서도 마찬가지로 자주 설파되는 주요 법문이다. 동(7권본) 권제6 게송품에

離於能所取　　능취能取와 소취所取 떠난 것을

---

[6] "一切法無行者無見者無知者無動無作. 所以者何. 以一切法皆無作用, 能取所取性遠離故. 以一切法不可議, 能所思議性遠離故. 以一切法如幻事等, 衆緣和合相似有故."『대정장』6, p.783c.

我說爲眞如   나는 진여眞如라 하느니라.

라 하였다. 『능가경』의 요의인 일심一心과 유심唯心의 뜻도 능能·소所를 떠난 까닭에 그렇게 말한 것이다. 심심이란 본래 일심一心이어서 능·소가 따로 없는지라 관의 대상이 될 수도 없고, 관하는 자가 따로 있을 수도 없다. 그래서 심심이 심심을 보지 못한다.[7] 심心뿐 아니라 법상法相을 비롯하여 밖으로 어떠한 상相을 관하거나 향함도 없다. 일체의 법상과 밖의 법들이 모두 무상無相이며 무생無生이고 유심唯心인 까닭이다. 그래서 곧 절관絶觀이다. 절관이니 곧 돈수頓修이다. 돈황에서 발견된 달마대사 또는 우두법융의 법문으로 알려진 『절관론』은 곧 『능가경』의 이러한 뜻을 대화형식으로 넓게 설한 것이라 할 수 있다.

주지하다시피 용수의 반야공은 공변空邊에 치우친 편공偏空이 아니라 유무중도有無中道로서 일체분별을 떠난 자리의 실상공實相空을 말한다. 용수의 중관에서는 인연화합의 공空을 기본 논리로 하지만 『능가경』에서는 능·소를 떠난 일심一心이고, 오직 마음일 뿐이며, 연기緣起도 마음일 뿐이라는 논리로 일체의 분별을 떠난 실상實相의 자리를 드러낸다. 그런데 이 두 방면의 법문은 다른 뜻이 아니다. 같은 깨달음의 자리를 이렇게 저렇게 설하고 있는 것일 뿐이다. 또 유무有無의 분별을 떠남이 공의 진실한 뜻이고, 공空도 무자성無自性이어서 공空이라는 반야의 요지도 『능가경』에 있다.[8] 『대승입능가경』

---

7 『대승입능가경』 권제7 게송품에 "定者觀於心(定을 닦는 자 心을 관하나), 心不見於心(心이 心을 보지 못하나니)" 『대정장』16, p.638a.

권제3 집일체법품에 "제일의자第一義者 단유자심但唯自心"이라 하였다. 중관에서 반야공(실상공)이 제일의第一義라면 『능가경』에서는 "오직 일체가 자심自心일 뿐임"이 제일의이다. 달마 이래의 선법은 곧 이 두 면을 함께 설하고 운용하며 회통하여 증證하는 법문이다.

한편 왕로평王路平은 도신의 선법에 이르러서 전통의 능가사 학풍에 다음과 같은 큰 변화가 일어났다고 하였다.[9]

첫째, 두타행이 산림에 정주定住하는 것으로 바뀌어졌다.

둘째, 전법을 어지럽히고, 심심의 체용을 강설하였다. 4권본 『능가경』이 "일체불어심제일一切佛語心第一"로 품명品名을 삼고 있는데 이 '심심'은 '추요樞要', '중심中心', '핵심'의 뜻이다. 곧 이는 본 경이 불소설佛所說의 핵심이라는 말이고, 결코 인심人心의 심심이 아니다. 그런데 도신은 이 '심심'을 인심人心의 심심으로 강설하여, 학인들이 오로지 내심內心에 향하여 공부할 것을 요구하였고, 이로부터 심심을 심체心體와 심용心用으로 나누어 말하게 되었다.

셋째, 색심평등色心平等과 아법이공我法二空을 구할 것을 강설하여 『능가경』으로부터 점차 『금강경』으로 전향하였다.

넷째, 자경자식自耕自食하고, 묘당廟堂불교를 산림불교로 고쳤으니

---

8 『대승입능가경』 권제2 집일체법품에 "我常說空法(내가 항상 空의 법을 설하는 것은) …(중략)… 愚夫妄分別(어리석은 범부는 망령되이 有·無 분별하나) 諸聖離有無(모든 聖人은 有·無의 집착을 벗어나 있느니라)"(『대정장』16, p.599a), 同品에 "諸法無自性(諸法은 自性이 없고), 亦復無自性(또한 無自性이라 함도 無自性이나니) 不見空空義(空도 空한 뜻 알지 못하여) 愚夫故流轉(어리석은 범부 生死 流轉하네)"(『대정장』16, p.600c)
9 王路平, 「論中國禪宗的緣起與嬗變」, 『曹溪——禪研究』3, 北京, 中國社會科學出版社, 2003, pp.21-2.

이는 유식 법상의 여러 종파와 뚜렷이 다르다.

이 가운데 둘째와 셋째 사항에는 따를 수 없다. 도신은 전법을 어지럽힌 바가 전혀 없다. 앞장에서 논급한 바와 같이『능가사자기』에 수록된 도신의 법문에는 조금도 종전의 달마선 전승의 법문에 위배되거나 변화된 것이 없다. 단지 도신 이전 조사들의 남아 있는 법문이 너무 적기 때문에 도신의 법문에 새롭게 보이는 것은 있을 수 있다. 그러나 그 선지로 보면 모두 상통되는 법이어서 무슨 변화라고 할 사항도 보이지 않는다. 또한 '일체불어심제일一切佛語心第一'은 제일장의 이름인 '일체불어심품一切佛語心品'을 말한 것으로 앞에서 논의한 '제불심제일諸佛心第一'과 같은 뜻이다. 그 심心의 뜻은 인심人心의 심心을 말한 것이 분명하다. 본 품의 핵심 내용이 곧 불심의 뜻을 개시함에 있으니 당연히 인심人心의 심心으로 보아야 한다. 심법心法을 강조하는 것은 당연한 것인데 도신이 이를 잘못 해석하여 전법에 변화를 초래히였다는 것은 실로 가낭치 않은 견해이다. 심체心體와 심용心用으로 나누어 설하는 것은 이미 경론에 자주 보이는 법문이다. 도신으로부터 처음 나온 것이 아니다. 색심평등色心平等과 아법이공我法二空은『능가경』에서 분명히 설하고 있는 내용으로『금강경』보다는 오히려『능가경』이 더 자세하다. 도신의 법문이『능가경』의 요의에 바탕하고 있음은 앞의 장에서 이미 자세히 설명하였다. 또 그는『능가경』을 유종有宗이라 하고 있으나 이 또한 잘못이다.『능가경』은 유심·일심·무생의 심의로써 진실한 공空의 뜻을 뚜렷이 밝히고 있다. 4구(四句; 有, 無, 有而無, 非有而非無)를 떠나야 함을 도처에서 강조하고 있는데 유종有宗이라 할 수 있을 것인가.『반야경』계통의 반야공이 주된 법문이 아니면 모두 유종이 되는 것으로 보는 것이 잘못이다.
『능가경』은 반야공종과 유종을 회통시켜주는 가르침이다.

한편 김진무金鎭茂는 도신선법을 다음과 같이 말하고 있다.

"단지 도신선사법요가 의거한 『능가경』의 '제불심제일諸佛心第一'은 도신의 본래사상이 아닌, 단지 『능가사자기』 찬술자 정각이 자신의 생각에 비추어 덧붙인 것일 가능성이 있다. 실제로 『능가사자기』의 정체적整體的 사상경향은 반야사상이고, 결코 『능가경』의 사상은 아니다. 그렇다면 정각은 왜 『능가경』의 '제불심제일'을 도신선사의 법요로 하였는가? 이는 선종사상의 대문제로 일시에 확정된 해석을 얻기 어렵다. 오직 한 가지 긍정할 것은 초기의 선사들은 모두 『능가경』을 자기 선법의 근거로 삼았는데 이 전통의 계승을 위해 정각이 이 설명을 첨가하였다는 것이다. 이러한 정황에서 볼 때 도신선사의 법요는 응당 일행삼매一行三昧이다."[10]

이 견해도 앞장에서 소개하여 논급한 유전성산의 설에 입각한 것이다. 전술한 바와 같이 『능가경』의 '제불심제일'은 『문수설반야경』의 '일행삼매'와 함께 각각 당리當理와 당행當行의 면에서, 또는 구경究竟과 방편方便의 면에서 도신에 의해 하나의 법문으로 함께 설해진 것이다. 교법과 실수實修의 면에서 지극히 당연한 법문 구조이다. 하나의 법문에 함께 하고 있는 두 면이 지니는 뜻을 이해하지 못하니까

---

[10] "論道信禪……以『楞伽師資記』爲中心"『禪學硏究』4, 南京, 江蘇古籍出版社, 2000, p.113.

이러 발상을 하게 된다. 『능가사자기』에는 반야사상만이 아니라 거의 모든 불법이 어울러져 있다. 거기에 인용된 여러 대승경론을 『능가경』의 심법心法과 '제불심제일의'의 구句로 회통시키고 있다. 『수심요론』이나 『절관론』 모두 마찬가지로 실수實修의 면에서 심법心法으로 회통한 법문들이다.

유전성산은 『능가사자기』가 홍인의 『수심요론』을 거부하였다 하고, 이는 홍인이 '불출문기不出文記' 하였다고 한 『능가사자기』 자신의 입장에 의거한 것이며, 십대제자가 상호 의견을 달리한 것이 원인일 것이라고 하였으나,[11] 이는 '불출문기' 하였다는 기록과 『수심요론』의 존재가 모순되지 아니한다는 점을 모른 소치이다. 왜냐하면 『수심요론』은 저술이 아니라 어디까지나 대화록 내지 어록이고, 제자가 집록한 것으로 보아야 할 것이기 때문이다. 또한 『수심요론』의 선법이 신수와 혜능 등 십대제자 및 신수와 현색의 제자인 『능가사자기』의 저자 정각淨覺의 선법과도 하등 다를 바가 없다. 정각의 선지는 『능가사자기』 서문에 게시되어 있다. 모두 간심看心 및 수심守心과 지심공적知心空寂, 식심견성識心見性, 무심무득無心無得을 선지로 하여 『능가경』의 '제불심제일'과 『수심요론』·『절관론』·『육조단경』에 일맥으로 통하고 있다. 『육조단경』에서 말하는 선법의 요체는 '식심견성(識心見性; 心性을 알라)'이고, 거의 모든 내용이 『능가경』이나 여러 대승경전에 의거하고 있다. 따라서 단지 반야공의 성격으로만 보는 것은 잘못이다. 대승의 일체 교의敎義를 회통하여 심법心法으로 실수實修의 방편도

---

11 앞에 든 『禪文獻の研究(上)』(『柳田聖山集』第二卷), p.151.

를 설하고 있는 것이 달마선 내지 능가선이기 때문에 어느 곳에서는 반야공의 법문도 있고, 그밖의 법문도 있게 된다. 근래의 논자들은 대부분 달마에서 승찬까지만 능가사楞伽師로 인정하지만 『속고승전』에서 달마의 선을 허종虛宗으로 칭하고 있어 홍인이나 혜능 이전에 이미 반야선의 속성을 지니고 있다는 것을 알 수 있다. 허종虛宗은 반야공의 뜻으로 종래 쓰여 왔다.[12] "제불심諸佛心이 제일이다"의 일면의 뜻은 실수實修의 면에서는 간심看心과 수심守心으로 개시된다. 오조 홍인의 『수심요론』의 요체가 수심守心이고, 간심看心은 신수나 혜능 모두의 공통이다. 신수 내지 북종의 간심도 후술하는 바와 같이 그 뜻을 제대로 안다면 『육조단경』의 '식심견성識心見性'과 다를 바가 없다.

3. 간심看心과 불관不觀·부사不思·불행不行의 문제 – '티베트종론宗論' 해의解義

근래의 여러 연구에서 간심看心이나 관심觀心의 구句와 불관不觀·부사不思·불행不行의 구는 동일인 내지 동일 계통의 선법이 될 수 없는 것으로 보아 간심看心이 많이 설해진 법문은 북종北宗 내지 점법漸法으

---

12 구마라습의 제자 曇影의 『中論序』에 "夫萬化非無宗, 而宗之者無相. 虛宗非無契, 而契之者無心. 故至人以無心之妙慧, 而契彼無相之虛宗."(『出三藏記集』, 北京, 中華書局, 1995. p.401)

僧肇의 『不眞空論』 第二에 "夫至虛無生者, 蓋是般若玄鑑之妙趣, 有物之宗極者也. …(중략)… 故頃爾談論, 至於虛宗, 每有不同."

로, 불관不觀 내지 절관絶觀이 주로 설해진 법문은 남종南宗 내지 돈법頓法으로 논단해 버리고, 하나의 법문에 이 두 면이 함께 들어 있는 경우에는 어느 한 쪽은 어떤 의도에서 조작된 것으로 단정해 버린다. 그러나 이 양자는 공용功用의 방편문에서 무공용無功用의 구경으로 나아가는 길을 함께 드러낸 법문으로 전혀 다른 법이 아니고 함께 운용되고 설해지는 법문이다. 그 뜻은 앞의 장에서 약술한 바 있다. 또 이 단혹斷惑의 점증漸證(환멸문還滅門)에 대해서는 원효대사의 『대승기신론소』에 자세히 설명되어 있는 바와 같다. 그런데 소위 '티베트의 종론宗論'에서도 바로 이 문제가 주요 논제가 되어 중요한 내용이 많이 논의된 바 있다. 이 논의의 이해를 통해 위에서 논급한 선법상의 여러 문제가 한층 명확히 정리될 수 있을 것이다.

792~794년 티베트에서 중국선종의 돈법과 인도의 점법 사이에 논쟁이 펼쳐졌다(티베트 宗論, 라싸의 宗論).[13] 이 논쟁에서 선종 돈법을 펼친 이는 돈황에서 활동하고 있던 마하연摩訶衍이다. 그는 786년 돈황이 티베트(토번)에 점령되었을 때 티베트에 이주되어 794년까지 티베트에서 활동하였다. 그의 스승들은 항마장降魔藏과 의복義福·혜복惠福인데 이 3인은 모두 북종신수의 사법嗣法제자 19인(『경덕전등록』 권4) 가운데 들어간다. 그 논쟁에서 마하연이 펼친 선법은 『돈오대승정리결頓悟大乘正理決』에 기술되어 있다.[14] 마하연이 중국 선종의 심요心

---

13 종래 이 논쟁은 '라싸의 宗論(또는 對論)', '삼예의 宗論'으로 칭해졌으나 라싸와 삼예만이 아니라 여러 곳에서 여러 차례 펼쳐졌다는 점에서 '티베트 종론'으로 칭하는 것이 타당하다.

14 돈황 발견의 필사본 『頓悟大乘正理決』에는 P4646, S2672, P4623, P823, P827,

要인 간심과 부사·불관·불행의 선법禪法을 설함에 상당한 호응을 얻자 인도에서 온 바라문승들이 이를 불설(佛說; 金口說)이 아니니 정폐停廢해야 한다고 주장함으로써 티베트왕의 입회하에 대론對論이 펼쳐지게 되었다. 이 법이 불설이 아니라는 주장을 반박하기 위해 마하연의 변론은 당연히 다양한 대승경전들을 들어 그 법이 경전에 의거하고 있음을 입증해 보이는 것이었다. 그런데 이 대론의 결과에 대한 양편의 기록이 상반된 기술이어서 어느 쪽이 사실인지 이미 여러 견해가 제기되었으나 아직 명확하지 않다.[15] 『돈오대승정리결』에 의하면 갖가지 대승경전의 구절들을 인용하며 명쾌하게 그 근거를 제시하고 해명한 마하연에게 티베트왕이 감복하여 "마하연이 개시한 선의禪義는 경문을 지극히 다 편 것으로 하나도 어긋남이 없다. 지금부터는 도속이 모두 이 법에 의거하여 수습하게 하라."고[16] 하였다 한다.

마하연이 티베트에서 설파한 간심看心과 부사不思·불관不觀·불행不行의 법문은 대론 과정에서 설명되고 있어 그 뜻이 명쾌하게 드러나 있고, 달마선의 핵심 요지를 드러내고 있다. 이 글에서 이 법문을 들어 논하고자 하는 것은 간심과 부사·불관·불행은 언뜻

P21 등 6종이 있다. 본고는 P4646, S2672, P4623의 3본과 饒宗頤의 교정본(『大藏經補編』35 所收)을 함께 참조하여 교정한 上山大峻의 교정본(『敦煌佛教の研究(資料篇)』, 京都, 法藏館, 1990, pp.540-564)을 저본으로 하고, 이하 인용문은 '上山大峻, 『資料』, 페이지수'로 표기한다.

15 이 문제를 비롯한 티베트종론 전반에 대한 연구 소개는 上山大峻, 「チベット宗論の始終」, 『敦煌佛教の研究』, 京都, 法藏館, 1990에 잘 정리되어 있다.

16 "摩訶衍所開禪義, 究暢經文, 一無差錯, 任道俗依法修習." 上山大峻, 전게 『資料』, p.541.

보아 서로 어울리지 않는 행으로 보이기 쉽기 때문에 이 점을 명확히 하고자 함이다. 『능가사자기』에 수록된 도신의 「입도안심요방편법문」에 간심 내지 관심행觀心行 법문과 불관 내지 절관의 법문이 함께 들어 있다는 점에 의거하여 이 법문을 도신의 선법이 아니고 타인의 선법이 혼재된 것이라거나 『능가경』 소의所依의 선법으로 볼 수 없다는 등의 견해가 잘못된 것임은 앞의 장에서 이미 논급하였거니와, 본장에서는 앞의 논지를 방증 내지 보완하기 위해 마하연의 법문을 분석해보고자 한다.

간심(看心; 觀心)은 모든 경론과 모든 종파에서 기본으로 하는 법문이다. 천태지자대사와 신수대사 모두 『관심론觀心論』을 저술하여 현전하고 있다. 단지 '간심看心'으로 같이 칭해지더라도 어떻게 하는 간심인가에 따라 큰 차이가 있다. 마음의 성품을 교리를 통해 그대로 요지하고 확인 내지 뚜렷이 하는 간심과 그렇지 못하여 마음 바라보기식으로 하는 간심이 있다. 전자가 불타가 가르치신 수행의 근본 지침이요, 바른 길이다. 그리고 방편으로 마음을 일으켜 심소心所 내지 화두나 불佛을 간看하거나 염念하는 법이 있다. 화두선도 이러한 류에 들어간다. 화두를 통해 의정疑情을 일으켜 그것을 잡고 간看하니 이를 간화선看話禪이라 한다. 한편 마음의 성품이 불가득不可得이고 무소유無所有이며, 본래 지知하고 견見함 없으며, 무분별無分別이고, 무심無心이며, 능能·소所를 떠난 일심一心이라는 뜻을 요지하고, 자심自心에서 그러함을 확인하는 간심看心이 있고, 확인이 된 후에 그 심心의 뜻이 저절로 상응하여 간看할 바도 없는 불관不觀·부사不思로 진전되는 간심이 있다. 초기 선종의 선법이 바로 이것이다. 그래서 앞에서 설명한 바와 같이 『능가사자기』 도신의 법문에 여러 곳에서 염불행念佛行과 간심행看心行을 설하면서 또한 불염불不念佛, 불간심不看心을 말하고 있는 것이다. 불가득의 심성心性이 곧 불佛임을 요지한지라 참다운 염불念佛은 곧 염불함도 없음이요[不念佛], 심성이 불가득인지라 이를 요지하였다면 참다운 간심은 간심함도 없음이 되어지는 것이다. 마하연이 말한 간심은 바로 이 후자의 간심이고 달마선 내지 대승선의 길이다. 그러나 이러한 깊은 뜻의 간심看心임을 가려버리고 북종에서 말한 간심을 단지 3승이나 2승에서 행하는 간심으로 매도하면서 남종의 정통성을 주창한 이들이 있었다. 그러나 『육조단경』이나 하택신회의 여러 법문에 강조된 핵심 선법이 '식심견성(識心見性; 自心에서 그 성품을 了知함, 心性을 알라)'인 바 이는 바로 마하연의 간심과 똑같은 뜻이다. 자심에서 무엇을 아는 것인가 하면 바로 경전에서 부처님께서 친절히 마음의 성품이 이렇다 하고 가르쳐주신 것을 요지하는 것이다. 즉 심心은 불가득, 무소유, 공적, 일심[無能所], 무생, 무지, 무견, 무분별, 무심, 무념임을 요지하는 것이다. 부사라든가 불관의 행은 간심의 관행觀行도 함이 없다는 뜻을 드러내고 있는데 이는 바로 자심自心의 성품이 자연히 구현되고 있음을 말한다. 이 간심과 불관不觀·부사不思의 행은 상당 부분 곡해되거나 충분히 이해되지 못하여 왔다. 그러나 북종 신수의 재전제자인 마하연이 이 두 법문을 같은 선법으로 함께 설하고 있는 것이다.

그런데 마하연은 이 간심을 통하여 일체의 망상 습기를 제거하여 성불할 수 있다고 하였고, 이에 대해 인도에서 온 바라문승(『대승입정리결』은 인도에서 온 승려들을 '바라문승'으로 칭하고 있다)들은 일체

제불이 한량없는 다겁 동안 한량없는 공덕을 쌓고, 지혜를 원만히 갖추어서 성불하였다고 하였는데 어찌 간심에 의한 망상 습기의 제거만으로 성불할 수 있다는 것인가 하고 비판하였다. 마하연은 이에 대해 "단지 마음의 망상을 떠나면 제불여래법신이며, 부사의不思議의 지혜가 자연히 드러난다."(『능가경』) 등[17] 여러 대승경전의 구절들을 인용하여 반론하고 있다. 또 "어떻게 간심하는 것입니까?" 하는 질문에 "심원心源을 반조返照하여, 심상心想이 동동함을 간심하되, 유·무와 정·부정과 공·불공에 대해 모두 사량분별하지 않으며[不思議], 그렇게 불관不觀함도 또한 부사不思하는 것이다. 까닭에 『정명경淨名經』에서 설하되, '불관不觀이 보리菩提다.'고 하였다." 하고[18] 있다. 즉 심상心想의 당념當念을 간심하되 유무 등 일체의 사량분별을 함이 없으니 여기에 불관의 뜻이 있고, 억지로 불관하고자 하여 불관의 상상을 짓고 있는 것도 아니니 여기에 부사不思의 뜻이 있다. 심원心源을 반조返照한다는 것은 마음을 일으켜 반조한다는 것이 아니다. 심원이 당념當念 당처當處를 떠나 따로 있는 것이 아님을 알았다면 당념 당처가 그대로 심원인 까닭이다. 또한 심원을 반조한다 하여 마음이 내內로 향向하는 행도 아니다. 마음이란 본래 내외內外가 없는 까닭이다. 내외 어디에도 향함 없음이 곧 심원이고 당처이다. 내외 어디에도 향함 없으면 곧 심원을 반조함이다. 자칫 잘못하여 마음을 일으켜

---

17 현전하는 3본의 『능가경』에 본 문장은 보이지 않으나 같은 뜻을 설한 부분은 여러 곳에 있다.

18 "返照心源看心. 心想若動, 有無淨不淨, 空不空等, 盡皆不思議. 不觀者亦不思. 故『淨名經』中說, 不觀是菩提." 上山大峻, 전게 『資料』, p.546.

내內로 향하는 것으로서 심원을 반조하기 쉬우나 이렇게 되면 심원이 아니라 마음으로 지은 내內라는 영상映像 내지 환상에 향하고 붙잡는 것이다. 이 차이를 분명히 알아야 한다. 심원은 곧 심성心性이고, 일단 심성은 간심을 통해 요지하고 확인할 수 있다. 그 간심은 곧 당처의 당념에서 하게 된다. 심원을 반조함이란 곧 자심의 당처에서 심성이 불견不見·부지不知·불분별不分別·무심無心·무생無生·불가득不可得임을 비추어 보아 확인하는 것이다. 사실 당념當念의 당처當處 외에는 아무것도 없는 것이다. 그래서 그 당념의 동동動하는 심상을 대상으로 하여 유有다, 무無다 하는 등의 사량분별을 할 자가 따로 없고, 이미 당념뿐인지라 당념 자체가 그러한 사량분별의 대상이 될 수 없는 것이다. 그래서 불관不觀이 되는 것이고, 이때의 불관은 이미 간심 그대로의 당처에서 되는 것인지라 불관을 의도하여 짓는 행이 아니다. 그래서 마음으로 무엇을 해야겠다거나 불관의 법을 취하여 이를 지니거나 의거하는 바도 없다. 그래서 어떠한 법도 취하거나 지니거나 의거하는 바가 없기 때문에 원효대사의 『대승기신론별기』에서는 "고요 적멸하여 의거할 바가 없나니 확 트여 걸림 없다."라[19] 하였다. 따라서 간심看心과 불관不觀·부사不思의 선법은 다른 법이 아니라 동시에 구현되는 불이不二의 일관된 법이다. 요컨대 불관·부사·불행[無修]의 간심이다. 또한 자심이 본래 견見함도 없고, 지知함도 없으며, 분별함이 없는 까닭에 자심이 그러함을 자심에서 요지함이 곧 간심이다. 그리고 자심이 지知함 없음을 아는지라 자심의 그러한

---

19 "蕭焉靡據, 蕩然無碍."

성품 따라 간심도 행하는 바가 없다. 즉 간심의 능지能智도 떠나는 것이다. 그렇지만 항상 자심의 그러한 성품이 구현되는지라 그 행이 없지 아니하다. 이 자리를 말로 드러낼 수가 없다. 그래서 마하연은 대론의 말미에 이르길, 이제까지 여러 경전을 인용하여 이리저리 설명하였으나 진실한 뜻은 말로 드러낼 수 없다고 하였다.[20]

하택신회는 북종 신수의 간심看心법문을 마음을 일으켜 간심하는 행으로 보아 이는 점법이니 달마의 정통선이 아니라고 비판하였다. 그의 이러한 주장은 후대에 큰 힘을 발휘하여 남종 천하가 되는 데 결정적 기능을 하였다. 그러나 근래 돈황에서 발견된 『돈오진종론頓悟眞宗論』과 『돈오진종요결頓悟眞宗要決』 등 여러 북종 법문에 『육조단경』이나 하택신회의 선법과 다름없는 돈법이 뚜렷이 기술되어 있다. 북종 신수가 초심자나 대중 법회에서 더러 방편의 점법을 설한 경우도 있을 수 있고, 이를 가지고 점법으로만 매도한 것일 수도 있다. 그러나 오조의 수제자인 신수神秀가 선종 선지의 근본을 놓쳤다는 것은 말이 안 된다. 그 신수의 재전제자인 마하연이 이미 돈법을 뚜렷이 설파하고 있는 것이다.

그 돈법의 선지는 다음의 대화에서 더욱 뚜렷해진다. "어떠한 방편으로 망상과 습기를 제거하는가?"라는 질문에 대해 "망상이 일어났을 때 불각不覺이면 이를 생사生死라 하고, 각覺이면 망상에 따라감이 없고, 번뇌 일어남에 취함도 없고, 머무름도 없어 염념念念해탈이고 반야이다."고 한다. 마음이 본래 공적空寂하여 무생無生이고 무지無知

---

20 "臣前後所說, 皆依經文答, 非是本宗. 若論本宗者, 離言說相, 離自心分別相." 上山大峻, 전게 『資料』, p.557.

무견無見임을 각覺하지 못하였다면 망상에 끌리고 휩싸여 가니 바로 이것이 생사 윤회의 길이다. 만약 마음의 성품이 그러함을 각覺하였다면 어떠한 번뇌 망상이 일어나도 그것을 취하거나 따라가거나 버리려 하거나 함이 없다. 어떠한 한 법도 얻을 바 없기 때문이다. 마음이 본래 무엇을 취하거나 버리거나 함이 없기 때문이다. 마음의 성품은 본래 취하거나 버림이 없다. 따라서 이 법이 행해지기 위해서는 당연히 먼저 자심自心의 그러한 성품을 자심에서 요지(了知; 깨달아 앎, 뚜렷이 앎)함이 있어야 한다. 간심看心을 먼저 말하는 것은 자심에서 그러한 성품을 뚜렷이 보아야 하는 까닭이다. '직지인심直指人心 견성성불見性成佛'은 바로 이 뜻이다. 또 여러 경에 의거하여 이르길, "불성佛性은 본래 있는 것이니 닦아서 이루어지는 것이 아니다. 단지 삼독三毒과 허망 망상 습기의 더러운 옷을 떠나면 해탈이다."고[21] 한다. 수행을 통하여 불성을 새로 이루어 가는 것이라면 점법으로 가야겠으나, 불성이란 본래 완전무결하게 누구에게나 갖추어져 있는 것이니 무슨 행으로 새로 만들어지는 것이 아니어서 단지 그러함을 뚜렷이 알아 망념에 물들지만 않으면 된다. 그래서 '견성성불'의 돈법이 강조되는 것은 당연하다. 이 돈법의 뜻을 모르면 마음을 이리저리 지어서 무엇을 이루고자 집중하고 향하고 힘을 쏟는다. 그러한 행은 불성에 위배되는지라 도리어 많은 병폐를 낳아 성불에서 멀어지게 한다.

또 인도의 바라문승은 반문하길, "『십지경十地經』에 의하면 팔지보살이어야 불관不觀에 들어가 수행하도록 한다고 하였으니, 이에 의거

---

21 "佛性本有, 非是修成. 但離三毒虛妄, 妄想習氣垢衣, 則得解脫." 上山大峻, 전게 『資料』, p.552.

한다면 범부는 아직 초지보살도 되지 못하였는데 오직 불관不觀의 행으로 어떻게 성취하겠습니까?" 하였다. 이에 대해 마하연은 팔지보살은 일체의 관과 분별습기를 떠났고, 십지의 보살 계위는 어디까지나 중생의 분별 따라 시설한 것일 뿐이며, 승의勝義로서는 그러한 차제次第가 없다는 『능가경』의 내용을 인용하고, 팔지보살은 일체행一切行을 초과하여 무생법인無生法忍을 성취한 자리인데 팔지보살로 하여금 수행을 하도록 하였다는 말을 듣지 못하였다고 하였다. 실지로 현전하는 당역唐譯『십지경十地經』과 구마라습 역의 『십주경十住經』에는 인도의 바라문승이 제기한 구절이 보이지 않는다. 『화엄경』 60권본과 80권본에도 없다. 단지 이 불관不觀에 해당하는 내용으로는 각 경에 모두 나오는 "팔지八地보살이 되어 무공용無功用의 행이 모두 성취된다."는 구절이 가장 가깝다. 현전하는 한역 경전에는 없으나 인도의 바라문승이 보았던 범본梵本에는 그 구절이 있었을 수도 있다. 불관이란 무공용을 전제로 이루어지는 것이다. 무수지수無修之修에서 무수란 곧 무공용〔無作意〕인 수修를 말하고, 무공용인 수修가 없지 않아서 무수지수이고, 불관지관不觀之觀이다. 그런데 여기서 마하연이 변론한 내용 가운데는 다소 보완해야 할 부분이 있다. 『화엄경』에 의하면 팔지보살에서 구지와 십지보살에 이르기 위해서는 대원력·입여래지入如來智·복덕지혜의 성취·대원비심大願悲心·여래력如來力에 수순함·여래지에 수순함·일체지一切知·자재력自在力 등을 비롯한 여러 행이 수반되거나 갖추어져야 한다. 단지 팔지보살 이상의 위位에서 이루어지는 행은 자비행원을 제외하고는 무생법인無生法忍을 증證하고 입여래지入如來智한 전제 위에서 이루어질 수 있는 행이다. 따라서 소요되는 위의 여러 행 또한 불관不觀 내지 후술하는 불행不行을 바탕으로 하는 행들이다. 불관의 행은 유심唯心이고 일심一心이어서 무생無生이라는 리理를 요지하여야 할 수 있는 행이다. 분별 떠났으니 불관不觀이지만 억지로 분별하지 않는다고 하여 불관이 되는 것이 아니다. 『능가경(7권경)』게송품에 설한 바와 같이 단지 분별 일으키지 않는다고 해서 해탈이 아니고, 유심唯心임을 깨달은 각지覺智가 있어야 한다.[22] 유심이고 일심이어서 마음이 본래 불관임을 알아야 한다. 그렇게 깨달아 아는 것이 곧 이입理入이고, 아직 팔지보살이 안 되었어도 이입理入하였다면 불관의 행이 가능하다. 유심唯心을 아직 온전히는 통달하지 못하였지만 대승경전의 심의에 이입하였다면 그 요지한 뜻에 따라 불관의 행이 펼쳐지게 된다. 초지에서 십지까지는 이사무애理事無礙가 완숙되어 가는 과정이어서 그 얕고 깊음에 따라 위차를 나누지만 그 행하는 바탕인 리理는 분별 떠난 진여眞如의 리(無分別智)로서 다름이 없다. 그래서 『능가경(7권경)』게송품에 "보살십지가 초지이며, 보살초지가 팔지이고, 보살칠지가 팔지이나니, …… 무상無相인데 어찌 위차가 있겠는가."라고 하였다.

이입理入을 위한 법문은 아직 이입하지 못한 범부 중생을 위해 설해진다. 또한 아직 이르지 못한 이들에게 이르도록 설하는 것이

---

22 『대정장』16, p.631b에 "不能起分別(분별 일으킬 수 없는 것을) 愚夫謂解脫(어리석은 범부는 해탈이라 하나), 心無覺智生(마음에 覺智 생김이 없다면), 豈能斷二執(어찌 二執을 끊을 수 있으리). 以覺自心故(오직 自心일 뿐임을 깨닫는 까닭에) 能斷二所執(능히 二執을 끊을 수 있으며) 了知故能斷(唯心을 了知하는 까닭에 끊을 수 있다는 것이지), 非不能分別(분별할 수 없다는 것이 아니니라)."

법문이다. 불관不觀의 행을 위한 법문도 이제 그 행이 완숙하게 된 팔지보살을 위해서만 설해질 것이 아니다. 아직 법을 몰라 범부중생이지만 그 가운데는 대승근기로서 얼마든지 이 법을 듣고 이입하여 행할 수 있는 이들이 있을 수 있다. 다만 『십지경』에서 팔지보살이어야 불관에 들어가 행한다 한 것은 팔지에서 무생법인(無生法忍; 唯心이니 無生이라는 진리)을 증證하여 진정한 불관이 되는 까닭이다. 그러나 무공용無功用의 행 내지 불관이 팔지 이전에는 전혀 이루어지지 않는다는 것은 아니다. 원만한 성취는 아니지만 초지 이상에서 이미 일부분의 무공용 내지 불관이 이루어진다. 요컨대 법을 듣고 자심에서 유심唯心과 무생의 뜻을 요지하였다면 불관의 행은 자연이 되어가는 것이고, 동시에 이 불관의 법문은 유심唯心과 무생의 뜻을 한층 뚜렷이 해준다. 여기에 각 법문이 혜慧의 증證을 상호 증장케 해준다는 뜻이 있다.

다음은 불행不行에 대해 살펴보자. 불관不觀이고 부사不思의 행이니 당연히 불행不行의 행行이 된다. 마하연은 "불성佛性은 본래 있는 것이니 닦아서 이루어지는 것이 아니다."고 하였다. 이 법문은 여러 대승경전에 설파되어 있다. 또 『사익범천소문경思益梵天所問經』 제2에서 범천의 질문에 대해 부처님이 답하신 구문을 들고 있다.[23] 그 요지는 다음과 같다. 보살이 제불諸佛로부터 어떠한 행으로 수기授記를 받는가 하면, 불행생법不行生法, 불행멸법不行滅法, 불행선법不行善法, 불행불선법不行不善法, 불행세간법不行世間法, 불행출세간법不行出世間法, 불행유죄법不行有罪法, 불행무죄법不行無罪法, 불행유루법不行有漏法,

---

23 『대정장』15, p.45c.

불행무루법不行無漏法, 불행유위법不行有爲法, 불행무위법不行無爲法, 불행열반법不行涅槃法, 불행견법不行見法, 불행문법不行聞法, 불행각법不行覺法, 불행지법不行知法, 불행시법不行施法, 불행사법不行捨法, 불행계법不行戒法, 불행복不行覆, 불행인不行忍, 불행선不行善, 불행법不行法, 불행정진不行精進, 불행선不行禪, 불행삼매不行三昧, 불행혜不行慧 등의 불행不行이다. 제법諸法의 이상二相을 떠남, 신구의身口意의 업상을 떠남이 수기授記의 뜻이다. 석가모니불께서 과거 무량 아승지겁에 걸쳐 제불諸佛을 만나 가르침을 따르며 헛되이 세월을 보내지 않았으나 수기를 받지 못하였는데 그것은 행行에 의지한 까닭이었다. 나중에 연등불을 만나 수기를 받을 수 있게 된 것은 일체의 제행諸行을 넘어섰기 때문이었다. 일체의 유위법有爲法을 행하지 않음이 정행正行이고, 일체법을 불행不行함이 수법행(隨法行; 진리를 따르는 행)이다. 왜냐하면 제법을 불행不行함이 정正이다 사邪다 하고 분별하지 않음인 까닭이다. 이러한 불행不行의 뜻은 매우 심오하여 깊이 이르지 못한 이로서는 사실 불법을 알기 이전에 아무 행도 하지 않는 것과 구분을 못해 버린다. 또한 여러 경전에서 필요성이 강조되어 있는 갖가지 행들도 불행不行한다는 것이어서 자칫 망설妄說이나 비불설非佛說로 매도되기 쉬운 법문이다. 그래서 당시 티베트에서 인도의 바라문승들은 이 법을 비불설이니 정폐停廢해야 한다고 주장하기에 이른 것이다. 이들을 이끌었던 적호寂護와 연화계蓮花戒도 대승경전을 많이 인용하며 논지를 펴고 있고, 마하연도 마찬가지인데, 양자의 견해가 크게 엇갈린 것은 아무래도 그 뜻을 뚜렷이 깊이 통달한 면에서의 차등差等 때문일 것으로 생각한다. 마하연의 주장이 대승경전의 인용을 통해 분명히 모두 입증되고 있다.

  불관不觀·부사不思와 마찬가지로 불행不行도 먼저 유심唯心과 일심一心을 요지하여야 행할 수 있는 법이다. 불행不行은 곧 분별 떠남이고, 분별 떠남이 진리를 따르는 행[隨法行]이라 하였는데 위에 든『능가경』게송에 설한 바와 같이 분별 떠남은 유심唯心임을 요지하여야 이루어지는 것이다. 유심唯心의 뜻을 온전히 안다면 자연히 불행不行의 행이 되어진다. 불성佛性은 본래 온전히 구족되어 있어 무슨 특별한 행에 의해서야 비로소 이루어지게 되는 것이 아니다. 무슨 특별한 행을 지어가는 것으로 성취하려는 것은 이미 닦아서 이루어지는 것이 아니라는[非可修相] 불성의 도리에 어긋나는 것이기에 수기를 받을 수 없고, 성불하지 못한다. 그렇다고 해서 인연 따라 마땅히 행해지는 것까지 일부러 거부하고 불행不行하라는 것은 아니다. 만약 그렇게 일부러 불행不行하고자 한다면 불행이라는 행을 취하는 것이 되어 버려 이미 불행이 아니다. 진실한 불행不行이란 분별을 떠남이라 하였으니 분별 떠난 가운데 일체행이 원만히 구족되는 것이고, 분별 떠난 가운데 하는 행이 없지 않아서 일체행이 없지 않다. 분별을 떠났다는 것은 이미 '행行이 있다', '행行이 없다'로 드러낼 수 없는 자리이다. 자심自心의 성품은 그 묘용이 한량없다. 분별 떠난 불행不行의 자리에서 그 묘용이 온전히 발휘된다. 진정한 일체행은 바로 그 묘용 가운데서 나온다. 그런데 어찌 분별 떠나지 못한 자리에서의 무슨 행으로 그러한 묘용이 이루어지겠는가. 오히려 본래의 묘용을 방해하고 가리는 것이 되어 버린다. 무슨 특별한 행으로 잠시 나타나는 증험들은 일시적이고 한정된 것이며, 원만하지 못하고, 그릇됨에 이르게 한다.

마하연은 대론의 끝에 이르길, "마하연은 일생 이래 오직 대승선大乘禪을 수습하여 왔으니 법사가 아닙니다. 만약 법상法相에 대해 듣고자 하건데 (인도의) 바라문법사들에게서 듣도록 하시오. 마하연이 설한 바는 소론疏論에 의하지 아니하고 대승경문의 지시에 의거한 것입니다. 마하연이 수습한 것은 『대반야』·『능가경』·『사익경』·『밀엄경』·『금강경』·『유마경』·『대불정수능엄경』·『화엄경』·『열반경』·『보적경』·『보초삼매경』 등입니다."라 하였다. 세간에서는 선사가 경전을 자주 인용하여 말하면 교리나 강설할 줄 아는 법사 정도로 여겨 버리는 경우가 많다. 요즘 한국불교계에서는 이러한 현상이 더욱 심하다. 후대로 갈수록 선사들은 경론의 인용을 회피하며, 경론 대신에 선문답식 법문을 잘하여야 큰스님 대선사로서 칭해졌다. 최상승선으로서의 달마선의 선지는 언어분별을 뛰어 넘는 자리로 직입하게 하는 돈법이지만 그렇게 이끄는 것은 결국 대승경전에 명쾌하게 개시開示된 법문에 의한다. 마하연이 이 대론에서 이 선법이 불설佛說임을 논증하기 위해 여러 대승경전을 많이 인용하여 말하였지만 그는 단순히 경론의 글귀나 설명하여 전하는 법사가 아니었다. 경론의 법상法相을 떠나 분별을 떠난 불행不行의 자리를 증證하고 있는 선사였다. 같은 대승경전을 수습하고 있었지만 인도의 바라문승들은 불관不觀·부사不思·불행不行의 선지는 아직 얻지 못하고 있었다. 이 대론의 결말에 대한 어느 쪽의 기록이 진실한가가 문제가 아니라 양편의 견지見地를 각자가 이법理法과 행상行相에서 스스로 판단할 수 있는 안목을 갖는 것이 필요하다. 양편의 주장이 지니는 나름대로의 타당성을 인지하면서 모순으로 생각되는 사항들을 회통할 수 있는 지혜가 중요하다. 이 대론의 내용은 최상승선으로서의 달마선을 행하는 이들에게 그 위상位相과 자상(自相; 독자성)을 확인시켜주는 좋은 자료이다. 아울러 간심看心과 불관不觀·부사不思의 행行이 다른 행법이 아니라 하나의 일관된 선법임을 설하고 있어 근래 일부 연구자들의 잘못된 견해를 극복할 수 있게 해주고 있다.

4. 도신과 우두법융의 사법嗣法 문제

도신道信과 우두법융牛頭法融의 사법嗣法 사실을 부정적으로 보는 여러 견해가 있는데 그 가운데 대표적인 것이 관구진대關口眞大의 견해이다.[24] 이를 중심으로 그 문제점을 지적하고자 한다.

관구진대는 우두법융이 달마 선종과는 어떠한 관계도 없는 사람이었다고 한다.[25] 또 『P.2885』본 『절관론』의 후미 부분에 덧붙여진 19문답 가운데 제14문답에 "…(전략)… 마음도 또한 이와 같아 비록 본래 항상 공적空寂한 줄 안다 하더라도 관찰하지 않으면 정定을 얻을 수 없다. 이 까닭에 모든 배우는 이들에게 일체의 시처時處에서 항상 내內로 향하여 조照해야 할 것을 권하고, …(후략)…"[26]라고 한 내용에

---

24 關口眞大는 『절관론』을 분명히 우두법융의 撰으로 보고 있다. 關口眞大, 『達摩大師の硏究』, 東京, 春秋社, 1969, p.111. 한편 같은 저서 pp.194-5에는 『절관론』의 사상이 神會의 『현종론』과 일치하다는 점과 북평본 『절관론』 말미에 "無名上士集"으로 되어 있고, 無名은 곧 신회의 門人으로 칭해지는 五臺無名(722-793)으로 본다면, 『절관론』도 神會의 저술로 보는 편이 온당하다고 생각되기도 한다고 하여 앞의 말과 다르다.
25 關口眞大, 전게서, p.83.

대해 관구진대는 말하길, "이는 분명히 소위 관심의 법을 역설한 것이고, 이렇게 일체 시처時處에 항상 내內로 향하여 심심을 관하고 심심을 구할 것을 권하는 것과 같은 것은 무심無心과 절관絶觀을 설하는『절관론』의 사상과는 전혀 배치되는 것으로 생각한다."(關口眞大, p.107)고 하였다. 또 「영목대졸鈴木大拙 박사도 이전에 지적한 바와 같이 심심을 체로 하고, 심심을 종宗으로 한다고 설한『종경록』 권제97의 (『절관론』) 인용문은 "'무엇을 심心이라 하고, 어떻게 안심安心하는 것입니까?' 입리入理가 답하되, '마음을 세워서는 안 되며, 또한 억지로 편안하게 하려 해도 안 된다."의[27] 문답으로부터 시작하는데, 이는 '무심즉대도無心卽大道'를 설하는『절관론』중의 문답이라고는 도저히 생각되지 않는다. 또 우두법융의 사상은『심명心銘』에 의해 보더라도 관해야 할 마음도 없고, 수수守해야 할 마음도 없다고 하는 소위 절관망수絶觀忘守의 무심無心의 리理를 설하고 있다. 이에 대해 심위종心爲宗, 심위체心爲體, 심위본心爲本으로 설한 것은 동일인이 설한 것으로 보기 어렵다고 생각한다.」이라고 하였다.[28]

이 견해도 앞에서 의론한 여러 견해와 같은 맥락에 의해 제기된 것이다. 따라서 선법상 간심看心 내지 수심守心이 절관망수絶觀忘守 내지 불관不觀·부사不思·불행不行과 일관된 선법이라는 전술의 의

---

[26] "問曰, 衆生本法如何. 答曰, 無佛無衆生, 不見人我想, 卽是本法. 譬如鑛中雖有眞金, 若不施功, 終不可得. 用功之者, 乃獲金矣. 心亦如是. 雖知本來常寂, 若不觀察, 不得定也. 是故勸諸學者, 一切時處, 恒向內照, 物得( )捨. 若有人求道, 不習此法, 千劫萬劫, 枉功夫, 徒自疲勞, 忍辛苦, 畢竟不免墮三塗." (關口眞大, 전게서, p.107)
[27] "云何名心, 云何安心?" 入理答曰, "汝不莫須立心, 亦不須强安."
[28] 關口眞大, 전게서, p.109.

론에 의해 마찬가지로 반론된다. 선법의 내용상으로도 도신과 법융은 다른 법이 아니라 그대로 일치하는 법문이다. 관심觀心 내지 간심看心을 통해서 무심無心과 절관의 뜻을 알 수 있다. 무심과 절관은 관심을 통해 심성을 요지해야 행해질 수 있는 것이다. 즉『육조단경』에서 강조하는 바와 같이 먼저 심성을 알아야[識心見性] 무심 내지 무념 절관이 행해질 수 있다. 동일인의 동일 법문에서 관심觀心과 절관絶觀 내지 불관不觀이 함께 설해지는 것이 모순이 아니라 수증修證과 방편도에서 당연한 것임은 위에서 길게 설명한 마하연의 대론에서도 충분히 논급하였다. 더욱이 심心을 체體로 하고 심心을 종宗으로 한다는 법문이 무심無心과 절관絶觀을 설한 법문과는 전혀 이질異質이어서 동일인이나 동일 계통의 법문으로 볼 수 없다는 견해 또한 잘못이다. 무심無心이라 해서 심心이 없다는 뜻이 아니다. 심心 그대로 지知함도 없고, 견見함도 없으며, 분별함도 없어 무심無心이라는 뜻이다. 즉 심心이 무심無心이라는 말이다. 절관絶觀도 마찬가지이다. 절관의 깊은 뜻을 안다면 관觀이 항상 그대로 절관이다. 무심의 뜻을 안다면 심心 그대로 항상 무심이다. 번뇌 그대로 보리[覺]라는 말과 같다. 무심無心을 문자 뜻으로만 이해하여 정말 마음이 없다면 아무것도 없으니 허무가 아니고 무엇이겠는가.『능가경』에 설하길, "허무가 아닌데 허무에 빠질까 염려하여 여래장如來藏을 설하였다."고 하였다.[29] 여래의 일체

---

[29] 『대승입능가경』 권제2 집일체법품에 "어리석은 범부들이 無我에 대한 두려움에서 떠나도록 해주기 위해서, 분별이 없고, 影像이 없는 자리인 如來藏의 門을 설한 것이니 미래 현재의 모든 보살마하살들은 이를(여래장을) 我로 집착해서는 안 되느니라."

공덕으로 충만되어 있는 것이 마음이다. 그 마음은 공적空寂하여 성품이 무심無心하다. 마음의 성품이 무심인지라 무심의 뜻도 마음에 있다. 그래서 마음이 체體이고 마음이 종宗이다. 심心과 무심無心을 함께 설하고 강조해도 전혀 모순이 없고, 지극히 당연한 법문이며, 대승의 심의이다. 수증 상의 체험적 이해 없이 문자 상의 피상적 해석만 가지고 함부로 같은 법이 아니라거나 조작 내지 위작이라고 단정해 버리는 일을 삼가야 할 것이다.

한편 관구진대는 사실관계의 검토를 통하여 우두법융이 도신으로부터 법을 받았다는 사실을 다음과 같이 부정하고 있다.[30]

①『경덕전등록』「우두법융전」에 우두법융(594~657)이 도신(580~651)으로부터 달마대사의 심요心要를 상승相承했다고 한 기사들은 믿기 어렵다. 그를 '게으른 법융〔懶融〕'으로 칭한 것과 그가 매우 근면하고 성실한 인물이었음을 말해주는 내용과는 모순된다. 도신과 법융과의 관심觀心문답은 굴다崛多삼장의 정양현定襄縣에서의 문답으로 되어 있는 기사와 완전히 같은 취지이다. 도신이 법융에게 수시垂示한 법문도 설봉의존雪峰義存의 법어와 거의 동일하다. 또한『영가집』과 완전히 같은 여러 구句가 있다. ②『속고승전』「우두법융전」에는 법융에 대해 장문의 전기를 싣고 있으면서도 도신과 관계가 있었다고 생각되는 내용은 전혀 기재하지 않고 있다. 또한『속고승전』「도신전」에서도 마찬가지이다. ③『속고승전』「우두법융전」이나『홍찬법화전弘贊法華傳』권3의「법융전」에 법융이 수학受學한 스승들의 이름이

---

30 關口眞大, 전게서, pp.118~120.

여러 명이지만 도신의 이름은 보이지 않는다.

이 견해도 유전성산柳田聖山의 견해가 지니는 문제점과 잘못을 거의 공통으로 지니고 있다. 그 내용도 별다른 것이 없기 때문에 실은 앞의 장 및 본 장의 앞에서 해명한 내용으로도 충분히 반론될 수 있다고 본다. 때문에 여기서는 간략히 설명하고자 한다.

도신이 법융에게 선법을 전하였다는 기록으로서 가장 빠른 것은 이화李華(766년 졸)의 『윤주학림사고경산대사비명潤州鶴林寺故徑山大師碑銘』이다.[31] 또 이화가 찬한 『고좌계대사비故左溪大師碑』(천태종 제5조 左溪玄朗, 754년 졸)에도 기록되어 있다.[32] 따라서 도신과 법융의 시기로부터 약 1세기 뒤의 기록에 이미 이 사실이 전해지고 있다. 우두법융과 그 전법계열이 선종의 일맥이라는 사실은 이미 8세기에서부터 기록되고 그 누구도 당시 이를 부정하고 있는 예가 없는데 근래에 와서 별다른 근거도 없이 짐작과 추론만으로 부정해 버린다. 또한 규봉종밀(780~841)의 『원각경대소초』 권세3의 하下에도 전한다.[33]

관구진대關口眞大는 『조당집』(952)과 『경덕전등록』(1004) 등에 전

---

31 "信門人達者融大師, 居牛頭山, 得自然智慧, 信大師 就而證之. 且曰, 七佛教戒, 諸三昧門, 語有差別, 義無差別, 群生根器, 各各不同, 唯最上乘 攝而歸一, 凉風旣至, 百實皆成. 汝能總持, 吾亦隨喜." 『全唐文』320, 15右.

32 "佛以心印付大迦葉, 此後相承 凡二十九世, 至梁魏間 有菩薩僧菩提達摩禪師, 傳楞伽法, 八世止東京聖善寺宏正禪師, 今北宗是也. 又達摩六世 至大通禪師, ……盖北宗之一源也. 又達摩五世(三世) 至璨禪師, 璨又授能禪師, 今南宗是也. 又達摩四世 至信禪師, 信又授融禪師, 住牛頭山, 今徑禪師 承其後也." 『全唐文』302, 2右.

33 "融, 通性高簡, 神慧靈利, 久精般若空寂, 於一切法, 已無計執, 後遇四祖, 於不空無相體, 顯出絶對靈心本覺, 故不俟久學, 便悟解通明."

하는 양인의 전법 관련 기사의 차이점 등을 들어 그 실재성을 믿기 어렵다 하고 있으나[34] 그 대화 내용이야 어찌 되었든 그 전법 사실은 이미 이들 기록보다 200여 년 이전부터 기록되고 있었음을 중시해야 한다. 양인과 거의 동시대에 이루어진 『속고승전』에 그 내용이 전하지 않는다 하여 그 실재성을 부정하는 것은 잘못이다. 그 전법 사실을 전하는 내용에는 한결같이 법융이 도신을 만나기 전에 이미 여러 대승경론에 정심하여 있었음을 말하고 있고, 달마선은 그 대승경론의 심의를 바탕으로 하는지라 도신과 한 번 만나 몇 마디 대화로 그 선지를 깨달았을 가능성이 있다. 잠깐 만나 이루어진 이 사실이 선가(禪家) 외에는 잘 알려지지 않았을 수가 있다. 『속고승전』의 기록에 없다 하여 쉽게 그 사실을 부정할 수는 없다. 관구진대는 『조당집』과 『경덕전등록』의 기사는 부정하면서도 규봉종밀의 기사를 근거로 도신과 법융의 만남은 있었을 가능성이 있다 하고, 그렇다면 (도신이 법융을 찾아간 것이 아니라) 법융이 도신을 찾아가 만났을 것이라 하였다.[35] 관구진대는 법융을 초조로 하는 선종의 한 계파로서의 우두종을 역사적 사실로서 인정하지 않고 있다. 그러나 그 만남의 경위야 어떻든 만났을 가능성이 인정된다면 도신선법이 법융에게로 상승되고, 이를 이은 우두종이 선종의 한 계열로서 후세에 전해지게 된 사실을 부정하는 것은 스스로 모순되는 견해라 하지 않을 수 없다. 동일한 문답이 여기저기서 시대를 뛰어 넘어 보이는 것은 법융의 사례뿐이 아니다. 선법상(禪法上) 그 요의를 증(證)하고 있다면 대화에서 같거나 비슷한

---

[34] 關口眞大, 전게서, pp.121~133.
[35] 關口眞大, 전게서, pp.150-1.

말을 시대를 격하여 여러 수증자修證者들이 쓰게 되는 것이 또한 당연한 일이다. 여기에서 보인 대화가 저기에서도 있다 하여 무조건 조작으로 볼 수는 없다. 또한 법융은 『속고승전』 등에 의하면 여러 사師의 좌하座下에서 여러 경론을 수학한 것으로 되어 있으나 도신과 법융의 사승師承관계를 말해주는 자료에는 도신이 법융을 찾아가 문답을 잠깐 나눈 것뿐이다. 따라서 그 일이 당시에는 별로 알려지지 않아서 도선道宣이 비록 동시대 인물이지만 이를 몰랐을 가능성도 배제할 수 없다. 수년에서 십여 년 이상 어느 사師의 처소에 머물러 학습해야 하는 교학과 달리 이미 대승을 깊이 연찬해 온 이라면 선사와의 한두 번 만남에서 전해질 수 있는 것이 선법이다. 이러한 경우는 그 선가 내에서 구전口傳으로 그 사실이 대대代代 상전相傳될 뿐 그 자취가 쉽게 외부로 알려지기 어렵게 되기 쉽다. 도신과 법융의 전법은 오히려 선가만의 독특한 전승의 모습을 증명하고 있는 일례라 하겠다.

5. 결언

초기 선종사를 이해하는데 도신의 선법과 그 전승계보 문제는 매우 중요한 위치를 차지한다. 근래 초기 선종 선법을 깊이 있게 이해하지 못한 가운데 곡해와 억측에 의한 추론에 의거하여 선법의 성격을 논단하거나 사실관계를 쉽게 부정해 버리는 경향이 많은데 이는 크게 경계해야 할 사안이다. 필자는 5장과 6장을 통하여 그 잘못됨을 지적하였다. 도신의 선법은 달마 이래 초기 선종의 능가선을 그대로 계승한 것이며, 그 능가선이 반야선과 구별되어야 할 것도 아니고, 그러한 용어를 쓰는 것 자체가 실제의 선법에 부응하지 못하는 것임을 밝혔다. 간심看心과 절관絶觀 내지 불관不觀·부사不思·불행不行의 선법 또한 이질의 법문이 아니고, 돈법 가운데 일련의 행법으로 갖추어져 있는 것임을 설명하였다. 이는 티베트종론에서 마하연이 펼친 돈법을 통하여 그 심의를 보다 명확히 이해할 수 있었다. 마지막으로 도신과 우두법융의 사승관계도 단순한 문헌비판의 시각에서 논단할 수 있는 것이 아니며, 선종 특유의 전법 양태를 고려하지 않으면 안 된다는 점을 지적하였다.

제3부

능가선과 여타의 선법

제7장 능가선과 승조선僧稠禪과 정학定學

1. 서언

남북조 이래 대체로 북조에서는 선정행禪定行을 위주로 하는 정학定學이 성행하였고, 남조는 교학敎學을 위주로 하는 의학義學 또는 강학講學이 성행하여 소위 '남의북선南義北禪'으로 칭해졌다. 그렇다면 달마선법으로서의 능가선은 어디에 해당하는 것이고, 양자와 각기 다르다면 어떠한 면에서 구분되는 것일까. 『속고승전』의 저자 도선(道宣, 596~667)이 남북조말 이래 선법의 이대二大 궤범으로서 승조(僧稠, 481~561)와 달마를 들면서,[1] 이 양맥을 소위 의학義學 또는 강학講學·강도講徒에 대비하여 들고 있는 것에 의하면 달마 계열은 의학義學보다는 선정禪定의 실수實修의 면이 더 두드러진 것 같다. 또한 승부僧副가

---

[1] 『속고승전』 권제20 習禪篇論贊에 "觀彼兩宗, 即乘之二軌也." 『대정장』50, p.596c.

달마로부터 선법을 전수받은 후 이를 궁행하여 정학定學의 종宗이 되었다 하였으며(『속고승전』권16 習禪初), 달마선법이 벽관壁觀으로 칭해지고 있고(同 권20, 論贊), 혜가가 "시방十方의 모든 부처님 가운데 만약 한 분이라도 좌선에 의하지 아니하고 성불한 분이 있다는 것은 도저히 있을 수 없는 일이다."(『능가사자기』혜가章)고 하여 좌선의 공功을 크게 강조하고 있는 것 등에 의하면 달마 계열이 의학義學보다는 정학定學에 가깝다 하겠고, 달마의 계맥이 후일 선종으로 칭해지게 된 한 요인도 여기에 있다 하겠다. 그러나 한편으로는 달마가 "교에 의지하여 종宗을 깨달음〔藉教悟宗〕"을 강조하였으며, 주석서『능가요의楞伽要義』1권을 저술한 바 있고(『능가사자기』달마章), 거의 모든 교법을 망라 회통하며 심지心地법문을 개시한 『능가경』을 전하면서 이 경에 의지하여 수행 전법할 것을 부촉하였으며, 혜가를 계승한 능가사楞伽師들이 각기 『능가경』을 주소注疏하였고, 『능가사자기』에 수록된 초기 조사들의 짤막한 법문과 어록에 보통 10종 내외의 경론이 인용되고 있는 사실들에 의하면 달마의 선법을 간단하게 남북조 이래의 정학定學의 범주로 이해하기 어렵게 된다. 도선은 『속고승전』권제20 습선편의 논찬論贊에서 당시 정사(定士; 定學의 집단)들이 의문義門을 거의 무시해 버리거나 세간의 정定에 탐착하면서 진공眞空을 익히는 것이라고 말하는 풍조를 비판하면서도[2] 한편으로는 한적한 곳에서 수선修禪 내지 관행의 실천을 궁행해야 할 것을 강조하고, 이러한 행이 없이 강학에만 열중하는 집단도 비판하고 있다. 따라서 도선이

---

[2] 同 論贊에 "頃世定士多削義門.⋯⋯ 或復耽著世定謂習眞空."『대정장』50, p.597a.

비록 승조와 달마 계열의 장단점을 비교하여 말하고는 있으나 그는 이 두 계열을 귀감으로서 칭양하고 있는 것은 분명하다. 그리고 그 이유는 이 양맥이 모두 수선修禪의 진실한 실천자였다는 데 있었다. 이러한 면에서 달마선도 선법禪法의 이대二大 궤범으로 칭해진 것이겠으나, 수선을 실천하는 면에서는 공통인데도 불구하고 여타의 정학定學과 구분되고 있는 것은 여타의 정학과는 다른 면모를 보였기 때문일 것이다. 『속고승전』 권제16 승가전僧可(慧可)傳에 의하면 혜가는 북제의 수도 업鄴에서 정학定學의 도중 천 명을 지도하고 있던 도항道恒선사로부터 큰 박해를 받고 있는데,[3] 이러한 사실도 달마선이 여타의 정학과 다르다는 것을 말해 주고 있다.

초기 선종의 이러한 이중적인 면이 '능가종'으로써 교학에 무게를 둔 부류와 실천에 무게를 둔 동산법문의 부류로 구분되는 괴리를 낳게 되었는데, 동산법문의 습선習禪 체험을 중시하는 특성이 매우 신선한 기풍으로 환영받아 달마선의 주류가 되었다는 견해도 있으나,[4] 육조 이전의 초기 선종기에는 이렇게 엄밀히 두 부류로 구분될 수는 없다고 생각한다. 전자의 경우도 『능가경』을 주소注疏한 외에는 두타행과 습선행을 위주로 하여 후자와 다를 바 없고, 후자도 『능가사자기』에 수록된 그들의 짤막한 어록이 거의 모두 여러 경전 인용문으로 채워져 있어 교학을 도외시한 것은 아니다. 따라서 달마의 선법은 의학義學 계열은 아니면서 의학의 면이 없는 것이 아니고, 정학定學 계열에 가까우면서 여타의 계열과는 엄밀히 구분되고 있다. 그렇다면

---

[3] 『속고승전』 권16 習禪初 僧伽(慧伽)傳, 『대정장』50, p.552a
[4] 伊吹 敦, 「早期禪宗史研究之回顧和展望」(『中國禪學』2, 2003), p.288.

달마선(능가선)이 여타의 정학과 어떠한 면에서 구분되는 것일까.
수야홍원水野弘元은 선종성립 이전의 중국선법의 주요 경향에 대해 요약하길, 소승선, 대승선, 대소승의 선을 종합 지양止揚한 것 등이 있었고, 선과 교의 면에서 보면 선법을 단지 이론적·학문적으로 설명 주해한 것, 학해學解를 주로 하고 선관禪觀은 보조적으로 행한 것, 교학과 선정수습을 동등하게 중시한 것, 교학보다 선정에 무게를 둔 것, 학해를 배척하고 선법만을 행한 것, 습선을 주로 하지만 산림에 은거한 두타난야의 행, 신통기적을 드러내어 구세제민의 실實을 올리는 것 등이 있었다고 하였다.[5] 그렇다면 이 가운데 달마선은 어디에 해당되는 것일까. 이러한 견해에 유사한 여러 연구들이 있고, 외면적 양상의 이해를 위해서는 일면 도움이 된다 하겠으나,[6] 본고에서 논하고자 하는 것은 이러한 외면적 양상의 문제가 아니라 실수實修의 차원에서 능가선과 승조선이 여타의 정학定學과 어떻게 다른가 하는 문제이다. 성행하던 기존의 여타 정학 대신에 달마선이 선종이 되고, 선법의 종주가 된 배경도 그 선법의 차이가 먼저 규명되어야 제대로 밝혀질 수 있다.
일찍이 천태지의天台智顗대사가 소승 대승의 거의 모든 선법을 정리

---

5 水野弘元,「禪宗成立以前のシナ禪定思想史序說」(『駒澤大學硏究紀要』15, 1957), pp.51-52.
6 위진남북조시대 禪觀의 전개양상에 대한 개괄적인 서술은 위의 水野弘元의 연구 및 宇井伯壽, 『禪宗史硏究(上)』(東京, 岩波書店, 1966; 1935); 村中祐生, 「中國南北朝時代の禪觀について」, 『天台觀門の基調』(東京, 山喜房佛書林, 1986); 杜繼文, 「禪, 禪宗, 禪宗之禪」(『禪學硏究』3, 南京, 1998); 楊曾文, 『唐五代禪宗史』第一章(北京, 中國社會科學出版社, 1999).

체계화한 바 있고, 위진남북조기 정학定學의 선법도 그 가운데 포함되어 있지만 그 내용이 방대한 까닭에 여기에서는 각 선법의 내용을 세밀히 열거하며 대비할 수 없다. 다만 능가선과 승조의 선법 및 정학定學의 삼자三者의 대비를 통하여 각 선법의 성격과 상호 관련성 문제에 대해 새로운 시각을 제시해보고자 한다.

2. 능가선과 승조선 및 정학의 성격 문제

도선道宣이 승조(僧稠, 481~561)와 달마의 선법을 대비하여 설명하고, 아울러 정학定學과 의학義學의 풍조와 문제점을 지적한『속고승전』의 관련 내용은 본 과제의 해명에 매우 소중한 기본 자료이다. 그런데 북제 문선제文宣帝로부터 거국적 귀의와 존경을 받았던 승조의 영향력은 당시 불교계에 매우 컸을 것이지만, 그가 이때 저술한 선요禪要의 서『지관법止觀法』2권이 실전되어 그의 선법을 구체적으로 전하는 자료는『속고승전』의 단편적인 몇 구절과 후술하는 신출의 돈황문서 외에는 현재 없는 셈이다. 더구나 후자는 그 진위가 미해결의 장으로 남아 있어 의거하는 데 여러 어려움이 따른다. 그래서 그의 선법을 그 사승師承관계에 의해 도명道明선사로부터 안반십육특승安般十六特勝의 소승선, 불타佛陀선사와 그 제자 도방道房으로부터 대승선을 받아 가미하였을 것이라거나,[7] 달마의 선법은 대승선, 승조의 선법은 소승선으로 간략히 논단하는 정도를 벗어나지 못하고 있다. 그러나

---

7 水野弘元, 앞의 글, p.44.

전술한 바와 같이『속고승전』에 전하는 그의 수학 이력은 간단치가 않아서 쉽게 소승이나 대승의 어느 한 쪽으로 논단하기 어렵다. 승조도 일찍이 대승교학을 연찬한 바가 있고, 그가 궁행하였다는『열반경』 성행품의 사념처관도 소승법뿐 아니라 무주無住·무득無得의 대승심의에 의한 사념처관도 설해져 있는 까닭에 그의 선법을 오직 소승에 한한 것으로만 단정하기도 어렵다. 그 이전에 그는 불타(佛陀; 跋陀)의 수제자였던 도방道房으로부터 지관止觀을 배워 이를 실천하였으나 선정을 얻지 못하고, 나중에 태산에서 온 어느 이승異僧으로부터 "반드시 계연(繫緣; 凝念)하면서 무엇을 구하려 하거나 이루려 하는 행을 하지 말라[要必繫緣 無求不遂]."는 가르침을 받고 이대로 행하여 정定을 얻고 있다.[8] 그런데 유전성산柳田聖山은 이 구절을 해석하길 "요는 반드시 계연繫緣하면 모두 성취되지 않음이 없다."로 하였다.[9] 그러나 이 해석은 크게 잘못된 것이다. 이미 스승으로부터 지관止觀을 수학한 그가 계연繫緣을 몰랐거나 행하지 않았을 리가 없다. 계연繫緣이란 산란심을 제어하기 위해, 또는 어떠한 법을 사유 관찰하기 위해 마음을 대상에 집주集注하는 전념 내지 응념凝念의 행을 말한다. 처음 수선修禪할 때 행하게 되는 초심의 행이다. 이러한 행을 승조도 선정을 성취하기 위해 이미 매진해왔을 것이기 때문에 이를 몰랐을 리가 없다. 여기에서

---

8 『속고승전』권16 習禪初 僧稠의 條에 "旣受禪法, 北遊定州嘉魚山, 斂念久之全無攝證. 便欲出山, 誦涅槃經. 忽遇一僧, 言從泰岳來. 稠以情告. 彼遂苦勸, 修禪愼無他志, 由一切含靈, 皆有初地味禪. 要必繫緣無求不遂, 乃從之. 旬日攝心, 果然得定." 『대정장』50, p.553c.

9 柳田聖山,「ダルマ禪とその背景」(橫超慧日編,『北魏佛敎硏究』, 京都, 平樂寺書店, 1978(1970)), p.151.

이승異人이 전해준 가르침의 요지는 곧 "무엇을 구하거나 이루려는 마음으로 어떠한 대상이나 법상을 향해 집중 응념해서는 안 된다."는 뜻이다. '요필계연要必繫緣'의 부분만을 보고 쉽게 계연繫緣해야 한다는 것으로 해석해 버리기 쉽다. 그러나 '계연繫緣'은 그 뒷 문장 '무구불수(無求不遂: 무엇을 구하거나 이루려 함이 없음)'에 종속되는 뜻으로 해석해야 한다. 보통 무엇을 구하거나 이루기 위해 입선入禪하여 작의作意하게 된다. 그러나 이것은 잘못된 행이다. 또한 무엇을 구하거나 이루려 하면 자연히 동시에 어떠한 대상과 법상에 향하여 응념하게 되니 계연을 함께 하게 된다. 그래서 무엇을 구하거나 이루려는 마음이 없어야 한다는 것은 곧 계연해서는 안 된다는 뜻이 된다. 따라서 이 문장에서 부정의 말인 '무無'가 '계연繫緣'에도 걸린다. 즉 계연해서는 안 된다는 뜻이다. "무엇을 구하거나 이루려 함이 없음"은 대승의 삼해탈(空·無相·無願) 가운데 무원행無願行에 해당한다. 주지하다시피 삼해탈(삼심매)은 이미 소승경선에서부터 나오는 법문인데 대승에서는 이를 심화시켜 요의로 삼고 있다. 이를테면 부처님 당시의 수제자들 가운데서도 목련존자 같은 상수上首제자는 불각불관不覺不觀의 행에 의하여 일주일만에 성취하고 있다.[10] 목련존자의 불각불관은 삼해탈의 법문 그대로이다. 삼해탈의 뜻을 아는지라 그 대상이 얻을 바 없는 것임을 이미 요지하고 그 뜻에 따르는 행이니, 어떠한 대상에 향하여 집중하는 계연행과는 전혀 다르다. 이 삼해탈의 뜻을 모르면 어떠한 선정이나 경지를 얻고자 함이 있게 되고, 대상에 향하여 억지로

---

10 최정인 편저, 『열두직제자』, 서울, 도서출판 여래, 1998, pp.118-9.

선정을 작作하게 되어 성취하지 못하고, 오히려 여러 병폐에 시달리게 되기 쉽다. 부처님의 가르침은 본래 삼해탈을 전제로 하는 것인데 나중에 무턱대고 전념만 하면 성취되는 것으로 아는 풍조가 이어져 이를 시정하기 위해 삼해탈의 뜻을 더욱 넓고 깊게 해설하여, 일체의 법상이란 얻을 바 없고 무소유無所有임을 강하게 일깨우기 위해 대승의 운동이 펼쳐진 일면이 있다고 생각한다. 초기 선종의 법문도 이러한 면을 강조한다. 이를테면 돈황출토 선종문헌『S.2503』의『대승무생방편문大乘無生方便門』의 중간 부분에『참선문시일수讚禪門詩一首』가 있는데 그 가운데 "피안(열반)의 무학도無學道에 오르고자 하건대 일체 어떠한 경계에 처해서나 항상 분별하지 말라![欲昇彼岸無學道 一切都緣草(莫)計心]"의 구절이 있다.[11] "일체 어떠한 경계에 처해서나 항상 분별하지 말라."는 곧 '대상에 향하지 말고 구하거나 이루려 하지 말라.'는 이승異僧의 가르침과 상통하는 뜻이다. 일방적인 전념행專念行으로 성취하지 못하면 그 원인을 자신이 그 행에 온전히 매진하지 못한 때문으로 돌리고 그 근본 원인을 알려고 하지 않는 것이 보통이다. 무원無願 무구無求의 행이 되어야 억지 수행을 떠나 정정定이 자연히 이루어지는 것인데, 당시의 승조는 무엇을 이루고자 하는 마음으로 억지를 부린 까닭에 정정定을 얻지 못하다가 마침 태산에서 온 이인異人의 가르침으로 자신이 미처 놓치고 있었던 요처를 알게 된 것이라고 생각한다. 그는 이 가르침으로 정정定을 얻은 후『열반경』의 사념처법을

---

11 원문은 川崎ミチコ,「禪僧の偈頌; 五. 通俗詩類・雜詩文類」(『講座敦煌8, 敦煌佛典禪』, 東京, 大東出版社, 1980), p.329에서 인용함.『대정장』권85에『讚禪門詩』로 題하여 수록되어 있음.

거쳐 십육특승관十六特勝觀을 닦아 종종 며칠 이상의 선정에 들곤 하였는데, 이렇게 여러 단계의 정정定이 연이어 성취된 것은 무구무수無求無遂에 바탕한 수선修禪이 된 까닭이라고 생각한다. 그런데 이 무구無求의 행법은 달마대사의 사행四行 가운데 무소구행無所求行과 상통하고, 달마의 이입理入 법문에서도 무원무구無願無求가 전제되어 있다. 이렇게 보면 승조의 선법을 단순히 소승선으로만 볼 수도 없다.

또한 그가 행한 바 있는 십육특승관은 호흡의 출입을 관하는 행법으로 신구의身口意 삼행 가운데 신행身行에 들어가고,[12] 그 내용은 『대안반수의경』・『잡아함경』 권29・『증일아함경』 권2・『성실론』 권14・『좌선삼매경』 권상・『유가사지론』 권27 등에 '십육행十六行'의 이름으로 나오지만, '십육특승十六特勝'이라는 명칭으로 나오는 것은 축법호가 번역한 『수행도지경』이 처음이다.[13] 따라서 승조에게 이 법을 가르친 조주趙州 장공산障供山의 도명道明선사는 이 『수행도지경』에 의거하였을 것으로 생각된다. 정영사淨影寺 혜원(慧遠, 523~592)의 『대승의장大乘義章』 권16에는 '특승特勝'이라 한 뜻을 설명하길, 이 관행이 부정관不淨觀보다 뛰어나고, ① 파식승破息勝 ② 신결승新結勝 ③ 관광

---

12 『잡아함』 권21(568경)에 "云何身行? 云何口行? 云何意行? 答言, 出息入息名爲身行. 有覺有觀名爲口行. 想・思名爲意行. …… 出息入息是身法, 依於身, 屬於身, 依身轉. 是故出息入息名爲身行." 『대정장』2, p.150a.
  身行의 면에서 十六特勝을 專論한 연구로는 周柔含, 「安那般那念…十六勝行 '身行'…之探究」(『中華佛學硏究』5, 2001) 참조.

13 『修行道經』 권제5 神足品 第二十二에 "何謂十六特勝. 數息長則知, 息短亦知, 息動身則知, 息和釋則知, 遭喜悅則知, 遇安則知, 心所趣卽知, 心柔順則知, 心所覺卽知, 心歡喜則知, 心伏卽知, 心解脫則知, 見無常則知, 若無欲則知, 觀寂然卽知, 見道趣卽知, 是爲數息十六特勝." 『대정장』15, p.216a.

승寬廣勝 ④미세승微細勝 ⑤견고승堅固勝 ⑥조정승調停勝 ⑦소생승所生勝 ⑧소이승所異勝의 8가지 뛰어남이 있는 까닭이라 하였다.[14] 정학定學의 체계는 소위 오문선(五門禪; 五停心觀, 五度觀門)에 거의 포괄되는데, 경전에 따라 그 내용이 약간 달라서 구마라습 역의『좌선삼매경』은 부정관·자비관·인연관·수식관數息觀·염불관이라 하고, 불타발다라 역의『달마다라선경』은 염불관을 간략히 설하고는 있지만 수식관·부정관·계분별관界分別觀·자비관·인연관의 오문선으로 되어 있다. 이 가운데 특히 수식관과 부정관이 정학定學의 양대 선법이고, 십육특승법은 이 수식관을 넓게 펼쳐 설한 법문이다. 그런데 천태지의의 선법 체계에 의하면 십육특승은 부정관과 아나파나문(阿那波那門; 安般行; 觀出入息) 및 심문心門의 3종 선문 가운데 아나파나문에 속한 행법이고, 세간선문(世間禪門; 凡夫禪門)과 출세간선문(出世間禪門; 二乘禪門) 및 출세간상상선문(出世間上上禪門; 보살禪門) 중에서는 소승의 세간선문世間禪門에 들어간다.『마하지관』권9상의 십육특승관 해설에 의하면 각 단계마다 정락定樂의 수受에 따른 애미愛味가 있고, 특승特勝이 아닌 십육승행十六勝行의 범부는 이를 취착하는 데서 벗어나기 어렵지만, 이 특승법特勝法에는 관혜觀慧가 있어 그 단계에서의 애미를 버리고 그 윗단계의 정정으로 진취하여 무색정無色定의 최상인 비상비비상非想非非想에 이르고 그 애미愛味도 버리게 되니 이때의 선을 정선淨禪이라 칭한다고 하였다.[15] 천태지의는 선문이 비록 무량無

---

14 『대정장』44, p.771b.

15 "…心作解脫者, 此對三禪. 根本之樂 猶喜遍身受. 凡夫捨爲難, 特勝有觀慧, 則無愛味. 故言解脫. 從心作喜, 至心作解脫, 皆是心念處也.…… 特勝有觀慧 …… 特勝有

제7장 능가선과 승조선과 정학 293

量하지만 요략하면 십문十門이라 하고, 수준이 높고 더 높은 경지에 오르게 되는 순서대로 ① 근본사선四禪, ② 십육특승十六特勝, ③ 통명通明, ④ 구상九想, ⑤ 팔배사八背捨, ⑥ 대부정大不淨, ⑦ 자심慈心, ⑧ 인연, ⑨ 염불, ⑩ 신통 등의 선법을 들어 해설하고 있다.[16] 이에 의하면 십육특승은 두 번째에 해당하며, 세 번째인 통명선通明禪에서 멸수상정滅受想定과 팔해탈 및 삼명육통三明六通을 갖추는 것으로 되어 있다.[17] 또한 같은 책에 통명선이 세밀하게 관찰함에 비해 십육특승은 총관總觀, 즉 전체적으로 관찰하는 것이라 하였고, 『석선바라밀차제법문釋禪波羅蜜次第法門』권1의 하下에 십육특승은 욕계정에서 비상비비상처정에까지 이르고, 통명선은 욕계정에서 멸진정에까지 이른다고 하였다.[18] 따라서 십육특승이 비록 관혜觀慧를 갖추고 있으나 그 관행이 거칠고 세밀하지 못해서 이 행만으로는 멸진정에 이르지 못하는 것으로 이해된다. 그런데 호흡을 관하는 십육특승법이 이승二乘의 출세간선문出世間禪門과 대승보살의 출세간상상선문出世間上上禪門의 행이 되기도 한다는 점을 간과할 수 없다.[19] 『육묘법문六妙法門』의

觀慧 …… 雖緣空亦有觀慧, 觀離欲是對識處, 緣空多則散, 散名爲欲." 『대정장』46, pp.120c-121a

16 『摩訶止觀』卷第九(上), 『대정장』46, p.117b.

17 "通明修時 細妙證時分明, 華嚴亦有此名, 大集辨寶炬陀羅尼, 正是此禪也. 請觀音亦是此意. 修時三事通修, 能發三明六通. 又修寶炬時, 乃至入滅受想定. 當知此門具八解脫, 三明六通. 故名通明也." 『대정장』46, p.121a.

18 "此應明十六特勝, 橫則對四念處, 竪則從欲界乃至非想. 但地地中立觀破析故能生無漏. 次應說通明觀, 前十六特勝總觀故麤. 今通明別觀細. 此禪亦從欲界至非想, 乃至入滅定." 『대정장』46, p.480b.

19 『석선바라밀차제법문』권제1上 明禪婆羅蜜第三에 "此三法通得作世間 · 出世

육법(六法; 數・隨・止・觀・還・淨)에서 호흡에 의지하여 행하는 수數와 수隨의 이법二法도 어떠한 지혜에 통달하여 행하느냐에 따라 바로 대승의 최상승선이 되기도 한다. 이를테면 『육묘법문』제십 증상육묘문證相六妙門 단계에서의 수數는 능히 일념심一念心에서 불가설미진세계의 제불諸佛 보살・성문・연각의 모든 심행心行과 무량법문을 수數하는 행이고, 수隨는 능히 일념심에서 법계의 모든 사업에 수순하는 행이다.[20] 호흡의 무상無常・고苦・공空・무아無我를 관하는 십육특승행에 삼십칠조도품을 배합하여 행함으로써 적멸해탈에 이르는 출세간선문이 된다는 가르침에 대해서는 중국 초기 선법의 지표가 된 안세고安世高 역의 『대안반수의경』, 축법호竺法護 역의 『수행도지경』 내지 구마라습과 불타발타라 등이 역한 여러 선경에 설명되어 있다.[21] 출세간선문을 넘어 출세간상상선문을 행함은 호흡의 공적함에도 머무름 없고, 공空도 불가득不可得임을 증證한 혜慧로 중생을 제도하는 행이다. 즉 리理와 사事의 간격이 사라지는 행이다.[22] 즉 십육특승의 관식행觀息行에도 어느 관혜로 행하느냐에 따라 대승보살의 선문이 될 수가 있다. 그래서 승조가 이때 행한 십육특승이 어느 단계에 해당하는 것인지 분명치 않으나 그가 이미 무구불수無求不遂의 뜻을 요지하고

間・出世間上上等禪門. 所以者何. 一如息法不定但屬世間禪門. 何以得知. 毘尼中, 佛爲聲聞弟子, 說觀息等十六行法. 弟子隨敎而修皆得聖道. 故知亦是出世間禪門. 卽大乘門者, 如大品說, 阿那波那卽是菩薩摩訶衍."『대정장』46, p.479c.
20 "能於一念心中, 數不可說微塵世界諸佛菩薩聲聞緣覺諸心行, 及數無量法門, 故名數門. 能一念心中, 隨順法界所有事業, 故名隨門."『대정장』46, p.555b.
21 陳英善, 「從數息觀論中國佛敎早期禪法」(『中華佛學學報』13, 2000) pp.326-7.
22 위와 같음.

행한 것이라면 보살선문(출세간상상선문)으로서의 십육특승이었을 가능성도 있다.

『속고승전』의 승조전僧稠傳에 의하면 그는 『지관법』 2권을 저술한 바 있으나 실전되었다. 한편 돈황출토 선종문헌 가운데 『P.3559』의 『전법보기』에 이어 필사된 『조선사의稠禪師意(大乘安心入道法)』[23]· 『대승심행론大乘心行論』·『조선사약방료유루稠禪師藥方療有漏』 및 『S.4597』·『P.3490』의 『조선사해호찬稠禪師解虎贊』 등 조선사의 이름으로 전하는 선법과 행적의 자료가 있다.[24] 이 가운데 『조선사해호찬』에서의 조선사는 『속고승전』 권16 「승조전」에 싸우는 두 호랑이를 석장으로 화해시켰다는 기사가 있는 까닭에 승조를 지칭하는 것이 분명하다. 그러나 선법을 전하고 있는 나머지 자료에서의 조稠선사도 승조인가에 대해서는 불명不明이고, 여러 이견이 있다. 그 이유는 그 선법의 내용이 소승 선수禪數의 대가로 전해진 승조의 선이 아니라 오히려

---

[23] 이 자료는 僧稠의 作으로 명기되어 있지는 않으나 원 사본의 전후 배치로 보아 '稠禪師意'라 기재된 行 아래에 이어지는 문답은 곧 稠禪師의 선법을 위의 12인의 선법에 이어 기술한 것으로 보는 것이 일반적인 견해이고, 본 문답의 제목이 기재되어 있지는 않으나 맨 첫째 질문인 "問大乘安心入道之法"에 의거하여 본 문헌의 제목을 『大乘安心入道法』으로 칭하는 경향이 있다. 단 柳田聖山은 분명한 제목 없이 본 문서 앞의 『先德集於雙峰山塔各談玄理十二』와 뒤에 이어진 『大乘心行論』 사이에 끼어 있는 글이라는 점에서 이를 『雜錄』으로 칭하고 있다(柳田聖山, 『禪文獻の硏究(上)』, 京都, 法藏館, 2001, pp.111-2). 본고에서는 편의상 『稠禪師意』로 이 문헌을 칭한다.

[24] 이들 자료의 본문은 여러 곳에 소개되어 있으나 冉雲華가 잘 정리하여 소개한 원문(「敦煌文獻與僧稠的禪法」, 『華岡佛學學報』6, 1983.7, pp.92-100)을 저본으로 한다.

달마선에 일치하고 있기 때문이다. 조원수웅篠原壽雄은 그 선법의 내용으로 보아 북종선 계통에서 나온 것으로 보았고,[25] 이에 대해 염운화冉雲華는 후대의 남종 북종 구분에 의해서 이해하여서는 안되며, 자료 가운데 '오정십팔경五亭(停)十八境'이 보이는 것에 의하면 북종선의 산물로 보기에는 토론의 여지가 있다고 하였다. 그리고 후인이 승조를 가탁하여 지은 것이라 하면서도 승조와 전혀 관계없는 가탁은 아니라고 하였다. 특히 『조선사의(稠禪師意: 문대승안심입도지법問大乘安心入道之法)』는 승조의 고족高足인 승옹僧邕 일파의 소전所傳에서 나온 것일 가능성이 있다고 하였다.[26] 유전성산은 승조의 설인지 확신하기는 어렵지만 『종경록』 권97에 『대승심행론大乘心行論』의 한 문단과 거의 같은 글이 승조 선법으로 소개되고 있기 때문에 적어도 돈황의 자료가 전해지던 시대에는 그러한 선법이 승조선의 기본으로 인식되고 있다는 것은 의심할 바 없다고 하였다.[27] 또 그는 승조일 가능성도 있다는 견해를 피력하기도 하였다.[28]

그런데 이들 자료의 선법을 보면 온전히 달마선 그대로이다. 간심看心의 행도 있어 북종선 계통이라고 보는 것은 앞에서 논술한 바와 같이 잘못이다. 간심은 남북종을 불문하고 행법의 기초이고 출발점이다. 또 '오정십팔경五亭(停)十八境'의 소승선법 일구一句가 있으나(『稠

---

25 篠原壽雄, 「北宗禪と南宗禪」, 『敦煌講座8 ; 敦煌佛典と禪』, 東京, 1980, p.179. pp.172-4.

26 冉雲華, 앞의 「敦煌文獻與僧稠的禪法」, pp.86-90.

27 柳田聖山, 「ダルマ禪とその背景」(『北魏佛教の研究』, 京都, 平樂寺書店, 1978), p.156.

28 柳田聖山, 앞의 『禪文獻の研究(上)』, p.111..

禪師意.』) 이는 문답상에서 질문자가 승조僧稠에게 질문한 내용이지 이 법문에서 승조가 설하고자 하는 선법이 아니다. 즉 승조가 앞의 답변에서 "마음에서 경계 없음이 바로 정정이다〔攝心無緣, 卽名爲定〕." 라 한 것에 대해 질문자가 "'오정십팔경'의 법에서는 사물을 견見하여야 정정이 되는 것이어서 눈으로는 반드시 색色을 보아야 하고, 마음으로는 반드시 경계를 보아야 하는 것인데 어떻게 (경계 없는 것을) 정정이라 하는 것입니까?" 하니 승조가 답하길, "경계를 보게 되면 마음이 일어나고, 사물이 동하면 바람이 인다. 바람이 멈추면 경계가 안정되고, 마음이 쉬면 경계가 멸한다. 만약 마음과 경계가 함께 멸하면 바로 자연히 멸정滅定이 된다."고 하였다.[29] 여기서 승조僧稠는 불기심不起心에 의한 정정의 성취를 말하고 있어 경계에 의지한 오정심五停心의 선법을 말하고 있는 것이 아니다. 위 자료『대승심행론大乘心行論』에서도 "만약 능히 불기념不起念 한다면 바로 망심의 때가 없게 된다."고[30] 하여 불기심不起心의 선법을 밀하고 있다. 소승선법은 일단 마음을 어떠한 법상法相 등의 경계에 향하거나 집중하는 행이어서 기심起心이 선행先行될 수밖에 없다. 반면 대승의 돈법頓法에서는 심心이 본래 무심無心이고 분별함도 없으며, 능소能所를 떠난 일심一心이고, 무생無生임을 요지了知하고 행하는지라 당처의 즉심에서 마음을 일으킴이 없이 언어도단이고 심행처멸이 된다. 즉 승조의 답변에서 말한 '멸정滅定'이 곧 이것이다. 심심이 본래 불기不起임을 요지함이 있어야 불기심不起心이 자연히 이루어진다. 불기심 하려고 하면 이미 기심起心이

---

29 원문은 冉雲華 앞의 글, p.94.
30 "若能不起念, 卽無妄心垢." 冉雲華, 앞의 글, p.97.

되어 버리기 때문에 당처當處에서 불기심임을 요지하여야 하고, 그렇게 될 때 즉심卽心이 된다.『육조단경』을 비롯한 남북종의 여러 선종 법문에는 이러한 뜻의 법문이 자주 강조되고 있다.

또『조선사의稠禪師意』에서 "(경론을) 읽으려거든 잠시 그 실의實意를 보고, 문자를 취하지 말라!"고 하고,[31] "무릇 안심安心이란 반드시 항상 본래의 청정심을 보아야 하되, 또한 볼 수 없고, 이와 같이 볼 수 없되 마음이 항상 현전하며, 비록 항상 현전하되 일물一物도 얻을 바 없다.……"는[32] 바로 달마선에서의 안심安心과 즉심卽心의 법문 그대로이다.『대승심행론』에서는 심외무법心外無法을 바탕으로 부작의不作意, 취함도 없고 버림도 없음, '당처當處에서 반연攀緣하지 않을 뿐'의 선법을 말하고 있고, 이입理入과 리理로부터 용用을 일으키는 문門의 이문二門으로 설하고 있어[33] 달마의 이입(二入: 理入과 行入) 법문과 그대로 일치하는 법문임을 알 수 있다. 그리고 "또한 일심一心에 만행을 갖추었다는 것은 마음이 무심無心이라 수본守本함이(이 無心인 心本을 守함이) 상정常定인 까닭에 만행을 갖춘다고 말한 것이다."고[34] 하였는데 이는 초기 선종법문인『무심론無心論』과『수심요론修心要論』의 무심선無心禪과 수본守本 법문 그대로이다. 또 육바라밀에 대한 설명도, 각각 사리事理를 취하지 않음(보시), 오욕에 물들지 않음(지

---

31 원문은 앞의 글, p.93.
32 "夫安心者, 要須常見本淸淨心, 亦不可見, 如是不可見, 如是不可見, 心常須現前. 雖常現前, 而無一物可得." 冉雲華, 앞의 글, p.94
33 원문은 앞의 글, p.96.
34 "又復一心具萬行者, 說心無心, 守本常定, 故言道具萬行." 冉雲華, 앞의 글, p.97.

계), 아소我所의 성품이 공함(인욕), 자심불가득自心不可得(정진), 마음과 경계가 불이不二임(선정), □□변주처邊住處(지혜)로 설명하고 있는 것도『능가사자기』구나발다라삼장의 장에서 설한 육바라밀 해설과 거의 같고,『육조단경』에서의 그것과도 상통한다. 그리고 보살일천제一闡提를 기술한 부분도『대승입능가경』권2 집일체법품에 나오는 보살일천제 법문을 거의 그대로 옮긴 것이다. 또 "반야는 둔鈍한 까닭에 무공용無功用으로 깊은 선정에 든다."고 한 것은『대반야바라밀다경』권286 초분찬청정품35-2에 "일체법의 본성이 둔鈍한 까닭이니, 이와 같이 청정한 본성은 지知함이 없는 것이니라."라 함과 돈황선종문헌『이입사행론장권자二入四行論長卷子』에 "법불法佛로 수도修道하고자 하건대 마음을 돌덩이〔石頭〕와 같이 묵묵히 감각함도 없고, 지知함도 없고, 분별함도 없이 하여 일체 어느 때나 등등하게(활기차게) 하되 어리숙한 듯 있으라. 왜 그러한가. 법(존재)이란 각지覺知함이 없는 까닭이다."고[35] 한 법문과 같은 뜻이다. 즉 일체법 내지 심성心性이 지知함 없고, 견見함 없으며, 분별함 없음을 요지了知하는 것이 곧 반야이고, 이를 승조僧肇는 '반야무지般若無知'라고 하였는데 하택신회는 이를 인용하여 그의『현종기』에서 "반야무지般若無知는 6신통을 운용하고, 네 가지 지혜를 광대하게 한다〔運六通而宏四智〕."라 하였다. 또한 우두법융의『심명心銘』에 "심성心性은 생함이 없는 것인

---

35 "若用法佛修道者, 心如石頭, 冥冥不覺不知不分別, 一切騰騰, 如似癡人. 何以故. 法無覺知故."
『鈴木大拙禪思想史研究 ; 第二』(東京, 岩波書店, 1987), pp.141-161에 실린 원문 중 30번 문답(p.148).

데 어찌 지知하고 견見한다는 것이 있을 수 있겠는가[心性不生, 何須知見]."라 함도 마찬가지이다. 또한 『조선사의』에도 일체에 꺼려하거나 피하려고 함이 없는 안심安心의 법문을 설하고 있어 이 또한 달마선(능가선)과 다름이 없다.

이와 같이 승조의 저술로 기술된 『대승심행론』과 『조선사의』(『大乘安心入道法』)가 전하는 선법은 초기 선종의 달마선과 그대로 일치하고 있다. 따라서 이들 돈황문헌에서의 승조의 선법은 『속고승전』에서 달마와 승조의 선법을 엄밀히 구분한 사실과 배치되어 버린다. 그런데 『종경록』 권97에서는 조선사稠禪師의 법문으로서 "일체의 바깥 경계란 일정한 상(相; 體相, 自相)이 없는 것이어서 시비是非 생멸이 모두 자심自心에 말미암은 것일 뿐이다. 만약 자심이 무심無心하게 된다면 누가 있어 시비함을 꺼려 할 것인가. 능能과 소所가 모두 없으니 그대로 모든 상相이 항상 적멸하다."는[36] 법문을 전하고 있는데, 이 또한 『능가경』의 선지 그대로이고, 거의 같은 문장이 위 돈황문헌 『대승심행론』에 기재되어 있다. 따라서 『종경록』(961)의 저자 영명연수(永明延壽, 904~975) 시대에는 이 선법이 승조의 선법으로 이해되고 있었다고 생각된다. 영명연수는 광대한 자료를 섭렵하여 백권의 『종경록』을 비롯한 60여 종의 저술을 한 바 있을 정도로 박식하였고, 여러 선법을 통관할 수 있는 선사였다. 그가 『속고승전』이 전하는 달마와 승조 선법의 차이와 다른 계열이라는 사실을 모르지는 않았을 것이다. 주지하다시피 『속고승전』의 저자 도선(道宣, 596~667)은 바로 승조僧

---

36 "一切外緣, 名無定相, 是非生滅, 一由自心. 若自心不心, 誰嫌是非. 能所俱無, 卽諸相恒寂." 『대정장』48, p.941b.

稠의 제자인 지민智旻의 재전再傳제자이다. 즉 승조僧稠-지민智旻 -지도智首-도선道宣으로 이어지고 있다. 지민智旻의 독립된 전傳은 없고, 『속고승전』 권제22 「지도전智首傳」에 "민(智)旻 또한 선부禪府의 용양龍驤이고, 심학心學의 교망翹望이니 바로 조공稠公의 신족神足이 다."라 하여[37] 간략히 소개하고 있다. 지도智首는 그의 전傳에 의하면 거의 율학의 정립에 일생을 바쳤고, 도선도 그 영향을 받아 율학을 대성하였다. 그러나 도선이 여러 곳에서 선법을 통관하여 깊은 안목으로 정리하고 있고, 달마선에 대해서도 그 선지를 명확히 기술하고 있는 것을 보면 승조 이래의 정행定行뿐 아니라 각 방면의 교선을 두루 깊이 섭렵하였음을 알 수 있다. 그렇다면 도선이 달마와 승조의 선법을 구분하여 각각의 특장과 단점을 요략한 글은 그 신뢰성이 매우 높다 하겠고, 특히 자신의 조사師祖인 승조의 선법을 기술한 내용은 그 신뢰성이 더욱 높다 하겠다.

3. 승조선과 달마선 맥

그렇다면 달마선과 동일하게 기술된 돈황문헌에서의 승조선법은 실제의 승조선법과 다른 것일까. 돈황문헌에서의 승조가 불타선사의 제자인 승조가 아니고 선종에 속한 다른 인물일 가능성도 있겠으나 이 가능성은 매우 희박하다. 이 승조 외에 선종 인물로서의 승조는 여타의 자료에 보이지 않는다. 도선이 불법의 양대 궤범으로 지칭할 정도로

---

[37] "(智)旻亦禪府龍驤, 心學翹望, 卽稠公之神足也."『대정장』50, p.614a.

승조는 유명하였고, 재세시에 황제의 존경과 귀의를 한 몸에 받고 있었다. 돈황문헌에서의 조선사稠禪師는 선법의 일대가로서 명망을 드날리던 그 승조를 가리키는 것이 분명하다.

그런데 선종의 승려들은 승조僧稠에 대해 친밀감을 지니고 존숭하였던 것 같다. 『능가사자기』의 저자 정각은 출가한 후 바로 승조가 일찍이 호랑이 싸우는 것을 석장으로 멈추게 하였다는 태행산 영천곡에서 수행생활을 시작하였다. 그는 출가하기 수년 전인 701년에 낙양에서 신수神秀를 만나 그 선법을 전수받고 그 개시開示에 오입悟入하여 약간 깨우친 바가 있었다고 하였다.[38] 즉 정각의 출가는 신수의 가르침에 큰 영향을 받은 것이 분명한데 그의 첫 출가생활은 승조가 수행에 전념하던 곳에서 이루어지고 있다. 706년 신수 입적 후, 그 뒤를 이어 신수의 동문사제 현색玄賾이 제사帝師가 되어 왔을 때 정각淨覺은 태행산에 온 지 3년 후인 708년부터 현색을 수종하여 그 가르침을 받았다. 그리고 720년경의 작으로 추정되는 『능가사자기』가 저술된 곳도 이곳 태행산 영천곡이었다. 이지비李知非는 『능가사자기』의 저자 정각이 저술한 『주반야바라밀다심경』의 「약서略序」에서 승조가 열반한 이후 오랫동안 아무도 머물지 않아 영천도 마르고 잣나무가 고목이 되었는데 정각이 이곳에 머무르자 영천에 다시 물이 나오고 잣나무가 다시 무성하게 되었다고 하였다.[39] 정각이 찾아온 곳은 오랫동안 폐허

---

38 『능가사자기』 自序.
39 『注般若波羅蜜多心經』에 附記된 李知非의 『略序』 원문은 柳田聖山, 『初期禪宗の研究』(『柳田聖山集』 제2권, 京都, 法藏館, 2000), 『資料7』, pp.596-7에 校本이 실려 있어 이에 의거하였다.

로 있던 곳이었다. 그는 승조의 유풍을 사모하여 다른 곳으로 가지 않고 그 폐허의 유지에 찾아와 머물렀다. 그리고 그 전후에 그는 선종의 두 종사 신수와 현색을 수종하고 있다. 정각의 이러한 모습에서 승조와 달마계열이 엄밀히 구분되거나 배척되고 있지 아니하고, 거부감 없이 함께 수용 내지 존숭되고 있음을 본다. 이러한 사실은 곧 승조와 신수의 가르침이 정각에게 이질의 것이 아니었음을 말해준다. 다시 말해서 양자의 선법이 서로 충돌되는 것이 아니라 거의 구분이 안 되는 것으로 인지되어 있었을 가능성을 보여준다. 더구나 정각의 시대에는 이미 행법의 사승관계가 중요한 관건으로 작용하고 있었다. 유전성산柳田聖山은 승조 관련 돈황자료와 정각의 예에서 보이는 양자(達摩系와 僧稠系) 동화同化의 현상을 해석하길, "달마를 조祖로 하는 초기 선불교가 승조僧稠를 자파自派로 끌어들인 것이다. 사람들은 승조의 선법을 달마의 『이입사행론二入四行論』에 근접시키고, 달마의 전기를 승조에 근접시켰다."라 하고,[40] 또 북주北周 폐불 후 실제로 단절된 승조와 달마계가 당唐에서 재흥 운동이 일어났을 때 각각 자파에 좋은 새로운 총합을 시도하였으며, 승조의 재평가에는 선불교의 영역을 넘는 것이 있었다 하고, 그 예로 정각이 승조를 사모하여 태행산에 들어간 것을 들고 있다.[41] 유전성산의 이러한 해석은 앞에 제기한 과제를 해명하는데 하나의 가설로서 쉽게 상정될 수 있는 것이다. 선법의 양대계열이 나중에 달마계로 거의 통일되었던 사실을 고려하면 달마계에서의 이러한 작업이 실재하였을 가능성이 한층

---

40 柳田聖山, 앞에 든 『禪文獻の硏究(上)』, p.112.
41 柳田聖山, 앞에 든 글, pp.112-3.

높아진다. 주지하다시피 선종이 점차 정토, 화엄, 밀교를 수용 내지 통합하고 있는 것이 분명하다. 그렇다면 그보다 먼저 승조의 선법을 포용 내지 통합한 것도 충분히 있을 수 있는 일이다.

그런데 여기서 제기되는 의문은 그 통합 과정에서 승조의 선법을 의도적으로 바꾼 것인가, 아니면 승조의 선법에 본래 달마의 선법과 융통될 수 있는 소지가 있어서 그 면을 드러내어 두 선법이 하나임을 천명한 것인가 하는 문제이다. 『속고승전』의 양자 대비對比에 의하면 전자가 옳은 듯하지만 앞에서 논급한 바와 같이 승조의 선법에 대승선의 일면이 있을 수 있다는 사실에 의하면 후자의 가능성도 배제할 수 없다. 사실 자종自宗과는 융통되기 어려운 전혀 다른 법문을 자종自宗과 같은 것으로 개변시키는 일은 일어나기 어렵다. 더욱이 승조의 선법은 유명하여 그 내용이나 성격이 이미 공지公知되어 있는 것이었다. 승조의 선법을 천명하면서 명확한 제목없이 '조선사의稠禪師意'로 기술을 시작하고 있는 것은 바로 그러한 사정이 있었기 때문이 아닐까. 이 구가 뜻하는 것은 승조선사가 전하는 진실한 뜻은 바로 이것이라는 의미로 해석된다. 즉 이 말은 보통 일반적으로 알려지고 있는 승조의 선법과는 달리 실은 승조가 진실로 전하고자 하는 뜻은 여기에 있다는 것을 천명하고 있는 것이 아닐까. 그래서 그 뒤에 기술되고 있는 법문과 바로 이어지는 『대승심행론大乘心行論』의 선법이 종래 알려진 승조의 선법과는 다른 내용으로 기술되고 있는 것은 당연한 셈이다. 그리고 그 내용은 전술한 바와 같이 대승의 심의에 의한 최상승선의 선지 그대로이다. 따라서 승조 관련 돈황자료가 승조의 저술이나 법문이 아니라고 한다면 당시 선종에서 승조의 선법을 이러한 형식으로 재해석한 것이라 할 수 있다. 그리고 그러한 재해석이 의도적 왜곡이었는가 아니면 승조의 선법에 그러한 사실이 있었는가는 쉽게 판단하기 어렵다. 이 문제와 관련하여 다시 달마와 승조의 선법 차이를 자세히 분석하기로 한다.

도선은 승조와 달마의 선법을 다음과 같이 대비하여 논한 바 있다.

"승조 선법에서의 회념처懷念處(또는 '念處를 懷함')는 청정하고 모범으로 삼을 것이어서 (가히 그 회념처를) 숭상하는 바 되고, 달마의 선법은 허虛를 종宗으로 하는지라 현지玄旨가 유색幽賾하다. 숭상함이 있게 되니 정사情事가 쉽게 드러나고, 유색幽賾하니 그 이성(理性: 달마선의 理法, 禪旨)에 통하기 어렵다."[42]

유전성산은 이 '정사역현情事易顯'을 이해하길, "승조僧稠가 북위말北魏末에서 북제北齊에 걸쳐 국가권력과 교류한 것은 스스로 좋아서 구한 것이 아니었지만 자주 신명身命의 위기를 초래한 결과가 되었다. 도선道宣이 말한 '정사情事가 드러나기 쉽다'란 어쩌면 그것을 가리키는 것이겠다."고[43] 하여 이를 정치권 세속권에 가까이 어울리다 보니 쉽게 그 영향과 침해를 받게 되는 면이 있다는 뜻으로 보았다. 그러나 도선의 이 해설은 어디까지나 달마와 승조의 선법을 대비하여 의론한 것이기 때문에 외적인 활동양태가 비교의 대상으로 언급된 것일 수는

---

[42] 『속고승전』 권20 習禪篇論贊, 『대정장』50, p.596c에 "稠懷念處, 淸範可崇. 摩法虛宗, 玄旨幽賾. 可崇則情事易顯, 幽賾則理性難通."
[43] 柳田聖山, 앞의 『禪文獻の硏究(上)』, p.109.

없다. "숭상함이 있게 되니 정사情事가 쉽게 드러난다."는 것은 곧 관행에서의 회념처懷念處를 숭상함이 있어 그것이 곧 정사情事가 된다는 것이다. 그 회념처는 사념처의 법이고, 정락수定樂受에 착착하게 되는 애미愛昧이다. 이와 같이 소승선 내지 정학定學은 정락수定樂受에 연연되는 행이라면 『마하지관』 권9상上에 "법法에 연연함은 이승(二乘; 3승과 2승)이 이관理觀에 들어감이고, 연연할 바가 없는 것이 대승大乘의 이관理觀에 들어감이다."라고[44] 한 바와 같이 이승二乘은 법상法相에 연연하는 이관理觀이고, 대승은 어떠한 대상에도 연연함이 없는 이관理觀이다. 이승二乘은 공상空相에 연연하여 이를 애착하는지라 또한 정사情事를 벗어나지 못하였다. 그러나 달마의 선법은 허종虛宗이라 어떠한 것에 마음을 두거나 작의作意하여 향함이 있는 관행이 아니다. 앞의 여러 곳에서 설명한 바와 같이 달마선의 요체는 심성心性이 본래 어디에 향하거나 견見함도 없고, 분별 사량함도 없음을 요지하고 행하는지라 마음을 어디에 두거나 어떻게 하고자 함이 없는 행이다. 그래서 마음이 흔들림이 없고 향함도 없으며 물듦도 없어 벽관壁觀이고 직심直心이다. 신수는 입적시에 단지 "굽어진 것을 반듯이 세워나가라![屈曲直]"고 하였는데,[45] 이 말의 뜻은 마음이 대상에 향하거나 물듦이 없이 직심直心이 되게 하라는 것이다. 마음이 대상에 향하거나 물드는 것이 곧 굴곡屈曲이다. 거울처럼 향하거나 물듦이 없이 있는 것이 곧 벽관壁觀이고 직심直心이다. 대승선법에서는 법공法空과 일체법불가득一切法不可得, 내지 유심唯心과 심외무법心外無法을 전제로

---

44 『대정장』46, p.117b.
45 『능가사자기』神秀章.

하기 때문에 고귀하게 아껴야 할 회념처懷念處를 따로 두지 않는다. 의지할 바가 없다는 법문은 대승경론 여기저기에 자주 보인다. 그러나 소승 내지 정학定學에서는 청정하고 규범이 되는 회념처를 지니고 여기에 전념해야 선정과 지혜가 진전되는 것으로 되어 있다. 그래서 그 행을 통하여 얻어지는 정락수定樂受와 법상法相에 애착하게 된다. 이것이 곧 "정사情事가 쉽게 드러난다."고 한 의미이다. 이와 같이 마음에 무엇을 지니거나 향하려는 마음을 정사情事로 표현하고, 이를 다 버림을 '정情이 다 함〔情盡〕'이라 한 것은 징관澄觀의 『화엄경소』 「광명각품」 제9에 "정진리현情盡理現, 즉명작불자卽名作佛者"라고[46] 한 데서도 보인다.

한편 달마선의 선지는 대승의 심의를 먼저 요지해야 행할 수 있는 것인 반면 소승의 정학은 이를 요지하지 아니하고도 명확히 제시된 행법을 하나하나 밟아 나가면서 나아갈 수 있다. 그래서 달마선은 누구나 쉽게 이해하고 할 수 있는 법이 아니다. 따라서 "그 이성(理性; 달마선의 이법, 선지)에 통하기 어렵다."고 하였다. 도선이 이렇게 승조의 선법을 정사情事가 쉽게 드러나기 쉽다고 평하고 있는 것에 의하면, 이 면에서는 승조의 선법이 일반 정학定學과 다를 바 없었다고 이해된다.

북제의 수도 업鄴에서 1천의 무리를 이끌고 정학定學의 왕종王宗으로 칭해지고 있던 도항道恒은 혜가慧可가 "정사情事를 붙이지 말라〔情事無寄〕."라고 한 말을 마어魔語라 하며 비판하였다.[47] 이는 달마선이

---

[46] 『대정장』35, p.422c
[47] "後以天平之初, 北就新鄴, 盛開祕苑. 滯文之徒是非紛擧. 時有道恒禪師, 先有定學, 王宗鄴下. 徒侶千計. 承可說法情事無寄, 謂是魔語." 『속고승전』 권16 習禪初

일반 정학定學과 어떻게 다른가를 뚜렷이 대비 내지 입증해주는 매우 중요한 자료이다. 혜가가 "정사情事를 붙이지 말라."고 한 것은 물론 달마선의 요지를 말한 것이지만, 특히 당시 성행하고 있던 정학定學 집단의 선법을 염두에 두고 그러한 잘못된 길로 가지 말 것을 당부하는 뜻도 담겨 있다고 보아야 할 것이다. 당시 혜가는 업도鄴都에서 상당한 활동과 성과를 올리고 있었다. 같은 지역에서 다른 법을 펴 나갈 때 어쩔 수 없이 자종自宗의 법을 상대방의 법에 대비하여 설하지 않을 수 없게 된다. 또한 대승선법에 의해서 보더라도 정사情事가 쉽게 드러나는 행이 정법正法으로 성행되고 있는 현실을 혜가는 그대로 방관할 수 없었을 것이다. 그는 당시 정학定學의 선법을 정사情事에 묶이기 쉬운 것으로 공공연하게 비평한 것으로 보인다. 그래서 정학의 집단을 이끌고 있던 도항이 혜가의 이 말에 대해 크게 분노한 것이다. 정학을 이와 같이 정사에 묶이기 쉬운 법으로 아는 경향과 분위기는 이때 혜가에 의해 주창되고, 그러한 전통이 약 1세기 후의 도선에게까지 이어져 승조의 선법도 그러한 정학의 범주에 있다는 것을 지적한 것이라고 생각한다.

혜가가 "정사를 붙이지 말라."고 한 것은 곧 일반 정학定學계열에서 어떠한 법상法相을 숭상하여 회념懷念하거나, 정락수定樂受의 미味에 애착하는 행을 비판하여 말한 것이고, 이를 통해 달마선의 요지를 드러낸 것이기도 하다. 도항道恒은 혜가의 이 말에 대해 마어魔語라 하며 공격하였다. 도항은 자신들의 관행이 정사情事에 묶인 것으로

僧可(慧可)傳, 『대정장』50, p.552a.

비판된 것에 대해 이를 납득하지 못하였을 수도 있다. 그냥 법에 의해 행하는 관행인데 어찌 이를 정사情事 운운云云 하는가 하는 심정으로 격분하게 된 것일 수가 있다. 사실 대승의 선지를 아직 제대로 맛보지 못하였다면 정학의 행선行禪에 대해 정사 운운 하는 비판을 받아들이기 어려운 면이 있다. 달마선법에 의하면 증득 이전의 견문각지見聞覺知가 모두 망妄이다. 심성心性이 본래 공적空寂하고 일심一心이어서 어디로 향하거나 견見하거나 지知함이 없는 것인데, 마음이 어디에 향하거나 보고 듣고 분별함이 있다면 이는 당연히 망妄이고 망령에 의한 것이다. 그렇게 될 수 없는 것이 그러하고 있기 때문이다. 자신의 업습業習과 천지의 여러 신神들이 영향하여 그러한 망妄이 일어난 것일 뿐이다. 단지 망妄을 망妄이라고 알 때는 견문각지가 향함이 없고 오염됨이 없으며, 흔들림이 없는 견문각지가 되어 견見함 없이 견見하고, 지知함 없이 지知함이 되며, 유무중도有無中道의 불경계佛境界가 된다. "정사를 붙이지 말라."란 곧 마음을 어디에도 향하거나 두지 말라는 말이다. 즉 심성心性 그대로 회념懷念할 바가 없다. 분별지分別知는 정情이 개재된다. 거울은 더러운 것과 아름다운 것을 앞에 놓아도 평등하게 비출 뿐 정情에 의해 한 쪽만 비추는 일이 없다. 이를 지知함이 없다고 한다. 정情에 의해 일어나는 상념에서도 심성은 거울과 같아 좋은 상념이든 나쁜 상념이든 차별 없이 드러낸다. 심성은 본래 정情을 떠났기 때문이다. 『기신론』에서 "심체가 염念을 떠나 있다[心體離念]."라 하고, 『단경』 등에서 자주 설하는 무념無念도 이 뜻이다. 그래서 그 심성대로 정情을 붙이지 말라고 한 것이다. 무슨 수행을 한다고 하면 자칫 마음을 특별히 어디에 두거나 향하려

한다. 거기에는 이미 마음이 어디로 끌려가는 정사情事가 일어난 것이다. 그러나 달마선의 요체는 절관絶觀・부사不思・무작의無作意・무념無念・불행不行이고, 어디에 의거할 바가 없는 행이다.[48] 단지 대승선법 내지 달마선에서도 도신의 「입도안심요방편법문」에서 보는 바와 같이 공용功用이 있는 행과 가행加行의 방편행이 있고, 이 단계에서는 전념의 상속행相續行이 있게 되지만, 절관・부사・무작의・무념・불행의 의義가 자심에서 구현되도록 하는 행이고, 그 의義가 '불가득不可得', '일심一心'의 뜻인지라 정사情事에 묶이지 않게 된다. 능・소를 떠난 일심인지라 마음이 어디에 따로 향할 곳이 없고, 마음을 어떻게 한다고 함도 있을 수 없다. 그 뜻을 뚜렷이 요지하였다면 바로 그 자리에서 분별 떠난 부동不動의 심지心地에 돈입頓入할 수 있다. 그래서 "돈절백비頓絶百非"(『대승기신론소』)이고, "언어도단"이며, "심행처멸"이 된다. 생각할 수 없고, 생각함이 없어서 무심無心이라 하나 그러한 무심한 마음이 없지 않다. 돈황의 선종 문헌『무심론無心論』은 곧 이를 설하고 있다. 그러한 무심한 마음의 뜻을 항상 구현되게 이어나가는 행이 곧 수심守心의 행이다. 이와 같이 자심이 곧 무심인 뜻을 요지하고 행하는 선법인 까닭에 정사情事가 붙지 않는 행이 된다. 여러 대승경전에서는 아라한이 열반락에 머물러 있는 것을 그 맛에 취하여 있다고 표현하며 이를 크게 경계하는 한편 대승의 본지本旨를 그와 대비하여 크게 드러내고 있다. 무위無爲를 성취한 아라한의 열반도 그러하거늘 하물며 정학定學의 여러 행들이야 말할 나위 없다.

---

[48] 본서 제6장 반야선과 능가선의 전통 참조.

한편 도항이 혜가를 공격하게 된 데는 업도에서 정학定學으로 천명의 도중을 이끌고 있던 자신의 집단이 크게 위협받게 되는 까닭도 있었을 것이다. 사실 도항이 자신의 제자들을 혜가에게 보내어 비판하고 꾸짖게 했으나 오히려 그 제자들이 가기만 하면 혜가의 가르침을 듣고 그 제자가 되어 돌아오지 않았다. 도선은 당시 정학의 일반적인 풍조를 비판하여 "마음 일으켜 청정을 염송하니 어찌 진실에 증회證會할 수 있을 것인가?"라고[49] 하였다. 마음을 일으킴 자체가 이미 일심一心과 무생無生・불가득不可得・무분별無分別・부동不動・무념의 뜻에 어긋나고, 청정을 염송함은 여기에 이미 청정에 대한 정사情事가 깃들어 있다. 승조僧稠의 선법이 "정사를 쉽게 드러낼 수 있다."고 지적한 것은 그의 선법이 비록 정학의 규범이 될 수 있는 것이나 대승의 입장에서 볼 때 아직 기심起心의 행법을 벗어나지 못하고 있음을 지적한 것이다. 기심起心은 곧 청정・선정禪定・법상法相 등에 끌리고 애착하는 정情에 익한 것이니 정사情事이다. 내승의 교의가 이미 광범하게 유포된 가운데서도 그 심의의 선지에 의하지 못하고, 정사情事의 관행에 치우쳐 있었음을 알 수 있다.

4. 결언

도선道宣은 승조僧稠의 선법을 일반 정학定學과는 달리 선법의 모범으로 칭송하고 있고, "정사情事에 흐르기 쉽다."는 표현으로 정사에 치우

---

49 "生心念淨, 豈得會眞"『속고승전』습선편 論贊,『대정장』50, p.597b.

친 행을 위주로 하는 일반 정학과 대비한 것으로 이해된다. 따라서 이상에서 살핀 바와 같이 도선의 달마선과 승조선의 대비는 정사에 흐를 경향이 있는가의 유무有無로 요약될 수 있다. 한편 초기 선종 법문에서 절관絶觀 내지 무념無念·부사不思의 선법을 강조하고, 혜가가 "정사를 붙이지 말라!"고 설한 것은 같은 뜻을 달리 표현한 것이다. 또한 혜가의 말은 당시 정학에 대비하여 그 잘못을 드러내어 비판한다는 뜻이 담겨 있다. 이와 같이 삼자三者의 선법이 정사를 기준으로 구분되는 것이라면 돈황자료에서의 달마선과 승조선의 일치는 잘못된 것일까. 승조가 일찍이 대승경전을 섭렵하였고, "구하고자 함도 없고, 이루고자 함도 없음〔不求不逮〕"의 가르침을 그 선지로 삼았으며, 신수와 현색의 제자 정각淨覺이 신수의 가르침을 받고 출가한 후 곧바로 승조가 머물러 수행하였던 영천곡에 찾아가 자주 머무른 사실 등을 고려한다면 달마선과 상통되는 것이었을 가능성도 배제할 수 없다. 또한 전술한 바와 같이 이후 그가 닦고 있는 『열반경』의 사념처법과 소승 선법의 주축이 되는 십육특승법十六特勝法도 대승선이 될 수 있다는 점도 간과할 수 없다. '승조의 (진실한) 뜻'으로 제題하여 기술한 것은 그의 여러 수행전력이나 행화行化가 비록 일반 정학과 같은 것으로 이해되기 쉬우나 실은 그렇지 않다는 것을 말하고자 한 것으로 이해할 수 있다.

한편 도선道宣은 승조의 삼전三傳제자로 직계이고, 달마선의 선지를 여러 곳에서 명쾌하게 요약하고 있어 그가 양자의 선법을 구분한 것 또한 무시할 수 없다. 여기서 유의해야 할 사항은 한 개인의 선법이나 행화行化가 고정되어 있는 것이 아니라 원숙되어감에 따라 달라지고,

동일 시점에서도 어떠한 대상에게 행화한 것인가에 따라 달리 나타날 수 있다는 사실이다. 달마선은 교와 선 양면에서 원숙되어야 행해질 수 있다. 승조가 출가 후 초기에 수행하였던 일련의 선법이나 어느 특정인에게 권하였던 선법의 내용만으로 그가 수증한 선법 전체라고 논단하여서는 안 된다. 그의 수증이 원숙된 후의 행화가 짧은 기간이고, 소수에게 몇 번의 대화만으로 그 가르침이 설해졌다면 도선이 이를 몰랐을 가능성도 있다. 도선의 승조선 해설과 이해가 일반으로 알려진 승조선 그것이었다고 한다면, 돈황 선종문헌에서의 승조선은 선종의 계맥系脈을 통하여 전해졌을 가능성이 있다. 승조의 만년晩年의 성취가 그의 초기나 중기의 제자들보다는 같은 차원의 법맥에게 쉽게 통해지고 전해질 수 있는 일이다. 정각淨覺이 신수로부터 그러한 사실을 전해 받았을 가능성도 있다. 선법과 그 수증의 성격상 양 기사의 차이를 총화와 동화 내지 자종의 확대를 위한 선종의 의도적인 조작으로 논단하기에는 많은 문제가 따른다. 이 싱의 문세는 달마선이 선법의 종宗이 된 사실과 관련하여 많은 시사점을 주고 있다.

요컨대 승조선은 처음에는 도선의 기술과 같이 달마선과 구분되는 것이었지만 그 후 어느 땐가 승조의 성취가 원숙해짐에 따라 달마선과 상통하게 되어 달마선맥에 그 사실과 그의 법문이 전해졌을 가능성이 있다고 본다.

제8장 초기 선종기 선법의 조류와 능가선의 영향

1. 서언

달마에서 육조에 이르는 초기 선종기는 북위 후반에서 당 중기까지로 대략 500년 무렵에서 700년 무렵까지의 기간에 해당한다. 이 기간은 여러 선법이 비교적 다양하고 균등하게 지역별로 분포되어 성망을 얻고 있었다. 크게 나누면 오문선五門禪으로 요약되는 소승근본선과 대승경론에 의거한 대승선으로 구분되고, 후자는 당시 각기 종파의 모습을 형성해 가면서 나름대로 자종自宗의 선법을 체계화하고 고취하였다. 대승선의 경우, 그 행법은 송경·염불·예경참법懺法도 있었지만 대체로 소의所依경론에 의거한 관행觀行 내지 혜행慧行이 주조였다. 후한 이래 소승근본선 위주의 선법이 주류였으나 대승경전의 유포와 함께 반야 이법에 의한 정혜겸수의 중요성이 점차 널리 인지되는 추세가 되었다. 남북조에서 정학定學으로 칭해지는 집단은 대체로 소승근본선에 의한 점차의 선정 성취를 목표로 하였다. 한편 경론의 연구와 해석에 주력하는 소위 의학義學의 부류는 대체로 선禪의 실수實修에 등한하였다. 그리고 매우 소수이긴 하나 대승경론의 심의를 통달하여 대승선의 선지를 증득한 명사들이 있었으나 그 가르침을 터득하고 따를 수 있는 도중들이 드물었다. 대승경론에 의거한 실수實修를 하는 경우에도 인정발혜因定發慧의 입장에서 대소승의 여러 정행定行을 우선하는 선문禪門과, 본래 선정이 따로 없고 얻을 바 없다는 돈오돈수頓悟頓修의 입장에서 따로 선정을 구함이 없는 행을 대승최상승선으로서 주창하는 선문禪門이 있었다. 전자의 대표적 사례가 혜문慧文-혜사慧思-지의智顗로 이어진 천태天台의 조사들이고, 후자가 바로 달마의 선맥이다. 이밖에 『속고승전』에 전하는 대승선맥으로 북조말에서 당초에 걸쳐 지금의 산서성 지역에서 위의 선문들에 비해 약간 늦은 시기에 그에 못지않게 성대한 행화를 펼친 혜찬(慧瓚, 536~607)-지초(志超, 570~641)로 이어진 선문이 있있는데 오래 이어지지는 못하였다. 이밖에 그 선법을 비교적 뚜렷이 알 수 있는 예는 송경이나 염불 및 예참禮懺의 경우를 제외하고는 위의 세 계통 외에 찾아보기 어렵다.

  이번 장에서는 초기 선종기에 선법의 조류가 어떠한 추세로 전개되어 가는가를 각 선법의 내용과 특성 및 상호 관련성을 추구하면서 살펴보고자 한다. 이제까지 초기 선종의 선법에 대한 명확하고 심도 있는 이해가 전제되지 못한 까닭에 당시 선법의 조류 및 여타 선법과의 관련이나 영향 등의 문제에 대해 적극적인 의론을 전개하지 못하였다고 본다. 본고는 앞의 장에서 정립한 초기 선종의 능가선법에 대한 이해를 바탕으로 그 선법이 이 시기 선법의 조류에 끼친 영향과 성격을 살펴봄으로써 능가선이 중국불교사상에서 지니는 역사적 의미의 일단을 밝혀보고자 한다.

2. 정학定學의 경향과 승조선

주지하는 바와 같이 남조에서는 의학義學이 성행하고, 북조에서는 정문定門이 성행하였다. 남조의 양대梁代에 한때 정림사定林寺를 중심으로 정문定門을 크게 펼친 바가 있었으나[1] 도선의 『속고승전』 습선편 논찬에 의하면 시세가 대부분 변혜辯慧에 빠지고, 사봉詞鋒이 난무하며 서로 비판만 일삼으니 직심直心의 실實이 어그러지게 되었다고 하였다.[2] 대체로 남조에서 정문定門이 바로잡아지고 성행하게 된 것은 혜사慧思와 그 제자 지의智顗가 이 지역을 중심으로 소승과 대승선을 아우른 천태선문天台禪門을 개창한 후의 일이라 생각된다. 『속고승전』 17 습선2 혜사전慧思傳에 "강동江東의 불법佛法이 의문義門을 홍중弘重한 이래 선법은 거의 없는 것과 같았는데 혜사慧思가 이 남지南地의 현실을 개탄하여 정혜를 함께 열었다." 하였고, 혜사의 활동으로 "(남조) 진陳의 심학心學이 (혜사에게) 귀종歸宗하지 않음이 없었다."고[3]

---

1 남조에서 鍾山定林寺를 중심으로 한 習禪의 성행과 그 의의에 대해서는 村中祐生, 『天台觀門の基調』, 東京, 山喜房佛書林, 1986, pp.334-346 참조.
2 『속고승전』 권20 習禪篇 論贊에 "逮于梁祖, 廣闢定門, 搜揚宇內. 有心學者 總集楊都, 校量深淺, 自爲部類. 又於鍾陽, 上下雙建定林, 使夫息心之侶, 栖閑綜業. 于時佛化雖隆, 多遊辯慧. 詞鋒所指, 波涌相淩. 至於徵引, 蓋無所算. 可謂徒有揚擧之名. 終虧直心之實." 『대정장』50, p.596a.

하였다. 북지北地에서는 소승선문으로 알려진 승조僧稠와 승실僧實의 선문이 각각 북제와 북주에서 황제의 귀의와 지원을 받으며 크게 성행하였는데 이들은 각각 불타선사와 륵나삼장勒那三藏으로부터 수업하였다. 이들보다 약간 앞서 달마의 대승보살선 전법이 강락江洛에서 이루어졌는데 처음 그 선법에 "귀앙歸仰하는 사람으로 가득 차 시장市場과 같았다〔歸仰如市〕."고 하였다.[4] 『속고승전』 감응편 법충전에 의하면 구나발다라삼장이 번역한 『능가경(4권본)』을 달마대사가 남과 북에 전하였다고 하였는데, 위에서 말한 강락江洛은 곧 남쪽의 양자강과 북의 낙수洛水를 가리킨다. 이 기사는 그의 전법 지역이 상당히 넓었음을 말해준다. 대체로 선문 가운데 큰 집단을 형성하며 전승한 계통은 위의 몇몇 사례에 지나지 않고, 나머지는 각자 취향에 따라 소승근본선, 대승경론에 의거한 관행·송경·염불·예참을 행하고 있는데 겸수하는 사례도 많다. 선문에 속한 이들은 대체로 『속고승전』 습선편과 감통편에 전하는데, 상당수가 그 시역에서 선행禪行의 모범적인 실천과 감화력으로 한동안 많은 도중이 운집하는 형세를 보이고 있다. 북지北地의 정문定門은 특히 수문제隋文帝가 의학義學은 싫어하고 선문禪門을 좋아하여 전국의 뛰어난 선사들을 초빙하여 우대하고 여러 면으로 지원함에 힘입어 한때 크게 성행하였다. 이때 황제가 칙령을 내리면서 "조사稠師(僧稠)가 입적한 후 선문이 펴지지 못하였다."(『속고승전』 권18 습선3 담천전曇遷傳)라 하고 있어 승조의

---

3 『속고승전』17 습선2에 "自江東佛法弘重義門, 至於禪法, 蓋寡如也.. 而思慨斯南服, 定慧雙開."『대정장』 50, p.564a. 同 "自陳世心學莫不歸宗" 同 p.564b.

4 『속고승전』 권20 습선편 논찬. 『大正藏』50, p.596c.

입적이 얼마 되지 않은 시기였지만 달마와 함께 "승승乘의 이대二大 궤범"(同 권20 습선편 논찬)으로 칭송되던 그의 선문의 성세가 많이 쇠잔해졌음을 알 수 있다. 또한 수대隋代의 정문定門 진흥도 얼마 가지 않아 수가 멸망하면서 이어지지 못하였다.

도선은 당시 정문定門의 경향을 여러 면에서 비판하고 있는데 그 가운데 다음과 같은 내용이 있다.

"잠깐 일구一句를 듣고 지침으로 삼으며, 오주五住에 오랫동안 경주傾注하여 십지十地가 장차 성취되고, 법성을 보았으니 불지佛智가 이미 명증된 것이라고 주창한다. 이들은 모두 경계에 의지하여 마음을 머무르는 것으로 징정澄靜해질 수 있다고 망언한다. ······ 마음을 일으켜 정淨을 염念하니 어찌 진眞을 증득할 수 있겠는가. 겉으로는 선종에 속한 생활이지만 아직 선자禪字도 잘 모르고 있다. ······ 까닭에 세간의 속담에 말하길, '무지無知한 늙은이'라 하는데 그 뜻은 선사禪師를 가리킨 것이다."[5]

여기서 말한 '선종禪宗'은 달마선맥의 선종이 아니라 일반의 정문定門을 포괄하여 지칭한 것이다. 도선에 의하면 당시의 정문이 반야의 이법(理法; 慧)을 갖추지 아니하고, 경계에 의지하여 마음 머무르는(집

---

[5] "暫聞一句, 卽謂司南, 唱言五住久傾, 十地將滿, 法性早見, 佛智已明. 此並約境住心, 妄言澄靜. ······ 生心念淨豈得會眞. ······ 相命禪宗, 未閑禪字. ······ 如斯般輩其量甚多 故世諺曰, '無知之叟'. 義指禪師. 『속고승전』 권20 習禪篇 論贊, 『大正藏』50, p.597b.

중하는) 행을 위주로 하였음을 알 수 있다. 도선은 또 요즈음 세간의 정사定士들은 의문義門을 많이 해치고 있으며 교리에 대한 기본 사택(思擇: 사유관찰에 의해 법상을 분간하는 것)도 하지 않고 있음을 개탄하고 있다.[6] 혜행慧行 없이 선을 한다고 하는 이러한 풍조와는 달리 "이와 같이 선정을 익히는 공부는 지智 없이 선禪을 하는 것이 아니니 형악(衡岳; 慧思선사)과 대애(台厓; 天台智顗)가 바로 그러한 풍風이다."고[7] 하여 혜행을 갖추고 선정을 익히는 혜사慧思와 그 문하 지의智顗 및 지최智璀의 선문을 크게 칭찬하고 있다.

같은 정문定門이어도 도선이 승조僧稠와 승실僧實을 모범으로서 칭찬하고 있는 것은 그들은 정행定行의 궁행 실천면에서 뿐 아니라 본래 여러 대승경론을 섭렵한 바가 있어 혜행도 갖춘 이들이기 때문이었을 것이다. 승조는 출가 전에 불경을 한 번 보면 바로 신해信解하였고, 출가 후 곧 여러 곳을 찾아다니며 경론 공부에 몰두하였다. 승실은 륵나삼장勒那三藏으로부터 선법을 받고 스승으로부터 "도류道流가 중국에 흘러온 이래 (삼매의) 미정味靜은 바로 이 사람이다."는 칭찬을 받은 이후에도 스승을 찾아다니며 도를 묻고 "여러 경전들을 갖추고 두루 섭렵하여 비록 삼학三學을 통람하였으나 (禪은) 구차제정九次第定의 조심행調心行으로 편행偏行하였다."고[8] 하였다. 이들은 대승경론을 섭렵하였으나 선은 소승근본선으로 실천한 경우가 된다. 단지 승조僧

---

6 "頃世定士多削義門. 隨聞道, 聽卽而依學. 未曾思擇, 扈背了經." 앞의 책, p.597a.
7 "如斯習定, 非智不禪. 則衡嶺台崖扇, 其風也." 위와 같음.
8 "備經循涉, 雖三學通覽, 偏以九次調心."『속고승전』권16 習禪初 僧實傳,『大正藏』50, p.557c.

稱는 매우 복잡한 내역을 지니고 있어서 간단히 소승선으로만 논단하기 어렵다. 그는 처음 불타佛陀선사에서 도방道房으로 전해진 지관을 닦고, 선정을 얻기 위해 많은 노력을 하였으나 이루지 못하던 중 태산에서 온 어느 이승異僧으로부터 "일체 함령含靈이 모두 초지미선初地味禪이 있으니 반드시 계연繫緣하면서 무엇을 구하려 하거나 이루려 하는 행을 하지 말라[要必繫緣 無求不遂]."는 가르침을 받고 이에 따라 행하여 선정을 얻게 되었다. 이후 다시 『열반경』의 사념처 법문을 행하고, 또 이어 도명道明선사로부터 십육특승법을 받아 궁행하고 있다.[9] "일체 함령이 모두 초지미선初地味禪이 있다."는 것은 『대열반경』25에 "이를테면 욕계중생 모두에게 초지미선이 있으니 닦았든, 닦지 않았든 항상 성취하는 것과 같다. 인연을 만나면 바로 얻어진다. 여기서 인연이라 함은 화재火災를 만났을 때를 말한다."에[10] 나오는데, 천태天台 담연湛然은 이를 해설하여 화재가 일어났을 때 모든 유정중생들이 모두 제이第二의 선정을 얻는 것을 말한다고 하였다.[11] 초지미선初地味禪은 유루선有漏禪인 세간근본미선世間根本味禪 가운데 사선팔정四禪八定 이전의 욕계정欲界定에 해당한다. 그런데 여기서 산동의 이승異僧이 말하고자 한 뜻은 누구든 본연의 선정을 지니고 있는 까닭에 계연繫緣하면서 억지로 구하려 하거나 이루려 함이 없이 행하면 된다는

---

9 앞의 『속고승전』 습선편 僧稠傳.

10 『대열반경』25에 "如欲界衆生一切皆有初地味禪. 若修不修常得成就. 遇因緣故卽便得之. 言因緣者謂火災也." 『대정장』12, p.516c.

11 『止觀輔行傳弘決』卷第九之一에 "一切衆生皆有初地味禪等者, 一切衆生皆曾兩緣得根本定. …… 火災起時一切有情任運皆得第二禪定." 『대정장』46, p.410c.

것이다(앞의 장에서 설명). 대개 정문定門에서는 마음을 어떻게 하는 작의作意로 삼매를 구하는 행에 빠지기 쉽다. 승조僧稠도 이러한 병폐에 있다가 이 가르침을 듣고 얼마 후 선정을 성취하였다. 원시불교 이래 공空·무상無相·무원(無願; 無作)은 교의의 근본이고, 수선修禪의 혜문慧門이었다. 그래서 이를 삼해탈이라고도 하고 삼삼매三三昧라고도 한다. 산동山東 이승異僧의 가르침은 곧 무원無願 무작無作의 행을 말한 것이다. 대승에서는 특히 이 법문을 심화시켜 일체법불가득一切法不可得을 강조한다. 그래서 삼매도 얻을 바 없는 것임을 알아야 삼매가 따로 없어 삼매 아닌 때가 없는 자리가 되어 영원한 삼매(금강삼매)가 된다. 삼매도 환幻과 같아 무생無生임을 증득한 자리가 보살제8지인 부동지不動地이고, 무생법인無生法忍이 여기에서 성취된다. 능가선은 제8지보살로 바로 이르게 하는 법문이다.[12] 한편 사념처四念處 행은 어떻게 하느냐에 따라 세간 유루선에서 무루의 출세간상상선까지 될 수 있는 것이고, 특히 『열반경』의 사념처 법문은 무루無漏의 대승선을 설하고 있는지라 사념처라 해서 소승선으로 단정하기도 어렵다. 이어 승조가 행한 십육특승은 천태지의의 선법 체계에 의하면 부정관과 아나파나문(阿那波那門; 安般行: 觀出入息) 및 심문心門의 3종 선문 가운데 아나파나문에 속한 행법이고, 세간선문(世間禪門; 凡夫禪門)과 출세간선문(出世間禪門; 二乘禪門) 및 출세간상상선문(出世間上上禪門; 보살선문) 중에서는 소승의 세간선문에 들어간다. 지의智顗는 선문이 비록 무량無量하지만 요약하면 십문十門이라 하고, 수준

---

12 초기 선종 능가선법의 주요 사항에 대해서는 앞에 기술한 글들 참조.

이 높고 더 높은 경지에 오르게 되는 순서대로 (一)근본사선四禪, (二)십육특승十六特勝, (三)통명通明, (四)구상九想, (五)팔배사八背捨, (六)대부정大不淨, (七)자심慈心, (八)인연, (九)염불, (十)신통 등의 선법을 들어 해설하고 있다.[13] 이에 의하면 십육특승은 두 번째에 해당한다. 호흡을 관하는 행법은 선정을 닦는 기초로 승조는 이전에 이미 여러 행을 통해 상당한 선정을 성취하였지만 미진한 바가 있어 기초행을 튼튼히 쌓은 것이라고 생각된다.『속고승전』권19 습선4 승옹전僧邕傳에 "조공稠公은 선혜禪慧에 통령通靈하다."라 한 것도[14] 승조도 정학定學에 들어가지만 일반의 치우친 정학의 부류와는 달랐음을 알 수 있다. 대체로 승조 본인은 대소승의 정혜를 함께 섭렵한 것으로 보는 것이 타당하지 않을까 한다. 단지 그의 제자로 나오는 인물들은 대체로 오정심五停心 사념처 등 소승선문을 행하고 있다. 이를테면 승조에 의지하여 출가하고 그 선법을 받은 승옹僧邕에 대해 승조는 "오정심五停心 · 사념처四念處가 장차 이 사람에게서 다 이루어질 것이다."고[15] 칭찬하였다. 제자들에게 먼저 선정의 기본행을 가르쳐 이끄는 것은 대소승을 막론하고 종종 있는 일이다. 그의 수행 행적에서도 보이듯이 그는 삼매의 성취를 매우 중시한 것 같다. 그래서 도선은 승조의 선법을 달마선과 대비하면서 평하길, 회념처(懷念處: 懷念하는 곳, 또는 念處를 생각함)가 있어 숭상할 것이 있게 되니 정사情事가 쉽게 드러나기 쉽다고 하였는데[16] 여기서 말한 정사情事는 애견愛見이

---

13 『摩訶止觀』卷第九(上), 『대정장』46, p.117b.
14 『속고승전』19 습선4 僧邕傳. 『대정장』50, p.583c.
15 위와 같음.

고 선정의 미미味에 취하는 것이며, 법집法執이다. 일찍이 혜가는 업鄴에서 전법하면서 '정사무기(情事無寄: 情事를 붙이지 말라)'의 가르침을 폈다. 이는 소승근본선이 점차의 선정 단계마다 그 선정의 미미味에 애착하게 되는 것을 비판한 것으로 소위 애미愛味의 소승 선정행을 취하지 말라는 뜻이었다.[17] 능가선은 선미禪味뿐 아니라 일체의 견見에 향하거나 취착하거나 의지함이 없다. 도선이 달마의 선법을 요약한 가운데 "애견愛見에 향함이 없다."라[18] 한 것은 바로 그러한 면을 말한 것이다. 당시 혜가의 이 가르침에 대해 일천 인의 정학定學 도중을 이끌고 있던 도항道恒은 이를 마어魔語라고 하며 혜가를 박해하였다. 『속고승전』의 저자 도선은 승조의 삼전三傳제자가 되는데 그가 자신의 조사를 "정사情事가 쉽게 드러나기 쉽다."고 평한 것을 보면 승조가 정혜를 함께 갖춘 정문定門의 모범이었다고는 하지만 그 선법은 선미禪味와 염처念處를 초탈하기 어려운 약점이 있었음을 알 수 있다.

한편 돈황출토 선종문헌 가운데 승조의 작作으로 기술된 것으로 『조선사의稠禪師意(大乘安心入道法)』와 『대승심행론』이 있는데,[19] 그 내용이 달마선법과 같은 것이어서 이를 어떻게 이해해야 할 것인가에 대해 종래 여러 이견이 있는데, 필자는 앞장에서 『속고승전』에 전하는

---

16 "稠懷念處, 淸範可崇. 摩法虛宗, 玄旨幽賾. 可崇則情事易顯,幽賾則理性難通." 앞의 『속고승전』 습선편 논찬, 『대정장』 위의 책, p.596c.
17 이에 대해서는 본서 제7장 능가선과 승조선과 정학에서 의론한 바가 있다.
18 앞의 『속고승전』 습선편 논찬에 "愛見莫之能引", 『大正藏』50, p.596c.
19 이들 자료의 본문은 여러 곳에 소개되어 있으나 冉雲華가 잘 정리하여 소개한 원문 "敦煌文獻與僧稠的禪法"(『華岡佛學學報』6, 1983, 92-100쪽에 수록)을 이용하는 것이 좋다.

승조의 선법이 선정의 기반을 쌓던 과정을 기술한 것이라면 돈황문헌에서의 승조선법은 보다 원만해지고 완숙해진 만년의 선법으로서, 같은 차원의 선법을 행하던 달마선맥의 선사들에게 그 법문이 전해진 것으로 볼 수 있지 않을까 하는 가설을 제기한 바 있다.[20] 대승보살선이란 결국 여러 기초적인 실수가 원만해지고 완숙해진 가운데 행해질 수 있는 것이고, 어느 한 개인의 선법이란 것도 진전 과정에 따라 얼마든지 전환될 수 있는 것이라는 점을 승조 관련 돈황문헌이 말해주고 있다고 생각한다.

이렇게 건실한 정문定門의 대표였던 승조僧稠(481~561) 선맥도 수초隋初 문제文帝가 "승조 입적 후 선문이 퍼지지 못하였다."고 한 말에 의하면 불과 50년 정도 지나서는 쇠미해진 듯하다. 이렇게 된 배경은, 물론 북주北周 무제의 폐불사건이 가장 큰 원인이 된 것이겠지만 또한 도선의 지적과 같이[21] 말세에 진실한 정학의 실천이 매우 어렵다는 점도 고려해야 할 것이다. 특히 도선이 지적한 바와 같이 일반 정학定學의 여러 병폐 현상들은 건실한 정문定門의 존립을 침해하였을 것이다.

---

20 본서 제7장 능가선고 승조선과 정학.
21 앞의 『속고승전』 습선편 논찬에 "第三千年後末法初基, 乃至萬年, 定慧道離, 但弘世戒. 威儀攝護, 相等禪蹤, 而心用浮動, 全乖正受. 故並目之爲末法也." 『대정장』 50, p.596b.

3. 능가선문과 천태선문의 성장과 그 영향

한편 달마선문과 천태선문의 활동도 승조僧稠와 승실僧實선문의 쇠미에 상당한 영향을 준 것으로 생각된다.

달마와 혜가의 전법 활동이 당시 어느 정도의 영향력을 발휘하였을까. 『속고승전』에 입전된 전기 자료에 의하면 혜가·승부僧副 등 직전直傳의 전법제자와 법충法沖 및 그의 전傳에 소개된 삼십 명의 능가사楞伽師의 전승을 제외하고는 여타의 승려 전기에서 능가선의 영향을 보여주는 사례는 찾기 어렵다. 달마대사는 남북에 걸쳐 활동하며 "귀앙歸仰하는 사람으로 가득 차 시장市場과 같았다."고[22] 하는 성과를 얻은 바 있고, 도선道宣이 달마선을 "대승벽관壁觀으로 그 공업功業이 최고"라 하고, 승조선僧稠禪과 함께 승乘의 양대 궤범軌範으로 평가한 사실도[23] 당시 능가선의 명망과 영향력이 적지 않았음을 말해준다. 혜가도 북제의 수도 지역에서 상당한 활동을 한 바 있다. 도항道恒이 혜가를 비판하기 위해 보낸 제자들이 오히려 모두 혜가의 설법을 듣고는 그 제자가 되었다는 사실에 의하면 혜가의 감화력이 대단하였다는 것을 알 수 있다. 달마와 혜가(487~593)는 중앙 정치권의 지원을 받은 승조(481~561)와 달리 유력遊歷하는 두타행 위주로 활동하고 있다. 사제 모두 다른 계열의 도중으로부터 거센 박해를 당하였다. 『속고승전』권16 혜가전은 이후 혜가와 그 제자들의 모습을 다음과 같이 기록하고 있다.

---

22 앞의 『속고승전』 습선편 논찬
23 위와 같음.

"마침내 업위鄴衛 지역을 떠나 이리저리 흩어져 다니며 곧바로 추위와 더위 속에 놓이게 되었으며, 도각道覺은 유현幽玄한지라 결국에는 후계자의 번영이 없게 되었으니 거사가 되거나 숲 속에 깊이 은둔하며 초근목피로 지냈다."[24]

한편 혜가의 제자와 재전제자 30명에 이르는 능가사의 전승과 천양 활동이 동同 법충전에 기재되어 있다. 이러한 사실을 전하고 있는 도선(596~667)은 혜가의 재전제자와 거의 같은 연배이고, 승조의 제자인 지민智旻의 재전제자로서 당시 이 계열은 율학을 대표하는 맥이었다. 도선은 승조 계열의 출신이지만 도처에서 달마선법의 선지를 명쾌하게 요약하여 명기明記하고 있다. 그는 달마의 선법에 대해 "그러나 그 송어誦語를 이해하기 어렵고, 애견愛見에 흐름이 없는데 현지玄旨가 유색幽賾하여 그 이성(理性: 禪旨)에 통하기 어렵다."고 하고,[25]

"망언(忘言: 언어도단)・망념(忘念: 심행처멸)・무득(無得: 不可得)을 정관正觀으로 한다. 후에 중원에서 행해지게 되었다. 혜가선사가 처음으로 그 법의 강요를 세웠다. 북위의 문학文學들이 (혜가를) 많이 멸시하였다. 그 종宗의 요의를 받아들여 해득한 자는 그때는 능히 깨달을 수 있었으나 지금은 여러 대代 멀리 유전되어 온 까닭에

---

24 "遂流離鄴衛, 亟展寒溫. 道竟幽而且玄, 故末緒卒無榮嗣, 有向居士者, 幽遁林野木食."『대정장』50, p.552a.
25 『속고승전』권20 習禪篇 論贊,『대정장』50, p.596c.

후학이 잘못 이해하고 있다."[26]

고 지적하였다. 즉 달마의 선법은 유현하여 그 선지에 통하기 어렵다는 점과 이미 혜가의 재전제자[四代] 시기에 그 선법을 잘못 이해하고 있는 예가 많았음을 알 수 있다. 이러한 지적을 다른 계열인 도선이 할 수 있다는 것은 능가선법이 여러 다른 종파에도 상당히 넓게 알려져 있었다는 것을 말해주고 있다. 성대한 집단의 모습은 갖지 못한 채로 2-3대를 지나왔지만 달마와 혜가가 초기에 이루어놓은 위업과 성망으로 그 선법이 어떠한 것이라는 것은 이미 소문을 통해 거의 전불교계에 익히 알려졌을 것으로 보아야 할 것이다. 선종이 하나의 종파집단의 모습을 갖게 된 것은 4조 도신에서부터인데, 그의 성망을 듣고 많은 수행자들이 찾아오게 된 요인에는 물론 도신 개인의 도력과 역량도 있겠지만, 이밖에 그가 달마와 혜가의 전법제자로 알려졌다는 것과 『능가사자기』 도신의 장에 전하는 그의 「입도안심요방편법문入道安心要方便法門」에 좌선의 기초와 염불선 등을 포용한 비교적 쉬운 방편의 법문을 상당부분 설하고 있어 그만큼 많은 계층을 교화할 수 있었을 것이란 점도 들 수 있지 않을까 한다.[27] 즉 도신의 법문은 도중徒衆의 저변 확대를 위해 대중적인 방편법문을 다소 포용한 것으로 본다.

---

26 『속고승전』 권35 感應篇 法沖傳에 "忘言忘念無得正觀爲宗. 後行中原. 惠可禪師創得綱紐, 魏境文學多不齒之. 領宗得意者, 時能啓悟. 今以人代轉遠, 紕繆後學." 『대정장』50, p.666b.

27 東山법문에서의 염불방편문의 시설과 그 영향에 대해서는 본서 제10장에 자세히 설명되어 있다.

그리고 그 법문에서 인용한 경론이 『능가경』뿐 아니라 10여 종의 대승경론을 망라하고 있는 사실도 대승경론의 선지를 관통하여 자종自宗 법문의 폭을 넓히고 있는 것으로 이해된다. 심성心性을 바로 개시開示하여 언어도단과 심행처멸, 무관無觀, 부사不思, 무심, 무념, 무행無行의 돈수행頓修行으로 바로 인도하는 능가선은 사실 대단히 뛰어난 근기가 아니면 들어오기 어려운 법문이다. 그래서 도선의 지적과 같이 매우 유현하여 통하기 어렵고, 오해하는 자가 많게 된다.

　도신과 홍인의 동산법문기東山法門期를 거치면서 선종은 그 도중의 저변 확대와 함께 그 명망이 전국에 퍼지게 되어 여타의 선법 조류에 상당한 영향을 주었을 것으로 짐작된다. 『속고승전』 습선편에 입전된 선사 가운데 소승근본선에 속한 사례가 상당수 있지만 오조 홍인으로부터 입전立傳을 시작하여 그 이후의 인물들이 수록되어 있는 『송고승전』 습선편에는 거의 모두 선종 계통의 인물이고, 소승근본선에 속한 예는 찾아보기 어렵다. 물론 『송고승전』이 선종 일색이었던 송대宋代에 저술되었고, 작자의 치우친 입장도 있겠지만 전반적으로 소승근본선이 크게 퇴락한 것만은 충분히 인정되는 사실이다. 『속고승전』에는 소승근본선과 능가선 외에 천태天台, 간경看經, 독송, 예참, 정토 등에 속한 사례들이 있는데 소승근본선을 제외하고 나머지 행법은 선종 흥성 이후 그 세가 약화되긴 하였으나 나름대로 위치를 차지하고 실수實修되고 있다. 이에 비해 소승근본선의 위상은 여타의 행법보다 크게 쇠퇴되었다.

　전술한 바와 같이 혜가 이래 정학定學의 폐단을 정사情事의 문제로 비판하고 있는 달마선맥의 전통은 후대에도 이어졌다. 돈황선종 문헌

『대승무생방편문大乘無生方便門』에서 2승(二乘; 3승과 2승)은 정정은 있고 혜慧는 없어서 사정邪定이며, 선미禪味에 빠지는 것은 2승 열반에 떨어지는 것이라 하였다. 2승은 선정 가운데서 듣지 못하고 정에서 나와야 듣게 되며, 그 정定 중에는 혜가 없고, 법을 설하지도 못해 중생을 구제할 수도 없고, 정에서 나오면 마음이 산란해져 법을 설하여도 정수定水의 윤택함이 없어 간혜정乾慧定이라 이름한다고 하였다. 또한 2승은 육식六識을 멸하여 공적空寂열반을 증證한 것이니 이는 사정邪定이고, 보살은 육근六根이 본래 부동함을 알아 소리가 있든 없든 사라져가든 항상 문聞하니 이것이 정정正定이라고 하였다.[28] 선종의 정正·사정邪定 입장에 의하면 정문定門의 정정은 사정이 된다. 혜가 때 정사情事의 문제로 정문을 비판하였을 때는 혜가가 그들에게 박해를 받았지만, 실답지 못한 정학의 흐름과 퇴조로 인해 후대에 와서는 선종의 비판 논리에 대항하지 못한 것으로 보인다. 특히 달마선이 최상승선임을 여러 면에서 주창하였고, 이러한 입장은 대승성론에 의거한 것인지라 대승교학이 원숙해진 중국사회에서 그러한 법문은 큰 힘을 발휘하였다. 대승보살선으로서 선종의 성행은 소승근본선문의 퇴조에 큰 영향을 주었다.

4. 능가선과 천태선의 상이성과 상통성

소승근본선에 대한 선종 선사들의 이러한 입장은 천태天台에서 출세간

---

28 宇井伯壽,『禪宗史硏究』(東京, 岩波書店, 1966) 부록에 실린 교정본『大乘無生方便門』의 pp. 455-458.

상상선의 대승보살선을 펴면서도 소승선인 세간선과 출세간선도 함께 체계화하고 수용하고 있는 것과는 대조된다. 특히 천태지의는 여러 법문에서 각 선정 단계에서의 애미愛味를 관혜觀慧를 통해 버리고 향상해가는 길을 개시하고 있으며, 출세간선 4단계 가운데 세 번째인 '훈선薰禪'은 일명 사자분신삼매獅子奮迅三昧라 하여 선정의 출입入出을 신속하게 자유자재로 하게 되는 단계인데, 필요시 얼마든지 곧바로 출정出定하여 선정에 애착함이 없는 행을 실현할 수 있어 대승선으로 전화轉化할 수 있는 선기禪機를 내포하고 있다. 네 번째인 '수선修禪'은 일명 초월삼매라 이름하는데 일정한 차서次序에 의지함이 없이 여러 선정에 출입함이 자재한 단계로 보살도 이 삼매의 힘으로 수시로 선정에 출입하며 중생을 이롭게 하는 것으로 되어 있다.[29] 즉 천태天台의 선법 체계에 의하면 소승근본선도 대승보살선에 이르는 한 과정으로 위치하고 있다. 그리고 그 계기는 선정의 완숙뿐 아니라 관혜觀慧가 수반되어야 하는 것으로 되어 있다. 그리고 2승은 출세간선의 네 번째 단계인 '수선修禪'에서 번뇌의 고통을 멸하지만 보살은 각종의 고통을 인수忍受하며 만행을 실천한다.[30] 출세간상상선出世間上上禪은 혹은 구종대선九種大禪, 자성선自性禪이라 하며, 관심실성觀心實性의 법〔十乘觀法〕이다. 대승선법의 정수로서 즉심卽心에 입정入定하는 법이다. 지의智顗는 "심心의 실성實性을 관함을 이름하여 상정上定이라 한다."고 하였다.[31] 즉 마음의 실성實性을 알고 이를 관하는 혜慧가

---

29 韓煥忠,「天台智顗的禪學體系」(『中國禪學』 제2집, 北京, 2003), pp. 228-230.
30 위의 글, p. 229.
31 智顗,『法華玄義』卷四上,『大正藏』33, p. 719c.

곧 상정上定이라는 것이어서 정혜定慧가 둘이 아니다. 이는 『단경』에서 강조하는 "식심자성(識心自性; 心性을 알라)"과 『대승무생방편문大乘無生方便門』에 "심성心性을 요견了見하여 성성이 항상함이 구경각이다 [了見心性, 性常名究竟覺]."는[32] 법문과 상통한다. 대승보살선의 전제가 되는 것은 먼저 심성心性을 오悟함이 있어야 한다는 것이다. 이를테면 『대승무생방편문』에 "먼저 (심성이) 심신상心身相을 떠났음을 증證하는 것이 근본이 되어 지견知見이 자재自在하게 되고, 육진六塵에 물들지 않으며, 견문각지가 후득지後得智가 된다. 때문에 먼저 증證함이 있어야 근본이 되는 것이니 만약 증證함이 먼저 이루어지지 않으면 모든 지견知見이 경계에 따라 물들게 된다."고 하였다.[33] 그래서 선종 선사들의 경우에는 거의 모두 개오開悟의 사적을 전하고 있다. 이러한 사정은 천태天台의 조사들도 마찬가지이다. 북제혜문北齊慧文 선사는 『중론』 사제품의 공가중空假中 법문을 읽다가 개오하였고,[34] 남악혜사南嶽慧思는 평소 『법화경』을 열심히 독송하다가 선정 성취의 중요성을 알고 혜문선사를 찾아가 그 법에 따라 좌선 중에 잠시 몸을 풀고 벽에 기대려 하다가 벽에 닿기 전에 개오하여 법화삼매와 대승법을 일념에 명달하고, 소승근본선인 십육특승과 팔배사八背捨도 함께 성취하였다.(『속고승전』 습선편 혜사전) 그는 자신의 경험에 따라 인정발혜因定發慧를 강조하였다. 천태지의선사는 법화삼매를 닦으며 『법화경』「약

---

[32] 앞에 든 宇井伯壽의 『禪宗史研究』에 실린 교정본 『大乘無生方便門』, p.451.
[33] "由先證離心身相爲根本, 知見自在, 不染六塵, 見聞覺知爲後得, 以先證爲根本. 若不爲證爲先, 所有知見則隨染." 앞에 든 『大乘無生方便門』, p.457
[34] 『佛祖統紀』권6, 『大正藏』49, p.178c.

왕품」을 읽다가 개오하였다.(同 습선편 지의전)

단지 대승선에서 아직 개오 내지 증證하지 못하였다 하더라도 먼저 리理로 대승 교의의 심의를 이해하면 행할 수 있다. 달마의 '자교오종藉敎悟宗'과 이입理入이 그러한 뜻이다. 요컨대 대승보살선의 입문은 이입理入을 위한 교의의 이해를 통해 이루어진다. 그리고 대승보살선에서는 인위因位에서의 수행이 과위果位인 원각성圓覺性의 뜻에 수순하는 것이어서 처음부터 선정을 따로 구함이 없는 정혜무이定慧無二의 행이다. 정혜겸수는 대소승 공통이지만 정定과 혜慧 어느 쪽을 수시로 번갈아 가며 닦는 것이다. 단지 이렇게 따로 닦는 것이 완숙해지면 정혜무이의 행으로 진전될 수 있다. 그러나 완숙되었다 하더라도 진정한 정혜무이定慧無二가 되기 위해서는 오悟가 전제되어야 한다는 것이 선종이 강조하는 가르침이다. 『능가경(7권본)』권7 게송품에서 이르길, 단지 분별만 하지 아니한다고 해서 되는 것이 아니고 유심唯心임을 깨달은 각지覺智가 있어야 한다고 한 것은 바로 이를 말함이다.

천태天台에서는 비혜불선非慧不禪과 비선불혜非禪不慧(同「智顗傳」)를 함께 말하고 있고, 선종 법문인 『대승오방편북종大乘五方便北宗』에서 인정발혜因定發慧와 인혜발정因慧發定을 함께 설하고 있다.[35] 양자가 이 면에서 같지만 천태가 선종에 비해 선정의 면에 치우쳐 있는 것으로 볼 수 있는 면이 많다. 그러나 선종에서 말하는 선정이 혜慧와 둘이 아닌 자리인 까닭에 이러한 해석도 꼭 옳다고는 볼 수 없다. 천태도 본래 선가이지만 후대에는 교가로 많이 인식되고 있는 반면 선종은

---

35 본문은 전게 宇井伯壽의 『禪宗史硏究』 부록편, p.486.

순수한 선가禪家로서 자리하고 있다. 『송고승전』 권제8 혜랑전慧朗傳에 의하면 혜랑이 남종 돈교頓敎의 수장首長을 만나 스승이 되어줄 것을 청하였는데 그가 말하길, "너는 오랫동안 정업淨業을 쌓았으니 나는 너의 스승이 아니다. 천태에 가서 마땅히 철장哲匠을 만나보라."고[36] 하였다. 즉 선종의 선사에게는 천태의 선사가 철장으로 인식되고 있다. 주지하다시피 선종 선사들은 문기文記를 지은 바가 없는 경우가 많고, 글이 있어도 짧막한 심지법문心地法門인 경우가 대부분이다. 이에 비해 방대하고 세밀한 교학의 체계를 갖추고 수학하는 천태의 선사들은 선종 선사에게 철장哲匠으로 불릴 만한 소지가 있었다. 특히 불립문자不立文字의 명언이 유행한 후에는 선종 아니면 천태나 화엄의 선사도 진정한 선가가 아닌 듯이 인식하게 되었다. 초기 선종기까지는 천태나 화엄 조사들이 여러 전기에서 거의 모두 선사로 칭해지고 있는 것과는 다른 양상이다. 여기서 '철장哲匠'은 곧 선사가 아니라는 뜻을 내포하고 있는 셈이다. 천태의 초기 조사들이 『속고승전』에서는 습선편에 들어 있으나 『송고승전』에서는 의해편義解篇에 들어 있다. 이후 천태법문은 화엄과 함께 교문으로 칭해지고 있다.

　천태와 선종의 이러한 차이에도 불구하고 그 종사들의 궁극의 선지는 상통하는 바가 있었다. 천태天台의 담연湛然은 지의智顗까지 천태의 조사 9인의 심법心法을 간략히 기록하고 있다. 一, 명명선사는 주로 7방편인데 천태지의 이전은 아직 원가圓家의 7방편이 세워지지 않은 까닭에 소승7방편일 것이다. 二, 최最선사는 주로 융심融心을 썼고,

---

36 "釋慧朗, 新定遂安人也. 年二十有二, 於衢州北山遇南宗頓敎之首, 將請爲師. 乃逆相謂曰, 汝久積淨業, 吾非汝師. 可往天台當逢哲匠." 『대정장』50, p.758c

三, 숭숭선사는 본심本心, 四, 취취선사는 적심寂心, 五, 감감선사는 요심了心, 六, 혜혜선사는 답심踏心, 七, 혜문慧文선사는 각심覺心, 八, 혜사慧思선사는 수자의안락행隨自意安樂行, 九, 지의智顗선사는 차제관次第觀과 차제선문次第禪門, 육묘문六妙門 같은 부정관不定觀, 원돈지관圓頓止觀 등을 주로 사용하였다고 한다.[37] 담연湛然의 해설에 의하면 여기서 융심은 성상이 융융融融하여 제법이 무애無碍함을 말하고, 본심本心은 삼세가 본래 오고감이 없고 진성眞性은 부동不動이라는 뜻이며, 요심了心은 일여一如임을 관함이고, 답심踏心은 내외 중간의 마음이 불가득不可得이니 민연泯然히 청정하여 초처五處에 지심止心함이고, 각심覺心은 중관삼매重觀三昧와 멸진삼매滅盡三昧와 무간삼매無間三昧에서 일체법에 마음이 분별함 없는 것이다. 이 구사九師의 상승에서 혜문-혜사-지의의 3대代를 제외하고 나머지는 대체로 모두 혜문 혜사와 비슷한 동시대인으로 일찍이 서로 참증參證하였으나 꼭 친전한 것은 아니었다. 『속고승전』 혜사전에 혜사가 혜문의 처소에서 법화삼매를 증하고, 감사監師와 최사最師 등을 찾아가 자신이 증한 바를 말하여 모두 수회隨喜하였다고 하였다. 또 같은 지의전에 지의가 혜사로부터 수학하고, 혜사는 취사就師에게서 종도從道하였으며, 취사는 최사最師에게 수법하였다고 하였다. 초대 명선사를 제외하고는 대체로 대승경론의 반야 이법理法에 의한 심법心法으로 선종의 선법과 대부분 상통한다. 단지 지의智顗의 차제선문이나 육묘문六妙門에는 소승근본선법이 많이 들어 있으나 선종과 상통하는 심지법문도 포함

---

[37] 『止觀輔行傳弘決』 卷第一之一, 『大正藏』46, p.149a-b.

되어 있는 점을 간과해서는 안 된다. 이를테면 육묘문에서 수數·수隨·지止·관觀·환還·정淨의 각 행을 어떻게 하느냐에 따라 소승선이 되기도 하고 대승의 최상승선이 되기도 한다. 특히 제팔 관심육묘문觀心六妙門에서 지문止門은 심성心性이 상적常寂함을 요지了知하니 제법 또한 적적寂寂하여 불념不念하고, 불념不念하니 부동不動함이고, 관문은 심성이 허공과 같고, 무명無名·무상無相이며 언어도단임을 알아 진실성을 봄이고, 환문還門은 소관所觀의 심心도 얻을 수 없으니 또한 능관지지能觀之智도 얻을 바 없어 마음이 의지하는 바가 없고, 무착無着의 묘혜妙惠로 비록 제법을 보지 않아도 일체제법에 통달함이고, 정문淨門은 마음이 본래 번뇌에 물듦이 없다는 자성청정심의 뜻에 통달하여 더러움 가운데 처해서도 오염되는 바가 없는 행이다. 이러한 법문은 선종의 여러 법문에 자주 나오는 명구들이다.

천태지의는 입적하기 전에 제자들이 건강의 회복을 위해 재를 모시겠다는 것을 말리며 "무관無觀 무연無緣함이 바로 참다운 재齋다."고 하였다.[38] 지의의 여러 법문에 관행에 대한 많은 내용이 있지만 그의 궁극의 가르침은 바로 무관·무연에 있었다고 할 수 있다. 무관無觀에 바로 이르기는 매우 어려운지라 우선 방편행으로써 여러 점차의 관행을 거치게 된다. 관행도 해보아야 무관의 뜻을 알 수 있다. 무관無觀과 무연無緣은 중도를 말하는 것이고, 중도中道에는 유관有觀과 무관無觀의 뜻이 다 들어 있다. 선종에서도 관행과 관심을 말하지만 무관無觀·부사不思·불행不行의 선지로 바로 이끄는 데 치중한다. 주로 직절의

---

38 『속고승전』 습선편 智顗傳에 "能無觀無緣卽眞齋矣."

간략한 대화를 통해 선지를 깨닫게 한다. 대체로 점차의 정행定行을 설하지 않는다. 반면 천태는 그 전 방편이라 할 수 있는 관행·관심의 법문에 치중하며, 인정발혜因定發慧의 면으로 이끈다. 무관·부사· 불행의 선지는 바로 대승경론에 있고, 능가선이나 천태나 모두 대승경론의 심의에 의거한지라 법을 펴는 양상에 다른 면이 있더라도 궁극의 선법에서는 상통하고 있다. 천태의 1-3대 조사에게서 능가선과 교류한 자취는 찾아보기 어렵다. 그러나 선법의 내용으로 보면 상통한 점이 많아 교류 내지 상호 영향이 있었을 것으로 짐작된다.[39] 이들은 달마와 혜가의 시기와 비슷하여 그 성망을 전문傳聞으로 알고 있었을 가능성이 있다. 담연湛然이 정리하고 있는 천태天台 구사九師의 심법心法은 전반적인 선법의 조류로 본다면 대승보살선의 류로서 능가선과 궤를 같이한다. 거의 같은 시기에 대승보살선의 심법이 중국에서 태동하고 있었음을 알 수 있다. 그리고 이 양대 대승 선문의 성행으로 소승근본선의 위상은 크게 쇠락하여 자체의 종단을 지니지 못하게 되었다. 그러나 그 소승근본선법은 천태의 법문 가운데 포함되어 전습되어 갈 수 있었다. 천태는 특히 간경독송·염불·예참 등 거의 모든 대승 행법을 체계화하고 전습하였다. 이것은 천태의 큰 공이라고 생각한다. 선종에서도 천태의 이러한 경향과 마찬가지로 여러 행법을 겸수하는 추세가 되고 있다.

한편 위의 양대 선문 외에 혜찬(慧瓚, 536~607)-지초(志超, 570~641)로 이어진 선문이 있었고, 조진趙晉 지역에서 북조말에서 당초에

---

39 天台止觀과 달마선의 상호 영향에 대해서는 關口眞大,「天台宗に於ける達摩禪」(『印佛研』7-2, 1959)의 연구가 있다.

걸쳐 큰 행화를 펼쳤다. 그 수행은 계행戒行과 이착離著을 우선으로 하고, 두타난야행頭陀蘭若行과 염혜念慧, 식망識妄, 지전知詮을 위주로 하였다 하였는데,[40] 제자 지초志超가 『섭대승론』·『유마경』·『기신론』을 강의하고 있는 사실에 의하면[41] 대승 혜행慧行에 속한 선법을 행한 것으로 보인다. 여기서 말한 염혜念慧의 행은 도선道宣이 구나발다라가 전역傳譯한 4권본 『능가경』의 선법을 요약하여 "오로지 염혜念慧하고, 언어에 두지 않는다. 나중에 달마선사가 남북에 전하였다."고[42] 한 염혜와 같고, 이착離著도 마찬가지로 달마선과 통한다. 식망識妄과 지전知詮은 각기 선정행과 교학의 연찬을 말한 것이니 계정혜戒定慧 삼학三學을 겸비한 행이었다고 하겠다. 따라서 혜찬의 선법은 달마선과 대체로 상통하는 것이 아니었을까 한다. 때문에 혜찬의 선문은 달마선맥의 성대와 함께 이에 흡수되었을 가능성이 크다. 혜찬의 대표 제자에 지초 외에 지만(智滿, 551~628), 담운(曇韻, ?~642), 도작(道綽, 562~645), 도량(道亮, 569~?)이 있고, 도작은 정토淨土, 도량은 계율로 유명하였다. 혜찬 선맥의 상승은 지초 입적 후에는 쇠미하게 되었다.[43]

---

40 『속고승전』 권18 習禪3에 慧瓚傳에 "以戒爲主. …… 故其所開悟, 以離著爲先. 身則依附頭陀行蘭若法, 心則思尋, 念慧, 識妄, 知詮." 『대정장』50, p.575b.

41 『속고승전』 권20 習禪5 志超傳에 "若大山依而修道, 時講攝論維摩起信等." 『대정장』50, p.592c.

42 『속고승전』 권35 감응편 法沖傳에 "專唯念惠, 不在話言. 於後達磨禪師傳之南北." 『대정장』50, p.666b.

43 冉雲華, 「中國早期禪法的流傳和特點」(『華岡佛學學報』7, 1984), p.89.

5. 결언

달마에서 육조에 이르는 초기 선종기 선법의 주요 조류는 소승근본선으로서는 승조계僧稠系와 승실계僧實系가 대표적이었고, 대승보살선으로서는 달마선문(능가선문)과 천태선문天台禪門이 주류였다. 이밖에 송경, 염불, 예참 등을 겸수하는 경향이 많았고, 개인적으로 어느 대승경론에 의거한 관행 실천자도 많았다. 대체로 오문선五門禪으로 요약되는 소승근본선은 선정의 성취에 치우친 면이 있었고, 선정의 미味[禪味]에 애착하기 쉬운 경향이 많았다. 승조선은 이러한 애미愛味[情事]에 흐르기 쉬운 약점이 있었고, 달마선은 그 유현幽玄한 선지를 이해하기 어렵고 잘못 이해하기 쉽다는 약점이 있었다. 단지 승조는 대승의 혜문慧門도 일찍이 갖추고 있었고, 그가 행한 소승근본선도 대승의 법으로 한 것이었을 가능성이 있다는 점에서 간단히 그의 선법을 소승선으로만 논단하기는 곤란한 면이 있다. 특히 돈황문헌 가운데 그의 저술로 되어 있는 자료의 선법이 달마선과 그대로 상통하고 있는 사실에 유의해야 한다. 이러한 사실은 개인의 수증修證 진전에 따라 선법의 전환이 이루어질 수 있는 것임을 말해주는 한 사례로 이해할 수 있지 않을까 한다.

달마선맥에서 2승(3승과 2승)의 정정을 사정邪定으로 비판하고, 그 애미愛味 경향을 지적하면서 자종自宗을 최상승선으로서 주창해가는 가운데 소승근본선문은 크게 퇴락하였다. 그러나 그 선법은 천태天台의 대소승을 망라한 선법 체계 가운데 포괄되어 전습傳習되어 갈 수 있었다.

정혜쌍수는 능가선이나 천태선이나 마찬가지지만 전자는 다소 혜慧에, 후자는 다소 정定에 치우치는 경향이 있다. 그리고 능가선의 경우 본래 선정이 따로 없다는 오悟를 바탕으로 하는 정혜불이定慧不二의 선법을 강조한다. 그러나 양 조사들의 궁극의 선지는 서로 상통되는 것임을 지적하였다. 천태는 후대에 방대한 교학체계의 전습, 그리고 선종 선사들이 선문의 종宗으로서 자리 잡게 됨에 따라 선종 선사로부터 선사가 아닌 '철장哲匠'으로 칭해지고 있는 사례가 있다. 천태는 특히 간경독송, 염불, 예참 등 거의 모든 대승 행법을 체계화하고 전습하였다. 이것은 천태의 큰 공이라고 생각한다. 선종에서도 천태의 이러한 경향과 마찬가지로 여러 행법을 겸수하는 추세가 되고 있다.

제9장 선정바라밀로 본 소승선과 달마선

1. 서언

선정바라밀(禪定波羅蜜, Dhyāna-pāramitā)은 육바라밀 가운데 다섯 번째의 행도이다. '선禪'은 범어(산스크리트어) Dhyāna(巴利語, jhāna)의 음역으로 선나禪那・지아나持阿那라고도 한다. 의역하여 정려(靜慮; 다른 상념 없이 하나의 경계에 마음을 集注하여 올바로 자세히 사유함), 사유 수습・기악(棄惡; 욕계의 모든 악을 버림)・공덕총림(이 선을 통하여 지혜・6신통・사무량 등 일체 공덕이 나오기 때문)이라고도 한다. '정定'은 범어 Samādhi의 의역이고, 음역하여 삼매라 한다. '선'은 음역이고, '정定'은 의역인데 모두 마음이 산란하지 아니하여 부동하고 적정한 상태를 이른다는 점에서 같은 말이기 때문에 선정으로 합칭하여 상용되어 왔다. 단지 외도의 정이나 삿된 정[邪定], 그리고 식識의 분별을 떠나지 못한 식정識定과 구분하여 대보살(제8지보살 이상)이 성취하는 선정은 일반의 선정과 구분하여 '정定'으로 의역하지 않고, '삼매三昧'로 지칭하는 경향이 있다(如幻삼매, 진여삼매, 화엄삼매, 금강삼매 등).

선을 통해서 선정을 성취하고, 선정을 통해서 지혜를 발하는 까닭에 그 선과 선정이 선정바라밀이 된다. 그래서 선정바라밀에는 그 행법으로서의 선과 그로부터 이루어지는 심적 상태로서 선정을 포괄한다. 그런데 선법과 선정에 대한 불법의 체계는 매우 방대해서 간략히 정리하기 힘들다. 불법을 설명할 때 여러 기준에 의거하여 갖가지로 나누는데, 정定과 혜慧의 면에서 구분한다면, 양자를 각기 구분하여 다른 행으로 설하는 법문과 양자가 따로 구분됨이 없는 소위 정혜무이定慧無二의 가르침이 있다. 전자의 법문에서는 보통 선정을 먼저 이루고 이를 통해 지혜가 발해진다 하고[因定發慧], 후자의 법문에서는 오悟를 통해 지혜가 이루어지고, 이 지혜를 통해 선정이 저절로 이루어진다고 한다[因慧發定]. 그래서 따로 선정을 얻기 위한 행을 설하지 않는다. 이 선법에 의하면 마음을 어떻게 해서 선정을 이루려 하는 것은 이미 깨달은 이법(理法; 慧)에 어긋나게 되어 버린다. 다시 이 후자도 깨달은 이법理法의 얕고 깊음, 좁고 넓음에 따라 여러 차등이 있게 된다. 여러 대승경론과 중국의 여러 종파에서는 각기 여러 단계로 나누어 설명하고 있는데『능가경』의 4종선(우부소행선, 관찰의선, 반연진여선, 여래선)에 의하면 관찰의선과 반연진여선이 이에 해당하며, 여래선은 여래가 모든 보살을 호지하는 행이어서 인위因位에서의 행이 아니라 과위果位에서 할 수 있는 행이다. 반연진여선은 법무아法無我를 오悟한지라 일체법불가득一切法不可得의 뜻이 시현되니 법무아

法無我에도 머묾이 없고, 어떠한 법에도 의지함이 없으며, 심성을 뚜렷이 알아서 불가득不可得의 진여眞如의 뜻에 따르게 되는 행이다. 일체법불가득의 뜻이 곧 진여眞如이다. 초기 선종의 달마선(능가선)이 바로 반연진여선을 통하여 여래선으로 들어가는 선법이고, 최상승선이다. 일반적으로 대승불교권의 불자들은 인정발혜因定發慧의 법문과 정혜무이定慧無二의 법문을 동시에 접하게 되는 경우가 많다. 그러다 보니 수행의 길에 나아가면서 갈피를 잡지 못하고, 혼란을 겪게 된다.

이 글에서는 이러한 문제의 해명에 주안점을 두고, 선정바라밀의 기본 사항들을 설명해 가면서 소승선과 대승선이 어떻게 구분되며, 그 수증修證의 위차는 어떻게 시설되어 있는가를 대비하여 양자가 각각 수행도에 있어서 어떠한 위상과 의미를 지니는가 하는 점을 설명하고자 한다.

2. 선정바라밀의 의義

주지하다시피 육바라밀은 대승보살도의 실천요목이면서 2승(3승과 2승)의 실천도를 포괄 융섭한다. 유식학唯識學의 고전인 『섭대승론攝大乘論』에서는 육바라밀이 유식에 들어가는(통달하는) 인因이며, 가행위加行位를 거쳐 유식무의(唯識無義; 일체가 오직 識일 뿐이니 그 實性이 없다)에 통달하고 무분별지無分別智를 체득함으로써 견도見道를 성취한 후, 무분별지를 성취한 후에 얻어진 사마타[止]와 비파사나[觀]의 지智로 무량 무수의 대겁을 거치는 수습을 통해 전의轉依하여 3종 불신佛身(법, 보, 화신)을 성취한다고 하였다.[1] 육바라밀에 의지하여 유식의 지地(유식을 통달한 位)에 들어가고 나서는 다음에 장애를 떠나게 하는 무분별지에 상응하여 청정신락의淸淨信樂意〔增上意樂〕바라밀을 거치는데, 여기서는 비록 공용功用의 가행加行을 떠난 육바라밀이지만 성교聖敎에 대한 수승한 이해력과 실천력으로 육바라밀에 대한 신락信樂과 애중愛重과 수희隨喜의 염念과 쉼 없는 행을 통해 구경원만의 육바라밀을 수습한다고 하였다.[2] 즉 육바라밀은 유식에 통달하는 인因이 되는 단계에서의 행과 유식에 통달하여 무분별지를 이룬 견도(見道: 보살초지에서 성취함)에 이른 후 보살 초지에서 십지十地까지의 수도 단계에서 행해지는 육바라밀로 구분된다. 따라서 선정바라밀도 이러한 뜻에 의거하여 마찬가지로 크게 두 단계로 구분된다. 그런데 위의 구분은 대승선 내에서 수증의 위位에 따라 대별한 것이고, 선정바라밀 내지 선법에는 근본적으로 소승선과 대승선의 구분이 있다.

　복덕과 지혜의 이대二大 자량資糧 가운데 보시·지계·인욕·정진·선정바라밀은 복덕자량이 되고, 지혜바라밀은 지혜자량이 된다. 선정바라밀 앞의 4행이 선정바라밀 성취의 밑거름이 되고, 선정바라밀까지 5행의 성취는 곧 지혜바라밀 성취의 바탕이 된다. 6바라밀을 셋으로 나누면 계·정·혜의 삼학이 되고, 둘로 나누면 정·혜의 이행二行이 된다. 6바라밀은 결국 지혜바라밀 성취로 귀결되며, 지혜바라밀이 되어야 앞의 5행도 불도의 진정한 의미에서의 바라밀행이 된다. 그래서 선정바라밀을 통하여 지혜바라밀이 이루어지지 않으면 안 된다.

---

1 진제眞諦 역, 『섭대승론』 應知入勝相第三
2 진제眞諦 역, 『섭대승론』 入因果勝相第四

선정의 성취는 외도의 행을 통하여서도 욕계정과 색계사선정色界四禪定 및 무색계 사정四定까지 이를 수 있게 되지만, 불교에서 설하는 선정바라밀은 이들 9차제정九次第定을 거치면서도 각 위位에 지혜바라밀이 있고, 또한 향상의 지혜바라밀이 발하여져 구경의 불과佛果에까지 이를 수 있다는 데 외도의 그것과 다른 점이 있다. 그래서 소위 인정발혜(因定發慧; 선정을 통해 지혜가 발함)를 설하되 정혜쌍수가 되지 않으면 안 된다는 것이 불경의 도처에서 강조되고 있다. 정과 혜는 수레의 두 바퀴와 같아서 한 쪽에 치우치면 제대로 진전되지 못한다. 단지 사람의 성향에 따라 일시적으로 어느 한 면을 우선하여 더 중점적으로 행해야 할 필요가 있는 경우는 그렇게 행할 수 있다.

 육바라밀이 왜 6수로 안립되어 있는가? 이에 대해 『섭대승론』은 다음과 같이 설명하고 있다. 육바라밀은 곧 6종의 혹장惑障을 대치對治하기 위함이다. 먼저 보시와 지계바라밀을 시설한 것은 세간의 재물과 실가室家에 탐착하여 발심 수행하지 않게 하는 심인心因을 대치하기 위함이다. 다음에 인욕과 정진바라밀을 시설한 것은 발심 수행하게 된 후 여러 어려움으로 발심이 퇴약해지는 심인心因을 대치하기 위함이다. 선정과 지혜바라밀을 시설한 것은 앞의 두 가지 심인이 대치된 후 일어날 수 있는 괴실壞失의 심인을 대치하기 위함이니, 괴실의 심인心因이란 산란과 삿된 지혜이다. 앞의 4바라밀은 산란되지 않음의 인因이 되고, 선정바라밀은 산란되지 않음의 체가 된다. 이 산란함이 없음에 의지하는 까닭에 능히 여실하게 제법의 진리를 깨달으며, 일체 여래如來의 정법正法이 생기할 수 있다. 이 까닭에 6바라밀은 일체 불법이 생기하게 하며 일체 중생에 수순하여 성숙하게 하는 의지처가 된다. 선정바라밀을 통해 적정을 얻고, 이미 적정을 얻었으니 해탈케 한다. 따라서 선정과 지혜바라밀을 시설하였다.[3] 즉 선정바라밀은 산란심의 장애를 대치하는 것이 근본이며, 적정寂靜한 가운데 지혜가 발현되어 해탈에 이르게 하는 문이다. 단지 6바라밀행이 항상 이러한 시간적 순서로 행해져야 한다는 것은 아니다. 지혜가 앞서서 나머지 5바라밀이 행해질 수 있고, 지혜를 통해 선정이 개발되고 큰 진전이 이루어질 수 있다. 어떻든 6바라밀의 실천행은 궁극에 지혜바라밀의 성취로 귀결된다는 점이 중요하다. 선정바라밀의 의의도 지혜바라밀을 생기할 수 있다는 데 있다.

불교에서 설하는 선정의 세계와 그 행법의 체계는 무척 방대하여 간략히 언급하기 어렵다. 그러나 6바라밀 가운데 선정바라밀에서부터 본격적인 심법心法으로서 길 없는 길, 보이지 않는 길인지라 먼저 그 전후 맥락과 전반적인 행도의 과정, 여러 선법과 삼매의 뜻에 대해 알고 가지 않으면 안 된다. 바른 길을 알지 못하고 무턱대고 선정의 성취를 위해 애를 쓰고 나아간다고 해서 되는 것이 아니고, 자칫 마도魔道나 사정邪定, 그리고 숱한 폐해만 쌓이게 되기 쉽다. 선정바라밀은 바로 수선修禪의 시작이고, 지혜와 더불어 불법의 핵심인지라 일찍이 중국의 천태지의(天台智顗, 538~597)대사는 선정과 선법 관련 법문들을 총합 정리 내지 체계화하여 4종의 천태지관법문(『천태소지관』,『육묘법문』,『석선바라밀차제법문』,『마하지관』)을 저술하였다. 이 가운데 특히『석선바라밀차제법문』은 총 12권에 이르는

---

[3] 위와 같음. 본문을 다소 의역하고 요약하여 옮겼다.

방대한 분량으로 선정바라밀 법문을 총괄 정리 체계화하여 후인들이 복잡하고 다양한 선정과 선법의 법문을 일목요연하게 이해하고 올바로 숙지할 수 있도록 하였다. 선정바라밀의 실천 내지 수선의 길을 가고자 하건대 먼저 이 법문을 배우고 갈 필요가 있다. 이 글에서는 선정바라밀을 10가지 뜻으로 펴서 해설하고 있다. 이 가운데 첫 번째 장이 선정바라밀의 대의에 대한 해설인데 이를 먼저 간략히 소개한다.

보살이 선(정)바라밀을 닦는데 먼저 알아야 할 두 가지 사항이 있으니, 첫째는 잘못된 행을 가리어 아는 것이다. 다음의 10종인은 삿되고 치우침에 떨어져 선정바라밀법에 들지 못한다.

①이양利養을 얻기 위해서 발심 수선하면 대부분 지옥심을 발發함이 된다.

②삿되고 거짓 마음이 생겨 명예와 칭찬을 얻기 위해 발심 수선하게 되면 대부분 귀신심을 발함이 된다.

③권속을 위해 발심 수선하게 되면 대부분 축생심을 발함이 된다.

④질투심으로 남을 이기려는 마음으로 발심 수선하게 되면 대부분 아수라심을 발함이 된다.

⑤악도의 고보苦報를 두려워하여 불선업不善業을 멈추고자 발심하여 수선하면 대부분 인심人心을 발한 것이 된다.

⑥선심 안락을 위해 발심하여 수선하면 대부분 욕계6천天의 심心을 발한 것이 된다.

⑦세력과 자재함을 얻고자 발심 수선하면 대부분 마라심魔羅心을 발한 것이 된다.

⑧날카로운 지혜를 빨리 얻고자 발심하여 수선하면 대부분 외도심

을 발한 것이 된다.

⑨범천에 태어나고자 발심 수선하면 대부분 색계와 무색계심을 발한 것이 된다.

⑩노병사老病死의 고통에서 벗어나 열반을 얻고자 발심하여 수선하면 대부분 2승(3승과 2승)심을 발한 것이 된다.

이들 10종인은 선악과 묶이고 벗어남이 다르지만 모두 대비정관大悲正觀이 없고, 발심함이 삿되고 치우쳐서 모두 이변二邊에 떨어져 중도가 되지 못한다. 이러한 마음에 머무르면 선정을 수행한다 하여도 끝내 선정바라밀법문에 상응할 수 없다.[4]

요컨대 선정은 불도 성취에 필수의 행이지만 자칫 무엇을 얻고자 하는 마음이 앞서서 행한다면 잘못된 길에 떨어지게 된다. 때문에 올바른 선정바라밀을 행하기 위해서는 교의에 대한 문사(聞思; 듣고, 사유관찰함)의 수학을 통해 지혜바라밀을 함께 익힐 필요가 있다. 이것이 곧 대소승을 막론하고 모든 경론에서 선정과 지혜를 함께 닦을 것을 강조하는 이유 가운데 일면이다.

다음은 선바라밀을 행하는 올바른 길을 설명한다.

①보살의 올바른 발심상은 보리심을 발하는 것이니, 보리심이란 곧 보살이 중도 정관正觀의 제법실상으로 일체중생을 연민하여 대비심을 일으켜 사홍서원을 발함이다. 이 발심으로 인하여 보살이라 이름할 수 있다.

---

[4] 『釋禪波羅密次第法門』 권제1, 『대정장』46, p. 476a-b.

②보살이 행해야 할 수선은 사홍서원을 만족시키기 위해서 반드시 보살도를 행해야 한다는 것을 사유해서 분명히 한다. 왜냐하면 사람들을 강 건너 저 언덕에 이르게 하고자 하면 먼저 사람을 싣고 갈 배를 마련해야 하는 것과 같다. 보살도를 행하여 사홍서원을 빨리 원만성취하기 위해서는 깊은 선정에 머무를 수 있어야 한다는 것을 안다. 육신통과 사무애변四無礙辯이 없으면 어떠한 법으로 중생을 제도할 수 있을 것인가. 육신통은 선정 없이 발하지 않는다. 그래서 경에 설하길, '깊이 선정 닦아 오신통 얻으며, 번뇌 끊고자 하건대 선禪이 아니고는 지智도 나오지 않는다. 선으로부터 혜가 발하여 능히 번뇌를 끊는다. 선정 없는 지혜는 바람 앞의 등불과 같다. 법문을 알고자 하건대 일체 공덕 지혜가 모두 선禪에 있는 것임을 마땅히 알아야 한다.'고 하였다.

또 『마하연론』에 이르되, 무상불도無上佛道를 구족하고자 하건대 선정을 닦지 않으면 색계와 무색계, 그리고 3승도 얻지 못하는데 하물며 무상의 보리菩提를 얻을 수 있겠는가. 이와 같이 보살은 깊이 사유하여 선정이 능히 사홍서원을 성취하게 하는 것임을 알아야 한다. 아울러 보시를 제외한 나머지 5바라밀이 모두 선정에 의해 이루어지는 면을 자세히 설명하고 있다.[5]

또한 선정을 통하여 방편바라밀 · 역力바라밀 · 원願바라밀 · 지智바라밀까지 10바라밀을 성취한다.[6]

---

5 위의 책, pp.476c-477a.
6 위의 책, pp.477a-477b.

그렇다면 보살법이 중생제도를 본분으로 하는 것이라면서 왜 깊은 산중에 중생을 버리고 한거함에 머물러 있는가 하는 질문에 다음과 같이 답한다.

"보살이 몸은 비록 (세간을) 떠나 있으나 마음은 (중생을) 버리지 않고 있으니, 이를테면 사람이 병이 들면 약을 먹고 몸을 잠시 쉬도록 해야 병이 나아 예전과 같이 활동할 수 있는 것과 같다. 보살도 또한 이와 같아 몸은 비록 잠시 중생을 버리고 있으나 마음으로는 항상 연민하여 한가롭고 조용한 곳에서 선정의 약을 복용하여 진실한 지혜를 얻고, 번뇌의 병을 제거하며, 육신통을 일으켜 육도六道에 환생해서 중생을 제도한다. 이와 같은 여러 인연으로 보살마하살은 선바라밀을 발심 수행하니 그 마음이 금강과 같아 천마외도와 모든 2승(3승과 2승)이 막거나 부수지 못한다."[7]

불교의 수행은 신信-해解-행行-증證의 4단계로 실현된다. 신해信解만으로는 자신의 번뇌도 해결하지 못한다. 깊은 선정의 힘과 날카로운 지혜의 힘이 함께 어우러질 때 자리이타自利利他의 보살행이 가능해진다. 따라서 행증行證에는 선정바라밀이 필수불가결한 것이 되어 경우에 따라서는 잠시 세속을 떠나 깊이 익히는 과정도 거치게 된다. 그러나 세속을 떠나기 위해 떠나는 것이 아니라 잠시 수학하기 위해 떠나는 것일 뿐이다.

---

[7] 위의 책, p.477b.

3. 선법과 선정의 체위

선을 수습하여 수증하는 과정에 여러 증상證相을 겪게 된다. 행자는 모름지기 먼저 이를 알고 가야 한다. 그렇지 않으면 아직 이르지 못하고 이르렀다고 착각하거나 사정邪定에 들어 헤어나지 못하게 되기 쉽다. 또한 선법에 대한 여러 곳에서의 여러 법문을 접하게 되면 그 법문이 어느 단계의 어떠한 법문에 해당하는 것인가를 파악할 수 있어야 한다. 이에 대한 여러 법문이 있지만 천태지의대사의 법문을 중심으로 요략 정리하고자 한다. 그러나 아래의 여러 단계나 증상들이 누구에게나 일률적으로 같은 것은 아니고, 개인의 근기나 성향에 따라 다를 수 있다.

천태지의대사는 선법을 크게 세간선・출세간선・출세간상상선으로 분류하였다.[8]

1) 세간선世間禪(根本禪)

세간선은 근본미선根本味禪과 근본정선根本淨禪으로 나뉜다.

(1) 근본미선根本味禪

근본미선의 특성은 은몰隱沒과 유구有垢와 무기無記이다.[9] 은몰이라

---

8 위의 『석선바라밀차제법문』 및 韓煥忠, 「天台智顗的禪學體系」(『中國禪學』2, 北京, 中華書局, 2003); 吳信如, 「佛法禪定論(續)」(『佛學研究』3, 1994), 同 「佛法禪定論(續)」(『佛學研究』4, 1995) 참조.

9 智顗, 『法華玄義』 권4상, 『대정장』33, p.718a.

함은 아직 불법의 뜻을 알지 못하여 관혜觀慧함이 없음이고, 유구有垢라 함은 체험되는 여러 선정의 맛에 애착하는 소위 애미愛昧에서 벗어나지 못함이고, 무기無記라 함은 이들 여러 경계에 대해 모호하여 자신도 명확하게 알지 못함이다. 이에 해당하는 선(선정)이 사선四禪·사등(四等; 四無量心)·사정四定의 12문선門禪이다.

사선四禪은 초선初禪—이선二禪—삼선三禪—사선四禪으로 진전되며, 그 업보로 시현되는 세계가 곧 색계사선천色界四禪天이다. 그런데 초선에 이르기 전에 그 전단계로 보통 욕계정欲界定과 미도정未到定을 거치게 된다.

'욕계정欲界定'
욕계정을 이루는 법으로 보통 호흡에 의지한 조식법調息法이 설해진다. 수식數息과 수식隨息의 행법 내지 호흡의 출입을 관하는 행을 통해, 궁극에는 호흡의 출입상이 느껴지지 않아 신심이 맑고 안온해지며 고요한 상태에 이르게 되어 선정에 들어가는 기초가 이루어진 것이 된다. 이를 식주息住라고 한다. 이 식주에서 점차 조주粗住—세주細住를 거치며 선정이 순일해지면서 지신持身현상이 나오게 된다. 지신이란 몸을 지님이 거의 부담 없고, 힘들임 없이 되는 것을 말한다. 그래서 이 단계에 이르면 자연히 반듯하게 앉는 모습이 되고, 오래 앉아도 피곤하지 않게 된다. 이리하여 마음이 세밀하게 되고 명정明淨하게 되면서 선정에 상응하니 이를 욕계정欲界定이라 한다. 마음이 잠시 안정을 이룬 것일 뿐 아직 탐진치의 삼독심이 있고, 욕계의 업보신業報身을 아직 다하지 못하였으며, 진여실상을 아직 깨닫지 못한 까닭에 욕계정이라 한다. 욕계정은 아직 번뇌를 떠나지 못한 유루선有漏禪이지만 전광과 같이 빨리 무루無漏에 들 수도 있다.[10] 욕계정에서 나아가 더 미세해지고 깊어지면 홀연히 심신이 텅 빈 것 같이 되며, 자신의 머리와 몸, 옷, 좌석이 허공과 같아 보이지 않게 되는 경지가 현전된다. 이 단계를 거쳐 초선에 이르기 때문에, 아직 초선에 이르지 못한 자리라는 뜻으로 미도지未到地 또는 미도정 (未到定: 初禪方便定, 未來定)이라 한다. 그런데 주의할 것은 이 미도정에서 버리고 나와야 할 사정邪定의 상태가 발현될 수 있다는 점이다. 그 하나는 이 선정에서 바깥 경계가 청青·황黃·적赤·백색白色으로 보이거나 일日·월月·성星·궁전 등이 보이거나, 혹은 하루 내지 7일 동안 선정에서 나오지 않거나, 모든 일들이 뜻대로 되는 신통이 나오거나 하면 이를 사정邪定으로 알고 신속히 버리고 나와야 한다. 또 하나는 감각이 어두워지며 느낌이 없게 되어 멍하니 어떠한 생각도 없게 되는 상태이다. 이 또한 사정邪定이며, 이로 인해 전도심顚倒心이 나오게 되는 까닭에 신속히 버리고 나와야 한다.

'초선初禪'

미도정未到定에서 선정의 부동不動과 명정明淨과 미세함이 더욱 진전되면 몸에 팔촉八觸 현상이 나오며 초선정初禪定에 들어간다. 팔촉이란 동動―가려움[痒]―가뿐해짐[輕]―무거워짐[重]―냉冷―난暖―껄끄러움―매끄러움을 말한다. 이는 욕계신欲界身의 사대四大가 초보로

---

[10] 『마하지관』 권9.

색계신色界身의 사대四大로 전환되면서 일어나게 되는 현상이다. 사대 극미極微 가운데 풍대風大가 전환되는 현상이 동촉動觸과 경촉輕觸이고, 화대火大가 전환되는 현상은 상촉(痒觸; 가려움증)과 난촉暖觸, 수대水大가 전환되는 현상은 냉촉冷觸과 활촉(滑觸; 매끄러운 감촉), 지대地大가 전환되는 현상은 중촉重觸과 삽촉(澁觸; 껄끄러운 감촉)이다.

그리고 팔촉에 따라 공空·명명·정정·지지智·선심善心·유연柔軟·희희·락락·해탈·경계상응의 십공덕(十功德; 十眷屬)이 나온다.

이 단계에서도 10종의 사촉邪觸과 20종의 사법邪法이 나올 수 있기 때문에 행자는 이를 미리 알고 스스로 점검해보아 판단해서 신속히 버리고 나와야 한다. 이에 대해서는 『석선바라밀차제법문』 권3에 자세히 설명되어 있다.

이어 초선에서 각覺(심심尋; 거칠게 사유 관찰되는 상태)·관觀(사伺; 미세하게 사유 관찰되는 상태)·희희·락락·일심一心의 오지五支가 나와 오욕(색성향미촉의 각 경계에 대한 욕)과 오개五蓋(탐욕, 성냄, 수면, 도회掉悔, 의疑)를 부순다.

'이선二禪'

수행자가 초선에서 이선으로 나아가고자 하건대 초선에서 발한 각覺과 관觀이 선정심을 어지럽히고, 각과 관으로 인해 희희와 락락이 나오게 되는 까닭에 이를 거친[粗] 것이고 보다 높은 선정으로 나아가는데 장애가 되는 것이라고 알아 이 단계를 싫어해야 하며, 윗단계인 2이 초선에 비해 결함이 없고, 뛰어나며 묘하다는 것을 알아 이를 선모하는 마음이 되어야 한다. 이러한 염하흔상(厭下欣上; 아래의 경지를 싫어하고, 위의 경지를 선모함)의 행은 다음 단계로 진전할 때마다 필요하게 된다. 이선에서는 내정內淨・희喜・락樂・일심一心의 사지四支가 나온다.

'삼선三禪'
이선二禪의 특징은 희심喜心이 충만하고 넘쳐 선정심을 흔들기 쉽기 때문에 그 선정이 굳건하지 못하다는 점이다. 수행자는 이를 알아 2선에 대한 애착을 꾸짖어 버리며, 장애되는 희락심喜樂心을 부수고, 정진하여 3선에 이른다. 삼선에서는 사捨・념念・지智・락樂・일심一心의 오지五支가 나온다.

'사선四禪'
3선은 낙樂이 커서 이를 애착하게 되어 고통이고, 잃게 됨도 고통이며, 무상無常한 것이다. 그 낙樂이 마음을 덮어 청정하지 못하게 한다. 수행자는 이러한 과환過患을 알아 이를 싫어하고 버리는 마음을 내고, 사선四禪을 선모하며 더욱 정진하여 사선에 이른다. 4선에는 불고불락不苦不樂・사捨・염청정念淸淨・일심의 사지四支가 나온다.

'사등四等: 사무량심四無量心'
사선四禪의 성취로 인해 비록 천보天報를 받고 그 누리는 복락이 크지만 생로병사의 고통에서 벗어나지 못하였다. 특히 보살은 중생구제의 서원이 있는 까닭에 사선의 한 단계 마다 자慈・비悲・희喜・사捨의

사무량심四無量心을 닦는다. 대체로 일선一禪에서는 비悲, 이선二禪에서는 희喜, 삼선三禪에서는 자慈, 사선四禪에서는 사무량심捨無量心을 닦는 것이 쉽다. 이를 통해 사무량심이 광대무변하게 되는지라 무량無量이라 하고, 색계色界에 두루하여 색계와 상등하게 되므로 사등四等이라고 한다. 사무량심을 통해 진한瞋恨, 간탐慳貪 등의 번뇌를 부순다. 사무량심이 충만함으로부터 욕계의 중생들이 이익을 받는다.

'사정四定: 사무색계정四無色界定: 사공처정四空處定'
사선四禪에서 다시 염하흔상厭下欣上하여 무색계의 경계에 든다.

공멸정空處定・식멸정識處定・무소유처정無所有處定・비상비비상처정非想非非想處定의 사정四定은 무색계에 속하며 형상과 체질이 없어 허공과 같기 때문에 사공정四空定이라고 한다. 이 사정四定의 수습을 통해 색계의 속박과 한계를 넘어서게 되어 그만큼의 심식의 자재로움을 얻는다. 공멸정空處定을 수습할 때 마음과 허공이 상응하게 되고, 식멸정識處定을 수습할 때 색계의 속박을 벗어난 심식의 본체에 상응하게 되며, 무소유처정無所有處定을 수습할 때 밖으로 공空에 연緣하지 아니하고 안으로 식識에 연하지 아니하여 무소유의 상태가 드러난다. 비상비비상처정을 수습할 때 그 무소유의 심상心狀도 모두 제거된다.

비상비비상정처라 해도 아직 삼계를 벗어난 것이 아니며, 다시 아래로 퇴보할 수 있다. 부처님도 외도의 가르침으로 이 자리에까지 이르렀으나 아직 생사를 벗어나지 못한 것을 알고 이를 버려버렸다. 그리하여 스스로 새로운 길을 개척하여 무생無生의 진리를 깨달아 성불하였다.

  천태지의대사는 이 사정四定까지 모두 아직 그 선정의 맛에 애착함이 있는 까닭에 "미선味禪"이라 이름하였다. 아울러 그는 이 욕계정 —사선四禪—사정四定에 불교의 교의를 부가 해설하고, 불교 선수행의 기본 과정의 일면으로 체계화하였다.

(2) 근본정선根本淨禪

근본정선根本淨禪의 특징은 불은몰不隱沒, 무구無垢, 유기有記이다.[11] 즉 앞의 근본미선과 반대이다. '육묘법문六妙法門'과 '십육특승十六特勝', '통명선通明禪'이 이에 속한다. 이들 선법에서 호흡에 의거한 행법을 제외하고는 모두 불교의 교의를 먼저 뚜렷이 이해한 바탕 위에서 하기 때문에 교선일치가 된다. 근본미선에서의 호흡법과 외형은 같더라도 각 단계마다 불교의 교의에 의한 관혜觀慧가 있어 무루無漏 무구無垢의 깨달음으로 향하게 한다. 이를테면 '십육특승'은 호흡의 출입을 관하는 행이 근간인데,[12] 관혜觀慧에 의하여 선정의 애미愛味에 머무르지 아니하고 무루無漏로 나아가게 하기 때문에 호흡법만에 의거한 십육행과 차별하여 '특승特勝'을 이름에 첨가하였다.

  '육묘법문'은 수數·수隨·지止·관觀·환還·정淨의 6행이다. 원시경전에 의하면 부처님께서 외도의 가르침을 버리고 바로 이 여섯

---

11 智顗, 『法華玄義』 권4상, 『대정장』33, p.718a
12 (一)念息短, (二)念息長, (三)念息遍身, (四)除身行, (五)覺喜, (六)覺樂, (七)覺心行, (八)除心行, (九)覺心, (十)令心喜, (十一)令心攝, (十二)令心解脫, (十三)無常行, (十四)斷行, (十五)離行, (十六)滅行.

단계의 행을 통해 정각을 이루셨다고 한다. 천태지의대사는 이 여섯 단계의 행법을 행자의 근기에 따라 10가지 차원으로 행하게 되는 것을 해설하여 체계화하고, 이를 그의 4종 지관 법문 가운데 부정지관 不定止觀에 해당시켰다. 즉 행자의 근기와 요지了知하고 있는 교의의 깊고 얕음에 따라 여섯 가지 행이 10가지 다른 차원으로 행해질 수 있고, 그에 따라 보다 높은 깨달음에 이르게 되기 때문에 이를 부정지관 不定止觀이라 한 것이다. 여기에는 대승의 심지心地법문에 의한 여섯 가지 행도 포괄되고 있다.

부처님께서 이와 같이 3종의 행법을 시설하신 것은 중생의 근기가 다르기 때문인데 혜성慧性이 많고 정성定性이 적으면 '육묘법문'이 좋고, 정성定性이 많고 혜성慧性이 적으면 '십육특승十六特勝', 양면이 거의 같으면 '통명선'이 좋다고 한다. 통명선에서 통명이란 육통六通 삼명三明을 말한다. 여타의 행으로도 삼명육통을 얻을 수 있는데 왜 이 선법을 '통명'이라 하는가 하면, 다른 선에 비해 날카롭게 빨리 이루어지는 까닭이라고 하였다.[13] 이 통명선은 욕계정 —미도정未到定 —사선四禪—사정四定의 순서 그대로이지만 각 단계에서 앞의 근본미선의 경우보다 출세간의 관혜觀慧와 정법定法이 뛰어나서 능히 무루無漏와 삼명육통을 빨리 얻게 한다. 또한 비상비비상처의 후심後心에서 모든 심수心數를 멸하여 멸수상정(滅受想定; 멸진정)에 들 수 있게 된다. 근본미선에서는 암증暗證이나 취착함이 있으나 통명선에서는 없고, 근본미선에서는 신지神智 공능이 없으나 통명선에서는 있다.

---

13 『석선바라밀차제법문』 제7의 4, 『대정장』46, p.529a.

선정의 맛에 대한 애착이 나오는 근본미선은 유루선有漏禪이며 불교와 외도가 함께 닦는 선이지만, 애착이 나오지 않는 근본정선根本淨禪은 무루선無漏禪으로서 불교에서만 행하는 선법이다.

2) 출세간선 出世間禪

세간선인 사선팔정四禪八定이 모두 삼계 내에 있는 것과는 달리 출세간 선은 삼계를 벗어나는 행도이다. 여기에 관선觀禪—연선練禪—훈선薰禪—수선修禪의 4종이 있다.

'관선觀禪'

세간의 상과 세간선에서의 경계가 모두 염리厭離해야 할 것들임을 뚜렷이 사유 관찰하고, 출세간이 나아가야 할 자리임을 뚜렷이 해나가는 행이다. 이 행을 통해 삼계三界에 대한 욕망으로부터 벗어난다.

관선觀禪에 구상九想—팔배사八背捨—팔승처八勝處—십일체처선법十一切處禪法 등이 있다.

● 구상九想 : 사상死想, 창상脹想, 괴상壞想, 담상啖想, 혈도상血塗想, 청어상靑瘀想, 농상膿想, 난상爛想, 골상骨想, 소상燒想 등을 사유 관찰한다.
● 팔배사八背捨 : '배背'는 사선팔정四禪八定 중의 갖가지 정결한 욕망(욕계의 욕망에 비해 깨끗한 욕망이기에 정결한 욕망이라 함)에 향하지 아니하고 버린다는 뜻이며, '사捨'는 사선팔정 경계에 대한 집착심을 버리고 떠난다는 뜻이다. 여기에 여덟 단계의 행이 있다.

●팔승처八勝處 : 팔배사八背捨가 심화된 행으로서 관찰함이 더욱 세밀해지고, 이를 운용함이 자유자재하기에 승처勝處라 하였다.
●십일체처선十一切處禪 : 청靑, 황黃, 적赤, 백白, 지地, 수水, 화火, 풍風, 공空, 식識의 열 가지 색상에 대하 관찰 사유하여 마음속의 탐애를 하나하나 부수어 제거하는 행이다.

'연선練禪'

욕계정과 사선四禪, 사공정四空定을 차례대로 반복하여 수련함으로써 미숙하거나 미진한 부분을 숙련되게 하는 심화 내지 완숙을 위한 행이다. 구차제정九次第定이라고도 칭한다.

'훈선薰禪'

훈선은 사자분신삼매獅子奮迅三昧라고도 한다. 이 선은 연선練禪의 기초 위에서 처음 욕계정으로부터 비상비비상처정으로 순서내로 신입하고, 다시 역순으로 욕계정에 이르러 출정出定하는 행을 반복함으로부터 각 선정에 순숙되어 사자의 재빠른 동작과 같이 자유자재로 각 선정에 출입하고 운용하게 되는 행이다.

'수선修禪'

수선修禪은 초월삼매라고도 한다. 이 선은 일정한 차서에 의거하지 아니하고, 곧바로 각종 삼매에 출입하는 행이다. 즉 훈선의 행에서 진일보하여 얻어지는 경계이다.

출세간선은 세간선 경계에 대한 애착을 부순다. 아울러 출세간선 모두 사념처행四念處行이 되는 것이며, 사념처지四念處智를 증진한다.

2승인(3승과 2승)은 이들 선정에서 세간번뇌의 고통을 제거하고, 보살은 이들 선정을 통하여 각종 고난을 인내하며, 37도품, 자비, 서원, 육도만행을 구족한다. 그래서 보살행위行位 가운데 이를 감인위 堪忍位라고 한다.

3) 출세간상상선出世間上上禪

출세간상상선은 곧 9종 대선大禪이다. 자심의 실상實相을 관찰하여 일체법이 모두 자심에 본연 구족되어 있음을 요지了知하고, 일체법에서 자심에 안주하니 자성선自性禪이고, 자행自行과 화타化他의 행을 포괄하니 일체선一切禪이며, 수습하기 쉽지 않으니 난선難禪이며, 이로부터 일체의 선정에 출입할 수 있으니 일체문선一切門禪이며, 일체 선근이 닦는 법을 모두 다 포괄하니 선인선善人禪이고, 일체수행을 모두 다 포괄하니 일체행선一切行禪이며, 갖가지 번뇌를 능히 제거하니 제번뇌선除煩惱禪이고, 능히 금생과 내생의 낙樂을 얻도록 하기 때문에 차세타세락선此世他世樂禪이며, 능히 일체번뇌를 부수어 중생으로 하여금 대보리청정의 과과를 얻게 하니 청정정선清淨淨禪이다.

천태지의대사는 이 가운데 특히 자성선을 대승선법의 정수라 하여 강조하였다. 이는 즉심하여 입정入定하는 법문이다. 그래서 그는 "마음의 실성을 관함을 이름하여 상정上定이라 한다."고[14] 하였다. 즉 관심이

---

14 『법화현의』권4상, 『대정장』33, p.720c.

요체인 선법이다. 그의 『마하지관』에서 설해진 십승관법十乘觀法이 바로 이 법문이 된다. 즉 ① 관부사의경觀不思議境 ② 기자비심起慈悲心 ③ 교안지관巧安止觀 ④ 파법편破法遍 ⑤ 식통색識通塞 ⑥ 수도품 ⑦ 대치조개對治助開 ⑧ 지차위知次位 ⑨ 능안인能安忍 ⑩ 무법애無法愛이다. 이들 법문은 대승경론의 이법에 의거한 것으로 교선일치 내지 정혜쌍수의 선법이다. 『수습지관좌선법요』에서 출세간상상선에 대해 자세한 선법의 해설이 없는 것은 여러 대승경론의 이법이 바로 그 선법이 되기 때문이며, 그 이법에 의한 선법을 포괄하여 펼친 법문이 『마하지관』의 원돈지관圓頓止觀 법문이라 할 수 있다.

천태지관天台止觀 법문은 부처님 일대시교의 방편행 차서를 모두 총괄 정리한 셈이다.

4. 정혜무이의 달마선과 선정바라밀

한편 대승교의의 심의深義 가운데서도 심의라 할 수 있는 불관(不觀; 絶觀), 부사不思, 불행不行, 무심, 망심(忘心; 마음을 잊다)의 뜻에 의거한 선법이 바로 초기 선종의 선법인 달마선(능가선)이고, 정혜무이定慧無二의 선법이며, 최상승의 선법이다. 천태의 관심법문 중 원돈문이 원숙되면 바로 달마선지와 상통한다. 불관不觀 내지 절관絶觀의 행도 우선 간심看心 내지 관심의 행을 통해 심성을 요지了知하여야 행해지는 것인데 천태법문에서는 그 관심 이전의 기초행과 관심행에 치중하여 설하였고, 선종 가운데 북종에서는 간심看心의 바탕행도 포괄하여 불관不觀 · 절관絶觀 · 무심의 돈법頓法을 설하였으며, 남종에서는 앞의 행들을 모두 생략하고 돈법 부분만을 들어 강조하였다.

앞의 장에 소개 해설한 소승선과 대비하기 위해 초기 선종의 달마선법 가운데 중요한 법문 일부를 소개 해설하고자 한다. 소승선과 마찬가지로 대승선에도 그 수증의 위차가 여러 면에서 여러 가지로 시설되어 있다. 그 가운데 두 가지의 예를 들어 전술한 소승선과 대비되도록 하겠다.

간심看心에서 불관不觀으로 관통되는 선법은 1세기 전 돈황에서 발견된 『남천축국보리달마선사관문南天竺國菩提達摩禪師觀門』(이하 『觀門』)을[15] 통해 잘 알 수 있다.[16]

"초학시初學時에는 처음부터 끝까지 7종의 관문이 있으니, 제1은 주심문住心門, 제2는 공심문空心門, 제3은 심무상문心無相門, 제4는 심해탈문心解脫門, 제5는 선정문禪定門, 제6은 진묘문眞妙門, 제7은 지혜문智惠門이다."

제1 주심문住心門은 오로지 섭념攝念하여 염念을 주住하게 해서 다시는 움직이지 않도록 하는 행이다.

---

15 『南天竺國菩提達摩禪師觀門』의 5종의 필사본은 『敦煌禪宗文獻集成(上)』(北京, 中華全國圖書館文獻縮微制中心, 1998), pp.438-454에 실려 있고, 일본에서 이루어진 對照 校訂 작업의 성과물과 주요 연구에 대해서는 위의 『禪學硏究入門』, p.64에 소개되어 있다. 이 글에서는 『대정장』 권제85에 수록된 원문을 저본으로 하였다.

16 이하 본 『觀門』의 내용 해설은 본서 제2장에서 이미 기술한 내용이지만 앞장에 해설한 소승선과 대비하는데 필요하기에 편의상 약간 줄여 옮긴다.

제2 공심문空心門은 "간심看心을 이어 나가 마음이 공적空寂하여 가는 바도 없고, 오는 바도 없으며, 머무는 곳도 없고, 의지할 바도 없는 것임을 깨닫는다."는[17] 행이다. 대승의 심의이며, 『능가경』의 요지인 "마음의 성품이 본래 분별 떠나 있고 청정하다."는 지혜법문이 전제되어 있다. 뚜렷하여 흔들림 없으면 선정이고 마음이 곧 그러함을 요지了知함은 지혜이니 정혜쌍수가 이미 이루어지고 있다. 앞의 주심문住心門은 외도나 성문승이나 공통의 행으로 교법을 모른 상태에서도 행할 수 있다. 그러나 본 공심문空心門에서는 이미 불교의 지혜법문이 전제되어 있다. 또한 심성이 이러함을 먼저 깨달아 아는 것이 돈법頓法의 바탕이 된다.

제3 심무상문心無相門은 마음이 청정해져 모습이 없게 됨에 고요하고 흔들림 없음이다. 앞의 공심문空心門에서의 간심看心 진전으로 마음의 본래 성품이 내증內證됨에 따라 이와 같이 심무상心無相의 경지가 드러나게 된다. 이 단계에서도 마음을 일으켜 선정을 이루려 한다거나 무상無相을 취하려 하는 행이 아니다. 마음이 고요히 흔들림 없는 경지이니 이미 선정이 이루어진 것이고, 이 선정은 선정의 행으로써 선정을 얻게 된 것이 아니다.

제4 심해탈문心解脫門은 "마음이 (본래) 묶임이 없는 것임을 알아 일체의 번뇌가 마음에 들어오지 못하는 것"이다.[18] 이 단계에서는 요지了知, 즉 오悟가 수반되고 전제되어 있다. 마음이 본래 묶임이 없음을 요지(了知: 깨달아 알게 됨, 명료하게 앎)한다는 것이니 이는

---

17 "看心轉追, 覺心空寂, 無去無來, 無有住處, 無所依心."
18 "知心無繫無縛, 一切煩惱不來上心."

앞의 제3 심무상문에서 마음이 고요하여 흔들림 없음이 이어진 결과라 할 수 있다. 즉 선정이 이루어지니 지혜 또한 밝아짐이다. 그렇다고 해서 이 선법이 꼭 선정을 우선으로 함은 아니다. 앞 단계에서 이미 지혜가 전제가 되며 또한 수반되고 있기 때문이다. 이 심해탈문에서도 마찬가지로 마음을 어디에 묶이지 않게 하려고 하는 행이 아니라 마음이 본래 어디에도 묶임이 없는 것임을 깨달아 알고 있을 뿐인 행이다. 그러함을 여실히 알고 있는 까닭에, 즉 지혜의 빛이 밝은 까닭에 무명無明이 힘을 잃어 마음에 일체의 번뇌가 들어오지 못한다. 그래서 심해탈이다. 이 단계의 법은 이미 돈법頓法이다. 그리고 그 지혜는 『능가경』을 비롯한 여러 대승경론 및 선사들의 어록에 개시된 심의와 이미 상통한다.

제5 선정문禪定門은 "마음이 본래 적정寂靜함을 깨달아서 행주좌와 어느 때나 모두 고요하여 흔들림이 없는 것"이다. 이 선정도 마음을 어느 면으로 비추거나 향하여 얻어진 선정이 아니라 마음이 본래 적정(고요함)한 것임을 깨달아 알고 있다 함이니, 『단경』에서 말하는 바와 같이 마음을 일으키지 않도록 함[不起心]이 아니라 마음이 본래 일어나지 않는 것임을[心不起] 아는 행과 같다. 즉 이 선정에는 이미 앞의 제4 심해탈문까지 성취한 지혜가 전제되어 상응하고 있는 자리에서의 선정이다. 마음을 억지로 고정시켜서 얻어진 선정(지혜 없는 선정)하고는 근본적으로 다르다.

제6 진여문眞如門이란 "마음이 무심하여 허공과 같고, 법계에 두루하여 평등 불이不二하고, 변함이 없는 것임을 깨달아 아는 것"이다.[19] 이 단계도 마음을 어디로 향하고 관함이 없다. 즉 마음이 그대로 무심이니 곧 절관絶觀이다. 마음이 곧 무심이라고 요지한 각지覺智가 구현되는 무위無爲의 위位이다.

제7 지혜문智惠門에 대해서는 "일체를 요지한지라 이를 이름하여 지智라 하고, 공空의 근원에 계합契合 통달한지라 이를 이름하여 혜惠라 하고, 까닭에 지혜문이라 하며, 또한 구경도究竟道라 하고, 또한 대승무상선관문大乘無相禪觀門이라고 하니 이것이 곧 선을 닦는 것이다."고[20] 하였다. 이 지혜문은 일체를 요지하고, 공의 근원에 계합 통달한 위이다. 즉 진여의 공용과 이미 함께 하게 된 위位이다.

이상의 선법을 "7종관문"이라 이름하였으나 그 내용으로 보건대 제3 심무상문 내지는 제4 해탈문으로부터는 이미 마음을 일으켜 관행하는 행이 아니다. 즉 심성이 요지되어 무작의無作意・수無修의 수修, 즉 돈법이 행해지는 위位이다. 이와 같이 간심看心의 방편행을 통하여 궁극에는 지혜문에 이르게 되는 길이 설해지고 있다. 때문에 이 법문을 "초학시初學時"의 선법이라 하였다. 그런데 지혜문에 이르게 되었을 때는 이미 선정과 지혜가 따로 없는 자리가 되어 정혜무이定慧無二의 선법이 된다. 바로 이 자리에서의 선을 달마선이라 할 수 있다. 단지 넓게 보아 앞의 방편 내지 공용功用이 있는 전 단계의 일련의 행도 포괄하여 달마선이라 한다면 보살제8지 이전 공용의 방편행이 있는 위에서의 행과 보살제8지로부터 행해지는 무공용無功用의 행으로 구분된다. 달마선의 요체는 보살제8지에 바로 이르게 하는 법문이다.

---

19 "覺心無心, 等同虛空. 遍周法界, 平等不二. 無千無變."
20 "識了一切, 名之爲智. 契達空源, 名之爲惠, 故名智慧門, 亦名究竟道, 亦名大乘無相禪觀門. 則是修禪."

『대승기신론』은 이입理入이 되어 호흡과 사물 및 견문각지見聞覺知의 대상에 의지한 행법을 버리고 사마타행[止]을 닦아 무공용無功用을 성취하여 진여삼매에 이르는 아홉 단계[九種心住]의 사마타 과정을 설하고 있는데, 이에 대한 원효의 자세한 해설을 여기에 소개하여 선법과 그 성취과정에 대한 일목요연한 안목을 갖는데 일조하고자 한다. 원문을 의역하여 해설을 덧붙이는 형식을 취한다.[21]

첫 단계는 내주內住이다. 오직 자심뿐임을 알아 호흡과 여러 바깥 사물 및 견문각지見聞覺知의 육진(六塵; 색성향미촉법)에 의지한 행법이나 이들 대상에 끌리는 데서 벗어나 바깥 대상에 의지하지 않으니 내주內住라 한다. 첫 단계에서부터 일체의 경계가 오직 자심일 뿐임을 알고 행한다는 것이 전제되어 있다. 따라서 호흡이나 바깥 대상 내지 견문각지에 의지함이 없는 행이 이루어지게 된다. 즉 대승의 사마타행은 바로 일체가 오직 마음일 뿐이라는 이입理入이 전제되어 시작되는 것이다. 일체가 오직 마음일 뿐임을 요지了知하여, 마음이 바깥 대상에 향하지도 아니하고, 색성향미촉법의 심상에도 끌리지 아니하게 되니 이를 내주심內住心이라 한다. 대승의 선법은 일단 이러한 법과 행이 갖추어져야 한다.

둘째 단계는 등주等住이다. 비록 앞의 내주內住에서 호흡 등의 상은

---

[21] 이하 원효대사의 『대승기신론소』에 의거한 해설은 필자의 저서 『달마선』(서울, 운주사, 2006, pp.233-240)에 이미 기술된 것인데, 다시 여기에 轉載하는 이유는 앞 章의 소승선과 대비되는 대승선 내지 달마선의 요의를 잘 드러내주고 있는 법문으로써 논의의 전개상 인용할 필요가 있기 때문이다.

넘어섰지만 아직 심상의 움직임이 거칠다. 그래서 오직 마음일 뿐임을 뚜렷이 아는 염念을 이어가고[相續方便], 한 생각 한 생각에 맑혀가는 행[澄淨方便]을 통하여 상념을 미세하게 하고 생각 따라 이를 제거하며, 이리저리 치달아 가는 상념을 제거하는지라 이를 등주라 한다.

셋째 단계는 안주安住이다. 앞에서 비록 밖으로 치달아 가는 상념은 제거하였으나 안으로는 상념을 제거하고자 하는 상[能除之想]이 있다. 이렇게 내상內想이 멸하지 아니하고 있으면 밖으로 치달아가는 생각이 다시 일어나게 된다. 이 까닭에 내內에서 안주할 수 없게 된다. 이제 이 상념을 제거하고자 하는 생각도 버려서 내內에 어떠한 생각도 자리 잡고 있지 않으니 능히 밖을 잊으며, 밖을 잊으니 고요함에 이른다. 그래서 이 단계를 안주安住라고 이름한다. 대개 열심히 수행한다고 하면서 이 단계를 넘지 못하는 경우가 많다. 이 행의 전제가 되고 있는 일체가 오직 마음일 뿐이라는 뜻은 곧 능(能: 주관)과 소(所: 객관, 대상)가 따로 없다는 것이다. 즉 유심唯心의 뜻은 곧 일심이다. 그래서 유심唯心에 철저하다면 당연히 마음에서 무엇을 제거하고자 하는 마음을 일으키거나 가질 수가 없는 것이다. 이렇게 알아서 상념을 제거하고자 하는 상념도 버릴 수 있게 된다. 공空・무상無相・무원無願의 삼해탈에서 무원의 뜻이 바로 이것이다.

넷째 단계는 근주近住이다. 앞의 마음 수행을 한 힘으로 말미암아 내외의 모든 것이 본래 생각하는 자[能想]도 없고, 생각할 수 있는 것[可想]도 없음을 뚜렷이 알게 됨에 따라, 염념히 생함이 없고, 멸함도 없음을 관찰 확인해 간다. 이렇게 자주 생각하며 관찰하여 염념에서 멀리 떠나지 않으니 멀리 떠나지 않는 주住라는 의미에서 근주近住라고 한다. 아직 깨달은 이법에 반하는 여습餘習이 남아 있는 까닭에 염념히 생함이 없고, 멸함도 없다는 염念을 공용(功用; 힘을 들여 하는)의 방편으로 잊지 않는 행이 필요하다. 공용의 방편을 떠나지 못한 까닭에 무공용의 본 자리에 머무는 것이 아니어서 근주近住라고 이름한 것이다.

다섯째 단계는 조순調順이다. 앞의 안주安住와 근주近住의 행에 의하여 바깥 대상이 잘못된 것이고 환(患; 병통)임을 깊이 알게 된지라, 그러한 상들이 잘못된 것이고 환患이라는 생각을 취하니 그 생각의 힘으로 말미암아 마음이 밖으로 흩어지지 않게 한다. 이와 같이 밖으로 향해 흩어지는 마음의 여습력餘習力을 조순調順하게 하는지라 이를 조순이라 이름하였다.

여섯째 단계는 적정寂靜이다. 앞의 행을 통해 조순이 되었지만 불현듯 자주 여러 분별상이 일어나 마음을 발동하게 한다. 이에 응하여 다시 앞의 조순행調順行에 의하여 그러한 상들이 잘못이고 환患이라는 생각을 더욱 분명히 하여 가면 이 생각하는 힘으로 인하여 흔들리는 마음이 일어나지 않게 된다. 그래서 적정이라고 이름하였다.

일곱째 단계는 최극적정最極寂靜이다. 여기에는 두 가지가 있다. ①비록 적정寂靜이 이루어졌지만 잠시 실념失念하여 마음이 잠시 밖의 경계로 치달아가 흩어질 수 있다. 이때 마땅히 마음을 추슬러 거두고, 오직 마음일 뿐, 바깥 경계는 없는 것임을 뚜렷이 염念한다. 이러한 염念의 힘으로 바깥 경계를 감촉하지 않게 된다. ②위의 적정이 이루어진 가운데 잠시 실념失念하여 내심內心, 즉 마음으로 무엇을 어떻게 하고자 하는 마음(이를테면 앞의 能除之心)이 있게 되면 이 마음 또한 자상(自相: 자체, 자성)이 없어 염념히 얻을 수 없음을 뚜렷이 염念하여 간다. 이렇게 닦는 힘으로 말미암아 살펴 알면 바로 그 내심內心을 토吐해 내게 된다. 이렇게 하여 앞의 행을 통해 바깥 경계를, 이 행에 의해 내심을 토해내어 감수하지 않게 되니, 비로소 최극最極의 적정이 이루어진다.

여덟째 단계는 전주일취상專住一趣相이다. 이는 상념常念의 방편으로 수순하여 관찰하는 행이다. 상념常念이란 곧 잠시의 틈도 없이[無間] 놓치지 아니하는[無缺] 정심定心이 이어지는 것을 말한다. 이를 방편이라 함은 아직 공용의 가행加行이 있는 까닭이다. 여기서 일취상一趣相이란 새어나가거나 굴곡屈曲되거나 흔들림 없이 한결같이 이어지는 마음이다. 신수대사가 입적하면서 남긴 말씀이 "굴곡된 것을 바르게 세우라![屈曲直]"(『능가사자기』神秀의 장)이다. 이것이 곧 직심直心이고, 직심은 『화엄경』과 『유마경』 등에서 보살에게 요청되는 행으로서 자주 설해지고 있다. 또한 『속고승전』 권20의 논찬에서 저자 도선이 달마대사의 선법을 "대승의 벽관壁觀으로서 그 공업功業이 최고다."고 하였는데 여기서 말한 벽관의 행도 바로 직심直心과 같다. 이 직심과 벽관을 자칫 한 생각을 잡고 이어나가는 것으로 생각하면 잘못이다. 어떠한 한 생각을 잡고 있는 것은 이미 유심과 일심, 그리고 심성의 뜻에 어긋난다. 그래서 달을 가리키는 손가락을 버려야 달을 볼 수 있다고 한다. 이미 최극最極의 적정寂靜을 이룬 가운데 유심의 뜻이 명료하게 이어지는 행이다. 이렇게 하는 행이 익어지면 득주得住하게 된다고 하였다. 득주란 항상 유심唯心의 뜻에 머물 수 있다는 뜻이다.

아홉째 단계는 등지等持이다. 앞의 수습력이 익어짐으로 말미암아 이제는 가행加行도 없고, 힘을 써서 하는 마음도 없게[無功用心] 되며, 마음이 침잠되거나 가벼이 떠다니는 것을 멀리 떠나고, 임운任運하게 된다. 그래서 등지等持라고 이름한다. 바로 이 등지의 마음이 진여상에 주住하는 것인 까닭에 진여삼매에 들어갔다고 한다. 단지 여기서 주의해야 할 사항은 진여상에 주住한다고 하여 진여라는 상을 견見함에 주住한다는 것이 아니라는 것이다. 두세 단락 뒤에 이어지는 『기신론』 본문에 "진여삼매란 상을 견見함에 머무름이 없으며, 상相을 얻음에 머무름도 없다."라고 하였다. 즉 진여라는 별다른 상이 있어서 이를 견見하거나 잡고 있는 것이 아니고, 어떠한 상을 견見함이 없는 그대로 가 곧 진여에 머무름이라는 뜻이다. 이 뜻을 잘 알아야 한다. 그렇지 않으면 무상인 진여를 유상有相의 것으로 염하는 꼴이 되어 버린다. 분별 떠남이 진여라고 하는 『능가경』의 가르침을 놓쳐서는 안 된다. 그렇다고 해서 진여라는 한 생각에 전념하는 행이 아니라 유심과 진여의 뜻을 요지了知하고 그 뜻에 따라가는 행이 정법이고, 달마선이다. 그래서 진여라는 생각을 버릴 줄 알아야 한다. 진여라는 생각은 곧 그 이름을 상념하는 것이니 달을 가리키는 손가락일 뿐이다. 손가락을 버려야 달을 본다. 진여라는 생각도 진여라는 분별일 뿐이다. 분별 떠남이 진여이니 진여라는 생각도 버려야 진여의 자리가 된다. 또한 절관絶觀과 부사不思・불행不行 등의 법문은 진여삼매를 그대로 드러내거나 곧바로 여기에 이르게 하는 법문이다.

이렇게 무공용無功用이 성취된 자리가 곧 보살제8지이고, 유심과 일심을 명료히 증득하여 무생의 진리[無生法忍]를 성취한 자리이다.

달마선에서 말하는 진정한 선의 경지란 곧 이를 말함이고, 앞의 글들에서 자주 설명한 여러 조사들의 돈법頓法은 바로 무공용의 이 자리에 곧바로 이르도록 하기 위한 법문들이다. 이 아홉 단계의 사마타법문이 비록 아홉 단계의 점차를 설하고 있지만 이것이 그대로 돈법인 것은 첫 단계의 행법에서부터 이미 일체가 오직 마음일 뿐이라는 이입이 전제되어 있기 때문이다. 이입이 되었다 하더라도 행증行證은 방편의 공용을 거치면서 이루어진다. 단지 여기에 개인의 근기에 따라서 몇 단계씩 뛰어 넘을 수도 있고, 매우 드물겠지만 이입과 동시에 무공용을 성취하는 경우도 있을 수 있다. 여러 단계로 설명되어 있지만 그 행의 바탕은 유심이고 일심임을 뚜렷이 하여 가는 과정일 뿐이다. 그래서 『기신론』 본문에 "점점 맹리(猛利; 맹렬하고 날카로워짐)하게 되니 그에 따라 진여삼매에 들어가게 된다."고 하였다.

달마선은 '교에 의거하여 종(宗; 심성)을 깨달음'을 바탕으로 한다. 주로 『능가경』의 선지에 의거한 까닭에 능가선이라고도 한다. 심성은 능(能; 인식주관, 주체)과 소(所; 인식대상, 경계)가 따로 없어서 일심이고, 유심이며, 일심이고 유심이니 불가득이고 무생無生이다. 무생이되 무생이라는 법도 얻을 바 없고 머무를 바 없으며 그 생각을 일으킬 바도 없다. 생生이 그대로 무생이어서, 무생이라는 어떠한 다른 법이 생 외에 따로 있게 된 것이 아니다. 만약 무생이라는 생각을 내면 이미 무생의 뜻에 어긋나버린다. 그래서 언어도단이고 심행처멸이다. 자심의 성품이 본래 공적空寂하여 지知함이 없고, 견見함도 없으며, 분별함이 없고, 무소유無所有이고, 무심이다. 이와 같이 심성이 본래 지知함 없음을 요지了知하는 것이 반야바라밀이다. '반야무지般若無知'

란 바로 지知함 없는 심성을 아는 것이 반야가 된다는 뜻이다. 심성은 본래 지知함도 없고, 견見함도 없으며, 분별함도 없다. 그래서 상념 그대로 무념이다. 무념이라 하니 억지로 생각 내어 염念을 없게 하는 것은 이미 그렇게 하려는 염念이 있게 되어 무념의 뜻에 어긋난다. 본래 무념임을 알아야 한다. 그렇다고 해서 무념이 염을 떠나 따로 있는 것이 아니다. 염念에서 염이 무생이며 불가득이며, 염念이 염 아님을 요지하는지라 무념의 뜻이 구현되는 것이다. 그래서 마음을 어떻게 할 바도 없고, 향할 바도 없으며, 의지할 바도 없고, 어떻게 둘 바도 없다. 억지로 마음을 내어 어떻게 하고자 함이 없다는 뜻에서 무작의無作意의 수修, 무수지수無修之修라고 한다. 법도 모르고 닦지도 않는 것과는 달리 무작의의 수행이 행해지는 까닭에 무수無修의 수修라고 하는 것이다. 능能과 소所를 떠나 분별 떠남이 진여이되(『능가경』), 단지 분별할 수 없다는 것이 아니고, 유심임을 요지하여 즉심에서 능소 떠난 진여가 구현되는 것이니 분별 떠나 지知함 없이 지知한다. 거울이 지知함 없어 흔들림 없고, 흔들림 없는 가운데 다 비추는 것과 같다. 즉심卽心이란 당처의 당념에서 분별 떠난 심성을 요지한지라 번뇌든 청정심이든 버리려 하거나 취하려 함이 없어 그 자리에서 보리[覺]가 됨을 말함이니 그래서 즉심시불卽心是佛이라 한다. 현재 자심의 당처가 그대로 상락아정常樂我淨의 불심佛心일 뿐이게 된다. 달마선은 곧 이렇게 자심의 당처에서 곧바로 불심에 들게 하기 때문에 즉입卽入의 선법이다. 그래서 달마선을 직지인심直指人心 견성성불見性成佛로 칭하기도 한다.

즉심즉불卽心卽佛의 뜻을 요지하였다면 공용功用의 방편행은 쉽게 떠나게 된다. 단지 그 뜻이 순숙純熟될 때까지 공용의 관행, 즉 방편행은 있게 되지만 이미 정혜가 균등한 방편행인지라 병폐가 생기지 않는다. 무공용의 불관不觀·부사不思의 행이 펼쳐지는 제8지보살 이상에서는 정혜가 따로 없게 되니 이를 정혜무이定慧無二라 한다. 즉 심법心法의 수선修禪을 하는 가운데 마음이 어떠한 지혜법문에 의거함이 있으면 그것이 정혜쌍수의 행은 될 수 있지만 아직 정혜무이의 행은 아니다. 그 의거하는 능지能智와 소지所智도 없게 되어야 정혜무이의 행이 된다.

『육조단경』(돈황본)에서, 정정은 혜慧의 체이고, 혜慧는 정정의 용用인 까닭에 양자는 별개로 나누어질 수 없는 것이라 하고, "선정이 먼저 이루어지고 나중에 지혜가 이루어진다〔先定後慧〕거나, 지혜가 먼저 이루어져서 선정이 발현된다〔先慧發定〕거나, 선정과 지혜가 각기 별개라고 말하지 말라."고 하였다. 또한 선정과 지혜의 선후를 논하는 이는 우매한 자라고 꾸짖고 있다.[22]

심성을 명료하게 알아서 능지能智와 가행加行, 공용의 방편행을 떠나면 궁극에는 마음도 잊게 된다. 마음도 잊어야 바로 그대로가 참마음이고, 진실하며, 실상實相의 세계가 시현된다. 앞의 여러 선법들도 궁극에는 마음도 잊게 하는 가르침이다. 도선이 달마선을 "망언忘言·망념忘念·무득無得의 정관을 종으로 한다."고[23] 요약한 망념忘念이 바로 이것이다. 망념忘念이 망심(忘心: 마음을 잊는다)이고, 무심無心이다. 마음은 지각되는 대상이 아닌 까닭에 당연히 마음을 잊는

---

22 周紹良 編著, 『敦煌寫本『壇經』原本』(北京, 文物出版社, 1997), p.120.
23 『속고승전』 권35 法沖傳, 『대정장』50, p.666b.

자리가 되어야 한다. 마음을 잊는 자리가 되어야 일체 모든 것이 마음 아닌 것이 없게 됨이 실현되어 일심법계―心法界가 현현된다. 또한 일체가 마음일 뿐이니 마음을 인식할 다른 어떤 것이 있을 수 없다.[24]

정혜쌍수 내지 정혜무이의 대승 선법에서는 증證의 완숙도와 힘에 차이는 있지만 지혜바라밀이 이루어졌기 때문에 앞의 다섯 바라밀도 2승이나 3승에서 설하는 것과는 다르게 된다. 왜냐하면 그 지혜에 의거한 다섯 가지 바라밀이 보다 차원 높게 행해질 수 있게 된 때문이다. 『능가사자기』 구나발다라삼장의 장에 설한다.

"내외(內外; 마음 안과 밖의 경계)에 집착함이 없고, 크게 온전히 버려 남기지 않음을 이름하여 단바라밀(檀波羅蜜; 보시바라밀)이라 한다. 선악이 평등하여 모두 얻을 수 없음, 이것이 곧 시바라밀(尸波羅蜜; 持戒바라밀)이다. 마음과 경계가 다름이 없고, 원한과 해악을 끼치려는 마음이 영원히 멸진滅盡함, 이것이 곧 인욕바라밀이다. 크게 고요하며 부동하되 만행이 자연함, 이것이 곧 정진바라밀이다. 활발히 묘적妙寂을 홍기함, 이것이 곧 선정바라밀이다. 묘적妙寂이 개명함, 이것이 곧 반야바라밀이다. 이와 같은 행을 하는 이는 뛰어나게 높고 광대하며, 원통圓通하여 걸림 없으며, 덕용이 활발히 일어나나니 이것이 대승이다."

---

24 이상의 달마선 관련 사항은 필자의 저서 『달마선』(서울, 운주사, 2006)에서 자세히 설명하였다.

또 『대승기신론』에 설한다.

"법성의 체에 간탐이 없음을 아는 까닭에 (계를 파하지 아니하니) (이것이) 단(보시)바라밀에 수순하여 수행함이고,

법성이 오염되지 않는 것임을 아는 까닭에 오욕의 잘못에서 떠나나니
(이것이) 시(지계)바라밀에 수순하여 수행함이며,

법성에 고통이 없음을 아는 까닭에 성냄에서 떠나나니
(이것이) 찬제(인욕)바라밀에 수순하여 수행함이고,

법성에 신심의 상이 없음을 아는 까닭에 게으름에서 떠나나니
(이것이) 비리야(정진)바라밀에 수순하여 수행함이며,

법성이 항상 선정에 있음을 아는 까닭에 체에서 산란함이 없게 되나니
(이것이) 선정바라밀에 수순하여 수행함이고,
(실차난다 역본에서는 "법성이 무동무난無動無亂함을 아는 것이 선정바라밀이다."라고 하였다.)

법성의 체가 밝음을 아는 까닭에 무명에서 떠나나니
(이것이) 반야바라밀에 수순하여 수행함이다."

또 좌선이나 선정에 대한 정의도 달리 설해진다. 『육조단경』에 설한다.

"마음에 생각 일어나지 않음을 이름하여 '좌坐'라 하고, 안으로 자성이(심성이) 부동함을 보는 것을 이름하여 '선禪'이라 한다. 선지식이여! 무엇을 선정이라 하는가. 밖으로 상을 떠남을 '선禪'이라 하고, 안으로 마음이 산란하지 않음을 '선정'이라 한다. 모든 경계를 보더라도 마음이 어지럽지 않는 것, 이것이 참다운 선정이다."

이러한 선정바라밀론은 대승경론 도처에서 설해지고 있다. 따라서 대승선은 곧 이러한 선정바라밀이 되어야 한다. 중관中觀의 뜻이건 유식唯識의 뜻이건 모두 '일체 모든 것을 얻을 바가 없다(一切法不可得)'의 요의를 근본으로 하는 것은 마찬가지이다. 따라서 선정도 얻을 바 없음을 요지한 가운데 이루어지는 선정바라밀은 당념 당처에서 그대로 거울과 같이 부동不動의 뜻이 구현되는 것일 뿐이다. 무심이나 무념은 바로 이러한 자리를 말한다. 그 무심과 무념은 무심無心과 무상無相이라는 상相이 있어서는 무심과 무념이 아니게 된다. 그러한 면을 가리켜 망심(忘心; 마음을 잊음)이라고 한다. 궁극의 선정은 곧 망심忘心이 되어야 이루어진다.

5. 결언

육바라밀 가운데 선정바라밀에 대한 상세한 해설 정리와 체계화는 천태지의天台智顗의 4종 지관止觀 법문에 의해 이루어진 바 있다. 행자에게는 우선 이러한 전래의 수증 체계에 대한 이해가 필수적이다. 근래 한국불교는 간화선만 강조하고 이러한 기본적인 수증론을 무시하는 경향이 있다. 수증의 과정에 대한 전반적인 이해가 되어 있어야 수행 과정 중에 일어나는 여러 오류와 착각과 편견으로부터 벗어나 올바른 길을 찾아갈 수 있다.

선정바라밀은 크게 소승선과 대승선으로 그 행상行相이 구분된다. 대승선은 다시 그 수증의 위位에 따라 유식을 통달하여 무분별지無分別智를 성취한 보살초지의 견도見道를 기점으로 하여 그 전후로 구분된다. 소승선은 선정의 미味에 애착하되 현 단계에 싫증을 내고 윗단계를 희구하는 염하흔상厭下欣上의 행상으로 점진漸進한다. 대승선은 본래 지知하고 견見함이 없어 부동인 심성을 요지하여 선정을 따로 구함이 없는 행이다. 그래서 선정과 지혜가 불이不二인 정혜무이定慧無二의 행이 된다. 초기 선종의 선법인 달마선(능가선)이 곧 이에 해당한다. 선정과 지혜가 별개로 되는 행상行相은 온전하지 못한 행이고, 원만한 성취가 이루어질 수 없다. 즉 선정바라밀과 지혜바라밀은 별개로 떨어질 수 없는 행이다. 개인의 성향과 사정에 따라 잠시 한 쪽에 치우쳐 행하는 경우가 있긴 하지만 궁극에는 양자가 불이不二인 행이 구현되어야 하며, 원만한 구경의 성취는 이러한 행에 의해 이루어진다. 그래서 이러한 행을 정법이라 한다.

소승선이 선정의 깊이로 그 수증의 위차가 시설된 것이라면 대승선에서는 처음 입문시의 행을 제외하고는 정혜가 함께 어우러져 수증이 진전되고, 그에 따른 여러 위차가 시설되어 있음을 알 수 있다.

제10장 염불과 염불선과 능가선

1. 서언

근래 염불念佛과 염불선念佛禪에 대해 여러 의론이 있다. 염불과 선의 관계는 어떠한가 하는 것이 문제의 초점이고, 여기에서 염불과 염불선의 구분 문제가 나오게 된다. 소승근본선은 대체로 소위 오문선(五門禪; 五停心觀, 五度觀門)에 거의 포괄되는데 경전에 따라 그 내용이 약간 다르지만 염불관이 부정관不淨觀・자비관・인연관・수식관數息觀과 함께 그 가운데 포함되어 있다. 또 대승의 여러 경론에서도 염불의 행법이 설해져 있다. 천태지의(天台智顗, 538~597)는 근기에 따라 염불문에 5종의 방편이 있다 하고, 이를 통괄 정리하여, (一) 극락왕생을 구하는 이들은 칭명왕생염불삼매문稱名往生念佛三昧門, (二) 죄업장의 소멸을 구하는 이들에게는 관상멸죄염불삼매문觀相滅罪念佛三昧門, (三) 미혹한 마음으로 경계를 집착함으로부터 떠남을 구하는 이들에게는 제경유심염불삼매문諸境唯心念佛三昧門, (四) 마음이 실유實有하다고 분별 집착함을 제거하고자 하는 이들에게는 심경구리염불삼매문心境俱離念佛三昧門, (五) 깊은 적멸을 구하는 이들에게는 성기원통염불삼매문性起圓通念佛三昧門이 설해져 있다고 하였다.[1] 이와 같이 염불문의 범위도 매우 넓어서 모든 면을 갖추어 논의하기는 어려운 일이다. 여기에서는 의론이 분분한 염불과 염불선의 구분 문제에 한정하려 한다.

같이 염불이라 이름하지만 부처님의 상호相好와 공덕을 염하는 행, 부처님의 명호를 외우면서 염송하는 행, 서방 극락세계 왕생을 발원하며 칭명稱名하는 행 등 여러 가지가 있다. 한편 불佛을 만법의 평등 일여一如한 성性을 가리키는 진여眞如 내지 일미一味의 이법理法으로 보고, 그 성이 불생불멸하고 공적空寂하여 본래 물듦이 없고 항상 청정한 자심의 당처에 구현되어 있는 것임을 요지하여 이를 염송해 가는 행이 있고, 이를 대개 실상염불實相念佛이라 하는데 이 행에는 일상삼매一相三昧와 일행삼매一行三昧가 함께 갖추어진다. 대체로 염불선이라 하면 전자(염불)에 대비하여 후자의 행을 가리키는데, 여기에도 다시 방편행과 방편을 넘어 선 무공용無功用 내지 구경의 행이 구분된다. 이렇게 구분하여 그 뜻을 명확히 아는 것은 염불행에 대한 여러 시비 의론을 해명하고, 스스로 마땅한 행을 결택하여 뚜렷이 자신 있게 행하며, 보다 높고 원만한 행으로 나아갈 수 있는 바탕이 된다. 물론 어떤 형태의 염불이든 넓은 의미의 선법으로 본다면 염불도

---

1 『五種方便念佛門』, 『대정장』47.

하나의 선이라는 의미에서 염불선이라 할 수도 있다. 그러나 이하에서는 염불과 염불선을 구분하는 일반의 용례에 따라 의론을 전개하고자 한다.

2. 왕생염불과 자성불

『대승기신론』은 자심自心에서 불성佛性을 요지了知하게 하는 가르침을 설한 후, 이 법에 바로 따르지 못하는 이들을 위한 방편의 길을 다음과 같이 제시하고 있다.

"또한 중생이 이 법을 처음 배우면서 바른 믿음을 구하고자 하나 그 마음이 겁약怯弱하여 이 사바세계에 머물러서는 항상 제불諸佛을 만나 직접 따르며 공양하는 것을 할 수 없을 것이라고 스스로 두려워하고, 신심이 성취되기 어렵다고 말하면서 물러서려고 하는 자가 있다. (이들을 위한) 여래의 뛰어난 방편이 있음을 알지니 신심을 굳건히 지키도록 호지해 준다. 즉 마음을 오로지 하여 염불한 인연으로 수순하여 타방의 불토佛土에 생하며, 부처님을 항상 뵙고, 영원히 악도에서 떠난다. 경에 설한 바와 같이 만약 사람이 서방극락세계의 아미타불을 전념하면 바로 왕생하여 항상 부처님을 뵙게 된다 한 까닭이며, 끝내 물러섬 없이 저 불佛·진여眞如·법신法身을 관하여 항상 부지런히 수습하면 필경에는 올바른 선정을 생하여 머무르게 될 수 있는 까닭이다."²

---

2 "復次衆生初學是法, 欲求正信, 其心怯弱, 以住於此娑婆世界, 自畏不能常值諸佛,

원효대사의 해설에 의하면, "끝내 물러섬 없이…" 이하의 구절은 자심에서 진여법신을 약간 본(少分見, 相似見) 십해十解 이상 보살과 내지 진여법신을 증견證見한 초지初地보살 이상의 보살이 필히 왕생하게 된다[定生]는 것을 말한 것이라 하고, 단지 이 구절은 상배인上輩人에 의거해서 필경에 왕생할 수 있다는 것을 설명한 것이고, 아직 법신을 보지 못하였으면 왕생할 수 없다는 말은 아니라고 하였다.[3] 요컨대 이 법문이 뜻하는 것은 자심에서 진여법신을 조금이라도 보았다면 분명히 왕생하는 것이나 그렇지 못하였다 하더라도 마음을 오로지 하여 염불한 인연으로 왕생할 수 있다는 것이다. 이에 대해서는 『아미타경』에 자세히 설명되어 있다. 이렇게 본다면 양자 모두 마찬가지로 왕생할 수 있다는 것이되, 단지 진여법신을 견見한 보살은 '필경', 즉 반드시 왕생할 수 있다는 말이 덧붙여져 있다는 것이다. 또한 원효대사의 『유심안락도』에 의하면 극락세계에도 구품九品과 변지邊地의 차등이 있어 이 생에서 진여법성을 이느 징도 분명히 증하였느냐에 따라 각각 그에 상응하는 극락세계에 왕생한다. 즉 같은 왕생이라 하더라도 많은 차별이 있고, 왕생으로 수행이 마쳐진 것이 아니다.

위의 인용 법문은 염불에 두 가지가 있음을 말하고 있는 셈이다.

親承供養, 懼謂信 心難可成就, 意欲退者. 當知如來有勝方便, 攝護信心, 謂以專意念佛因緣, 隨願得生他方佛土, 常見於佛, 永離惡道. 如修多羅說, 若人專念西方極樂世界阿彌陀佛, 所修善根, 迴向願求生彼世界, 卽得往生, 常見佛故, 終無有退. 若觀彼佛眞如法身, 常勤修習, 畢竟得生住正定故." 『대정장』32, p.583a.

3 『대승기신론소』에 "若觀法身畢竟得生者, 欲明十解以上菩薩, 得少分見眞如法身. 是故能得畢竟往生, 如上信成就發心中, 言以得少分, 見法身故. 此約相似見也. 又復初地已上菩薩, 證見彼佛眞如法身, 以之故, 言畢竟得生." 『대정장』44, p.225c.

하나는 불佛과 함께 재세하지 아니하고는 스스로 자심에서 수행을 헤쳐가지 못하는 자를 위해 시설된 여래의 뛰어난 방편문이니 오로지 왕생을 발원하며 염불하는 행이다. 다른 하나는 자심에서 진여법성을 견증見證하는 문이다. 자심의 진여법성을 타방 정토의 불佛과 대비하여 자성불自性佛이라 칭한다. 염불과 염불선을 굳이 구분하여 말한다면 바로 자심에서 자성불을 깨달아 알았다면 자연히 염불선이 되는 것이고, 그 이전은 염불이라 할 것이다. 그렇다면 염불에도 왕생을 발원하는 염불이 있고, 자성불을 요지하지 못한 채로 명호나 상호相好를 전념하는 염불이 있다.

일단 염불과 염불선을 이렇게 구분하고 본다면 근기에 따라 자신에게 합당한 법문에 의거해야겠지만 왕생하였건 안 하였건 궁극에는 자성불을 요지하지 않으면 안 되는 것이기에 염불선으로 진전되지 않으면 안 된다. 염불선으로 나아가는 길은 경론의 심의를 자심에서 요지하거나 선지식의 가르침을 듣고 깨닫는 길〔言下便悟〕 등이 있다. 이렇게 깨달은 후에도 그 뜻이 자심의 당체에서 여일如一하게 이어지고 구현되게 하기 위한 염불행이 필요하다. 그래서 사조四祖 도신선사는 이르길,

"항상 불(심)佛(心)을 염하여 대상에 끌리는 마음이 일어나지 아니하면 상이 끊어져 무상無相하고, 평등하여 불이不二하다. 이 경지에 들어 나아가면 불(심)佛(心)을 염하는 마음도 사라지고 다시는 (앞의 법을) 꼭 의거해야 할 필요가 없게 된다."

고[4] 하였다. 하지만 여기서 말하는 염불이 단순한 칭명稱名 염불은 아니다. 바로 앞 구절에 염불은 곧 염심念心이고, 이 불심佛心은 무상無相으로 형상이 없다고 하였다. 본래 분별과 염념을 떠나 있는 자심의 성품이 불심佛心이니 이를 요지하여 그 뜻이 뚜렷이 이어지고 구현되는 행을 말한다. 이렇게 이어가면 상이 끊어져 평등 무이無二하게 되는 것이라 이 경지에 이르면 관찰하던 마음도 사라져 그러한 관행에 의거할 필요도 없게 된다는 것이다. 도신은 이렇게 무상無相하고 평등 무이한 마음이 진여법신이라고 한다.

"이러한 마음이 바로 여래 진실법성의 신身임을 본다. 또한 이를 정법이라 하고, 또한 불성佛性이며, 또한 제법실상諸法實相, 실제實際라 하고, 또한 정토淨土라 하며, 또한 보리菩提・금강삼매・본각本覺 등이라 하며, 또한 열반신涅槃身이라 이름한다. 이름은 비록 한량없으나 모두 다 똑같이 또한 능관(能觀; 주관, 인식의 주체)과 소관(所觀; 객관, 인식의 대상)이 없다는 뜻이다."[5]

불성이나 여래・법성・법신・실상・실제・정토・열반・보리・본각 등은 모두 능能과 소所가 따로 없다는 뜻이라 한다. 능소(能所; 주관과 객관)가 따로 없다는 뜻을 바로 나타낸 말이 일심이고 유심이다. 본래 능소가 따로 없는 일심인데 무명無明으로 능소로 나누어진 식식의 상태에 있게 된 것이 중생이다. 『능가경』에 분별 떠남이 진여라고

---

4 『능가사자기』 도신의 장에 인용된 「入道安心要方便法門」
5 위와 같음.

하였거니와 분별은 능소를 전제로 일어난다. 그렇다면 분별 떠난 진여의 자리에 어떻게 이를 것인가. 능소를 떠난 자리에 어떻게 이를 것인가. 능소의 식에 처해 있는 상태에서 어떻게 능소가 떠난 자리에 이를 것인가. 미망과 업식의 근본원인이 무명無明인 까닭에 밝은 지혜가 있지 않으면 무명을 타파할 수 없다. 자심의 본성이 본래 능소가 따로 없음을 깨달아 안 것이 곧 지혜이다. 분별을 떠나기 위해서는 먼저 자심이 분별 떠나 있음을 깨달아 안 지혜가 있어야 한다. 그래서 불교는 반야바라밀이라고 한다. 이러한 지혜가 열렸으면 이제 일상삼매一相三昧에 들게 된 것이다. 이 일상一相이란 곧 능소를 떠난 상이란 뜻이니 대상이 될 수 없다. 그래서 일상이라는 상을 취하거나 여기에 향한다면 이미 일상의 뜻에 어긋나버린다. 이미 거기에는 능소가 있게 되어 버리기 때문이다. 그래서 분별 떠남 그대로가 일상이다. 『대지도론』권27에 "일상一相이란 소위 무상無相이다."라 함도 그 뜻이다. 또한 도신이 "초목이 따로 지知하는 바가 없는 것과 같이, 지知함이 없는 바(知함이 없다는 것)를 지知함이 되어야 이름하여 일체지一切智라 이름한다. 이것이 보살의 일상一相법문이다."고[6] 함도 같은 뜻이다. 단지 이러한 지혜가 열렸다 하더라도 무시無始 이래의 습기가 남아 있는 까닭에 일상의 뜻을 여여如如하게 이어가는 행이 필요하고, 그것을 일행삼매라 한다. 『문수설반야경』에서는 일행삼매를 설명하면서,

"마땅히 먼저 반야바라밀을 듣고 설한 대로 수학하여야 하나니,

---

6 『능가사자기』道信의 章에 인용된「入道安心要方便法門」

그러한 후에야 능히 일행삼매一行三昧에 들어간다."⁷

고 하였다. 반야지혜가 먼저 이루어져야 일행삼매를 할 수 있게 된다. 그렇지 않으면 일상一相의 지혜가 없이 정신집중 일변도의 외도행과 다를 바가 없게 되어 버린다.

금타화상金陀和尙은 일상삼매와 일행삼매를 설명하면서 "일상이란 관적觀的이요, 일행이란 염적念的이다."고 하였다.⁸ '관적觀的'이란 말은 지혜가 열렸으니 그 뜻이 드러남을 말하고, '염적念的'이란 그 뜻을 놓쳐버리고 여러 경계에 휩쓸리거나 그 뜻이 희미해지는 것을 막고 항상 뚜렷이 이어져 무시 이래의 습기를 녹일 수 있도록 염념히 이어가는 행을 말한다. 도신이 자신의 법은 『능가경』의 '제불심제일諸佛心第一'과 『문수설반야경』의 '일행삼매'에 의거한다 하였는데,⁹ 여기서 전자는 먼저 요지(了知: 心悟)해야 할 일상삼매를 말한 것이니 곧 마땅히 먼저 깨달아 알아야 할 당리當理이고 체혜體慧이며, 달마대사가 말한 이입二入 가운데 이입理入에 해당한다. 후자는 이를 염념히 순숙시켜 가는 정행定行에 해당한다. 습기는 꾸준한 정행定行이 있어야 소멸되는 까닭이다. 그래서 도신은 「입도안심요방편법문」에서 이 후자의 행에 대하여 초심初心의 방편법문을 비롯한 여러 관행과, 관행을 뛰어 넘는 행을 함께 설하고 있다. 관행에 아직 공용이 있는 행을 방편행이라

---

7 "若善男子善女人欲入一行三昧, 當先聞般若波羅蜜, 如說修學, 然後能入一行三昧." 위의 「입도안심요방편법문」 所引.

8 釋金陀 著, 淸華 編, 『金剛心論』, 聖輪閣, 2000, p.167.

9 『능가사자기』 道信의 章에 인용된 「입도안심요방편법문」

한다. 보살제7지까지는 가행加行과 공용功用의 관행이 있게 되어 아직 방편지方便地라고 칭해진다. 그래서 원효대사의 『대승기신론소』에 "이 보살제7지는 무상관無相觀을 행함에 있어서 가행과 공용함이 있는 까닭에 무상방편지無相方便地라고 이름한다."라[10] 하였다. 보살제7지에서는 마나식末那識(제7식)이 영원히 현행하지 않게 되어 무상이 이루어졌으나 아직 공용의 행이 남아 있는 까닭에 '방편지方便地'라고 이름한다는 것이다. 「입도안심요방편법문」에 "(이 단락의 내용은) 초학자의 전방편前方便에 해당하는 글이다. 까닭에 수도에는 방편이 있음을 알 것이니, 이렇게 방편에 따라 하여야 성심聖心에 합치하게 되는 것이다."고 한 것은 도신이 바로 그 방편의 뜻을 적절히 드러낸 말이다. 공용을 떠난 무공용은 보살제8지에서 성취된다. 즉 무작의無作意 내지 무공용은 심성을 요지하였다 해도 바로 이루어지는 것은 아니고 간심看心의 공용행이 실행되는 가운데 이리와 사事가 점차 일치되고, 능지能 智까지 사라지면서 성취된다. 그래서 『대승입능가경』 권제6 게송품에 "심성 본래 청정함이 허공의 청정함과 같나니, 마음에서 다시 마음 취하게 하는 것은 습기 때문이지 다른 인因이 있는 것이 아니니라."고[11] 하였다. 심성을 깨달아 알았다 하더라도 습기 때문에 일어나는 망념인지라 공용의 방편행을 거쳐야 습기가 점차 멸해져간다.

이와 같이 능소能所 떠난 심성을 자심에서 깨달아 알았다 하더라도 8지보살 이상을 제외하고는 공용의 방편행이 있게 된다. 그런데 아직 그러한 지혜가 열리지 않았고, 이 대승의 심지법문에 대한 신심이

---

10 "此第七地 於無相觀有加行有功用, 故名無相方便地也."
11 "心性本清淨 猶若淨虛空 令心還取心 由習非異因."

없는 범부에게는 불佛을 전념하는 공용의 방편행을 개시한다는 것이다. 즉 항상 불佛을 전념하고, 그 인연으로 정토에 왕생하여 항상 부처님과 함께 하니 순일한 본래의 심지가 드러나게 된다는 것이다. 한편 이 생에서 경론이나 선지식의 가르침을 통하여 십해+解 내지 초지보살 이상의 위位에 이르면 바로 자심에서 진여법신을 약간 보거나 증견하는 것에 비하면 이 왕생염불 방편문은 왕생하여 불佛과 함께 하는 기간을 기다려야 하기에 더딘 길이라 할 것이다. 그러나 많은 이들이 쉽게 갈 수 있는 넓은 길이기도 하다. 그래서 이를 이행문易行門이라고도 한다. 자심에서 자성불을 구현함이 염불왕생으로 타불他佛을 친견함보다 수승함 또한 알아야 한다.

3. 염불심으로서의 염불선

한편 왕생발원을 통한 염불행이 아니라 반야바리밀을 진제로 한 염불행이 있다. 물론 이 염불행은 앞의 구분에 의하면 염불선이다.『마하반야바라밀경』권제23 삼차품에 설한다.

"보살마하살은 염불함에 색色으로써 염하지 아니하고, 수상행식受想行識으로써 염하지 아니한다. 왜냐하면 이 색은 자성이 없고, 수상행식도 자성이 없는 까닭이다. 만약 법에 자성이 없다면 이것은 무소유(無所有; 있는 바가 없음)이다. 왜냐하면 생각함이 없는 까닭이니〔無憶故〕, 이것이 염불이다. 또한 수보리여! 보살마하살이 염불함에 삼십이상으로써 염하지 아니하고, 금색신金色身으로써 염하지 아니하며, 장광(丈光; 佛身의 빛)으로써 염하지 아니하고, 팔십수형호(八十隨形好; 80종의 뛰어난 佛身의 특징)로써 염하지 않는다. 왜 그러한가. 이 불신佛身은 자성이 없는 까닭이다. 만약 법에 자성이 없다면 이는 무소유이다. 왜냐하면 생각함이 없는 까닭이니, 이것이 염불이다. ···(중략)··· 만약 법에 자성이 없다면 이는 법法이 아닌 것이니 염念하는 바 없는 것, 이것이 염불이다."[12]

일체법이 자성이 없는 까닭에 무소유인지라 수상행식의 억상憶想 또한 당연히 없다. 이것이 곧 염불이라 함은 바로 그러함을 깨달아 아는 것이 염불이라는 뜻이다. 그래서 『금강경』에 "만약 모든 법에서 그 상 없음을(아님을) 본다면 곧 여래를 봄이다."고 한 것도 같은 뜻이다. 도신道信은 설한다.

"어떠한 것을 '생각하는 바 없는 것'이라 하는가 하면, 즉 불심佛心을 염念하는 것을 이름하여 생각하는 바가 없는 것이라 한다. 마음을 떠나서 따로 불佛이 있는 것이 아니며, 불佛을 떠나서 따로 마음이 있는 것이 아니다. 염불이란 곧 염심念心이며, 구심求心이 곧 구불求佛이다. 왜 그러한가. 식識은 형상이 없으며, 불佛도 형상이 없다. 만약 이 도리를 안다면 곧 안심이 이루어진다."[13]

---

12 "菩薩摩訶薩念佛 不以色念, 不以受想行識念. 何以故, 是色自性無, 受想行識自性無. 若法自性無, 是爲無所有. 何以故, 無憶故, 是爲念佛. 復次須菩提! 菩薩摩訶薩念佛, 不以三十二相念, 亦不念金色身, 不念丈光, 不念八十隨形好. 何以故, 是佛身自性無故. 若法無性, 是爲無所有. 何以故, 無憶故, 是爲念佛. …… 若法自性無, 是爲非法. 無所念, 是爲念佛." 『대정장』8, p.385c.

즉 염불은 곧 염심念心이고, 마음이 곧 불佛이다. 단지 그 마음은 무상無相이고 공적空寂하며, 능소能所가 따로 없는 일심의 마음이다. 그 마음은 불생불멸이고, 출입이 없기에 망념의 당처를 떠나서 따로 있는 것이 아니다. 그래서 당처인 즉심卽心에서 불佛임을 본다는 것이니 이를 즉심시불卽心是佛이라 한다. 그래서 도신은 설한다.

> "만약 마음이 본래 불생불멸이며, 궁극으로 청정함을 안다면 곧 이것이 청정한 불국토라 다시 서방(극락세계)을 향한 수행을 할 필요가 없다."

라고 한다.[14] 자심에서 이미 불佛을 보았으니 타방을 향한 염불을 할 필요가 없는 것이다. 요컨대 서방정토에 왕생해야만 불佛을 볼 수 있는 것이 아니다. 대승의 이법을 자심에서 깨달아 알았다면 당념 당처에서 바로 여래를 본다. 왜냐하면 당념 당처가 바로 능소를 떠나 유무중도의 현현인 까닭이다. 그래서 번뇌가 곧 보리菩提라고 하였다. 자심의 성품이 본래 공적하여 지知함이 없고, 견見함도 없으며, 분별함이 없고, 무소유이고, 무심이다. 이를 요지함이 곧 '반야무지般若無知'이고, 반야바라밀이다.

따라서 처음부터 염불은 곧 염불심念佛心이며, 불심은 무상임을 알고 행하여야 한다. 그래서 앞에 인용한 『문수설반야경』에도 반야바라밀이 먼저 되어야 한다고 한 것이다. 후대에는 이러한 점이 소홀히

---

13 『능가사자기』에 인용된 「입도안심요방편법문」.
14 위와 같음.

되어 선종에서조차 염불심念佛心의 뜻이 제대로 전해지지 않은 것이 사실이다. 대체로 전념 일변도의 선정행에 치우쳐 반야바라밀의 혜행慧行이 갖추어지지 못하였다. 정혜가 균등해야 성취할 수 있다는 것은 부처님께서 수레의 두 바퀴에 비유하여 항상 강조하던 가르침이다. 염불은 곧 염심念心이니, 마음에서 불성을 보았다면 이어 수심행守心行이 있게 된다. 이를 주로 설한 법문이 5조 홍인선사의 법문으로 전하는 『수심요론修心要論』이다.

『수심요론』에 "명료하게 (了知하여) 수심守心하면 망심 일어나지 않아 바로 무생에 이른다. 까닭에 마음이 본사本師임을 안다."라 하였다. 분별하는 망념이 본래 무생이라는 리理는 『능가경』의 요의이다. 『대승입능가경』 권제5 무상품에 "내가 설하는 무생이 곧 여래이니라. 의생신意生身 · 법신은 그 이명異名이다."고 하였다. 단지 『수심요론』에서는 그러한 무생의 심성을 요지하여 이를 분명하게 수심守心하는 공용의 방편행을 통해 실제로 무생의 사事에 이르게 됨을 말한 것이다. 공용의 수심은 어디까지나 방편행인 까닭에 궁극에는 무공용無功用 무위의 수심이 되어야 한다. 그래서 『수심요론』에 이르길, "자신이 조속히 성불하고자 하건대 반드시 무위로 수진심守眞心하라."고[15] 하였다. 수진심守眞心도 무위의 행이 되어야 한다는 것이다. 이것이 가능하게 되는 것은 먼저 일체가 유심임을 깨달은 각지覺智가 있기 때문이다. 그래서 『대승입능가경』 게송품에 이르길 단지 분별만 하지 않으면 된다는 것이 아니라 일체가 오직 자심일 뿐임을 깨달은 각지覺智가

---

15 "若願自身早成佛者, 會是無爲守眞心."

있어야 한다고 하였다.[16] 여러 대승경론에 강조하는 바와 같이 불교는 선오후수先悟後修가 근본이다. 그 선오先悟는 또한 달마대사의 『이입사행론』 가운데 이입理入이다. 『수심요론』에 이르길, "능히 뚜렷하여 정념을 잃지 않고, 무위심無爲心 가운데서 수학할 수 있다면 이것이 진학眞學이다."고 하고,[17] "비록 진학眞學이라 하나 궁극으로 말한다면 수학할 바가 없다."고 하였다. 궁극에는 공용을 떠난 무위의 수진심守眞心이 되어야 진학眞學이라는 말이다.

이와 같이 무위의 무공용행無功用行이 되기 위해서는 심성을 뚜렷이 깨달아 정혜가 균등히 이루어져야 한다. 지혜가 이루어지지 않은 가운데 전념 위주의 선정행에 치우치면 억지 수행이 되어 여러 구병垢病을 쌓게 된다. 염불도 무위로 되는 염불이어야 한다. 즉심즉불卽心卽佛의 뜻을 알았다면 공용의 방편행은 쉽게 떠나게 된다. 단지 그 뜻이 순숙될 때까지 공용의 관행, 즉 방편행은 있게 되지만 이미 정혜가 균등한 방편행인지라 병폐가 생기지 않는다. 무공용의 불관不觀·부

---

16 『대승입능가경』 권제7 게송품에
    不能起分別 분별 일으킬 수 없는 것을
    愚夫謂解脫 어리석은 범부는 해탈이라 하나,
    心無覺智生 마음에 覺智 생김이 없다면,
    豈能斷二執 어찌 二執을 끊을 수 있으리.

    以覺自心故 오직 自心일 뿐임을 깨닫는 까닭에
    能斷二所執 능히 二執을 끊을 수 있으며,
    了知故能斷 (唯心을) 了知하는 까닭에 끊을 수 있다는 것이지,
    非不能分別 분별할 수 없다는 것이 아니니라.
17 "若能了然不失正念, 無爲心中學得者, 此是眞學."

사不思의 행이 펼쳐지는 제8지보살 이상에서는 정혜가 따로 없게 되니 이를 정혜무이定慧無二라 한다.

염불심念佛心의 뜻을 더 명확히 이해하기 위해 다음 글을 인용한다. 『능가사자기』 구나발다라삼장의 장에 다음의 법문이 있다.

"여기서 말한 안심에는 간략히 네 가지가 있다. 一은 리理에 위배되는 마음이니, 일상의 범부심을 말한다. 二는 리理에 향하는 마음이니, 생사를 싫어하고 열반을 구하며, 고요함에 좇아감이니 이를 성문심聲聞心이라 이름한다. 三은 리理에 들어가는 마음이니, 비록 다시 장애를 끊고 리理를 드러내었다 하더라도 아직 능(能; 주관, 인식하는 자)과 소(所; 객관, 인식의 대상)가 없어지지 않았음을 말하니 이는 보살심이다. 四는 이심(理心; 理 그대로 心임)이니, 리理 밖에 다른 리理가 없고, 마음 밖에 다른 마음이 없어 리理가 곧 마음이어서 마음이 능히 평등함을 말한다. 마음이 능히 평등함, 이를 이름하여 '리理'라 하고, 리理를 비추어 능히 밝음, 이를 이름하여 '마음'이라 한다. 마음과 리理가 평등함, 이를 이름하여 '불심佛心'이라 한다. 실성實性에 계합함이란, 생사와 열반을 차별하여 보지 아니하는 것이다. 범부와 성인이 둘이 아니며[無二], 경境과 지智가 무이無二이고, 리理와 사事가 함께 융섭되어 있고, 진眞과 속俗이 평등하며, 염染과 정淨이 일여一如이고, 불佛과 중생이 본래 평등하여 일제一際이다.

『능가경』에[18] 설한다.

---

[18] 『능가아발다라보경』 卷第一의 게송에 나오는 구절이다. 大慧보살이 법문을 청하

일체 어디에나 열반 없사오니

열반하신 부처님도 없고

부처님의 열반도 없어

각覺과 소각(所覺: 대상으로서의 覺)을 멀리 떠났으며,

유有이든 무유無有이든

이 둘을 모두 함께 떠났나이다."[19]

구나발다라 삼장은 『능가사자기』에 선종의 초조로 올려져 있는 분이다. 그의 이 법문은 심心과 리理, 불심佛心의 관계를 명료하게 설명하고 있어 매우 중요하다. 이입理入하였으나 아직 능소能所가 없어지지 않았으면 보살위이다. 마음에 능소가 없게 되면 일심이고, 일심이니 리理와 심心이 따로 있는 것이 아니어서 리理가 곧 심心이다. 능소를 떠나 일심이니 심心이 능히 평등하고, 심心이 능히 평등함이 또한 '리理'이다. 리理를 비추어 늑히 밝음, 이를 이름하여 '심心'이라 한다. 심心과 리理가 평등함, 이를 이름하여 '불심佛心'이라 한다. 따라서 염불심念佛心은 곧 심心이 본래 리理와 평등함을 먼저 알아야 가능한

기 전에 부처님을 찬탄하는 글 가운데 있다.

[19] "今言安心者, 略有四種. 一者背理心, 謂一向凡夫心也. 二者向理心, 謂厭惡生死, 以求涅槃, 趣向寂靜, 名聲聞心也. 三者入理心, 謂雖復斷郭顯理, 能所未亡, 是菩薩心也. 四者理心, 謂非理外理, 非心外心, 理卽是心. 心能平等, 名之爲理, 理照能明, 名之爲心, 心理平等, 名之爲佛心. 會實性者, 不見生死涅槃有別. 凡聖無二. 境智無二, 理事俱融, 眞俗齊觀, 染淨一如, 佛與衆生, 本來平等一際. 『楞伽經』云,
一切無涅槃　無有涅槃佛
無有佛涅槃　遠離覺所覺,
若有若無有　是二悉俱離."

행이다. 여기서 말하는 리理란 어디에나 평등한 성품이다. 진여란 곧 리理가 진실하여 평등하다는 뜻이다. 자심에서 공·무상無相·무원無願·무생無生·불가득不可得·무심無心·유무중도有無中道, 지知함 없이 지知하고, 견見함 없이 견見하는 등의 리理가 살아 움직임을 증證해야 심心과 리理가 평등하게 된 것이고, 불심佛心이라 이름하는 것이다. 능能과 소所를 떠난 일심一心이고 불심인지라 불심은 인식이나 생각의 대상이 될 수 없다. 그래서 불심을 염한다는 것은 그 말 자체가 이미 방편의 법임을 뜻하고 있다. 아직 능과 소를 떠나지 못한 자리에서 능과 소를 떠난 불심에 어떻게 이를 것인가. 자심의 당처 당념이 본래 능소를 떠나 있음을 뚜렷이 아는 것이 먼저 이루어져야 한다. 알았다 하더라도 무시 이래의 망념 습기가 남아 있는 까닭에 8지보살 이상의 위位를 제외하고는 방편의 공용행 내지 관행을 하게 된다. 그 관행 가운데 하나가 염불심念佛心이다. 단지 불심의 뜻이 바로 불가득不可得의 리理인 까닭에 그 불심의 뜻을 뚜렷이 알고 있을 뿐이지 무슨 불심佛心을 어디에 따로 있는 것으로 생각하여 상념의 대상으로 삼아 전념하는 것은 잘못된 행이다. 『대승기신론』에

"이 정념正念이란, 유심唯心이어서 바깥 경계가 없고, 또한 바로 이 마음 또한 자상自相이 없어서 염념에 얻을 바 없음을 마땅히 아는 것이다."

고 함도 그 뜻이다. 어디까지나 리理에 합당한 행이 되어야 한다. 즉 여리如理하고 여실如實한 행이 되어야 한다. 이렇게 되어야 염불선

이라 할 것이다. 『대승기신론』은 또 바로 이어 설한다.

"만약 앉거나 일어나 가고 오고 나아가고 멈춤에 행을 작作하여 일체시에 방편을 상념常念하고, 수순 관찰함이 오랫동안 익혀져 순숙됨에 그 마음이 머무르게 되고, 그 마음이 머무르니 점점 맹렬하고 날카로워지게 됨에 따라 진여삼매에 들 수 있게 된다. …… 또한 이와 같이 삼매에 의하는 까닭에 법계가 일상一相임을 알아 일체제불법신과 중생신이 평등하여 무이無二라고 말하나니 바로 일행삼매라 이름하는 것이다. 마땅히 진여眞如를 아는 것이 삼매의 근본이다."

상념 내지 전념의 행도 먼저 유심이며, 유심 또한 자상이 없어 얻을 바 없다는 뜻을 알고 해야 일행삼매가 된다는 것이다. "방편을 상념한다"에서의 방편도 위에서 말한 유심의 뜻을 공용으로 관행하는 것을 말한다. 8지보살 이전 단계에서는 아직 그러한 공용의 방편행이 필요한 까닭이다. 진여를 먼저 아는 것이 삼매의 근본이라 하였는데, 이러한 이입理入이 이루어지지 않은 채로 밀어붙이기 식의 전념 일변도로 삼매를 성취하겠다고 무리한 행을 애써 하는 사례가 많다. 명明 임제종 초산소기楚山紹琦선사(1403~1473)의 "염불하는 자가 누구인가?"를 참구하는 소위 참구參究 염불도 이입理入이 안된 가운데 나온 또 하나의 전념 방편행이라 할 수 있다. 염불선이라 할 수 있는 행이 되려면 달마대사의 가르침에서 강조한 바와 같이 이입이 되어야 한다. 불심이 곧 이심(理心: 理가 그대로 心임)인 까닭이다. 염불을 통해

불佛이 현전하는 반주삼매(般舟三昧; 佛立三昧)를 설하는 『반주삼매경』에서도 먼저 "마음이 마음을 볼 수 없다." "마음이 마음을 모른다."는 법문을 개시하고 있는 뜻을 알아야 한다.

『유마힐소설경』 불국품에 "만약 보살이 정토를 얻고자 하건대는 마땅히 그 마음을 청정하게 해야 하나니 그 마음이 청정하게 됨에 따라 불토가 청정해진다." 하였고, 『육조단경』에 "미혹한 사람은 불佛을 염하여 저곳에 태어날 것을 구하나 깨달은 이는 그 마음을 스스로 청정하게 한다."고 하였다. 위에서 말한 불심의 뜻을 알았다면 타방의 불佛이 계신 곳을 염원할 필요가 없게 된다. 자심에서 항상 불심佛心이 증證되고 있기 때문이다. 이렇게 들어가기 어려운 이들은 극락왕생하여 항상 불佛과 함께 지내며 수행해 나가는 길을 발원하고 전념하여 염불하는 길도 뛰어난 방편행이라 하였다(앞에 인용한 『대승기신론』). 두 법문이 모두 소중한 불법이고 불설이니 각 법문의 뜻을 잘 살펴서 지녀야 할 것이다.

4. '제불심제일諸佛心第一'의 의미와 절관絶觀으로서의 염불선

앞에서 간략히 언급한 바와 같이 도신道信은 자신의 법이 『능가경』의 '제불심제일諸佛心第一'과 『문수설반야경』의 '일행삼매'에 의거한 것이라 하였다. 이 가운데 앞의 '제불심제일'에 대해서는 도신의 이어지는 법문에도 더 이상의 해설이 없어 그 뜻을 제대로 이해하지 못하고 있는 경향이 많다. 이 구는 『능가경』의 핵심 요의이다. 주지하는 바와 같이 후대 선종은 염불선의 경향이 많은데 그 배경에는 이 구를 자신의 선법 제일 앞에 개시한 도신의 법문 이래 5조 홍인의 수심守心 법문, 그리고 신수神秀의 간심看心과 혜능의 "심성을 알라!〔識心見性〕" 법문에 이르는 자심의 당처에서 행하는 선법의 전통이 크게 영향하였다고 본다. 심즉시불心卽是佛이고, 염불은 곧 염심念心이라 한 까닭에 선종의 심법은 곧 염불심念佛心으로 쉽게 통해질 수 있는 것이었다. 단지 심성(心性; 佛心)이 얻을 바 없고 공적하여 지知함도 없고, 견見함도 없으며, 능能과 소所를 떠나 일심이라는 리理를 먼저 알아야 비로소 선종의 선법을 할 수 있는 것이나 후대에는 이러한 선오先悟를 이룬 이가 드물게 되고, 대중의 교법 이해가 어렵게 되어 주로 불佛을 전념하게 하는 방편행이 많이 설해지게 되었다. 그러나 진정한 염불선은 곧 염심念心이고, 염심은 자심의 당처에서 심성을 뚜렷이 아는 것이다.

근래 신수의 간심看心 법문과 혜능의 "식심견성識心見性"을 점법과 돈법으로 크게 달리 보는 경향이 많으나 이는 잘못이다. 간심을 통하여 견성이 가능한 것이고, "심성을 알라!"에 이미 간심의 행이 전제되어 있다. 신수의 간심看心 법문은 어디까지나 자심自心의 당처에서 심성을 뚜렷이 아는 것이다. 이렇게 본다면 선종의 심법은 그대로 염불선이 되는 셈이다.

'제불심제일諸佛心第一'은 주지하다시피 『능가아발다라보경』 권제1의 게송에 대혜보살이 부처님께 청문하면서 말하길, "위없는 세간해〔佛〕이시어! 설하신 저 게송을 듣자오니, 대승의 모든 해탈문 가운데 제불심諸佛心이 제일이옵니다〔大乘諸度門 諸佛心第一〕"고 한 데서 나온다. 이 어구는 바로 『능가경』의 핵심 요의인 유심唯心과 일심一心과 무생無生의 리리를 불심佛心으로 칭한 것이다. 『능가경』의 이 요의에 대해서는 본서 앞에서 여러 차례 설명한 바 있다. 자심이 본래 능과 소를 떠나 있어 일심이다. 『대승입능가경』 권제5 무상품에

"오직 마음이 건립한 것이니, 나는 이를 무생無生이라 하네."[20]
"능能·소所의 분별 떠난 것을 나는 무생이라 설하네."[21]

라 하였다. 또한 일체의 분별 떠남이 진여이고 유심唯心이며, 일심과 유심 또한 불가득不可得이고 무생이어서 따로 세울 바 없다. 무생인데 무생이라는 법을 세운다면 스스로 모순된다. 유심이란 일체의 분별을 떠난다는 뜻인데 유심을 세운다면 이 또한 그 뜻에 어긋난다. 그래서 유심이되 무심이다. 이러한 뜻은 마음의 성품이 본래 그러하기에 그렇게 설하는 것이다. 색수상행식의 성품이 본래 지知함도 없고, 견見함도 없으며, 분별함도 없다는 뜻은 『대반야경』의 여러 곳에 설해져 있다. 또한 『화엄경』에서도 설한다. 승조僧肇는 이 뜻을 '반야무지般若無知'라 하였고(『조론肇論』), 하택신회는 『현종론顯宗論』 등에서 이 법문을 주조로 하여 법을 펼쳤다. 이 '반야무지'에서 '무지無知'의 주어는 『대반야경』에서는 색수상행식의 일체법이다. 그런데 『능가경』에 의하면 일체법은 곧 유심唯心인지라, 오직 마음이 본래 지知함이 없고 견見함이 없으며 분별함이 없다는 것이 된다. 즉 『능가경』에 따르면 "지知함이 없다"는 심心이 그렇다는 것이다. 그래서 무심이든

---

20 "惟心所建立 我說是無生"
21 "能所分別離 我說是無生"

무념이든 그것이 행으로 될 때는 마음이 본래 무심이고 무념인 까닭에 마음이 본래 그러함을 깨달아 아는 것이 앞서야 한다. 그래서 『능가경』에 단지 분별만 하지 않는다고 해서 되는 것이 아니고 일체법이 유심임을 깨달은 지혜가 먼저 있어야 한다고 하였다.[22] 도신도 바로 이 「입도안심요방편법문」에서 이 점을 강조하여 "수학하는데 유의해야 할 사항은 반드시 심로心路가 명정明淨해야 하며, 법상을 뚜렷이 분명하게 알아야 하고, 그러한 후에야 마땅히 남을 이끄는 스승이 될 수 있다."고 하였다. 또한 이것이 『육조단경』에서 강조하는 "심성을 알라〔識心見性〕"의 뜻이다. 즉 자심에서 그 성품이 본래 지知함도 없고, 견見함도 없으며, 분별함도 없음을 알라는 뜻이다. 도신은 육근六根이 공적함에 지知하는 바가 없음을 관찰하라 하였고(「입도안심요방편법문」), 하택신회는 "마음이 본래 공적함을 아는 것이 수행의 용처用處다."고 하였다.[23] 모두 같은 뜻이다. 이렇게 먼저 심성을 뚜렷이 아는지라 마음을 일으켜

---

22 『대승입능가경』 권제7 게송품에
    不能起分別   분별 일으킬 수 없는 것을
    愚夫謂解脫   어리석은 범부는 해탈이라 하나,
    心無覺智生   마음에 覺智 생김이 없다면,
    豈能斷二執   어찌 二執을 끊을 수 있으리.

    以覺自心故   오직 自心일 뿐임을 깨닫는 까닭에
    能斷二所執   능히 二執을 끊을 수 있으며,
    了知故能斷   (唯心을) 了知하는 까닭에 끊을 수 있다는 것이지,
    非不能分別   분별할 수 없다는 것이 아니니라.
23 『南陽和尙頓教解脫禪門直了性壇語』에 "知心空寂, 卽是用處." 楊曾文 編校, 『神會和尙禪話錄』, 中華書局, 1996, p.9.

억지로 무념하게 하고 무심하게 하는 행이 아니다. 억지로 무념하게 한다면 이미 무념이라는 염이 있게 되어 버린다. 그래서 무작의無作意의 무수지수無修之修가 후대의 선사들에게서 강조된다. 그리고 이러한 심성이 곧 불심佛心이다. 이러한 심성, 즉 불심佛心을 자심에서 뚜렷이 알고 이를 통해 나아가는 해탈문이 으뜸이기에 '제불심제일諸佛心第一'이라 한 것이다. 그래서 『대승입능가경』 권제3 집일체법품에 설한다.

"제일의란 단지 오직 자심일 뿐이라는 것이다〔第一義者 但唯自心〕."

이 구句의 뜻이 곧 '제불심제일'이다. 본 경에 먼저 일체가 오직 자심일 뿐임을 아는 각지覺智가 있어야 이집二執을 끊어 성취할 수 있다고 함은 그 이유를 설명한 것이다. 『능가경』에서는 바로 이 구를 서두에 개시하고 이어 분별 떠난 심성의 자리를 여러 면에서 설하여 오입悟入 내지 증입하게 하고 있다. 이러한 취지는 도신의 「입도안심요방편법문」도 마찬가지이다. 그 제명題名에서 드러나듯이 이 법문에는 여러 초심의 방편법문이 상당 부분 들어 있지만, 궁극의 선지는 바로 『능가경』의 선지를 그대로 설하고 있다. 혹자는 이 두 부분이 혼재된 것에 의거하여 「입도안심요방편법문」을 조작에 의해 다른 법이 혼합된 법문이라는 견해까지 제기하고 있다. 그러나 부처님을 위시한 조사들의 여러 법문에는 이 두 면의 법문이 거의 대부분 함께 설해지는 것이 보통이다. 이 도신의 법문에서도 이를테면 "약초학좌선시若初學坐禪時"로 이어지는 여러 기초법문과 "만약 처음 좌선을 배우게 된 때에는 고요한 곳에서 신심을 직관해야 하나니, …… 일체 모든 것에 이르기까지 본래로 공적하고, 불생불멸이며, 평등하여 무이無二이고, 본래로 무소유無所有여서 구경으로 적멸한 것이며, 본래로 청정해탈되어 있다고 응당 관찰하여야 한다. 낮과 밤을 가리지 아니하고 행주좌와에 항상 이 관을 하게 되면 ……"라든가 "또한 마음이 어떤 다른 경계에 끌리어 생각이 일어날 때에는 곧바로 그 일어난 곳이 필경에 일어난 바가 없음을 관찰하라. 이 마음이 끌리어 생각이 일어난 때 (그 생각이) 시방十方 어디로부터도 온 바가 없으며, 사라져도 또한 간 바가 없다. 마음이 대상에 끌리어 가는 것과 각관覺觀하는 망식妄識과 사상의 잡념과 어지러운 마음이 일어난 바가 없음을 항상 관하면 곧 거친 마음의 동요가 안정을 이루게 된다." 등의[24] 몇 가지 관행을 설하고 있다.

또한 전술한 『능가경』의 선지와 같이 불심佛心이란 곧 분별을 떠남인 까닭이고, 분별 떠난 유심이며 일심인 까닭에 도신은 또 다음과 같이 관행을 넘어선 불관不觀·절관絶觀·부사不思의 행을 설한다.

"또한 염불하지도 않으며, 또한 마음을 잡으려고도 하지 아니하고, 또한 마음을 보려고도 하지 아니하고, 또한 마음을 분별하지도 아니하며, 또한 사유하지도 아니하고, 또한 관행하지도 아니하고, 또한 산란하지도 아니하며, 단지 바로 임운任運할 뿐이다. 또한 가게 하지도 아니하고, 머무르게 하지도 아니하며, 오로지 하나 청정한 구경처에 있으면 마음이 스스로 명정明淨해진다. 혹은 자세히 이법을 관하는 것으로 마음이 곧 명정해질 수도 있다. 마음이

---

24 『능가사자기』 인용된 「입도안심요방편법문」

밝은 거울과 같이 되어 혹은 일년이 지나면 마음이 더욱 명정해지고, 혹은 3년에서 5년이 지나면 마음은 더욱 명정해진다."[25]

고 설한다. 여기에서 "사유하지도 아니하고, 관행하지도 아니한다."는 등의 법은 앞에서 여러 관행을 설한 것과는 일견 모순되게 여겨질 수 있다. 그러나 실수實修의 면에서 가르침을 편다고 한다면 이렇게 방편의 면과 궁극의 면을 함께 설하지 않을 수가 없다는 사실을 알아야 한다. 처음부터 누구에게나 "사유하지도 아니하고, 관행하지도 아니한다."고 가르친다면 이것이 무슨 수행인가를 어떻게 알 수 있을 것인가. 이 법은 먼저 심성이 본래 사유함도 없고, 염함도 없음을 알아야 할 수 있는 궁극의 행이고, 심성이 그러함을 깨달아 알기 위해서는 우선 자심이 그러함을 관찰해야 하는 것이다. 그래서 염불 내지 염심念心도 심성을 알고 하는 행과 그렇지 않은 상태에서 하는 행으로 나누어진다. 이를 용어로 구분한다면 전자가 염불선이고 후자는 염불이다. "사유하지도 아니하고, 관행하지도 아니한다.……"는 행이 이루어지는 것은 심성이 본래 사유함도 없고 견見함도 없으며 지知함도 없음을 뚜렷이 아는지라 그 심성에 자연히 순응하게 되는 까닭이다. 이렇게 되어야 억지 수행을 떠나 원만한 행이 이루어진다. 심성을 아는 것이 없이 단순히 전념의 방편으로만 행하는 것은 우선은 단순해서 쉽게 들어갈 수 있으나 작의(作意; 생각을 지음)의 공용(功用; 힘을 들여 행함)에 의존하다 보니 억지 수행에 의한 여러 폐단이 나올 수 있고,

---

[25] 위와 같음.

왕생을 통해 불佛을 친견하더라도 언젠가는 결국 심성을 알지 않으면 안 된다. 전술한 바와 같이 『문수설반야경』에 염불의 전념행을 설하면서도 먼저 반야바라밀이 되어야 함을 강조한 뜻을 명심해야 할 것이다.

달마 이래의 초기 선종 선법을 '여래청정선'이라 하는데 이는 '직지인심, 견성성불', '식심견성識心見性'의 명구가 가리키는 바와 같이 자심의 청정한 성품이 곧 그대로 불심佛心임을 알게 하는 선법이다. 그리고 그 청정한 자심의 성품이란 바로 분별하는 상념의 당처가 그대로 본래 분별을 떠나 있다는 성품이다. 위의 『반야경』에서 자주 강조하고 있는 능能과 소所를 떠나 있어 본래 사의성思議性을 멀리 떠났다는 법문은 『능가경』에서도 마찬가지로 자주 설파되는 주요 법문이다.

권제6 게송품에

離於能所取　능취能取와 소취所取 떠난 것을
我說爲眞如　나는 진여라 하느니라.

라 하였다. 『능가경』의 요의인 일심과 유심의 뜻도 능과 소를 떠난 까닭에 그렇게 말한 것이다. 또 동 게송품에 설한다.

定者觀於心　선정을 닦는 자 마음을 관하나,
心不見於心　마음이 마음을 보지 못하나니,
見從所見生　견見이 소견(所見; 보이는 것)에서 생하였다면,
所見何因起　소견所見은 무엇을 인因으로 생기겠는가.

마음이란 본래 일심이어서 능(能; 주관)과 소(所; 객관)가 따로 없는지라 관의 대상이 될 수도 없고, 관하는 자가 따로 있을 수도 없다. 그래서 마음이 마음을 보지 못하는 것이다. 마음뿐 아니라 법상을 비롯하여 밖으로 어떠한 상을 관하거나 향함도 없다. 일체의 법상과 밖의 법들이 모두 무상無相이며 무생無生이고 유심唯心인 까닭이다. 그래서 곧 절관絶觀이다. 절관이니 곧 돈수頓修이다. 불심佛心의 뜻을 명료하게 깨달았다면 염불선은 곧 절관이 되어야 한다. 우두법융牛頭法融의 『절관론』이나 『심명心銘』은 그 절관의 뜻이 잘 개시되어 있다.[26]

5. 동산법문에서의 염불방편문의 시설과 그 영향

두비杜朏가 지은 『전법보기傳法寶紀』는 중요한 초기 선종사서인데 여기에 염불 정토 법문과 관련하여 중요한 내용이 있다.

"이 까닭에 혜가·승찬은 리理로는 진여를 얻고, 행에는 자취가 없었으며, 활동함에 있어서는 문기를 냄이 없었으니 법장法匠들은 잠운潛運하고, 학도들은 묵수默修하였다. 도신에 이르러서는 비록 지역을 택하여 법당을 열고 거居하였으나 … (중략) … 오히려 평생 동안 가르침을 받은 자가 대법大法을 들을 만하였어도 또한 전하지 않았다. 까닭에 선복善伏이 형산衡山에 들어가 오히려 깊은

---

26 두 자료는 박건주 譯解, 『선과 깨달음-초기 선종법문해설』, 서울, 운주사, 2004 참조.

선정을 얻게 되었지만 나머지 범천凡淺한 이들이야 말할 나위 없었음을 알 수 있는 일이었다. 이어 홍인弘忍·법여法如·대통大通(神秀)의 세世가 되어서는 법문을 크게 열어 근기를 불문하고 함께 불명佛名을 급속히 염念하여 정심淨心이 은밀히 저절로 드러나게 하였다. (이에) 당리當理와 법이 오히려 번갈아 무겁게 감추어지고 말았다. 일찍이 드러내어 자세히 말하지 않아서 그 뜻을 이해할 만한 사람이 아니라면 그 심오한 뜻을 알아볼 수 없었다. 지금의 학자들은 항간의 이야기를 가지고 알지 못한 것을 알았다 하고, 얻지 못한 것을 얻었다고 한다. 염불로 정심淨心하는 방편으로 이 법이 저 법(念佛)에 혼류混流되고 말았으니 진여법신의 본말本末에 어찌 일찍이 가까이 갈 수 있었겠는가. 슬프도다! 염송의 성품이 본래 공함을 깨달았는데 어찌 염처念處가 있을 것이며, 청정의 성품이 이미 공적空寂하거늘 어찌 마음을 청정히 한다 함이 있겠는가. 염念함도 청정도 모두 없는 데서 자연히 만조滿照하는 것이거늘!"[27]

이 글에는 2조 혜가에서 4조 도신에 이르기까지 진실한 선법을 공개하여 설하지 않았고, 5조 홍인, 6조 법여法如와 신수神秀에 이르러서도 대중들에게 단지 칭명 염불하여 정심淨心하게 하는 방편의 법문을 위주로 펴다 보니 본래 달마 이래의 진실한 선법이 염불 방편문과 혼류되어 자심에서 진여법신을 뚜렷이 아는 심지心地법문에 가까이

---

27 『전법보기』 본문 인용은 柳田聖山의 『初期禪宗史書の硏究』, 京都, 法藏館, 2000에 수록된 교정본에 의거함. 同書 pp.570-1.

가지도 못하게 되었다는 안타까움과 탄식이 잘 드러나 있다. 근세기 들어 한국불교도 이입을 도외시 하고, 오로지 전념 위주의 간화선看話禪이나 염불, 진언행眞言行 등의 수행 위주로 인도되고 행해지고 있는 것이 위의 사정과 비슷하다. 『육조단경』을 소의경전으로 받들면서도 그 핵심 요의인 '유심정토唯心淨土' '자성정토自性淨土'의 뜻에 의거한 선법을 하라고 하지 않고, 전념의 행만 강조한다. 5조 홍인에서 신수에 이르는 기간에 칭명염불의 방편행을 대중에게 편 것은 대중의 근기와 여러 여건에 의한 것이었을 것이다. 대중에게 심오한 심지心地법문을 위주로 인도하는 것은 어려운 일이다. 단지 이 『전법보기』의 기술은 대략적인 사정을 말한 것이고, 법여法如나 신수神秀 등도 돈법頓法 내지 심지법문을 설한 바가 있다는 것은 돈황에서 발견된 여러 북종 선법 문헌에서 알 수 있다. 신수보다 좀 뒤늦게 활동한 혜능은 과감하게 돈법의 심지법문 위주로 법문을 열었다. 그리하여 그 제자인 하택신회 등은 달마 이래 선법의 정통성을 이로써 선전하여 소위 남종이 선종의 주류를 차지하게 되었다. 그러나 송대 이래로 달마대사의 '교敎에 의거하여 종宗(심성)을 깨달음[藉敎悟宗]'에 의한 이입理入 법문이 제대로 이행되지 아니하고, 교법의 쇠퇴로 이를 감당할 만한 층도 드물게 되어 전념의 강도를 최대한 끌어올리는 또 하나의 방편문인 간화선이 나오게 되었다. 그러다 보니 지금에 이르기까지 간화선 풍토에 의해 더더욱 이입의 기초가 이루어지기 어렵게 되어 버렸다.

전념의 행은 어느 행법에서나 공통으로 행해지는 것이나 이입理入 없이 하는 전념은 머리로 어떠한 상을 일으켜 여기에 집중하게 되는 행이 되기 쉽다. 전술한 바와 같이 이렇게 한다면 억지 수행이 되어 병폐가 많이 생긴다. 일단 공·무상·무원(삼해탈)의 뜻에 따라 마음으로 무엇을 지어가려는 충동이나 얻으려는 생각을 버리고 자연히 가슴으로 (自心에서) 되어지는 염불 내지 기타의 관행이 되어야 한다. 이렇게 억지 수행을 벗어나게 하고자 경론에서 수많은 법문을 펼치고 있는 것이다. 전념의 행법은 불교 이외에도 여러 종교에 숱하게 많다. 요컨대 전념도 소중한 행이지만 이것만으로는 정법이 되기 어렵다. 반야바라밀이 어우러진 전념이 되어야 정법이다.

6. 결언

이상의 소론에 의하면 최상승선으로서의 염불선이란 무엇을 염하는 상념이 개재되지 않아야 하는 것이다. 분별 떠남이 진여이고 불佛인지라 불佛을 대상으로 염한다면 이 또한 분별이 되어 염불선이라 할 수 없다. 『불설결정비니경佛說決定毘尼經』에 설한다.[28]

  若有比丘常念佛 만약 비구가 항상 염불한다면
  此則非眞非正念 이는 진眞이 아니고, 정념이 아니다.
  常知佛從分別起 항상 알지니, 불佛도 분별로부터 일어나는 것이며,
  實不可取亦不生 실은 취할 수도 없고, 또한 생하지도 않는다는 것을.

여기서 염불하는 것은 진眞이 아니고 정념이 아니라 한 것은 염불이

---

28 『대정장』12권.

상념의 대상으로서의 불佛을 염하는 것이 되어서는 안 된다는 것이다. 불(심)佛(心)의 뜻이 무엇인지를 안다면 불佛을 염念으로 취할 수가 없다. 단지 서방 극락세계 왕생을 구하거나 죄업 소멸을 구하는 뜻을 염불기도로 행한다. 염불선은 일체법이 얻을 바 없는 것임을 뚜렷이 알고 행하는지라 무엇을 구하려거나 향하는 바가 없다. 그래서 무엇을 구하려거나 향함이 있는 염불하고는 뚜렷이 구분된다. "염불한다면 진眞이 아니고 정념이 아니다."는 뜻을 분명히 알아야 염불선이 되고, 그렇지 않은 염불은 염불선이라 할 수 없다. 또한 분별의 대상이 될 수 없는 자성불自性佛의 뜻을 알았다면 염불선이 되고, 그렇지 않으면 아직 어디에 향함이 있는 염불일 뿐이다. 여러 염불의 법문이 있지만 궁극에는 상념(분별)을 넘어선 행이 되어야 한다는 뜻에서 최상승선으로서의 염불선을 개시하여 전자의 염불에 대비한 것이라고 생각한다. 자심에서 즉심시불卽心是佛의 자성불을 뚜렷이 아는 것으로부터 염불선의 길이 열린다고 하겠다.

남북 이종二宗의 문제와 화엄종사의 선종 융회론

제11장 징관과 종밀의 융회론·수증론과 능가선

1. 서언

지엄(智儼, 602~668)에서 종밀(宗密, 780~841)에 이르는 화엄종사들의 활동과 수증론에는 『능가경』 내지 초기 선종의 선법에 상당한 영향을 받았음이 인지된다. 법장法藏은 일찍이 『능가경주楞伽經注』 7권(현존 2권)을 저술한 스승인 지엄에 이어 『능가경』의 심의를 해설하여 『입능가심현의入楞伽心玄義』 1권(『대정장』39)을 저술하였고, 실차난다가 번역한 7권본 『능가경』(대승입능가경)의 역장에 참여하여 재감역을 한 바 있다. 징관(澄觀, 738~839)은 각 방면의 교학뿐 아니라 혜충(慧忠, 683~769)과 법흠(法欽, 714~792)으로부터 우두선牛頭禪, 무명(無名, 722~793)으로부터 하택선荷澤禪, 혜운慧雲으로부터 북종선을 받았고, 종밀은 하택선荷澤禪의 계승자가 되었다. 선종과의 교류는 법장에게서 이미 보이지만, 달마 이래의 선맥을 선종으로 인식하고 이를 대상으로 적극적인 비평 내지 회통의 활동을 전개한 것은 징관澄觀으로부터라 할 수 있고, 종밀은 이를 계승하여 보다 광범위하게 선종의 여러 계열과 교선의 문제를 회통시키는 작업을 진전시켰다. 그 과정에서 이들이 확립한 화엄의 입장에서의 수증론은 선종의 그것과 매우 관련이 깊은 것이 되지 않을 수 없었다.

그렇다면 그 융회론을 거쳐 제기된 화엄종 나름대로의 독자성을 갖춘 선법이 존재하지 않을까. 존재한다면 그것은 어떠한 것이었을까. 그리고 그들의 융회론에는 달마선 내지 능가선이 어떻게 자리하고 있는 것일까. 이러한 문제가 본 연구의 관건이다. 본고에서는 먼저 징관과 종밀이 선종의 수증론을 어떻게 이해하고 있는가를 살펴보고, 그러한 입장이 근거로 하고 있는 것을 해명하여 그 성격을 파악해보고자 한다. 그리고 선종의 남북이종 및 교선일치를 위한 회통론을 분석하여 그것이 화엄의 독자적 선법일 수 있는가를 살펴보고자 한다.

종래 화엄에서의 융회론에 대한 연구는 상당 부분 이루어진 바 있으나 대체로 그 융회의 성격만 크게 부각시키는 정도에 머문 경우가 많았고, 화엄종사들이 비평과 융회에서 의거한 것을 면밀히 파악하여 이를 바탕으로 그 성격과 의미를 논의한 연구는 매우 미진하였다고 생각한다.[1]

---

1 대체로 화엄교판론에서 선종의 位相 문제, 澄觀과 宗密을 중심으로 하는 禪法相承 관계의 규명, 또는 소위 화엄선의 문제, 宗密의 교선일치론 등이 주요 논제가 되고 있다. 高峯了州, 「華嚴と禪との通路」, 『華嚴論集』, 東京, 國書刊行會, 1976; 鎌田茂雄, 『中國華嚴思想史の研究』, 동경대학동양문화연구소, 1965; 吉津宜英,

이하 화엄의 융회론과 수증론의 분석을 통하여 그 성격을 도출해냄으로써 능가선과의 관련성을 보다 뚜렷이 밝히는 데 일조할 것을 기대한다.

2. 징관의 남북이종 융회론과 능가선

화엄의 여러 종사들 가운데 달마의 선맥으로 이어진 계통을 선종 내지 선종의 선법으로 인식하고, 그 선법을 대상으로 평가 내지 비평 의론하고 있는 것은 대체로 징관澄觀으로부터 활발히 이루어지고 있으나 그 단초는 현수법장으로부터 시작된 셈이다. 징관은 선종을 오교 가운데 제4 돈교頓敎로 위치시켰고, 이러한 입장은 법장의 오교론 五敎論에 의거한 것이다. 법장은 제4 돈교를 정의하길, "돈교란 단지 일념도 생하지 않으면 곧 이름하여 불佛이라 하는 것이니 위지位地의 점차에 의거하지 아니하고 설한 까닭에 (이를) 세워 논교도 한다." 하고, 그 법문의 예로『사익경』,『능가경』,『제법무행경』 등을 들었다.[2]

『華嚴禪の思想史的硏究』, 東京, 大東出版社, 1985; 戒環,「華嚴과 禪의 풍토」·「敎 禪一致說의 형성」,『中國華嚴思想史硏究』제6장 3절-4절, 서울, 불광출판부, 1996; 童群,『融合的佛敎-圭峰宗密的佛學思想硏究』, 北京, 宗敎文化出版社, 2000; 董 群,「宗密以敎融禪的禪敎合一說評析」(『禪學硏究』3, 南京, 1998); 鄭舜日,「宗密의 會通思想硏究-原人論을 중심으로」(『한국불교학』8, 1993); 聶淸,「神會與宗密」(『禪 學硏究』4南京, 2000); 魏道儒,「華嚴哲學的終結與禪化過程」(『中國華嚴宗通史』第5 章), 南京, 江蘇古籍出版社, 1998.

2 『화엄경탐현기』권제1에 "四頓敎者, 但一念不生卽名爲佛, 不依位地漸次而說. 故立爲頓. 如思益云, 得諸法正性者, 不從一地至於一地. 楞伽云, 初地卽八地, 乃至無所有何次等. 又下地品中, 十地猶如空中鳥跡, 豈有差別可得. 具如諸法無行經等

이들 경전들은 초기 선종 선사들이 자주 인용하고 의거하였던 경전들이다. 법장의 오교 가운데 제4 돈교를 명백히 선종의 선법으로 공언하고, 의론을 전개한 이는 징관이다. 그는 돈교를 설명하면서 법장의 돈교 해설을 인용하고, 이어 천태天台와 달리 돈교를 넣게 된 이유를 말하되, "절언絶言을 돈현頓顯하여 따로 일류一類인 이념離念의 근기를 위함인 까닭이니, 바로 선종이다."고³ 하였다. 그에 의하면 절언絶言과 이념離念이 선종의 요의이다. 징관은 『연의초演義鈔』에서 이를 자세히 설명하길, "바로 선종이다[卽順禪宗]'라 한 것은 달마의 이심전심以心傳心이 바로 이 교이다. 만약 일언으로써 '즉심시불卽心是佛'이라고 직설하지 않으면 어떻게 전할 수 있겠는가. 까닭에 무언無言의 뜻을 붙이어 말로써 절언絶言의 이리를 직전直詮한 것이니, 그 교가 또한 분명하다. 까닭에 남북종의 선은 돈교 밖에 있지 않다."고⁴ 하였다. 이 돈교는 법장의 돈교론에 의거한 것으로 『화엄오교장』에 의하면 돈교의 종성은 "유일唯一의 진여眞如는 말을 떠나고 상을 떠났다[離言絶相]."이고, 돈교의 행위行位는 "일체의 행위行位가 모두 말할 수 없으니 상을 떠난 까닭이고, 일념도 생하지 않으면 바로 불위佛位에 이른 까닭이다."고 하며, 돈교의 시분時分은 "일체의 시분이 모두 불가설不可說이니 단지 일념 불생不生이면 바로 바로 불佛인 까닭이다. 일념은

說." 『대정장』35, p.115c.

3 『華嚴經疏』 권2에 "天台所以不立者, 以四敎中皆有一絶言故. 今乃開者, 頓顯絶言, 別爲一類 離念機故, 卽順禪宗." 『대정장』35, p.512c.

4 "卽順禪宗者, 達磨以心傳心, 正是斯敎. 若不指一言, 以直說卽心是佛, 何由可傳. 故寄無言, 以言直詮, 絶言之理, 敎亦明矣. 故南北宗禪, 不出頓敎也." 『演義鈔』 권8(『대정장』36, p.062b)

바로 무념無念이다."고 한다. 또한 일체의 행위行位가 불가설이니 돈교의 의지처도 마찬가지로 불가설이라고 한다. 돈교의 단혹斷惑은 "일체의 번뇌가 본래 스스로 떠나 있는 까닭에 번뇌를 단斷한다거나 부단不斷한다고 말할 수 없다." 하고, 『법계체성경』의 "아견我見의 제(際: 我見 일어난 바로 그 때, 그 자리)가 바로 보리菩提다."고 한 구절을 인용한다. 돈교의 불과佛果의 의상義相은 "상相을 다하고, 염을 떠났다."는 것이니, 그 평등함과 공덕의 차별이 불가설이라고 한다. 이러한 돈교가 초기 선종의 능가선법에 바로 상통한다는 것은 충분히 인정된다.

보다 자세한 돈교의 이법은 『화엄오교지관』 제4 어관쌍절문語觀雙絶門에 기술되어 있다. 이 책은 화엄 초조 두순杜順의 저술로 전해왔지만 근래의 연구에 의하면 법장에 의해 이루어진 것으로 본다. 따라서 천태사교天台四敎에 돈교를 추가하게 된 화엄의 오교론은 법장이 당시 성망이 높던 선종의 영향을 받고 그 법을 교판敎判에 포함시킨 것이라 할 수 있다. 법장이 경사에서 활동하던 시절은 법여法如·신수神秀·노안老安·현색玄賾 등 오조 홍인의 제자들이 황제의 존숭을 받으며 선법을 떨치고 있던 때였다. 그러나 법장은 그 돈교의 준거 제시에 여러 대승경론을 인용하고 있을 뿐, 선종을 들어 말하고 있지는 않다. 이는 한편으로는 법장의 시기까지에는 아직 달마 이래의 법맥이 선종으로 명확히 통념화되지 않고 있었기 때문일 가능성도 있다.

그러나 징관(738~839)의 시기는 현수법장(643~712)보다 1세기 지난 후였고, 그때 이미 선종은 남북종의 선종으로서 성행하고 있었다. 그래서 그의 선종 인식과 비평도 남북종으로 구분된 선종이 대상이 되고 있다. 징관은 북종과 남종을 각각 적寂과 조照의 행으로 보고,

그 회통을 도모하고 있다. "잠깐 마음 일으키면 곧 지止를 잃게 되니 또한 북종北宗에 어긋나게 되고, 잠시 관조함을 놓치면 관觀을 잃게 되니 또한 남종南宗에 어긋나게 된다. 적寂과 조照가 함께 행해지면〔雙流〕이러한 과실이 없게 된다."는[5] 것이 그의 회통론의 요점이다. 이는 북종의 선지를 불기심不起心에 두고, 남종의 선지를 요견심성了見心性으로 전제하여 말한 것이다. 징관은 위의 논지를 더 자세히 기술한 바 있다. 『화엄경소』 권제15에 "지知가 곧 심체心體이니 요별了別하면 곧 진지眞知가 아니다. 까닭에 (심체, 진지는) 식識도 아니고, 식識의 대상도 아니다. 잠깐 일어남도 또한 진지眞知가 아니니 까닭에 (眞知, 심체는) 마음의 경계가 아니다. 심체란 염念을 떠났기에 멸해야 할 염이 있는 것이 아니다. 까닭에 성품이 본래 청정하다고 한다."고[6] 한 글에 대해 『연의초』 권34에서 자세히 풀이하길, (위 글은) 남북종의 선을 쌍회雙會하여 경의 뜻을 통석한 것이라 하고, "요별了別하면 곧 진지가 아니다. 까닭에 식識도 아니고, 식識의 대상도 아니다."고 한 것은 바로 남종의 병病을 제거하고자 한 것으로 식識이란 요별了別의 뜻이니 심성을 요견了見한다는 것 또한 진지眞知가 아니라고 하였다. "잠깐 일어남도 또한 진지가 아니다."고 한 것은 북종의 병을 제거하고자 함이니 북종은 불기심不起心을 현묘로 삼는 까닭이라고 하였다. 이어 해설하길, "집기集起함을 이름하여 마음이라 하는데 기심起心이

---

5 "暫然起心卽失止也, 又違北宗. 暫時忘照卽失觀也, 亦違南宗. 寂照雙流卽無斯過." 『大方廣佛華嚴經隨疏演義鈔』 卷第三十三(『대정장』36, p.256b).

6 "知卽心體, 了別卽非眞知, 故非識所識. 暫起亦非眞知. 故非心境界. 心體離念, 卽非有念可無. 故云性本淸淨." 『대정장』35, p.612b-c.

나 간심看心하는 것은 바로 망상이며, 따라서 진지眞知가 아니다. 때문에 진지란 반드시 마음을 잊고(忘心하고) 조照함도 버려서 말과 생각의 길이 끊어져야 되는 것이다."고⁷ 하였다. 여기서 '망심忘心'이란 북종에서 강조하는 간심看心의 마음도 잊어버려야 한다는 말이고, '조照함도 버리라'는 것은 남종에서 강조하는 심성을 요견了見하라는 것도 버려야 한다는 뜻이다. 이렇게 해야 심체인 진지眞知가 드러난다는 것이다. 심체를 가리켜 진지眞知 또는 '영지불매靈知不昧', 각(覺; 本覺, 覺體, 覺性)으로 칭하는 예는 하택신회荷澤神會―징관―종밀로 이어진 계통에서 두드러지기 때문에 보통 이를 이 계통의 대표적 특징적 법문으로 이해하고 있다. 그러나 이는 우두법융牛頭法融의 『심명心銘』에서도 이미 설한 법문이다.

菩提本有　不須用守
煩惱本無　不須用除
靈知自照　萬法歸如
無歸無受　絶觀忘守

보리란 본래 있는 것이니 힘써 지키려 할 필요가 없으며,
번뇌는 본래 없는 것이니 힘써 제거하려 할 필요가 없다.

---

7 "了別則非眞知下, 雙會南北宗禪, 以通經意. 此句卽遣南宗病也. 謂識以了別爲義. 了見心性, 亦非眞知. 淨名云, 依智不依識, 謂分別名識, 無分別名智. 今有了別之識, 故非眞知. 眞知唯無念方見. 疏, 瞥起亦非眞知者, 此釋第二句, 遣北宗之病也. 北宗以不起心爲玄妙故. 以集起名心, 起心看心是卽妄想, 故非眞知. 是以眞知必忘心遣照言思道斷矣." 『대정장』36, p.261b.

영지靈知가 스스로 비추니 만법이 여여如如로 돌아가되
돌아가는 바도 없고, 받게 되는 바도 없나니 절관絶觀하여 닦음을
지켜나감도 잊어버리라.[8]

『육조단경』에도 "너의 본성이 허공과 같아 볼 수 있는 것이 하나도 없음을 알면 이것을 정견正見이라 하고, 알 것이 하나도 없는 것, 이것을 진여라 한다."라 하였으며,[9] 『능가사자기』의 저자 정각의 서문에도 "진여는 무상無相이며, 지知 또한 무지無知이나니, 무지의 지知가 어찌 지知를 떠나 있을 것이며, 무상無相의 상相이 어찌 상을 떠나 있을 것인가. 인人・법法이[10] 모두 이와 같고, (법을) 설함 또한 이와 같다. 여如함이란 본래 설할 수 없음이니 설한다면 곧 여如가 아니며, 여如가 본래 무지無知인지라 지知함이 있다면 여如가 아니다."[11]고 하고 있어 하택신회 이전, 그리고 남북종 불문하고 선종에서 자주 쓰던 법문이었음을 알 수 있다. 『능가경(7권본)』 게송품에 분별 떠남이 진여라 하였고, 단지 분별 떠나는 것만으로 되는 것이 아니고 유심이고 일심임을 깨달은 지혜[覺智]가 있어야 한다고 하였다.[12] 여기서 징관의

---

8 박건주, 『禪과 깨달음 - 초기 선종법문 해설』, 서울, 운주사, 2004.
9 "汝之本性猶如虛空, 了無一物可見, 是名正見. 無一物可知, 是名眞知."
10 '人'이란, 곧 我가 있다고 생각함이니 人我 또는 그냥 我라고도 한다. 法은 人我의 법을 제외한 일체의 법(존재)을 말한다.
11 "眞如無相, 知亦無知, 無知之知, 豈離知也, 無相之相, 豈離相也. 人法皆如, 說亦如也. 如自無說, 說則非如, 如本無知, 知非如矣." 박건주 역주, 『능가사자기』, 서울, 운주사, 2001, p.58.
12 앞의 글에서 본 경문을 수차 인용하였음.

견해에 의하면 분별 떠나는 행이 북종에서 주로 강조하는 지止 또는 적적寂의 행이고, 각지覺智에 의한 요견(了見: 了知)의 행이 남종에서 주로 강조하는 관觀과 조照의 행이라 할 수 있다. 그러나 남북종 불문하고 진지眞知와 영지靈知를 설하고, 적적과 조照의 양면이 함께 갖추어져 있다고 보지 않으면 안 된다. 필자의 앞글들에서 밝힌 바와 같이 북종의 간심看心도 심성을 요지了知한 바탕에서 그 요지한 리理를 자심에서 명확히 하는 행이지 그냥 마음만 쳐다보는 행이 아니다. 이미 자심의 당처가 능能과 소所를 떠났음을 요지了知하고 닦는 행이다. 그러함을 알았으나 아직 사事에 걸림 없이 구현되지는 못하는 까닭에 자심에서 그러함을 뚜렷이 하여 이사理事에 걸림 없도록 하는 행이 간심看心이고 관심觀心이다. 이 행이 순숙되면 요지한 리理를 비추어보는 능지能智의 심심도 소멸되어 이제 절관絶觀 내지 무관無觀・부사不思의 행이 된다. 이렇게 되면 심체가 드러나 진지(眞知: 靈知)의 뜻이 구현된다. 선사들의 법문은 때로는 간심의 단계를, 때로는 절관의 단계를, 때로는 구현된 심체의 자리를 드러낸다. 이러한 법문은 같은 사람이 각기 여러 근기의 사람에게 사정에 따라 어느 면까지만 편의로 설하지만 본래 하나로 관통되는 선법이다. 간심과 절관이 글자로만 보면 정반대의 행법이지만, 이미 이입한 바탕에서 행하고 있는지라 같은 행에서 순숙된 차이에 따라 나타나는 행이 익어가는 과정일 뿐이다. 물론 징관이 말한 바와 같이 아직 기심起心이나 간심看心함이 있다면 아직 진지眞知는 아니다. 그러나 진지에 바로 이를 수 있는 것이 아닌지라 간심행看心行이 설해지는 것이다. 단지 남종에서는 그 간심행을 생략하고, 곧바로 절관 내지 무념을 개시開示하면서 그 수승함을 강조한 것이다. 그래서 전자는 점법, 후자는 돈법의 인상을 주게 되었지만 실은 하나로 관통되는 한줄기의 법이었다. 그러나 간심과 절관·무념과 같은 겉으로 드러난 언어의 차이에만 쉽게 경도되어 이미 징관의 시대 이전부터 남북종의 양분兩分이 불교사회에서 통념화되어 버렸다. 북종이 언제 자신들의 법을 점법이나 간심종看心宗으로 자칭한 바가 없었으나 하택신회 내지 그 제자에 의해 점법으로 몰리면서 북점北漸의 폄칭을 떠안게 되었다. 이제 하택신회의 영향을 크게 받은 징관은 『화엄경』을 해설하면서 남북종의 융회를 모색하고 있다. 이러한 입장은 징관을 계승하였다는 종밀의 경우도 마찬가지였다.

　징관은 남종의 요견심성了見心性을 요별了別의 행으로 보아 이는 진지眞知가 아니라고 하였다. 물론 분별을 떠나 무념이 된 가운데 진지가 드러난다. 그렇다면 어떻게 해야 분별을 떠나는가. 본래 심성이 분별 떠나 있음을 깨달아 알아야 한다. 즉 각지覺智가 이루어져야 한다. 그래서 심성을 요견了見함이 필요하다. 심성이 요별함을 떠났음을 요지 요견하는 것이고, 이를 통해 각지覺智가 이루어지는 까닭에 단순히 이를 요별의 행으로 볼 수는 없다. 그래서 『육조단경』에 "마음의 성품을 알라〔識心見性〕"와 함께 무념이 주로 설해진다. 마음의 성품을 알라〔識心見性; 了見心性〕와 무념無念은 하나로 꿰어 있는 법문이다. 전자가 인因이라면 후자는 과果이다. 인因이 아직 과果가 아니라고 해도 그 인因에는 과果와 불이不二의 뜻이 있다. 또 북종의 간심看心을 기심起心으로만 이해하여 이미 그 적寂을 그르치고 있다고 본 것도 잘못이다. 북종의 간심看心도 마음이 본래 공적하여 심불기心不起임을 자심에서 뚜렷이 아는 행인지라 불기심不起心 내지 무념으로 이어지는 행이다. 그래서 이를 단순히 여타의 기심起心과 같은 것으로 보는 것은 문자상의 해석에 치우친 것이라 하지 않을 수 없다.

징관澄觀은 남북이종南北二宗을 다음과 같이 회통하고자 하였다.

"북종은 이념離念을 종으로 하는데 남종은 이를 논파하여 말하길, '이념離念한다면 이離해야 할 염이 있다는 것이 되나 무념은 바로 본래 스스로 없다는 것이다. 이념離念은 거울의 먼지를 털어내는 것과 같고, 무념無念은 (거울이) 본래 청정함과 같다.'고 하는데 지금 이를 융회한다. 『기신론』에서 이미 '심체가 염을 떠났다' 하였으니 또한 본래 스스로 떠나 있어 이離할 염이 있지 아니하고, 또한 마찬가지로 없어야 할 염이 없다. 즉 성품이 (본래) 청정한 것이어서 간看하고 나서야 청정해지는 것이 아니다. 만약 간看함 없이 간한다면 또한 염念함 없이 염함이 진여를 염함이 된다는 것과 같다."[13]

즉 북종의 간심은 "심체가 염을 떠나 있다〔心體離念〕."의 뜻을 알아 간看함 없이 간하고, 남종의 무념도 "심체가 염을 떠나 있다."의 뜻과 같이, 떠나야 할 염념이 본래 없어 염함 없이 염하는 무념행無念行이 되어야 한다는 것이고, 이렇게 되면 남북종의 치우친 폐단이 없어지고,

---

[13] 『演義鈔』권34에 "以北宗宗於離念, 南宗破云, 離念則有念可離, 無念卽本自無之. 離念如拂鏡, 無念如本淨. 今爲會之. 起信旣云, 心體離念. 亦本自離, 非有念可離, 亦同無念可無. 卽性淨也. 非看竟方淨. 若無看之看, 亦猶無念念者, 則念眞如也." 『대정장』36, p.261c.

양자가 융회되어 남북종이 따로 없게 된다는 뜻이다. 그러나 남북종의 선법 자체가 본래 그러한 것이었다고 보는 것이 필자가 앞의 글들에서 해명한 요지 가운데 하나이다.

징관은 이렇게 남북종의 치우친 면을 말하면서도 남종의 하택신회가 설한 "체體에 즉한 용用을 지知라 이름하고, 용用에 즉한 체體를 적적寂이라 이름한다."라든가 "지지일자知之一字 중묘지문衆妙之門" 등에 의거하여 '지知'와 '적寂'이 각각 빛과 등燈의 관계처럼 둘이 아니되 둘[無二而二]인 사실을 들어 전자를 위주로 하는 남종과 후자를 위주로 하는 북종을 회통한다 하고 있다. 그리고 이 뜻에 합당한 행법을 말하되, "만약 능히 자신을 비우면 바로 불의 경계에 계합한다[若能虛己而會便契佛境]."라 하고, 사사로써 (佛의 경계를) 구함은 어려운 까닭에 능히 이렇게 하면 계합할 수 있다고 설명한다.[14] 이는 사실 달마선의 이입 법문과 다를 바가 없다. 또한 남북종을 '지知'와 '적寂'으로 구획하는 것은 전술한 바와 같이 본래의 남북종 선법에서는 합당치 않다. 그러나 징관의 시대와 그 후대에는 그러한 경향으로 흐른 면이 있다. 특히 남종 천하가 된 가운데 선종은 활발발한 오悟의 경지를 주로 천명하고 있는데 이는 '적寂'보다는 분명히 '지知'에 치우친 경향이다.

---

[14] 『華嚴經疏』 제15에 "卽體之用, 故問之以知. 卽用之體, 故答以性淨. 知之一字 衆妙之門. 若能虛己 而會便契佛境."(『大正藏』35, p.612c) 이에 대한 『演義鈔』 제34의 해설에 "卽體之用, 故問之以知下, 會違. 謂前問問知, 今答性淨都無知. 言何以會通. 故爲此會. 故水南善知識云, 卽體之用名知, 卽用之體爲寂. 如卽燈之時卽是光, 卽光之時卽是燈. 燈爲體, 光爲用. 無二而二也. 知之一字 衆妙之門, 亦是水南之言也. 若能虛已下勸修. 卽可以神會. 難可以事求也, 能如是會."(『大正藏』36, p.262a)

징관에 의하면 하택신회가 설한 '지知'의 법문을 올바로 실천하는 길은 자신을 비움[虛己]에 있고, 이를 통해 전술한 진지眞知에 이를 수 있다는 것이다. 무조건 자신을 비우면 된다는 것이 아니라 '지知'에는 적'寂'과 둘이 아니되 둘인 뜻이 있기에 이를 알고 자신을 비운다는 것이고, 이로써 불佛의 경지에 합치한다는 것이다. 이러한 법문은 분별하지 않는 것만으로 성취할 수 있다는 것이 아니고, 유심이고 일심임을 요지한 각지覺智가 있어야 한다고 한 전술의 『능가경』법문과 같다. 심성 내지 심체가 곧 진지眞知이고, 이 진지를 뚜렷이 아는 것이 각지覺智가 되고, 이를 뚜렷이 아는 것은 심체의 지智에서 이루어진 것이다. 그래서 지知는 중묘지문衆妙之門이다. 징관의 이러한 해설은 남북종에서 자주 설해진 법문에 의거한 것이다. 이를테면 그는 『연의초』권34에서 개시오입開示悟入에 대한 남북종의 견해를 다음과 같이 대비하고 있다.

"북종에서 설한다. 지智의 용용이 지知이고, 혜慧의 용用이 견見이다. 마음이 본래 일어남이 없음을 깨달아 그렇게 보는 것[見心不起]을 이름하여 지智라고 한다. 지智가 능히 지知한다. 오근五根이 부동不動함을 혜慧라 하고, 혜慧가 능히 견見하니 이것이 불지견佛知見이다. 심부동心不動이 개開인데 개開란 방편문을 개開함이다. 색부동色不動이 시示이고, 시示란 진실상을 시示함이다. 오悟하니 망념이 생하지 아니하고, 입入하니 바로 모든 경계가 항상 고요하다 (常寂).

남종에서 설한다. 중생과 불지佛智가 망격妄隔하여 보지 못하나 단지 무념을 얻으면 바로 본래 자성이 적정한지라 개開가 되고, 적정체상寂靜體上에 스스로 본지本智가 있어 본지로써 본래의 자성이 적정함을 봄을 이름하여 시示라 한다. 이미 지시指示함을 얻었으면 바로 본성을 보아 불佛과 중생이 본래 다름없음을 아는 것이 오悟이다. 오悟한 후에 일체 유위有爲이든 무위無爲이든, 유불有佛이든 무불無佛이든 항상 본성을 보아 스스로 망상이 무성(無性; 자아의 실체가 없음)임을 안다. 자각성지自覺聖智가 이루어졌으니 이가 바로 보살이고, 전성前聖이 지知한 바가 전상轉相하여 전수되니 바로 이것이 입入의 뜻이다. 위의 (남북종의) 양자는 각기 일리가 있다."[15]

위의 인용문에 의하면 오히려 북종에서 '지知'를 중심으로 설하고 있다. 또한 북종에서도 남종과 마찬가지로 "마음이 본래 일어남이 없음을 요견了見하는 것〔見心不起〕"을 근간으로 하고 있다. 앞에서 징관은 남종의 치우친 면으로 이 "요견심성了見心性"을 지적하고, 이 요견을 요별了別의 뜻으로 해석하였으나 실은 심성을 깨달아 알게 된 지혜를 말하고 있는 것이지 요별의 식識을 말한 것은 아니다. 그래서 위의 인용문에서 북종은 "견심불기見心不起"를 지智라 하고

---

15 "北宗云, 智用是知, 慧用是見. 見心不起名智, 智能知. 五根不動名慧, 慧能見. 是佛知見. 心不動是開, 開者開方便門. 色不動是示, 示者示眞實相. 悟卽妄念不生, 入卽萬境常寂. 南宗云, 衆生佛智妄隔不見. 但得無念, 卽本來自性寂靜爲開. 寂靜體上自有本智, 以本智能見本來自性寂靜名示. 旣得指示, 卽見本性. 佛與衆生本來無異爲悟. 悟後於一切有爲無爲有佛無佛, 常見本性. 自知妄想無性. 自覺聖智故是菩薩. 前聖所知轉相傳授, 卽是入義. 上二各是一理."『演義鈔』권제34 (『대정장』36, p.261c)

있는 것이다. 또한 남북종 모두 본지本智에서 심성을 요지함을 설하고 있다. 이 구절만 보더라도 남북종을 상반된 법으로 이해하는 것은 잘못임을 알 수 있다. 단지 북종에서는 "오悟하니 망념이 생하지 아니하고"라 하였고, 남종에서는 "오悟한 후에 …(중략)… 항상 본성을 보아 스스로 망상이 무성無性임을 안다."고 하였는데 이 구절에만 의거한다면 북종은 망념 불생不生의 적정한 상태에 나아가고, 남종은 오悟의 요지를 구한다는 후대의 남북종관을 여기서 근거로 삼을지 모르지만 이미 북종에서도 앞 구절에서 지智가 열리며 지智가 능히 심성을 요지함〔智能知〕을 말하였기 때문에 실은 양자가 다른 말을 한 것이 아니다. 단지 수증상의 일면만을 들어 말한 것일 뿐이니 징관이 양자의 설을 각기 일리가 있다고 평한 것은 당연한 일이다.

징관은 또 이념離念을 북종의 뜻과 비슷한 것으로, 비념非念을 남종의 뜻에 비슷한 것으로 전제하고 이를 나름대로 회통하고 있다. 즉 (남종의) 비념非念은 북종에서 닦아 얻는다는 비념非念과 같고, (북종의) 이념離念은 남종에서 본래 성품이 (念에서) 떠나 있다고 한 것과 같은 까닭에 만약 이종二宗을 화회和會하려면 본래 무념임을 바탕으로 하여 반드시 이념離念이 되어야 한다고 하였다.[16] 즉 남종의 오(悟; 본래 無念임을 悟함)를 바탕으로 북종의 수증修證인 이념離念이 행해져야 한다는 것이다. 따라서 징관의 남북이종의 회통론은 실은 이입理入을 바탕으로 한 수증을 설하는 달마선과 다를 바가 없다. 앞의 여러 글에서 상술한 바와 같이 마음이 본래 능能과 소所를 떠난 일심一心이

---

16 "非念似南宗義無念. 離念似北宗義. 釋乃非念同北宗修得非念故, 離念同南宗本性離故. 若二宗相成, 由本無念 要須離念."『演義鈔』卷56 (『대정장』36, p.442c)

고, 그 성품이 공적하여 지知함도 없고 견見함도 없으며 분별함도 없음을 먼저 자심에서 뚜렷이 아는 것이 이입理入이고, 이러한 뜻이 더욱 뚜렷이 사사事에서 구현될 수 있도록 지속하여 가는 행이 도신道信 등 선종 선사들이 설한 일행삼매이다. 간심看心에는 이입 이전의 간심이 있고, 이후의 간심이 있다. 듣는 자의 사정에 따라 이 간심이 어느 한 쪽의 것일 수도 있고, 양자에 모두 해당하는 경우도 있다. 이미 징관의 시대에는 북종선이란 이입理入 이전의 간심행看心行이라고만 잘못 인식하여 온 것임을 알 수 있다. 『기신론』의 구종심주九種心住의 수증도 그 첫 단계인 주심住心에서 이미 유심唯心 불가득不可得의 정념正念이 전제되어 있다. 이는 징관이 바로 앞에서 말한 "본래 무념임을 뚜렷이 깨달은 바탕에서〔由本無念〕"라 한 것과 같다. 유심唯心임을 뚜렷이 알고 나서 이를 자심에서 더욱 뚜렷이 하여 가는 수증의 단계가 필요한 것이다. 그래서 징관은 본래 무념임을 알고 나서 "반드시 이념해야 한다〔要須離念〕."고 하였다. 이념離念은 앞의 무념이라는 리理가 현실의 사사事에서 구현〔證〕되는 면을 말한 것이다. 그래서 무념이 당리當理라면 이념離念은 당행當行의 수증의 면이다. 『기신론』의 구종심주九種心住에서 이어지는 단계는 그 뚜렷이 알게 된 리理가 사사事에서 원만하게 명증되는 과정이다. 징관이 이종二宗을 융회한다고 하였지만 이종二宗의 법은 본래 융회할 바도 없는 하나의 법이었다고 하겠고, 그럼에도 불구하고 징관이 이러한 시도를 한 것은 당시 불교사회의 통념에 의거한 것이기도 하고, 이종二宗이 6조 내지 7조 이후 각기 한 방향으로 치우쳐 전습한 경향도 있었기 때문이기도 할 것이다. 그러나 후대의 이러한 현상을 들어 본래 6조대의 법까지 그러하였다고 보는 것은 잘못이다.

징관은 또 심체가 무념이라 하는 것에 두 가지 뜻이 있다 하고, 그 하나는 성품이 본래 청정하여 무념無念이라는 것이니〔性淨無念〕 심체이념心體離念인 까닭이고, 또 하나는 계리무연契理無緣이니 일체를 얻을 바 없다는 것을 이름하여 무념이라 하는 까닭이라 하고, 전자는 모든 범부에게도 통하는 것이라 여기서는 후자의 뜻을 쓴다고 하였다.[17] 겸전무웅鎌田茂雄은 이 계리무연契理無緣을 해석하길, "진리에 계합하여 연기함이 없이 성기性起의 일문一門이 독존하고 있는 상태를 가리키는 것이겠다."라 하고, 이에 의거하여 징관의 선은 단순히 남북이종의 선이 아니라 화엄의 성기性起법문에 바탕하고 있는 것을 알 수 있다고 하였다.[18] 그러나 계리무연契理無緣이란 "오직 마음일 뿐이어서 얻을 바가 없다〔唯心不可得〕."의 리理에 계합하니 취하거나 향할 대상이 따로 없어 일체를 지닐 바 없다〔無所有〕는 뜻이다. 그래서 징관도 그 뜻을 설명하여 일체를 얻을 바 없기에 무념이라 하는 것이라고 하였다. 즉 일체를 얻을 바 없음을 뚜렷이 알았으니 무념이 되는 것이며, 이것이 곧 계리무연契理無緣이다. 따라서 여기서 말한 무연無緣은 연기緣起나 성기性起법문에 의거한 것은 아니다. 여기서의 무연無緣은 곧 무념無念이다. 선법이란 여래위如來位에 이르기 위한 인행因行의 법인 까닭에 화엄에서도 사사무애事事無碍의 여래如來 과위果位를 드러낸 법문을 제외하고는 후술하는 바와 같이 그 수증론修證論은

---

17 "然體無念復有二意, 一性淨無念, 以心體離念故. 今非此義, 以此通一切凡小故. 二契理無緣, 都無所得, 名爲無念. 卽今所用." 『演義鈔』 卷56 (『대정장』36, p.442c)

18 鎌田茂雄, 앞의 『中國華嚴思想史の硏究』 第二部 第五章, p.490.

천태天台와 선종의 선법을 넘어선 별다른 법을 설한 것은 아니다. 이어서 징관은 계리무연契理無緣의 무념에 의하여 행한다면 한 편으로 치우친 남종과는 다르게 되어 남북이종이 원융하게 되는 이념離念이 이루어진다고 하였다.[19] 단순한 무연無緣 무념無念의 상태가 아니라 계리契理가 수현隨現되고 상응되며 조응되는 무연이고 무념이다. 이는 상술한 그의 논지의 귀결이다. 이념離念이란 소연所緣을 떠난 것이고, 소연을 떠난 것이 무연無緣이며, 본래 무연임을 알고 행하는 데에 달마선의 묘리가 있다. 즉 무연 무념인 채로만 있는 것이 정법은 아니라는 것이다. 각지覺智에 의한 무지無知의 지知(지함 없는 知)가 있어서 조照함을 잃지 않는다. 징관은 이러한 뜻을 전하는 선종의 지식게知識偈를 인용하여 (화엄)경의經義를 해설하고 있다. 즉『화엄경소』권제17에

"어떻게 언어를 넘어선다는 것인가. 만약 지知를 취하여 능히 (심성이) 공적함을 지知한다면 이는 아직 언어를 면하지 못한 것이다. 소연所緣이 있는 까닭이다. 지知가 스스로 지知한다는 것을 지知하는지라 또한 소연所緣이 없지 않은 까닭이다. 반드시 능能과 소所가 평등하게 되는 등等이어야 조照함을 잃지 않게 되는 까닭이다. 지知함 없는 지知가 있는지라 목석과 같지 않다. 까닭에 '능견能見'이라고 하였다."[20]

---

[19] "若依此義, 亦異偏就南宗. 故南北圓融方成離念."(위와 같음)
[20] "云何超言. 若取知能知寂, 未免於言. 有所緣故. 知自知知, 亦非無緣故. 須能所平等等, 不失照故. 無知之知, 不同木石. 故云能見."『大正藏』35. p.632a.

라 하고, 『연의초』권제37에서 해설하길, 이는 선종의 묘리인지라 그 지식게智識偈에서 인용하여 의거한 것이라고 하고, 이러한 선종의 묘리는 단지 무연無緣의 진지眞智만을 드러내는 것을 진도眞道로 삼는 것과는 약간 다르다고 하였다. 그리고 그 무지無知의 지知는 공적과 무생無生과 여래장성을 지知함에 바로 묘妙가 된다고 하였다.[21] 여기서 말한 공적과 무생無生과 여래장성을 지知함이 곧 『능가경』에서 강조하고 있는 각지覺智의 내용이다. 소연所緣이 없으면 조조함도 함께 없을 텐데 소연所緣이 없되 조조함을 잃지 않으니 묘리이다. 그리고 이 묘리는 능能과 소所가 평등한 등等의 자리에서 이루어진다고 하였다. 이러한 뜻은 『능가경』의 선지 그대로이다. 징관의 입장에 의하면 소연所緣이 없는 자리에만 머무는 것이 북종의 병폐이고, 조조에만 치우쳐 소연을 떠나지 못하는 것이 남종의 병폐이다. 그리고 이 병폐가 해소되고 이종二宗이 융회되는 길은 능과 소가 평등한 등等의 자리가 구현되어야 한다는 앞에서 본 것처럼 『능가경』의 선지이나. 즉 징관은 전술한 바와 같이 남북으로 이분二分되어 한 편으로 치우쳐 전습되어 가기 이전의 초기 선종의 순선純禪 내지 능가선의 본질에 의거하여 남북이종을 융회하고자 한 것이라 하겠다.

화엄종의 이조二祖와 삼조三祖인 지엄과 법장이 이미 『능가경』을 주석하고 해설서를 저술한 바 있고, 이러한 화엄 선사의 전통이 징관에게 이어지고 있는 면이 있다고 본다. 이러한 징관의 입장은 그를

---

21 "疏, 若取知能知寂者. 此卽用於禪宗知識之偈. …(중략)… 斯爲禪宗之妙故今用之. 而復小異於彼但顯無緣眞智以爲眞道. …(중략)… 爲無知之知. 此知知於空寂無生如來藏性, 方爲妙耳."『大正藏』36, p.284b.

하택선荷澤禪의 계승자로 보거나 우두법융을 계승한 것으로 보는 등의[22] 어느 한 계통의 계승으로 보기보다는 달마에서 육조六祖에 이르는 순선시대의 선법에 충실한 것으로 보는 것이 타당하다고 생각한다. 징관은 "적寂과 조照가 무이無二임이 보리의 상이다."를 해설하면서 이는 곧 선종에서 말하는 바 "체體에 즉한 용用으로 스스로 지知하고, 용用에 즉한 체體로 항상 적寂하다. 지知와 적寂이 불이不二임이 마음의 상相이다."고 하였다.[23] 또한 전술한 바와 같이 그가 선종의 묘리는 단지 무연無緣의 진지眞智만을 드러내는 것을 진도眞道로 삼는 것과는 약간 다르다고 한 것도 본래의 선종은 어느 한편에 치우친 법문이 아님을 말하고 있는 것이다. 즉 그는 각각 지知와 적寂에 치우친 남북이종의 병폐를 말하고 있으나 동시에 선종의 법문에 본래 지知와 적寂에 치우치지 아니하고 불이不二인 자리를 명료하게 드러낸 법문이 있음을 말하고, 이에 의거하여 『화엄경』을 해설하고 있는 것이다. 본래 순선시기의 선법은 대승의 심의를 바탕으로 하였고, 징관은 폭넓게 교학을 수학하였기에 그 본래의 선지를 파악하여 남북종의 치우친 전습을 시정하고자 한 것으로 이해된다.

---

22 대개 荷澤禪 계통으로 보나, 鎌田茂雄은 가설이지만 牛頭法融을 계승한 것일 가능성을 제기하고 있다. 鎌田茂雄, 앞의 『中國華嚴思想史の硏究』第二部 第五章, pp.491-7.

23 "照無二爲菩提相. …(중략)… 亦卽禪宗, 卽體之用自知, 卽用之體恒寂. 知寂不二爲心之相也." 『演義鈔』권제80(『대정장』36, p.625b).

3. 화엄종사의 수증론에 보이는 능가선의 영향

화엄종은 대체로 현수법장(643~712)에 의해 성립된 셈이지만 그 선법의 개창은 초조 두순(杜順, 557~640)의 저술로 전하는 『(대방광불화엄)법계관문法界觀門』에서 이루어진 것으로 보아야 할 것이다. 이 선법은 진공관眞空觀・이사무애관理事無碍觀・주변함용관周遍含容觀으로 구성되어 있고, 진공관은 다시 一. 회색귀공관會色歸空觀, 二. 명공즉색관明空卽色觀, 三. 공색무애관空色無碍觀, 四. 민절무기관泯絶無寄觀으로 되어 있는데[24] 이 가운데 민절무기관에는 언어도단 심행처멸의 행이 설해져 있다.[25] 그런데 징관(738~839)은 이 단계로서 이사무애관理事無碍觀이 되지 못하는 이유를 다음의 4가지로 설명하고 있다. 첫째, 색사色事에서 공空의 리理는 성취함이 있으나 색공무애色空無碍를 진공眞空으로 삼는 까닭, 둘째, 리理가 단지 공을 밝힘에 머무르고 아직 진여의 묘유妙有를 드러내지 못한 까닭, 셋째, 민설무기泯絶無寄함에 사리事理가 없게 되는 까닭, 넷째, 널리 무애無碍의 상이 드러나지 않은 까닭이다.[26] 십문十門의 이사무애관에 대한 총설에서 징관은

---

24 澄觀 『法界玄鏡』(『대정장』45, p.672a)

25 "第四泯絶無寄觀者, 謂此所觀眞空, 不可言卽色不卽色, 亦不可言卽空不卽空, 一切法皆不可, 不可亦不可, 此語亦不受, 逈絶無寄, 非言所及, 非解所到, 是謂行境. 何以故, 以生心動念, 卽乖法體失正念故." 『法界玄鏡』(『대정장』45, p.675a) 澄觀은 이를 "言語道斷故 言不及, 心行處滅故 解不到."로 해설하였다.

26 "本就前色空觀中, 亦卽事理, 不得此名者. 有四義故. 一雖有色事爲成空理, 色空無礙爲眞空故. 二理但明空, 未顯眞如之妙有故. 三泯絶無寄, 亡事理故. 四不廣顯無礙之相." 『法界玄鏡』(『대정장』45, p.676a)

"사리무애事理無礙를 관하여 중도관을 성취하고, 또한 사사를 관함에 비悲를 겸한다. 리理를 관함은 지智이니 이 둘이 무애無礙한즉 비悲와 지智가 서로 이끌어 무주행無住行을 성취한다. 또한 바로 즉가공即假空의 중도관이다."[27]고 하였다. 즉 전 단계인 민절무기泯絕無寄의 언어도단言語道斷 심행처멸心行處滅 내지는 사리事理가 사라진 절관絕觀에서 이사무애의 중도관, 그리고 비悲를 겸한 사관事觀으로 진전되는 관행이 개시되어 있다. 그런데 이를 통해 무주행無住行이 이루어진다고 하였으니 생각을 짓는 작의作意의 관행觀行은 아니다. 이미 전 단계에서 생각을 짓는 관행은 절관되었기 때문이다. 작의를 떠난 가운데 무주행이 이루어지며, 이때 겸하게 되는 비悲는 절관으로 정이 다하여 〔情盡〕발로되는 것이다. 관행은 법상이나 선정의 희락에 애착하는 정情에 빠지기 쉽다. 그래서 일찍이 혜가는 "정情을 붙이지 말라."고 하였다.[28] 『속고승전』의 저자 도선은 선정을 위주로 하는 승조僧稠의 선법을 칭찬하면서도 한편으로는 "정사情事가 쉽게 드러나는" 단점을 들어 비평한 바가 있다.[29] 그런데 징관은 『화엄경소』의 "정情이 다하니 리理가 드러난즉 이를 이름하여 불佛을 이룸이라 한다〔情盡理現 即名作佛者〕."에[30] 대해 해설하길, "이는 선종에 따른다면 바로 사리무애문事

---

[27] "觀事理無礙, 成中道觀. 又觀事兼悲. 觀理是智, 此二無礙, 即悲智相導成無住行, 亦即假空中道觀耳."『法界玄鏡』(『대정장』45, p.676b)
[28] 『속고승전』권20 習禪初 僧可(慧可)傳.
[29] 『속고승전』권20 習禪篇 論贊, 『대정장』50, p.596c.
[30] 『화엄경』光明覺品 第五. "爾時文殊師利 以偈頌曰, 若有知正覺, 解脫離諸漏, 不著一切世, 彼非淨道眼. 若有知如來, 觀察無所有, 知法散滅相, 彼人疾作佛."(『대정장』9, p.422c)에 대한 『화엄경소』光明覺品 第九의 해설에 "下句觀益. 言疾作佛者,

理無碍門이다. 보현문普賢門에 따른다면 바로 화엄의 사사무애문事事無碍門이다. 행포(行布; 중생구제행)에 따라 설한다면 이는 천리千里의 초보初步다."고[31] 하였다. 아직 인위因位의 선법이라 할 선종의 선법은 과위果位의 사사무애행事事無碍行은 아니다.[32] 그래서 정情이 다하여〔情盡〕리理가 드러남을 이름하여 불佛을 이룸이라 하지만 여래의 자재 행화行化하는 사사무애행은 아니라 한 것이겠고, 『금강삼매경』에서 "여래선으로 들어가는"으로 표현된 뜻도 그러하다. 『화엄경』에서 7지보살에서부터 특히 대비행大悲行이 주요 행으로 개시되는데, 이 또한 이전 단계에서 이루어진 수분隨分의 정이 다함〔情盡〕과 심행처멸 내지는 절관의 행에 바탕하여 작의作意를 떠나 나오는 비심悲心의 발로이다. 그리고 8지보살에서는 이러한 행들이 무공용無功用으로 이루어진다. 그리하여 이사무애理事無碍가 증證된다.

그런데 『법계관문』의 3단계 수증은 『화엄오교지관』에서는 一, 법유아무문(法有我無門; 소승교), 二, 생즉무생문(生卽無生門; 대승始敎), 三, 사리원융문(事理圓融門; 대승終敎), 四, 어관쌍절문(語觀雙絶門; 대승돈교), 五, 화엄삼매문(華嚴三昧門; 일승원교)의 5단계 수증으로 세분되고 있다. 주지하는 바와 같이 『화엄오교지관』은 종래 두순杜順

約文殊門, 情盡理現, 卽名作佛. 約普賢門, 信終圓收. 約行布說, 則不見此理. 成佛未期, 他皆倣此. 次一偈依正等."

31 『연의초』 권제29에 "疏, 情盡理現, 卽名作佛者. 此順禪宗卽事理無礙門也. 約普賢門, 正是華嚴卽事事無礙門也. 約行布說, 此爲千里之初步也." (『대정장』36, p.224a)

32 이를테면 高峯了州는 "因圓果滿에 있어서 화엄과 禪의 합일을 본다면 因圓이 禪의 입장이고, 果滿이 화엄의 입장이다." (「華嚴と禪との通路」, 『華嚴論集』, 東京, 國書刊行會, 1976, p.398)고 하였다.

의 저작으로 통용되어 왔으나 근래의 분석에 의하면 법장의 저술로 인정되고 있다. 그리고 선종을 제4 어관쌍절문, 즉 대승돈교로 보는 것이 법장 이래 화엄가의 견해이다. 『화엄경』에 나오는 언어도단 심행처멸은 본 『화엄오교지관』에 의하면 제4 어관쌍절문의 단계이다. 그리고 돈절백비(頓絶百非; 모든 분별시비를 돈절함), 견심무기(見心無寄; 마음이 어디에도 의지함이 없음을 봄)는 제3 사리원융문으로 하였으니 『법계관문』의 제2단계를 둘로 세분하여 펼친 것이라 할 수 있다.

그렇다면 궁극의 수증인 화엄삼매문(주편함용관, 사사무애문)은 어떠한 법인가. 『화엄오교지관』에서는 화엄삼매문에 대해 설하길, "만약 색 등의 제법이 연緣으로부터 생한 것임을 직견한다면 곧 이것이 법계연기이다(법계연기에 든 것이다). 앞의 방편들을 꼭 다시 해야 할 필요는 없다."라 한다.[33] 즉 별개의 수증법이 있는 것이 아니라 사사에서 법계연기法界緣起를 직견하면 법계연기에 직입한다는 것이다. 그래서 앞에 시설된 수증법들은 일체의 분별과 법상을 떠남으로써 사사의 법계연기에 즉입하도록 하는 뜻을 지닌다. 단지 『오교지관』은 여기에 즉입하지 못한 자들에게 처음부터 끝까지 하나하나 질의토록 하여 미혹을 단진斷盡시키고 법상을 제거하고 절언絶言하여 견성생해見性生解케 해야 증득하게 된다고 한다.[34] 이는 초기 선종의 심지법문들이 대부분 질의 응답식으로 되어 있고, 돈황본 『육조단경』에도 경론을 통해서 깨닫지 못하면 선지식을 찾아 언하言下에 편오便悟하라고 한

---

33 "若有直見色等諸法從緣, 卽是法界緣起也. 不必更須前方便也."
34 "如其不得直入此者, 宜可從始至終一一徵問, 致令斷惑盡迷除法絶言見性生解, 方爲得意耳."『대정장』45, p.512b.

것과 상통한다. 후대 선사들의 깨우친 사례들은 대부분 선지식을 찾아 문답한 것이 계기가 되고 있다.

또 『오교지관』은 공유무이空有無二에 즉입 융통하여 망견심이 다 멸진하여야 비로소 순리順理하여 입법계入法界에 드는 것인데 이는 연기의 법계가 본래 견見과 망정을 떠난 때문이라 하고, 여기에 증입하는 방편을 세 가지 들고 있다. 그 첫 번째가 견見을 다 멸진하도록 하는 것이니 이를테면 사물을 가리키며 묻기를 "무엇이 안眼인가?"라고 하는 것이다. 즉 바로 눈앞의 사물을 가리키며 직문하여 그 사물의 명상名相을 비롯한 일체의 법상이 개재되지 않은 자리에서 그 사물의 법계연기에 증입證入하게 하는 것이다. 이러한 지사이문指事以問 또는 지사문의指事問義를 초기 선사들이 자주 사용하였음은 『능가사자기』를 통하여 알 수 있다. 이를테면 구나발다라삼장은, "사물에 나아가(사물을 가리켜) 험증하니, 나뭇잎을 가리키며, '이것이 어떤 물건인가?', '(병이나 기둥에 들어갈 때) 너의 몸뚱아리가 들어가는가 마음이 들어가는가?', '이 수水는 어떠한 물건인가?', 달마대사는 또 사물을 가리키며 그 뜻을 질문하곤 하였는데, 단지 한 사물을 가리키며 '무슨 물건인가?' 하고 물었다. 여러 사물에 대해서도 모두 질문하고 나서는 돌려서 사물의 이름을 부르고 다시 '이것이 무엇인가?' 하고 물었다. '이 몸이 있는가 없는가? 몸이란 어떤 것인가?'"라 하였다. 이밖에 홍인대사와 신수대사의 사례도 있다.

자심에서 능과 소를 떠났으니 마음이 그대로 무심이라 마음에 걸리는 법상이 없고, 오직 현전의 사물이 그대로 내 몸과 둘이 아니며, 함께 각覺되어 있다. 즉 일체의 상념을 벗어나게 되니 현전의 사물이 본래의 실상實相 그대로 청정하여 대상이 아니고, 단지 몸으로 체현되니 바로 각覺의 경계이며, 법계연기에 증입證入함이다. 능과 소를 떠나 지知함 없이 지함이 곧 각이다. 지知함이 없다 함은 마음이 본래 지知함이 없고 분별함이 없기 때문이고, 지知함이란 마음이 본래 지知함이 없고 분별함이 없기 때문에 지知할 수 있고 분별도 한다. 마치 거울이 일체를 비추어 드러내나 거울 자체는 지知하거나 흔들림 없듯이. 바로 이러한 경계에서 지사이문指事以問은 행해진다. 주변의 나뭇잎을 보고 이것이 무엇인가 하고 묻는다. 머리로 분별하여 나뭇잎을 아는 것이 아니라, 온몸으로 나뭇잎이 체현되어 있음이라 그 경계를 말로 드러낼 수 없다. 지사이문은 곧 그러한 경지에 이르렀는가를 묻고 있는 것이며, 아직 이르지 않았다면 능소를 떠난 자리에서 분별을 떠나 사事를 체현하도록 이끄는 것이다. 그 지사이문의 질문에 곧장 일체의 상념과 법상과 분별이 모두 사라진다. 사실 일체의 존재는 사량분별을 떠나 있다. 그래서 사량분별을 떠나면 그 사事의 실상이 드러난다. 사事의 실상은 곧 자심自心과 자신自身에서 체현되고 증명된다. 또한 이는 화엄의 입법계연기入法界緣起와 사사무애事事無碍의 체현이고 증명이다.

입법계연기의 두 번째 방편은 법을 개시하여 전도심顚倒心을 제거하고 집착을 끊게 하는 것이며, 세 번째 방편은 법을 개시하여 이언절해離言絶解하도록 하는 것이다. 모두 앞의 여러 법문과 수증에서 이미 개시된 내용이다. 즉 궁극의 수증단계인 화엄삼매문에 격별의 선법이 있는 것은 아니다. 앞에 개시한 수증법이 온전히 발휘되어 성취되면 곧바로 입법계연기入法界緣起이다. 미처 여기에 이르지 못하였을 경우에는 질의 응답을 통해 맺힌 곳을 풀어주고 깨닫게 하며, 지사이문指事 以問으로 사량분별을 떨쳐버리고 즉입하게 하며, 앞의 여러 법문을 다시 개시하여 이언절해離言絶解토록 한다. 선종 선사들의 행법과 행화行化를 그대로 말하고 있는 듯하다.

이렇게 본다면 『화엄오교지관』은 『법계관문』에 선종의 능가선법이 상당부분 유입되어 있다고 보아야 한다. 전술한 바와 같이 법장은 일찍이 『능가경』의 심의를 해설하여 『입능가심현의』1권(『대정장』39)을 저술하였고, 실차난다가 번역한 7권본 『능가경(대승입능가경)』의 역장에 참여하여 재감역을 복례復禮와 함께 한 바 있다. 법장(643~712)의 활동시기는 신수(? ~706) 및 혜능(638~713)과 거의 비슷하다. 당시는 아직 혜능의 영향이 장안 지역에 이르지 못한 때였고 신수와 법장은 모두 측천무후의 존숭을 받으며 장안에서 활동하고 있었기 때문에 법장은 한 세대 정도 선배인 신수의 영향을 받았을 것이다. 신수의 선법을 후대 남종에서 점법으로 폄칭하였으나 사실은 돈법이었고, 북종이 돈법만이 아니라 방편법문도 하였다면 남종은 돈법만 주창한 정도가 다르다고 본다.[35] 법장은 『능가경』의 종취宗趣를 열 가지로 나누어 해설한 가운데 다섯 번째 이제二諦 부분의 다섯 번째 무애無碍 항목에서 "앞의 사구소설四句所說과[36] 합하여 하나의 무애법계無碍法界가 되는지라 이 까닭에 즉진즉속卽眞卽俗, 즉달즉순卽達卽順, 즉성즉괴卽成卽壞하고 원융자재하며 동시 구현俱現하여 성지聖智

---

35 본서 제1장과 2장 참조.
36 여기서 말하는 四句는 앞 문단에 말한 네 개 항목을 말함. 즉 此中眞俗相對有其五義, 一相違義, 二相害義, 三相順義, 四相成義.

가 비춤이 걸림 없이 돈현頓見한다. 이를 이제二諦의 심심甚深한 상이라고 한다. 경의 뜻은 여기에 있다. 까닭에 종이 되고 이를 관하여 행이 이루어지니 이로써 취취가 됨이다."고 하여 무애無碍 상즉相卽 원융 자재의 화엄법계의 행상을 말하였고, 이어 여섯 번째 "삼무등의三無等義로써 종취를 삼음"에서는 앞의 종취에 의해 "성비지등成悲智等의 항이 이루어지고, 보살 인행을 모두 만족하여 구경(성불)에 이르러 후득지後得智를 얻고, (중생 구제행을 위해) 열반의 과과에 머무름을 끊는다[行滿究竟 得智斷果]."고 하였으며, 또한 열 번째에는 현밀자재顯密自在의 종취를 해설하고 있다.[37] 즉 『능가경』은 『화엄경』과 같이 행만行滿된 여래위의 행상과 거기에 이르는 도를 설하고 있다. 단지 『능가경』은 여래위의 행상에 대해서는 매우 간략히 일면만 언급하는 정도였다면 『화엄경』은 광설廣說이다. 요컨대 법장의 『능가경』에 대한 이해와 그 위상에 대한 인식은 거의 『화엄경』에 대한 그것에 비등할 정도였다고 할 것이다. 법장의 이러한 경향은 후대 화엄종이 선종에 친숙하게 되는 한 배경이 된 것으로 본다.

전술한 바와 같이 징관(738~839)은 각 방면의 교학뿐 아니라 혜충(慧忠, 683~769), 법흠(法欽, 714~792)으로부터 우두선, 무명(無名, 722~793)으로부터 하택선, 혜운慧雲으로부터 북종선을 받았고, 종밀은 하택선의 계승자가 되었다. 양자는 모두 화엄종사로서 화엄을 원교圓敎로서 궁극의 위에 두었지만 그 수증론은 선종의 영향을 크게 받고 그에 의거한 바가 컸다. 근래 고봉료주高峯了州가 금택문고金澤文

---

[37] 앞의 『楞伽心玄義』(『대정장』39, p.428-429a)

庫에서 발견하여 정리한 징관의 『십이인연관문十二因緣觀門』에 설
한다.

"이제 무명無明을 끊고자 하건대 먼저 반드시 심원心源을 자각해야
한다. 마음 일어남에 따라 일체의 망상이 모두 불각심不覺心으로부
터 생긴다. 이제 반드시 자심의 본성이 생도 없고 멸도 없으며,
오는 바도 없고 가는 바도 없음을 알아야 한다. 어떻게 알 수 있는가.
일체의 망념이 홀연히 망기妄起함에서 각覺하면 불생不生한다."[38]

이 선법은 전기한 능가선법에서 자심이 본래 무생임을 깨우쳐 알아
야 한다는 선오先悟 내지 돈오의 선법과 다를 바가 없다. 앞에 인용한
『대승입능가경』의 게송품에 "마음에 각지覺智 생김이 없다면, 어찌
이집二執을 끊을 수 있으리."라고 함도 선오先悟의 필요성을 말한
것이다. 겸전무웅鎌田茂雄은 징관이 4조 도신으로부터 능가선법을
전수받은 우두법융의 영향을 가장 많이 받은 것으로 본 바 있다.[39]
징관이 저술한 『화엄경행원품소』(『속장』5)의 '수증천심修證淺深'은
선종의 수증론을 총괄하다시피 한 것으로 여러 행상을 정定과 혜慧
및 정혜쌍운定慧雙運, 또는 돈점頓漸으로 나누어 설명하고 있다. 그러
나 달마 이래의 능가선법은 방편의 점법을 제외하고는 모두 정혜불이

---

38 "我今欲斷無明, 先須自覺心源. 隨心所起, 一切妄想皆從不覺心生. 今須知自心之 本性, 無生無滅無來無去. 何以得之. 一切妄念忽然妄起, 覺卽不生."(高峯了州,「澄 觀の『十二因緣觀門』について,」에 원문 전체가 실려 있음. 전게 『華嚴論集』, pp.536-7)
39 鎌田茂雄, 전게 「澄觀における禪思想の形成」

의 법인데 각 행법을 정定 및 혜慧로 분류한 것은 지나친 교학적 논의이다. 종밀은 이를 『원각경대소圓覺經大疏』의 '수증계차修證階差'에 원용하였다.⁴⁰ 종밀은 선법을 3종으로 분류하고 하택선荷澤禪을 최상의 원만한 선법으로 하였다. 하택신회는 특히 반야선을 근본으로 하였다. 신회의 『현종기』에 "반야란 (심성이) 지知함이 없다는 것이로되〔般若無知〕 육신통을 운용하고, 사지를 두루 편다〔運六通而宏四智般若〕."고 하였다. 심성이 본래 공적하여 지知함도 없고 견見함도 없으며 분별함도 없다 함은 앞에서 설명한 바와 같이 『대반야경』과 『화엄경』 및 『능가경』의 주요 선지이다. 이 공적한 마음이 영지불매靈知不昧하고, 이 지知함 없이 지知하는 영지靈知가 진성(진심, 원각묘심)인지라 임미임오任迷任悟할 뿐이다. 종밀은 여기에서 교와 선을 모두 함께 잊음〔敎禪雙亡〕을 통한 교선일치를 말하였다. 요컨대 화엄종의 수증론은 점차 능가선법의 영향을 크게 받고 있다. 사事에 즉하여 오悟가 있을 뿐이고, 사事에 즉한 신身의 오悟가 곧 각覺이고 신증身證이다. 여기에는 교와 선이 따로 없다. 그러한 신증이 곧 화엄의 법계연기에 드는 것이고, 사사무애를 체증하는 것이다. 그래서 화엄과 선이 둘이 아니다. 최상승선으로서의 능가선과 최상교법으로서의 화엄의 융회는 결국 수증에 의한 신증에서 구현되는 것이라 하겠다. 과만果滿의 화엄법계를 궁극으로 하지만 선법은 인지因地의 행인 까닭에 선법 가운데서도 최상승선법이며 가장 원만한 인원因圓의 선법으로서 달마 이래의 능가선법을 화엄종에서 받아들이고 그 영향을 받아 소위 화엄

---

40 이 두 글의 대비와 해설에 대해서는 吉津宜英, 『華嚴禪の思想史的研究』, 東京, 大東出版社, 1985, pp.249-266 참조.

선을⁴¹ 이루게 된 것이라고 하겠다. 단지 화엄선이라 하더라도 사사무애의 과위果位 행상을 수증론의 맨 윗자리에 올려놓았을 뿐 선법의 기반은 능가선을 거의 그대로 원용 내지 수용한 것에 지나지 않는다고 보는 것이 필자의 입장이다.

4. 결언

징관의 입장에 의하면 소연所緣이 없는 자리에만 머무는 것이 북종의 병폐이고, 조照에만 치우쳐 소연所緣을 떠나지 못하는 것이 남종의 병폐이다. 그리고 그 병폐를 해소하고, 이종二宗의 융회를 위해 그가 제시하고 있는 것은 능能과 소所가 평등한 등等의 자리가 구현되어야 한다는 『능가경』의 선지이고, 능가선의 요의이다. 즉 징관은 전술한 바와 같이 남북으로 이분되어 한 편으로 치우쳐 전습되어 가기 이전의 초기 선종의 순선 내지 능가선의 본질에 의거하여 남북이종을 융회하고자 한 것이라 하겠다. 이러한 징관의 입장은 그를 하택선의 계승자로 보거나 우두법융을 계승한 것으로 보는 등의 어느 한 계통의 계승으로

---

41 화엄선은 대체로 당말 이후 특히 송대의 선을 가리키는데 澄觀에 의해 서막이 열리고, 宗密에 의해 이론화 내지 체계화가 완성된 것으로 본다. 董群에 의하면 宗密에 있어서 俠義의 화엄선은 화엄종과 荷澤禪이 융합된 것이고, 廣義의 화엄선은 禪敎의 三宗三敎 뿐 아니라 유불도의 삼교융합까지 포괄하는 것이며, 나아가서는 明代 禪과 기독교의 교섭도 화엄선 방법의 체현이라고 한다. 董群, 전게 『融合的佛敎』, pp.41-42. 한편 吉津宜英에 의하면 화엄선이란 宗密이 性起사상과 『원각경』의 '本來成佛'을 접속하여 이루어진 것으로 本來成佛임을 自覺하는 것이 圓覺이고, 頓悟라고 하는 것이 그 요지였다. 전게 『華嚴禪の思想史的硏究』, p.3.

보기보다는 달마에서 육조에 이르는 순선시대의 선법에 충실한 것으로 보는 것이 타당하다고 생각한다. 즉 그는 각각 지知와 적寂에 치우친 남북이종의 병폐를 말하고 있으나 동시에 선종의 법문에 본래 지知와 적寂에 치우치지 아니하고 불이不二인 자리를 명료하게 드러낸 법문이 있음을 말하고, 이에 의거하여 『화엄경』을 해설하고 있는 것이다.

그들이 정리 융회 종합하여 제시한 선교禪敎의 체계는 사실 그 인위因位의 선법에 있어서는 능가선법을 거의 그대로 답습한 것이었다. 선종의 선법 위에 사사무애관事事無碍觀을 두었으나 이는 과위果位의 여래 행상에 해당하는 것으로 이 자리에 이르게 하는 선법 그것은 아니었다. 그들이 연기緣起의 현실에 즉입하게 하는 궁극의 선법으로서 제시한 지사이문指事以問이라든가 질의 응답을 통한 언하편오言下便悟는 선종 조사들이 이미 개시하고 실천해 보였던 법문이었다.

징관과 종밀을 통해서 이루어진 교선일치의 구도는 본래 능가선법에 갖추어져 있는 것이지만 교학의 바탕을 잃어 가고 있던 당시 선종으로서는 그 이론적 토대가 희미해져 가고 있었다고 하겠다. 징관과 종밀의 방대한 교선일치 체계화 작업은 양자 모두 선종의 선법을 일찍이 전수받은 자로서 당시 선종의 문제점을 자각하고 이를 해소하고자 한 데서 나온 일면이 있고, 여기에 『화엄경』을 통한 여래의 사사무애 행상, 『기신론』과 『원각경』을 통한 각覺의 돈법논리를 포괄하여 선법과 교학체계를 이룬 것이라 하겠다. 이 면에 대해서는 후일의 과제로 삼고자 한다.

제12장 북종의 돈법과 종밀의 북종관

1. 서언

불법에서는 한 쪽에 치우친 공부를 무척 경계하여 도처에서 그 잘못과 폐단을 강조하고 있다. 선종의 역사에서도 그러한 폐단이 많이 있다. 그 폐단을 해소시키고자 여러 노력이 펼쳐진 바가 있는데 그 가운데 규봉종밀(圭峰宗密, 780~841)의 업적은 실로 소중한 것이었다. 종밀이 활동하던 당 후기는 선종의 성세가 이어지는 가운데 여타의 종을 압도해가고 있었다. 그러나 초기 선종의 선법이 원만히 전승되지 못한 가운데 어느 일부분의 선지에만 치우치게 집착하여 자찬훼타自讚毁他하고, 상호 곡해 비방하는 풍조가 만연되었다. 그는 당시 선법상의 어지러운 의론을 평정平定하기 위해 대승의 주요 경론의 심의에 의거하여 제가의 선지가 회통되는 뜻을 밝힘으로써 원숙한 교선일치론을 천명하였다. 그의 교선일치론은 초기 선종의 선법을 회복하는 데 큰 역할을 하였을 뿐 아니라, 후대에 곡해의 풍조가 이어지는 가운데서도 현금에 이르기까지 그나마 긍정적인 면모가 단절되지 아니하게 하는 데 큰 공을 세웠다.

그런데 종밀이 북종을 평가하고 있는 것을 보면 다음의 두 방면으로 엇갈려 있음을 알 수 있다. 그는 북종을 불진간정拂塵看淨과 방편통경方便通經의 점수漸修로 분류하였고(『원각경대소초』卷三之下), 선을 3종(息妄修心宗, 泯絶無寄宗, 直顯心性宗)으로 분류한 가운데 '식망수심종息妄修心宗'에 두었다. 또 고종에서 현종 시기에 이르기까지 원돈圓頓의 본종(선종)이 북지北地에는 아직 행해지지 않았다고 하였다(『선원제전집도서禪源諸詮集都序』; 이하『도서都序』). 이에 의하면 신수神秀의 재전제자가 활동하던 시기까지도 신수의 제자들이 활동하던 북지에는 아직 원돈의 선법이 행해지지 않았다는 것이 된다. 그는 또 신수가 달마의 종이라 칭하였으나 즉불卽佛의 지旨를 드러내지 않았다고 하였다(『도서』). 또 한편으로는 여러 갈래의 선법이 "국집局執하면 모두 잘못된 것이고, 회통하면 모두 옳다."(『도서』)라 하고, "돈과 점이 서로 위배되지 않을 뿐 아니라 서로 도와준다."(『도서』), "스스로 병에 따라 대치對治할 뿐 이것은 칭찬하고, 저것은 헐뜯어서는 안 된다."(『도서』), "습기가 다하여야 불도佛道가 이루어지는 것이니 수심修心이 성불의 행이다. 돈·점과 공空·유有가 이미 어긋난 바 없으니 홍洪(馬祖道一)·하荷(荷澤神會)·능能(惠能)·수秀(神秀)가 어찌 서로 합치되지 않겠는가."(『도서』)라 하였다. 즉 신수의 북종을 점법으로 보지만 그 점법이 돈법과 함께 대치對治의 법으로서 위배되지 아니하고, 양자가 서로 도와주는 것이라 하여 양자가 회통되는 길을 제시하였다.

종밀이 남북돈점을 회통하여 모두 근기에 따라 적재적소에 필요한 것임을 역설한 것은 매우 훌륭한 업적이다. 그러나 북종의 선법을 일단 점법으로 규정하고 있는 것은 하택신회로부터 비롯된 북종 폄하의 전통을 이은 것이다. 그는 하택신회의 선법을 계승한 것이라 자임하고, 이 선법을 가장 우위에 두었다. 즉 그는 하택신회 계열의 전통에 따라 북종을 점법이라 규정하였고, 그의 북종 선법 소개도 『육조단경』이나 하택신회의 여러 어록에 나오는 내용을 잇고 있다.

물론 신회의 어록에서는 북종의 선법을 매도하는 것에 그치고 있지만 종밀은 남북돈점의 양자를 회통하여 점법의 의의를 인정하고 있는 면이 다르다. 그런데 이러한 종밀의 진전된 북종관도 북종의 선법 자체가 본래 점법이 아니라 돈법이었다는 사실에 의한다면 잘못된 바가 있게 된다. 본고에서는 북종의 선법이 본래 돈법이었음을 밝혀서 종밀의 북종관에 보이는 모순점을 지적하고자 한다. 북종의 돈법은 다음의 여러 방면에서 드러난다. 첫째는 돈황에서 1세기 전에 발견된 『대승무생방편문大乘無生方便門(S.2503)』〔『대승오방편大乘五方便(北宗)』(P.2270) · (S.735호 뒷면)』〕,[1] 『대승북종론大乘北宗論』[2] 및 티베트에서 신수의 재전제자인 마하연선사와 인도 바라문승 사이의 논쟁을 기록한 『돈오대승정리결頓悟大乘正理決』, 그리고 『돈오진종론頓悟眞

---

[1] 『대승무생방편문』의 여러 돈황사본 원문 인용은 宇井伯壽, 『禪宗史硏究』(東京, 岩波書店, 1966), 第八章 「北宗殘簡」 제6편(大乘無生方便門), 제7편(大乘五方便 『甲』), 제8편(無題 『乙』)에 실려 있는 교정 對照본에 의하고, 각 문단의 번호를 인용문 앞에 기입한다.

[2] 위의 『禪宗史硏究』, 「北宗殘簡」 제5편에 수록된 원문에 의한다.

宗論』・『돈오진종요결頓悟眞宗要訣』 등 북종 선서의 내용이 남종과 다를 바 없이 돈법으로 가득 채워져 있다는 점이고, 둘째는 종밀이 북종의 방편통경方便通經을 해설한 내용이 실은 그가 신회神會나 마조도일馬祖道一 등의 선법을 돈법으로 기술한 내용과 다를 바 없다는 것이다. 셋째는 당연히 점법으로 알고 있는 불진간정拂塵看淨도 실은 어느 자리에서의 행이냐에 따라 돈법의 그것과 그대로 상통하는 뜻이 있다는 점이다. 또한 이를 점법으로 보더라도 신수가 일반 대중에게 입문의 법문으로 설한 것으로 이해할 수도 있다. 본고에서는 이러한 뜻에 의거하여 북종 오방편의 방편통경 선법이 실은 남종과 다를 바 없는 돈법임을 입증하고자 한다. 이를 통해 자연히 종밀의 북종관이 지니는 의미와 문제점도 드러날 수 있을 것이다.³

근래 여러 연구에 의해 북종의 선법이 일부 남종에 의해 부당하게 폄하되고 곡해된 부분이 상당부분 해소된 바가 있다. 이러한 성과가 이루어지게 된 것은 앞에 든 돈황출토 북종 자료들이 큰 도움이 되었다. 그렇지만 여러 연구들이 이들 문헌을 통해 북종의 선지를 명확히 파악한 것으로 보이지는 않는다. 그래서 아직도 북종선에 대한 곡해와 어긋난 시각이 있다고 보는 것이 본고의 입장이다. 이를테면 종밀의

---

3 종래 宗密의 회통론에 대한 연구는 열거할 수 없을 정도로 매우 많다. 그러나 본고의 취지에 의거한 연구는 찾아보기 어렵다. 근래에 이루어진 종밀의 회통론 관련 주요 연구만 몇 가지 든다.
董群, 『融合的佛教 – 圭峰宗密的佛學思想研究』, 北京, 宗教文化出版社, 2000.
顧偉康, 「圭峰宗密"和會禪宗"再探」(『中國禪學』3, 北京, 中華書局, 2004)
楊曾文, 「唐代宗密及其禪教會通論」(『中國佛教史論』, 北京, 中國社會科學出版社, 2002)

북종관을 그대로 이어받아 북종오방편이 '불진간정拂塵看淨'을 기반으로 한 법문이라거나, 선의 실수에 대한 법문이라기보다는 교리문답으로 보아야 할 점이 있다거나, 오방편에 『능가경』이 들어 있지 않은 점을 들어 신수와 능가선과의 관련성에 회의적 시각을 제기하는 견해 등이 그러한 예이다.[4] 또한 이들 북종 자료에 보이는 돈법은 북종이 나중에 남종선을 채용하여 받아들인 것이라는 시각도 있다.[5] 본고의 기본 입장은 북종선도 본래 남종선과 다름없이 돈법이라는 것이고, 이러한 뜻이 북종오방편의 방편통경 법문에서 확인된다는 점을 논술하고자 한다.

2. 북종오방편 '방편통경方便通經' 선법에서의 돈법

북종의 '방편통경方便通經'은 대승의 주요 경론에 개시開示된 심의深義에 의거하여 선지(禪旨; 心地法門)를 깨우쳐 알게 하고 나아가게 하는 법문이다. 즉 '방편통경'은 경론을 통한 지혜 방편의 길이란 뜻이다. 달마대사도 "교에 의지하여 종(宗; 심성)을 깨닫는다." 하였고, 『육조단경』에도 경론을 통해서 바로 깨닫는 것이 가장 수승한 길이라고 하였다. 그런데 종밀은 북종을 '불진간정拂塵看淨, 방편통경方便通經'의 점법이라 규정하였다. 그가 『원각경대소초』 권3의 하에서 요약하여 소개한 '방편통경'의 선법은[6] 1세기 전 돈황에서 발견된 『대승무생방편

---

4 增永靈鳳, 「大乘無生方便門の硏究」, 『印度學佛敎學硏究』3-2(6), 1955)
5 田中良昭 編, 『禪學硏究入門』, 東京, 大東出版社, 1994, p.64.
6 이하 종밀이 『원각경대소초』 卷三之下에 간략하게 소개한 北宗五方便의 글을

문 大乘無生方便門』(『대승오방편』・『대승오방편북종』)의[7] 내용을 크게 요약한 것임이 입증되었다. 종밀의 시대에 이 방편통경의 선법이 이미 북종의 선법을 대변하는 것으로 인지되어 있었음을 알 수 있다. 돈황사본들은 모두 5방편 가운데 일부가 빠져 있다. 그러나 각 사본寫本을 합하여 보면 거의 전체 내용이 갖추어진다. 반면 종밀의 글은 5방편 모두를 담고 있되 그 요의만 간략히 기술한 것이다. 때문에 종밀이 요약한 글과 위의 3종의 돈황 사본을 아울러 참조해야 한다. 본고는 양자를 함께 참조하여 방편통경의 선법을 분석하고, 그 성격을 살펴보고자 한다.

오방편五方便이란 다섯 경론의 심의에서 선지를 개시한 지혜 방편의 선법을 말한다. 순서대로 열거하면, 제1 총창불체總彰佛體는 『대승기신론』에 의거하고, 제2 개지혜문開智慧門은 『법화경』에, 제3 현부사의해탈顯不思議解脫은 『유마경』에, 제4 명제법정성明諸法正性은 『사익경思益經』에, 제5 요무이자연무애해탈了無異自然無碍解脫(自然無碍解; 『대승무생방편문』)은 『화엄경』에 의거하고 있다.

그런데 종밀의 본본에서는 제1 방편문에 『기신론』의 각覺의 법문으

돈황사본들과 구분하여 '宗密의 本'으로 칭한다.

7 全文 一卷이고 撰者는 不明이다. 여러 돈황 寫本 가운데 『S2503』本이 『大正藏』85, 『禪宗全書』第36冊에 수록되었다. 五方便 가운데 제4門 앞부분까지만 있고, 그 뒷부분이 잔결이다. 그런데 다행히 『P.2270』과 『S.735』 등에 위의 잔결부분이 남아 있어 보완이 된다. 宇井伯壽의 교정 정리 에 이어 鈴木大拙의 성과가 있다(『禪思想硏究第三』, 『鈴木大拙全集3』, 岩波書店, 1968). 이후 새로 발견된 異本으로 『S. 1002』, 『S.7961』, 『北』, 『生24』, 『S.182』(『通一切經要義集』) 등이 있다. 이들 새 異本에 대한 소개 해설에 伊吹敦, 「『大乘五方便の諸本について」-文獻の變遷에 見る北宗思想の展開-」(『南都佛敎』65, 1991)가 있다.

로부터 기술하고 있으나 『대승무생방편문』은 그 내용 앞에 맨 먼저 사홍서원과 삼귀의를 교수한 후 다섯 가지 사항을 지킬 것을 묻는 내용이 있다. 그 다음에 참회의 중요성을 설하고, 지심계持心戒인 정계淨戒(보살계)를 지킬 것을 서원하는 절차와 함께 그 보살계의 뜻을 설명하고 있다. 지심계란 불성을 계戒로 한다고 하였다. 그러나 "성심性心이 잠깐이라도 일어나면 불성佛性에 위배되니 이는 보살계를 범한 것이다."고 하였다.[8] 성심性心이란 곧 심성 또는 불성과 같은 뜻이다. 불성계라고 하여 불성이라는 생각이 일어나버리면 분별심이고 망념일 뿐이다. 그래서 바로 이어 "마음 일어나지 않음[心不起]을 호지하는 것이 곧 불성佛性에 따름이고 보살계를 지킴이다."고 하였다.[9] 『능가경』에 강조하였듯이 분별 떠남이 곧 진여이고 일상이다. 따라서 어떠한 생각이든 일어났다 하면 이미 분별이고, 능과 소가 있게 되어 일상一相이 아니다. 그래서 심불기心不起인 그대로가 불성이고 진여이다. 본 방편문의 제1에서 『기신론』에 의거하여 이념離念이 곧 무심無心이고 각覺임을 개시하고 있는데, 심불기心不起가 곧 이념離念이다. 이러한 법문 체계와 순서는 『육조단경』(돈황본)에서 "염불기念不起를 좌坐라 하고, 본성을 견見하여 산란하지 않음이 선이다." 하고, 이어 보살계를 무상계無相戒라 이름하여 설하면서 삼신불三身佛의 뜻과 이에 귀의함, 사홍서원, 참회로 이어진 서두의 법문과 거의 같다.[10] 또한 각 사항 별 법문의 뜻도 거의 다 상통된다. 같은 보살계를

---

8 "性心瞥起卽違佛性 是破菩薩戒."
9 "護持心不起, 卽順佛性, 是持菩薩戒."
10 周紹良 編著, 『敦煌寫本『壇經』原本』, 北京, 文物出版社, 1997, pp.124-129.

전자에서는 정계淨戒, 지심계持心戒, 불성계佛性戒라 하였고, 후자에 서는 무상계無相戒라 하였을 뿐 심불기(心不起: 念不起)를 바탕으로 하는 계戒임은 똑 같다.

『대승무생방편문』은 이어 제불여래의 입도대방편인 '일념에 정심淨 心하여 단박에 뛰어넘어 불지佛地에 이른다〔頓超佛地〕'는 법문을 개시 하고 있다.[11] 즉 서두 부분에서 이미 돈초불지頓超佛地의 돈법을 개시하 고 있다. 이어 일체 모든 상이 허망한지라 일체의 상을 모두 취할 수 없다는 『금강경』의 명구를 인용하고 있다. 하택신회 이후 남종이 『금강경』을 매우 중시하고 있는 것이 사실이지만, 북종의 여러 법문에 서는 『능가경』・『금강경』뿐 아니라 여러 대승 경론을 망라하여 인용하 고 있다. 본 오방편에서도 이미 5가지 경론에 의거하였다.

'일념에 정심淨心하여 단박에 뛰어넘어 불지佛地에 이른다'는 법문은 어떠한 것인가. 바로 자심에서 간심看心하되 위에 인용한 『금강경』의 뜻에 따라 간심하여 (자심이 본래) 청정함을 알게 되면 이를 정심지淨心 地라 한다〔看心若淨 名淨心地〕고 하였다. 여기서 정심淨心이란 번뇌를 하나하나 제거하여 마음을 청정하게 하는 행이 아니다. 이러한 행은 점법이다. 여기서 말하는 정심淨心은 앞에 개시한 『금강경』의 이법을 통하여 마음이 본래 청정함을 깨우쳐 알게 된 자리를 말한다. '간심약정 看心若淨'이란 '간看, 심약정心若淨'과 '간심看心, 약정若淨'의 두 가지로 해석될 수 있다. 전자는 "마음이 본래 청정함을 간看하면(깨우쳐 알게 되면)"으로 해석되고, 후자는 "간심看心하여 마음이 청정하게 되면"으

---

11 앞의 『北宗殘簡』 제6편(2), p.450.

로 해석된다. 일체의 상념이 그림자와 같은 것임을 알고 심성은 본래 오염되는 바 없이 청정함을 요지하게 되는 것을 말한 것일 수도 있고, 간심看心하는 가운데 여러 상념이 소멸하여 자연히 청정해지는 면을 가리킨 것일 수도 있다. 그런데 바로 앞에 『금강경』의 구句를 제시하여 그 이법을 먼저 말하고 있는 까닭에 여기서는 전자의 경우로 보는 것이 타당할 것이다. 그래서 상념이 있든 없든 그대로 허허탕탕하여 허공과 같음을 알고, 또 허공과 같이 되어지는 자리가 곧 정심지淨心地이다. 일체의 상념이 허공과 같아 일물一物도 견見함이 없다〔一物不見〕. 청정한 심안心眼으로 세세히 간看하되 가없고 한없이 멀리 간한다.[12] 전후상하를 일시에 평등하게 간看하며, 허공이 다하도록 간하며, 오래도록 청정한 심안心眼으로 끊임없이 간한다.[13] 주지하다시피 남종에서 북종의 선법을 점법으로 비판하면서 든 사항 가운데 하나가 곧 '간심看心'이다. 바로 이 오방편의 법문에 보이는 바와 같이 사실 북종의 법문에 간심은 근간이 되는 행으로 시설되어 있다. 그렇지만 이 간심을 남종에서 비방한 것과 같은 점법으로 볼 수 있는 것일까. 본 오방편 법문의 다음 구절은 북종 간심법看心法이 점법행이 아님을 보여주고 있다. "혹 트여 멀리 간看하고, 평등하게 허공 다하도록 간한다."로[14] 이어지는 간심행看心行의 설명 바로 앞에 "신심身心을

---

12 "看淨細細看, 卽用淨心眼, 無邊無碍際遠看."
13 "(2)前遠看, 向后遠看, 四維上下一時平等看, 盡虛空看. 長用淨心眼看, 莫間斷, 亦不限多少看."(『대승무생방편문』, 앞에 든 『北宗殘簡』 제6편, p.450)을 줄여서 의역하였다.
14 "放曠遠看, 平等盡虛空看."

움츠리지도 아니하고, 신심을 펴지도 않는다."고 하였다.[15] 즉 마음을 어떻게 움직여서 간看하는 행이 되어서는 안 되기에 먼저 이를 주의시킨 것이다. 마음으로 마음을 어떻게 하려는 행은 대승의 이법 내지 심법에 어긋나는 잘못된 행이다. 일체법 내지 일체의 상념을 얻을 바 없고 취할 바 없다고 하였는데, 마음으로 어떠한 마음을 어떻게 하고자 하면 이미 어떠한 마음을 취함이 있는 것이 되어 버린다. 이 법문에서의 간심看心은 그러한 행이 아니다. 마음이 본래 청정함을 깨우쳐 알게 된 정심지淨心地에서 행하게 되는 행으로 앞에 전제되어 있다. 마음을 일으켜 간하면 이미 정심淨心이 되지 못한다. 심불기心不起인 자리가 정심淨心인데 어찌 마음을 일으켜서 하는 간심看心이겠는가. 만약 그렇게 이 간심을 이해한다면 전후가 모순되어 버린다. 심불기心不起인 정심淨心의 자리에서 그대로 마음이 혹 열려 전후 사방 허공 끝없이 직통으로 열리는(열려 가는) 것이 곧 여기서 말하는 간심看心이다. 한 번에 열리는 면이 있어 돈법의 뜻이 있고, 끝없이 열려가고 끊임없이 이러한 행이 이어져야 성취하기 때문에 이 면에서는 점법의 뜻이 있다. 이 법문을 서두에 정의하여 '일념에 정심淨心하여 단박에 뛰어넘어 불지佛地에 이른다' 하는 법문이라고 하였다. 이는 전자의 뜻에 의한 것이다. 돈법이라 하여도 등각 보살의 최후 일념 외에는 점차 증득의 뜻이 있는 것이다. 그래서 이 간심은 번뇌 하나하나를 제거하고 맑혀 가는 점법의 간심행看心行이 아니다. 따라서 남종에서 일방적으로 북종의 간심을 점법으로 폄하한 것은 '간심看心'이라는

---

15 "莫卷縮身心舒展身心."

말만 들어 고의적 해석으로 몰고가버린 것이라고 생각한다. 더욱이 후술하는 바와 같이 북종의 여러 법문에 불관不觀·부사不思·불행不行의 돈법이 설해지고 있는 점을 상기하지 않으면 안 된다.

제1문 총창불체總彰佛體는 『대승기신론』의 선지에 의거한다. 먼저 각覺이란 심체가 염을 떠나 있음(心體離念)을 말한다고 하였다. 염념의 상을 떠나면 허공계와 같게 되니 이념離念이 곧 무심이다. 근래 일부 연구자는 북종에서는 이념離念을 주로 말하고, 남종에서는 무념無念을 말한다 하여 양자가 다른 것으로 구분하나 실은 그렇지 않다. 이념離念이 곧 무심이고 무념이다. 이러한 뜻은 후술하는 내용에서 더 충분히 드러날 것이다. 먼저 각의 뜻을 정의한 다음 "각심覺心이 초기初起함에 마음에 초상初相이 없게 되어 미세념을 멀리 떠난다. 심성을 요견(了見: 깨우쳐 뚜렷이 앎)함에 심성이 상주하니 구경각이라 이름한다."라 하였다.[16] 이 법문은 『기신론』의 요의이다. 초상初相이란 아뢰야식의 미세微細 삼상三相 가운데 무명업상無明業相을 말한다. 일심에서 무명의 바람으로 최초로 일어나게 되는 상으로서 보살지의 인행因行을 모두 성취하고 구경각에 이르면서 소멸된다. 여기서 말하는 미세념은 곧 삼세(三細: 業相, 轉相, 現相) 또는 그 가운데서도 업상業相을 가리킨 말이다. 업상까지 모두 소멸함에 심성이 요견了見되고, 심성이 상주하는 구경각에 이른다는 뜻이다. 또한 심성이 요견된다는 것이 곧 앞에

---

16 "覺心初起, 心無初相, 遠離微細念. 了見心性, 性常住, 名究竟覺." 이 부분의 『기신론』 원문은 "如菩薩地盡, 滿足方便, 一念相應, 覺心初起, 心無初相, 以遠離微細念故, 得見心性, 心卽常住, 名究竟覺."

말한 '각심초기覺心初起'이다. 단지 여기서 말한 심성의 요견은 초상까지 소멸한 구경각의 자리를 말하고 있지만, 초기 선종의 여러 법문에서 설하고 있는 이입에 의한 심성의 요지(了知; 了見)는 구경각의 자리에 이른 것을 뜻하지는 않는다. 『기신론』의 '심체이념心體離念'과 '요견심성了見心性'은 선종의 선지가 되고 있다. 심체가 염을 떠났다는 것은 곧 심성이 본래 염을 떠나 있다는 것이니 이를 깨우쳐 알았다면 염을 제거하거나 떠나려고 하는 행을 지을 필요가 없다. 그러한 행 자체가 심성에 어긋나며, 이법에 어긋나 정법이 되지 못한다. 따라서 심체이념은 돈법 내지 선종 선법의 대전제가 되는 요체이다. '요견심성了見心性'은 『육조단경』에서 누누이 강조하고 있는 "심성心性을 알라!〔識心見性〕"와 같은 뜻이다. 북종의 오방편 가운데 제1 방편문에서 이 선지를 맨 먼저 개시하여 전제로 삼고 있다. 이러한 면에서 이미 남·북종이 다를 바 없다. 선종의 명구 '견성성불'도 이 뜻에 의거한 말이다.

 이념離念이 곧 무심이고, 이념이 곧 불佛의 의義이며 각覺의 의義이다〔離念是佛義覺義〕고 하였다. 불佛의 의義란 삼의三義를 갖추고 있으며, 인심印心방편이라고도 한다. 삼의三義란 자각自覺과 각타覺他와 각만覺滿의 이심離心을 말한다. 자각은 오근五根에 연緣하지 않음이고, 각타는 오진五塵에 연緣하지 아니하여 색色을 떠남이며, 심心과 색色을 모두 떠나 각행覺行이 원만하게 된다. 이를 여래평등법신이라 한다.[17] 이념離念은 이와 같이 상념과 색의 경계에 연하지 않는 것이고, 그

---

[17] "(4)略釋佛義, 具含三義, 亦名印心方便. 門; 是沒是三義? 自覺覺他覺滿離心, 自覺不緣五根, 離色覺他不緣五塵, 心色俱離覺行圓滿, 卽是如來平等法身."(『대승무생방편문』, 上同, p.451)

경계(번뇌)를 하나하나 제거해 가는 행이 아니다. 남종에서 북종을 폄하하면서 '불진拂塵'의 행, 즉 경계(번뇌) 하나하나를 털어 가는(제거해 가는) 행이라 하였지만 실은 그러한 행을 말한 것이 아니다. "만약 마음이 일어나 소연(所緣; 대상)에 물들게 되면, 곧 이것이 염법계染法界이다. 만약 마음이 일어나지 않아 대상에 물들지 않는다면 곧 이것이 정법계淨法界이며 불계佛界이다."[18] 심불기心不起의 이념離念과 무심이 허무의 경계가 아니다. 그래서 이른다. "이념離念은 체이고, 견문각지는 용이다. 적寂하되 항상 용用하고, 용하되 항상 적寂하니 용用에 즉하여 그대로 적寂이다."[19] 이념은 아무것도 없게 되는 상태가 아니라 이념의 적정에서 견문각지의 용用이 구현된다. 견문각지는 범부에게도 있으나 범부는 그 견문각지에 염착染着되어 버린다. 즉 견문각지에 묶이어 상념을 일으키니 적정의 부동심不動心이 되지 못한다. 산란심으로 인해 견문각지의 실상을 알지 못하고 전도망상을 일으킨다. 때문에 범부에게는 견문각지가 산란심과 전도망상의 언이 되지만, 이념離念하여 적정하게 되면 부동심이 이루어진 가운데 견문각지가 구현되는지라 견문각지 그대로 부동심일 뿐이다. 그 적정이 체體라면 견문각지는 용用이 된다. 체와 용은 따로 떨어질 수 없는 것이다. 견문각지는 중생에게는 동動하는 것이지만, 이념을 이룬 이에게는 그대로 적정이다. 거울이 움직이는 만상을 그대로 여실히 비추되

---

[18] "(4)若心起同緣, 卽是染法界, 是衆生界. 若不起心同緣, 卽是淨法界, 是佛界."(『대승무생방편문』, 上同, p.452)

[19] "(6)離念名体, 見聞覺知是用. 寂而常用, 用而常寂, 卽用卽寂."(『대승무생방편문』, 위와 같음)

부동不動하고 적정한 것과 같다. 그래서 "이념이 되면 모든 경계가 모두 진실하다〔離念故萬境皆眞〕."고²⁰ 하였다. 이념이란 "항상 경계에 대해 마음에 집착함이 없는 것〔常對境界心無所著〕"이다. 상념에 의지하면 한량없는 항하사의 번뇌가 있게 되고, 이념離念에 의거하면 한량없는 항하사의 공덕이 있게 된다. 이념이 법신이다. 이념으로 말미암아 한량없는 생멸을 돌려서 한량없는 공덕을 이룬다.²¹

　이와 같이 제1문은 이념離念이 근본이고, 그 행은 대상 경계에 흔들리거나 염착됨이 없이 있는 것일 뿐, 마음을 어떻게 지어 가는 행〔作意〕이 아니다. 간심看心을 먼저 말한 것은 이념도 간심의 바탕에서 행해질 수 있는 까닭이다. 염念을 떠나려면 먼저 그 당념의 마음을 간看하지 않으면 안 된다. 그 당념에서 그 당념을 얻을 바 없음을 깨우쳐 알아야 그 당념에 묶이지 아니하고, 집착함이 없으며, 분별 떠남이 되어 이념이 이루어진다. 이것이 대승에서의 마음 수행의 근간이다.『금강경』에 "만약 모든 상相이 그 상이 아닌 것임을 견(見; 了知)하면 바로 여래를 봄이다."고 한 것이 바로 이 뜻이다.『능가경』에 "모든 분별 떠남이 여래다."고 하였다. 종밀의 본에 "경계에 대하여 부동함을 '여如'라 하고, 흘리어 응(應; 염착)하지 않는 것을 '래來'라고 한다〔對境不動名如, 不隨應是來〕."고 하였다.²² 후대 선종의 명구 '즉심시불卽心是佛'도 바로 이러한 뜻을 드러낸 말이다. 따라서 이 제1 방편문

---

20 『대승무생방편문』, 上同 (7), p.453.
21 "(6)依有念無量恒沙煩惱, 依離念無量恒沙功德. ······ (7)離念是法身體. 由離念故 轉無量恒沙生減, 成無量恒沙功德."(『대승무생방편문』, 上同, p.452)
22 『원각경대소초』 卷三之下, 『卍續藏』 권9, p.533a.

은 남종의 돈법과 다를 바가 없다.

　제2문 개지혜문開智慧門은 『법화경』에 의거하였다. 그 요의가 '개시오입불지견開示悟入佛知見'이다. 신심身心이 함께 부동하여 활연무념豁然無念함이 정定이고, 견문각지가 혜慧이다. 부동不動이 개開이니, 이 부동이 능히 정定에서 혜慧가 발하도록 한다. 의근意根이 부동함에 지문智門이 열리고, 오근五根이 부동함에 혜문慧門이 열린다. 지智의 용用이 지知이고, 혜慧의 용用이 견見이다. '개불지견開佛知見'은 이를 말한다. 지知는 마음이 본래 일어남이 없는 것임을 아는 것이고, 견見은 몸이 본래 공空함을 보는(아는) 것이라 하였다.[23] 이러한 불지견佛知見을 개시하였으니 이를 오悟하면 불지견佛知見에 들어간다. 지견知見이 곧 보리菩提이다. 보리란 신심身心으로 얻을 수 없다. 왜냐하면 적멸이 보리이니 모든 상이 멸한 까닭이다. 육근六根이 모든 진상(塵相; 경계의 相)에 걸림 없는 것이 곧 원만대보리이다.[24] 이상의 '개시오입불지견開示悟入佛知見'의 해설은 앞의 제1문에서 이념離念·심불기心不起·무심無心·부동심不動心의 적정에서 구현되는 견문각지는 체(體; 적정)의 용으로서 진실이다고 한 것과 실은 같은 뜻이다. 단지 부동한 가운데 구현되는 지견知見이 곧 보리이고 불지견佛知見이라는 면을 덧붙인 셈이다. 이 뜻을 개시하여 오입悟入케 하고자 부처님께서 출세하셨으니 이것이 곧 『법화경』 방편품에서 설하는 '일대사인연一大事因緣'의 뜻이다. 제2문에서는 더 나아가 근본지根本智와 후득지後得智로

23　위의 『北宗殘簡』 제7편 『甲』 (27), p.479에 "知心本不起, 見身本來空."
24　위의 『원각경대소초』, p.533a-b.

서 적정부동과 견문각지의 뜻을 개시하고 있다. 안眼이 색을 보되 심불기心不起함이 근본지이고, 견見이 자재함이 후득지이다. 이하 문자재(聞自在: 耳), 각자재(覺自在: 鼻·舌·身), 지자재(知自在: 意)의 후득지가 됨을 설한다. 따라서 견문각지의 자재함이 곧 육근六根·육진六塵에 자재함이며 후득지이다.[25]

이러한 후득지는 먼저 근본지(根本智: 일체 경계가 분별 떠나 있음을 요知함: 無分別智)를 체증함이 전제되어야 한다. 그래서 "(후득지는) 먼저 체증함을 근본으로 한다. 만약 증함을 먼저 이루지 않으면 모든 지견은 경계에 홀리어 물들게 되어 버린다."고 하였다.[26] 무엇을 먼저 체증하는가? "신심상身心相을 떠나 있음을 체證함이 근본이다."고 하였다.[27] 즉 심체(심성)가 본래 일체상을 떠나 있음을 요지了知하여 증함을 말한다. 전술한 『기신론』의 '심체이념心體離念'과 같은 뜻이다. 이와 같이 선종은 남종이든 북종이든 먼저 선오(돈오)를 강조한다. '견성성불'이나 '심성을 알라〔識心見性〕'고 강조함도 마찬가지이다. 일단 자심의 당념에서 간심看心하여 그 심성이 얻을 바 없음을 깨우쳐 안 무분별지無分別智가 곧 근본지이고, 이것이 먼저 이루어져야 올바른 선이 되고, 최상승의 선이 된다. 당唐의 도선道宣은 달마선을 요략하여

---

[25] "(14)眼見色, 心不起是根本智. 見自在是後得智. 耳聞聲, 心不起是根本智, 聞自在是後得智. 鼻覺香, 心不起是根本智, 覺自在是後得智. 舌覺味, 心不起是根本智, 覺自在是後得智. 自覺身, 心不起是根本智, 覺自在是後得智. 意知法, 心不起是根本智, 知自在是後得智."(『대승무생방편문』, 上同, p.457.)

[26] 『대승무생방편문』, 上同, (14), p.457에 "先以證爲根本. 若不以證爲先, 所有知見隨染."

[27] 위와 같음.

이르길, "후에 달마선사가 남북에 전하였으니 망언忘言·망념忘念·무득無得의 정관正觀을 종으로 한다."고 하였다.²⁸ 위에서 설명한 근본지가 곧 망언忘言·망념忘念·무득無得이며, 이를 증하여 이루어지는 자재함이 곧 정관이고 후득지이다. 정관이라 함은 무엇을 대상으로 관함이 있는 사관邪觀에 대비하기 위해 한 말이다. 무엇을 대상으로 관함이 없는 까닭에 정관正觀이다. 단지 근본지가 구현됨이 있을 뿐이다. 그래서 정관을 다른 말로 드러낸다면 불관不觀이 되는 것이다. 그런데 불관不觀이라 하면 멍하니 있는 것으로 오해할 수도 있는 까닭에 정관이라 한 것이며, 뚜렷이 깨우쳐 앎[了知]이 있어 관觀자字를 썼다.

이러한 정관(正觀; 不觀)의 뜻은 『대승무생방편문』의 다음 법문에서도 개시되고 있다. "바로 용심시用心時에 들어옴도 봄이 없고, 나감도 봄이 없다. 들어옴을 보는 것 또한 동動이고, 그대로 있다고 봄도 동動이며, 들어옴이 없다고 보는 것도 또한 동動이다. 들어옴이 없되 들어옴이 없지 않음이 부동이다."²⁹ 즉 들어옴이 없되 들어옴이 없지 않아야 부동의 뜻이 된다. 불관不觀이되 근본지의 요지了知함이 없지 않아 정관이다. 요지함이 있어 상에 자재할 수 있는 것이다. 그래서 이를 불지견佛知見이라 하였다. 또한 『능가경』에 단지 분별만 하지 않는다고 해서 되는 것이 아니라 유심唯心임을 요지了知함이 있어야

---

28 "於後達磨禪師傳之南北, 忘言·忘念·無得正觀爲宗." 『속고승전』 권35 法沖傳, 『대정장』50, p.666b.

29 "(13)正用心時, 不見有入, 不見有出. 見入亦是動, 有亦是動, 見不入亦是動, 無入無不入是不動."(『대승무생방편문』, 上同, p.457.)

한다고 강조하였다.³⁰ '무분별'이라 해서 분별함도 없는 목석이나 바보와 같이 멍한 상태가 되라는 것이 아니다. 분별 떠난 가운데 분별함이 없지 않으니 거울이 분별함 없이 일체 영상의 다른 모습들을 드러내는 것과 같다. 거울이 본래 동함이 없듯이 육근六根도 본래 그러하다. 그래서 "보살은 육근이 본래 부동임을 요지하여 소리가 있든, 소리가 없든, 소리가 사라지든 항상 듣고 항상 따르되 동함이 없이 수행한다. 이 방편으로 정정正定을 얻어 원적圓寂을 얻으니 이것이 대열반이다."고³¹ 하였다. 2승과 3승의 선정에서는 소리를 듣지 못하고 설하지도 못한다. 그러나 보살은 어느 때나 듣고 설한다. 이러한 선정이 곧 올바른 선정이며, 이러한 열반을 2승과 3승의 열반에 대비하여 원적圓寂이라 하고 대열반이라 한다.

경계에서 동함이 있는 것으로 알아 마음을 일으켜 부동하게 하는 행은 점법이다. 그러나 본래 부동함을 뚜렷이 깨우쳐 알고〔了知〕,

---

30 『대승입능가경』 권제7 게송품에 (『대정장』16, p.631b)

不能起分別　분별 일으킬 수 없는 것을
愚夫謂解脫　어리석은 범부는 해탈이라 하나,
心無覺智生　마음에 覺智 생김이 없다면,
豈能斷二執　어찌 二執을 끊을 수 있으리.

以覺自心故　오직 自心일 뿐임을 깨닫는 까닭에
能斷二所執　능히 二執을 끊을 수 있으며,
了知故能斷　(唯心을) 了知하는 까닭에 끊을 수 있다는 것이지,
非不能分別　분별할 수 없다는 것이 아니니라.

31 "菩薩知六根本來不動, 有聲無聲聲落謝, 常聞常順不動修行. 以得此方便正定, 卽得圓寂, 是大涅槃."(『대승무생방편문』, 上同, (15), p.457)

그 뜻에 따라 여일如一하게 간단間斷없이 가는 행[一往無間]이 곧 돈법이다. 따라서 본 제2문의 선법도 남종의 돈법과 다를 바가 없다.

본 제2문은 『법화경』의 '불지견佛知見'을 선지로 한 것이지만 그 해설은 『금강경』과 『능가경』 및 『유마경』 등의 여러 구절을 인용한 설명에 의하고 있다. 그래서 제2문의 분량은 아주 많다. 종밀의 본은 이를 크게 줄여 소개한 것이다.

제3문 현시부사의법문(顯示不思議法門; 顯不思議解脫門; 종밀 본)은 『유마경』에 의거하였다. 그 중에서도 부사의품의 부사의 해탈법문에 의한다. 마음이 생각함 없으니[不思] 마음이 여如하여 마음이 묶임에서 벗어나고, 색色이³² 사의思議함이 없으니 색이 여如하여 색이 묶임에서 벗어난다. 마음과 색이 함께 묶임에서 벗어나는 것을 부사의해탈이라 한다.³³ 마음이 생각함 없으니 마음이 여如하고, 수미산과 개자芥子가 모두 색여色如함에 동일한 여상如相이어서 수미산이 개사 중에 들어가도 증감이 없다.³⁴

사천왕과 도리천 등의 제천이 수미산에 의지하여 머물고 있으나 이를 지각하지 못하는 이유는 사의思議에 연緣함이 있는 까닭이다. 반대로 부사不思하면 (수미산에 주住하고 있음을) 지각할 수 있게 된다.

---

32 여러 돈황 寫本 모두 "(?)不議"로 한 글자가 不明인데 전후 내용으로 보아 '色' 字일 것이다.

33 "(33)心不思心如, 心離繫縛, 心得解脫, (　)不議色如, 色離繫縛, 色得解脫, 心色俱離繫縛, 是名不可思議解脫." 『대승무생방편문』, 上同, p.464.)

34 "(33)心不思心如, 須彌芥子俱是色如. 同一如相無所增減. 須彌山王本相如故. 唯應度者乃見. 須彌入芥子中無所增減." 위와 같음.

부사不思하니 수미산과 개자의 크고 작은 상을 불견不見하며, 또한 들어옴도 불견不見하고, 들어오지 않음도 불견不見한다. 이와 같이 견見함이 진견眞見이다. 생각함이 없으니 무상無相이고, 무상이니 들어옴이 없되, 들어오지 않음이 없다.[35]

여기에서 '여如'라 함은 일체의 상과 분별을 떠나 있어 사의思議가 닿지 않는 자리이다. 일체법이 평등무이平等無二이기에 무슨 말로 드러낼 수 없는 까닭에 '여如'라 하였고, '묘경妙境'이라 하였다. 이 '여如'는 곧 심心과 색이 본래 생각함이 없다는 사실이 그대로 구현된 경계이다. 생각함이 없으니 걸릴 바가 없어 해탈이다. 생각함이 없기 때문에 '크다'·'작다'고 분별함이 없어 수미산이 개자에 들어가되 장애되거나 증감함이 없다. 또한 생각함이 없는 까닭에 일체를 다 안다. 일체를 다 훤히 요지하는 것을 장애가 가리는 것인데 장애가 소멸되니 다 드러나는 것이다. 맑은 거울이 일체를 다 비추는 것과 같다. 거울은 생각함이 없어 부동이니 일체를 다 훤히 비춘다. 마찬가지로 마음과 색 또한 마음의 용用, 색色의 용用으로 드러나는 것은 마음과 색色이 사의思議함이 없어 그러함이 드러날 수 있는 것이다.

이러한 『유마경』의 부사不思 법문은 북종의 중요한 선지가 되고 있다. 티베트(라싸)종론에서 북종 신수의 재전제자인 마하연선사가

---

[35] "(33)如四天王刀利諸天不覺不知已之所入. 于此衆生亦无所嬈. 問. 四天王依是沒住. 答. 依須彌山住. 緣阿沒不覺不知. 答. 緣有思議不覺不知. 作沒生則得知. 無思則得知. 是沒是唯應度者. 已不思議度過思議作沒生. 乃見須彌入芥子. 心不思則不見須彌芥子大小相. 亦不見有入不見有不入. 作如是見. 乃名離見. 無思則無相. 無相則無入無不入." 위와 같음.

대론에서 자주 설파하고 있는 선법이 곧 부사不思이다.[36] 주지하다시피 이 부사不思의 선법은 인도 바라문승의 점법에 대해 돈법으로 칭해졌다. 『유마경』의 선지는 모두 돈법이다. 마음을 작의作意하여 부사不思하려 한다면 이미 심心이 부사不思하다는 뜻에 어긋나버린다. 심즉부사心卽不思임을 요지하여 심즉여心卽如함이 되는 것이어서 돈법이다.

제4문 명제법정성明諸法正性은 『사익경』에 의거하였다. 본 경에 자성을 떠나고 욕제欲際를 떠남이 제법의 정성正性이라 하였는데, 자성을 떠난다는 것은 심불기心不起하여 색수상행식의 자성을 떠남이고, 욕제欲際를 떠남이란 곧 식이 생하지 않음이다.[37] 또 『유마경』의 다음 법문에 의거하고 있다. 상을 봄이 없이 본다. 상을 봄이 없어 마음이 일어나지 않으니 이것이 선정이며, 보아도 식識이 생하지 않으니 이것이 혜慧이다. 이것이 곧 문수보살의 묘혜이며, 정(定: 心不起)으로부터 혜慧가 발함이며, 내內에서 외外로 향하는 적조寂照법문이다. 이미 온 것이 다시 오지 않고, 이미 사라진 것은 다시 사라지지 않는다. 이미 나와 버려서 식識이 생하지 않아 혜慧이고, 다시 나오지 않음이 심불기心不起이다. 이미 사라졌으니 식識이 불생不生함이 혜慧이고, 다시 오지 않아 심불기함이 정定이다. 이것이 곧 문수보살의 묘혜妙慧이며, 혜慧로부터 정定이 발함이고, 외外에서 내內로 향하는 조적照寂법문이다.[38] 주지하다시피 적조寂照는 과위果位인 여래의 행

---

36 이에 대해서는 본서 제5장과 6장 참조.
37 앞의 「北宗殘簡」 제8편, 『乙』無題 (35), p.485에 "…… 離自性, 離欲際是諸法正性. …… 五陰各有自性, 是自性, …… 識緣眼見 …… 是欲際, …… 達摩解云, 心不起是離自性, 識不生是離欲際, 心識俱不起是諸法正性."

이고, 조적照寂은 인위因位인 보살의 행이다. 문수文殊의 묘혜는 이 양면을 모두 용用한다. '이미 나온 것'·'이미 사라진 것'이 혜慧라 함은 바로 '이미 나온 것'·'이미 사라진 것'이라는 뜻이 혜慧로 작용하여 분별의 식識이 나오지 않게 되는 까닭이다. 이미 어떠한 상념이 나왔으면 이제 그 상념이 또 일어날 수 없는 것이니 그 상념을 인식할 바가 없는 것이다. 중생이 어떠한 상념이 일어남에 따라 염착染着되는 것은 이러한 뜻을 요지了知하지 못하고 있기 때문이다. 이 뜻을 안다면 번뇌가 생한 그대로 적멸이 되어 일어난 번뇌를 붙잡고 제거하려 할 일이 없다. 상념이 일어난 그대로 적멸이 되어 버리는 선지이니 바로 돈법이다.

제5문 요무이자연무애해탈(了無異自然無碍解脫; 自然無碍解;『대승무생방편문』)은『화엄경』에 의거하였다. 주로『화엄경』중에서도 무애無碍 해탈도의 법문을 개시하고 있다.

무상법無相法 가운데 무이無異이고 무분별이니, 무이無異임을 깨달으면 자연히 걸림 없는 해탈이다. "능能이 소所에 장애받지 않음이 무애도無碍道이고, 소所가 능能에 장애받지 않음이 해탈도이며, 능과 소가 없음이 무주도無住道이다. 대정大定은 무위無爲인 까닭에 능이 소에 장애받지 않으며, 대혜大慧가 무작無作인 까닭에 소所가 능能에

---

38 위의 寫本 (36), pp .485-6에 "維摩詰言, …… 不見相而見, 不見相 心不起, 是定, 而見識不生, 是惠. 此則文殊妙惠, 從定發惠, 從內向外, 寂照法門. …… 若來已更不來, 若去已更不去. 若來已識不生, 是惠, 更不來心不起, 是定. 若去已識不生, 是惠, 更不去心不起, 是定. 此則文殊妙惠, 從惠發定, 從外向內, 照寂法門."

장애받지 아니하고, 대비大悲가 임운任運하는 까닭에 능과 소가 없다."³⁹ 전술한 바와 같이 능과 소를 떠남이 곧 일심법문이며, 능가선의 요의이다. 무주無住·무작無作·임운任運은 대승선 내지 달마선의 근간이 되는 법문이다. 능과 소가 따로 없어 일심이라는 뜻을 깨우쳐 알아야 무주無住·무작無作·임운任運의 돈수頓修가 가능해진다. 여기서 말한 돈수란 일심一心이고 무생無生인지라 일체법을 얻을 바 없는 것임을 깨우쳐 알게〔了知, 돈오〕된 바탕에서 무작의(無作意; 생각을 짓지 않음)의 무수지수無修之修가 구현되는 행이다. 이 뜻은 앞에서 상술한 바 있다.

또 다음 법문이 이어진다. "용심用心에 심심과 심소심所를 세우지 않음이 무애도無碍道이고, 능관能觀의 각覺이 적적하여 부동함이 해탈도이다. 견문각지가 걸림 없음이 무주도無住道이다. 용심用心에 심심과 심소심所를 세우지 않아 경계와 이리를 관함이 없음이 법신불이고, 능관能觀의 각覺이 고요하여 부동함이 부동국不動國을 생하니 이것이 보신불報身佛이며, 견문각지가 걸림없는 법계가 출생하니 이것이 화신불化身佛이다."⁴⁰ 이와 같이 삼신불三身佛도 능能과 소所, 심심과 심소심所가 따로 없는 자리에서의 행에 의해 구현된다. 능관能觀의 각覺이 적적한 행이란 능관도 사라져 불관不觀·부사不思·불행不行의 행이

---

39 위의 寫本 (39), p.490에 "能不礙所是無礙道, 所不礙能是解脫道, 無能無所是無住道. 大定無爲故能不礙所, 大慧無作故所不礙道, 大悲任運故無能無所."
40 위의 寫本 (39), pp.490-1에 "用心不立心心所, 是無碍道, 能觀之覺寂不動, 是解脫道, 見聞覺知無碍, 是無住道. 用心不立心心所, 境理無所觀, 是法身佛, 能觀之覺寂不動得生不動國, 是報身佛, 見聞覺知無碍法界出生, 是化身佛."

된 것을 말함이니 이 또한 돈법 돈수의 요의이다. 부사不思・불행不行의 선지는 앞에서 개시되었지만 또 이 문에서도 설해진다. "신심상身心相을 지니고 있으면 천지가 있음을 보고, 신심상身心相을 봄이 없으면 천지가 있음을 불견不見한다. 용심用心하는 때에 법성의 바다에서 천지가 있음을 불견不見하고, 상하도 없게 된다. 만약 정진하려는 마음이 일어나면 곧 게으름이 된다. 왜 이러한가? 『(돈황)법구경』에[41] 이르길, '만약 정진심이 일어나면 이것이 망妄이어서 정진이 아니다. 만약 마음에 망념이 일어나지 않으면 정진은 한량이 없다.'고 하였다."[42]

이렇게 불행不行의 선법이 개시되어 있는『북종오방편北宗五方便』의 법문에 의거한다면 북종의 근본선법으로 '먼지(번뇌)를 털어냄[拂塵]'이나 '간심看心'의 행을 들고 북종을 점법으로 폄하한 것이 얼마나 잘못된 일인지 알 수 있다. 더욱이 이 '불진拂塵'과 '간심看心'도 북종을 폄하하면서 선전되고 수용된 뜻으로 이해되어서는 안 되며, 돈법 내지 돈법에로 들어가는 선지가 담겨 있다는 사실을 앞에서 설명한 바 있다.

---

41 여기에 인용된『법구경』은 원시 경전이 아니고 1세기 전 돈황에서 발견된 대승경전이다. 선종과 관련이 깊은 것으로 여러 연구에서 지적되고 있다. 함께 돈황에서 발견된 撰者 미상의『法句經疏』1권과 함께『대정장』85에 수록되어 있다. 한편 여기에 인용된 부분은 普光問如來慈偈答品 第11에 나오는데『대정장』本에는 "若起精進心, 是妄非精進, 若能心不妄 精進無有虛"로 되어 있어 字句에 약간의 차이가 있다.

42 앞의 「北宗殘簡」제7편, 『『甲』大乘五方便北宗』(50), p.501에 "若存身心相, 則見有天地. 不見身心相, 則不見有天地. 用心之時, 法性海中不見有天地, 亦無上下. 欲起精進, 便成懈怠. 云何如此. 法句經云, 若起精進心, 是妄非精進. 若人心無妄念起, 精進無有崖."

3. 종밀 북종관의 문제점

종밀은 북종신수의 선법을 선禪 삼종 가운데 식망수심종息妄修心宗에 넣고, 그 선법을 요약하여 이르길, "까닭에 반드시 스승의 언교에 의거하여 경계를 여의고 관심하여 망념을 멸한다. 염念이 다하면 곧 깨달아 모르는 바가 없게 된다. 마치 거울에 낀 먼지를 부지런히 닦아내면 먼지가 다하여 밝게 드러나 비추지 않음이 없는 것과 같다."고[43] 하였다. 그러나 앞에서 살펴본 오방편의 선법은 어디까지나 심불기心不起・불관不觀・불행不行의 선지가 근간으로 되어 있어 '관심하여 망념을 멸한다'는 선법하고는 구분된다. 단지 심불기心不起임을 요지了知하는 과정에서 관심(간심)의 행이 있게 되는 면은 있다. 그러나 이러한 관심은 대승선법으로 들어가는데 어느 선에서든 공통사항이다. 해탈도와 무애도가 모두 이 마음을 떠나 있는 것이 아니기에 관심은 처음에는 필수행이다. 관심하여 심불기心不起임을 요시하면 불관不觀・부사不思・불행不行의 선이 펼쳐져서 대상이 될 심상이 없어 당연히 능관能觀의 지智도 떠난다. 여기에서 멸할 망념도 없게 되지만 또한 망념이 멸하였다는 뜻이 없지도 아니하다. 견문각지에 이러한 뜻이 구현되니 이를 각覺의 용用이라 하였다. 견문각지에서 심불기인 심성을 요지하는지라 여기에 또한 관심의 뜻이 없지 아니하다. 이때의 관심은 관하는 바 없는 관이다. 그래서 여러 경론에서 지知하는 바 없이 지知하고, 견見하는 바 없이 견見한다고 하였다.

---

43 『禪源諸詮集都序』에 "故須依師言敎, 背境觀心息滅妄念, 念盡卽覺悟無所不知. 如鏡昏塵須勤勤拂拭, 塵盡明現, 卽無所不照." 『대정장』48, p.402b.

이러한 뜻은 앞의 오방편문五方便門에 개시되어 있다.

한편 종밀이 더 뛰어난 선법으로 분류한 제2 민절무기종泯絶無寄宗과 제3 직현심성종直顯心性宗은 어떠한 선법을 말한 것인가. 민절무기종의 선지를 요약하면 다음과 같다.

일체의 범성凡聖 등의 법이 모두 꿈과 같고 환과 같아 무소유無所有이고, 본래 공적하여 얻을 바 없다. 평등법계인지라 부처도 없고, 중생도 없으며, 법계 또한 가명假名일 뿐이다. 어떠한 법에도 구애될 바 없고, 작作할 부처도 없다. 이렇게 요달了達하니 본래 무사無事이고, 마음에 의지할 것이 없어 바야흐로 전도顚倒를 면하게 되니 이것이 바로 해탈이다. 그리고 석두石頭와 우두종牛頭宗이 여기에 속한다고 하였다.

그러나 이 선지도 불佛, 열반, 번뇌, 법계를 비롯한 일체법을 얻을 바 없다는 뜻에 의한 것이며, 이를 요달하고 어떠한 법에 구애되거나 의지함이 없는 선법이니 북종오방편 법문에 설파된 선법과 다를 바가 전혀 없다. 민절무기泯絶無寄의 뜻은 오방편 모두에 걸쳐 있다고 할 수 있다.

다음으로 가장 뛰어난 선법으로 지칭한 제3 직현심성종直顯心性宗의 선법은 다음과 같다.

일체제법은 오직 진성眞性일 뿐이며, 진성은 무상無相이고 무위無爲이다. 체는 일체가 아니니 범성凡聖이 아니고, 인과가 아니며, 선악이 아니나 체에 즉한 용이 능히 갖가지 일체법을 지어낸다. 여기에서 심성을 개시함에 두 부류가 있다.

①바로 현재의 언어동작, 탐욕과 성냄, 자인慈忍, 선악, 고락 등이

바로 너의 불성이다. 이 본래시불本來是佛의 뜻을 떠나 따로 부처가 있는 것이 아니다. 이를 깨달으면 천진자연하는 까닭에 마음을 일으켜 도를 닦음이 없다. 도가 곧 마음이니 마음을 가지고 다시 마음을 닦을 수 없다. 악도 또한 마음이니 마음을 가지고 다시 마음을 끊을 수가 없다. 이와 같이 단멸하려고 함도 없고, 닦는다 함도 없어 임운자재任運自在하니 이를 해탈이라 한다. 심성이 허공과 같아 부증불감한데 어떻게 무엇을 더할 것이 있겠는가. 단지 수시 수처에 행업을 쉴 뿐이다. 자연히 성태聖胎가 증장하고 현발함이 신묘하다. 이것이 곧 진오眞悟, 진수眞修, 진증眞證이다.[44]

②모든 것이 꿈과 같아 망념이 본래 공적하고, 경계가 본래 공하다. 이 공적한 마음이 영지불매靈知不昧하니 바로 이 공적한 지知가 너의 진실한 성품이다. 미혹에 있든 깨달음에 있든 마음은 본래 스스로 지知할 뿐 연緣에 의지하여 생하지도 아니하고, 경계에 인하여 일어나지도 않는다. '지知'의 일자一字가 곧 중묘衆妙의 문이다. 공적의 지知를 돈오하면 지知 또한 무념이고 모습이 없어 무엇이 아상我相이 되고 인상人相이 되겠는가. 마음이 스스로 염念이 없게 되고, 염이 일어나면 곧 (공적 무념 무형의 지知를) 각覺하게 되어 수행함이 없게 된다. 묘문妙門이 바로 여기에 있다. 비록 만행을 갖추어 닦는다 하더라도 오직

---

[44] 同 p.402c에 "一云, 卽今能語言動作貪嗔慈忍造善惡受苦樂等, 卽汝佛性. 卽此本來是佛, 除此無別佛也. 了此天眞自然, 故不可起心修道. 道卽是心, 不可將心還修於心. 惡亦是心, 不可將心還斷於心. 不斷不修, 任運自在, 方名解脫. 性如虛空, 不增不減, 何假添補. 但隨時隨處息業. 養神聖胎增長, 顯發自然神妙. 此卽是爲眞悟眞修眞證也."

무념을 종으로 할 뿐이다. 단지 무념의 지견을 얻기만 하면 애악愛惡이 자연히 담박해지고, 비지悲智가 자연히 증명增明한다. 이미 모든 상이 상이 아님을 요지하였으니 자연히 무수지수無修之修가 된다.[45]

종밀은 이 양종兩宗이 회상귀성會相歸性이라는 점에서 동일한 종이라 하였다. 그러나 이러한 뜻은 북종오방편에도 마찬가지로 갖추고 있다. ①의 요의는 일체가 오직 진성이고 불佛이며 오직 마음일 뿐이니, 마음을 가지고 무엇을 제거한다거나 마음을 닦는다 함이 있을 수 없다는 것이다. 단지 항상 어디에서나 행업을 쉴 뿐이다. 행업을 쉰다는 것은 곧 신구의身口意 삼업을 작作하는 일체의 행을 휴지休止한다는 것이니 곧 작의作意의 일체행을 떠나는 것을 말한다. 이러한 선지는 이미 오방편에서 개시된 부사不思, 불행不行, 불관不觀의 선지와 전혀 다를 바가 없다. 이를테면 오방편에 "염착되지 않음이 곧 보리菩提의 길이다."고[46] 한 것도 같은 뜻이다. 능·소가 따로 없는 일심이고 유심唯心이어서 마음으로 마음을 어떻게 하려 함을 떠난다는 선지는 『능가경』에서 특히 강조하고 있는 법문이다. 또한 오방편의

---

[45] 同 p.402c에 "二云, 諸法如夢, 諸聖同說. 故妄念本寂, 塵境本空. 空寂之心靈知不昧. 卽此空寂之知, 是汝眞性. 任迷任悟心本自知, 不藉緣生, 不因境起. 知之一字衆妙之門. 由無始迷之故, 妄執身心爲我, 起貪嗔等念. 若得善友開示, 頓悟空寂之知, 知且無念無形, 誰爲我相人相. 覺諸相空, 心自無念. 念起卽覺, 覺之卽無修行, 妙門唯在此也. 故雖備修萬行, 唯以無念爲宗. 但得無念知見, 則愛惡自然淡泊, 悲智自然增明. 罪業自然斷絶, 功行自然增進. 旣了諸相非相, 自然無修之修. 煩惱盡時, 生死卽絶. 生滅滅已, 寂照現前, 應用無窮, 名之爲佛. 然此兩家皆會相歸性, 故同一宗."

[46] 앞의 『北宗殘簡』, 『乙』 (41), p.494.

각 법문에 모두 걸쳐 있지만 특히 제5문에서 이 선지에 의거하여 무애도無碍道・무주도無住道・해탈도가 개시되어 있다.

②의 선지는 심성이 공적하되, 영지불매한 지知, 즉 영지靈知임을 요지了知함이 전제되어 있다. 그 공적한 마음이 영지불매한지라 이러함을 요지하면 자연히 무념이 된다. 무념이란 이와 같이 염을 작의作意하여 없게 하는 행이 아니라 본래 마음이 공적하여 염함이 없음을 요지함에 따라 자연히 그 뜻이 구현되는 것이다. 이것이 곧 자연히 성태聖胎가 이루어짐이다. "염이 일어나면 곧 각覺하게 된다〔念起卽覺〕."고 한 것은 영지靈知인 심성을 깨우쳐 알고 있는지라 염이 일어나더라도 자연히 염 그대로 심성인 영지靈知임을 각하게 된다는 뜻이다. 그래서 마음을 일으켜 무엇을 닦는다 함이 없다. 이를 무수지수無修之修라 한다. 이러한 뜻의 선법은 북종오방편 도처에 개시되어 있다. 공적지심空寂之心, 영지불매靈知不昧, 영지靈知, 진지眞知, 각성覺性 등 심성을 가리키는 용어는 특히 선종과 화엄송(징관, 종밀)에서 지주 등장한다.[47] 이 뜻을 요지하였다면 사事에 즉하여 항상 진眞이 구현된다. 사事에 즉하여 진眞이 구현된다는 선지는 오방편 모두에 설해져 있다. 공적空寂 영지靈知의 심성 법문은 남종만이 전유한 법문이 아니다. 본래『화엄경』과『반야경』의 여러 곳에 설해져 있으니 오방편의 제5문에 해당한다. 또한 신수의 제자인 정각이『능가사자기』서문에서 "진여는 무상이며, 지知 또한 무지無知이나니, 무지無知의 지知(知함 없는 知)가 어찌 지知를 떠나 있을 것이며, 무상無相의 상相이 어찌

---

47 이 가운데 澄觀의 眞知(靈知)에 대한 禪旨에 대해서는 본서 제11장에서 상술하였다.

상相을 떠나 있을 것인가."라[48] 하였는데, 여기서 무지無知의 지知(知함 없는 知)도 지知를 떠나 있지 않다고 한 것은 곧 어느 때 어느 자리의 마음이라도 공적 영지靈知의 심성을 떠나 있지 않다는 뜻이다. 심성이 이러함을 먼저 요지해야 한다는 것은 남북 양종이 모두 함께 크게 강조하는 바이다. 심성이 이러함을 요지함이 곧 돈오이고 견성이다. 돈오하면 이제 돈수의 길을 갈 수 있다. 즉 무수지수無修之修를 할 수 있게 된다. 돈수가 수행의 완료를 의미하는 것이 아니다. 아직 돈오하지 못하였을 때는 작의作意의 점수를 할 수밖에 없다. 작의作意를 떠난 행을 도저히 할 수 없는 것이다. 작의를 떠난 가운데 무작의無作意의 행이 있게 된다. 보살초지에서 진여를 증하여 견성하고, 무분별지를 요지하였지만 모든 사事에서 자재함을 얻으려면 보살십지를 거쳐 등각에 이르는 행만行滿의 성취가 있어야 한다. 보살초지 이상의 행은 무분별지를 이루고 하는 행이기 때문에 무수無修이되, 그 무수(無修; 無作意)의 행이 없지 않은 까닭에 무수지수無修之修라 한다. 무분별지無分別智에 의거한 돈수로써 십지十地까지 각 지地에서 멀리 떠나게 되는 무명無明이 있고, 이 무명을 대치對治하면서 각 지별地別로 성취되는 자재가 있다. 이에 대해서는 『섭대승론攝大乘論』에 자세히 설명되어 있다.

심성 내지 심체가 곧 진지이고, 이 진지를 깨우쳐 아는 것이 각지覺智가 되고, 이를 요지함은 심체의 지智에서 이루어진 것이다. 그래서 지知는 중묘지문衆妙之門이다. 종밀에 의하면 공종空宗에서는 지知가

---

48 박건주 역주, 『楞伽師資記』, 서울, 운주사, 2001, p.58.

분별이고, 지智는 무분별無分別이지만, 성종性宗에서는 성리聖理의 묘혜妙慧를 능히 증함이 지智이고, 범성凡聖에 통하는 진성이 지知이다.[49] 진지(眞知; 靈知)는 범성이 동일하나 지智는 범부와 성인 간에 적고 많음의 차이가 있다. 이러한 지知와 지智의 대비는 『화엄경』 문명품에 의거한 것이다. 또 동품에 의하면 불경계佛境界의 지智는 자재하여 삼세에 걸림 없다. 불경계佛境界의 지知는 식식識으로 인식할 수 있는 것이 아니며, 또한 마음의 경계가 아니다. 그 성품이 본래 청정하여 모든 군생群生에 개시되어 있다. 또 『보장론』에 의거한다. "유有라고 지知하면 유有가 무너지고, 무無라고 지知하면 무無가 무너진다." 이에 대해 종밀은 유무를 능지能知하는 지智를 말한 것이라 하였다. "그 지知하는 지知는 유무를 분별하지 않는다." 이에 대해 종밀은 유무를 분별하지 않으니 바로 무분별인 자성의 지知를 말한 것이라 하였다. 이러한 법문들이 바로 영지靈知의 심心, 바로 진성을 개시한 것이라 한다.[50] 종밀은 이를 교의 3종 가운데 최상승에 위치시키고 이름하여 현시진성즉성교顯示眞性卽性教라 하였다. 이 이법에 의거한 선법이 곧 선의 3종 가운데 최상승에 위치시킨 직현심성종直顯心性宗이다. 하택신회-징관-종밀로 이어지는 계열에서 이 법문을 크게

---

49 『都序』에 "空宗以分別爲知, 無分別爲智. ······ 性宗以能證聖理之妙慧爲知, ······ 通於凡聖之眞性爲知." 『대정장』48, p.406b.
50 『都序』에 "又據問明品, 說智與知異. 智局於聖, 不通於凡, 知卽凡聖皆有, 通於理智. ······ 云何佛境界智, 云何佛境界知. 文殊答, 智云, 諸佛之自在, 三世無所碍. 答知云, 非識所能識, 亦非心境界, 其性本淸淨, 開示諸群生. 寶藏論云, 知有有壞, 知無無敗(此皆能知有無之智), 其知之知有無不計(其不計有無, 卽自性無分別之知也.). 如是開示靈知之心卽眞性, 與佛無二." 『대정장』48, p.405a

현창하였지만[51] 4조 도신의 제자인 우두법융의 『심명』에 이미 이 법문이 설파되어 있다. 종밀은 하택선을 최상의 원만한 선법으로 하였다. 하택신회는 특히 반야선을 근본으로 하였다. 신회의 『현종기』에 "반야란 (심성이) 지知함이 없다는 것이로되[般若無知] 육신통을 운용하고, 네 가지 지혜를 두루 편다."고 하였다. 심성이 본래 공적하여 지知함도 없고 견見함도 없으며 분별함도 없다 함은 『대반야경』과 『화엄경』의 주요 선지이고, 또한 능과 소의 분별 떠난 일심과 유심, 무생의 리理를 선지로 하는 『능가경』의 선법과 그대로 상통한다. 이 공적지심空寂之心이 영지불매하고 이 지知함 없이 지知하는 영지靈知가 진성(진심, 원각묘심)인지라 임미임오任迷任悟할 뿐이다. 이와 같이 이 선법이 심성을 바로 드러낸[直顯] 것이라는 점을 들어 이를 선법의 최상에 올렸다. 그러나 심성을 요지하면 그 심성의 뜻이 현실의 사事에서 구현된다는 것은 남북종 공통의 법문이다. 심성을 바로 드러내어 임미임오任迷任悟케 한다는 선법도 오방편을 비롯한 여러 대승경론에 이미 개시되어 있는 것이다.

    징관은 북종과 남종을 각각 적寂과 조照의 행으로 보고, 그 회통을 도모하고 있다. "잠깐 기심起心하면 곧 지止를 잃게 되니 또한 북종에 어긋나게 되고, 잠시 조照함을 놓치면 관觀을 잃게 되니 또한 남종에 어긋나게 된다. 적寂과 조照가 함께 행해지면[雙流] 이러한 과실이

---

51 근래 중국의 攝淸은 神會와 宗密 사이에 차이가 있다 하고, 그 일례로서 靈知의 '知'를 각기 다른 뜻으로 이해하고 있다는 점을 들었다(「神會與宗密」, 『禪學研究』4, 江蘇古籍, 2000, p.182). 그러나 이 지적은 잘못된 것으로 본다. 양자간에 '知'에 대한 이해와 입장은 같다고 생각한다.

없게 된다."는⁵² 것이 그의 회통론의 요점이다.⁵³ 이는 북종의 선지를 불기심不起心에 두고, 남종의 선지를 요견심성了見心性으로 전제하여 말한 것이다. 그러나 북종에서 설한 바는 불기심이 되려면 먼저 요견심성이 되어야 한다는 것이다. 마음이 본래 일어난 바가 없음을 요지하여야 심불기心不起가 된다. 이미 오방편 해설에서 이에 대해 설명하였다. 징관은 또 이르길, "집기集起함을 이름하여 마음이라 하는데 기심起心(南宗)이나 간심看心(北宗)하는 것은 바로 망상이며, 따라서 진지眞知가 아니다. 때문에 진지眞知란 반드시 마음을 잊고〔忘心〕, 조照함도 버려서 말과 생각의 길이 끊어져야 되는 것이다."고⁵⁴ 하였다. 여기서 남종선을 '기심起心'으로 표현한 것은 심성을 요견了見함도 '기심起心'이기 때문이라 하였다. 또 '망심(忘心; 마음을 잊다)'이란 북종에서 강조하는 간심看心의 심心도 잊어버려야 한다는 말이고, '조照함도 버리라'는 것은 남종에서 강조하는 심성을 요견了見하라는 것도 버려야 한다는 뜻이다. 이렇게 해야 심체인 진지眞知가 드러난다는 것이다. 또한 이로써 남북양종의 선법이 회통된다고 하였다. 그러나 본래 양종의 선법이 이와 같이 대비될 수 있는 것이 아니었고, 기심起心과 간심看心도 그 실제의 행에서는 멀리 떠나고 버려지게 되어 있다. 즉 징관이 회통한 뜻이 실은 본래 달마선에 갖추어져 있다는 것이다.

---

52 "瞥然起心卽失止也, 又違北宗. 暫時忘照卽失觀也, 亦違南宗. 寂照雙流卽無斯過."『大方廣佛華嚴經隨疏演義鈔』卷第三十三(『대정장』36, p.256b)

53 본서 제11장 참조.

54 "疏, 瞥起亦非眞知者, 此釋第二句, 遣北宗之病也. 北宗以不起心爲玄妙故, 以集起名心, 起心看心是卽妄想, 故非眞知. 是以眞知必忘心遣照言思道斷矣."『演義鈔』33,『대정장』36, p.261b.

이 점에 대해서는 앞의 11장에서 설명한 바 있다. 단지 남북 양종의 선법이 각각 '조照'와 '적寂'으로 치우쳐 나아간 면이 전혀 없다고는 할 수 없겠으나 이렇게 인식된 것은 상당부분 사실과 다르게 알려지고 선전된 때문이라 생각한다. 북종 법문에도, 남종 법문에도 '조照'와 '적寂'은 함께 근간이 되고 있다. 정혜무이定慧無二의 선법은 남북종 공통이다. 전술한 바와 같이 오방편五方便의 여러 곳에서 정정과 혜慧가 불가분不可分으로 통용되고 융섭되어 있다. 인정발혜因定發慧와 인혜발정因慧發定이 함께 설해지고 있다.

한편 종밀은 선의 3종이 일미一昧로 회통될 수 있는 길은 반드시 먼저 3종의 교문教門에 의거하여 3종의 선문을 증하고, 그 후에 선・교를 모두 잊고, 심心・불佛이 모두 적멸해지는 것이라 하였다. 모두 적멸해지면 염념念念에 모두 불佛이고, 일념이라도 불심佛心 아님이 없게 되며, 모두 잊으면 구구句句가 모두 선禪이고, 일구一句라도 선禪・교教 아님이 없다고 한다. "이렇게 되면 자연히 민절무기泯絶無寄의 설(선법)을 듣는 것이 아집의 정을 부숨이 되고, 식망수심息妄修心의 가르침을 듣는 것이 아我의 습기를 끊는 것임을 안다. 아집의 정情이 부서져 진성眞性이 드러나게 되니 민절무기泯絶無寄의 선법이 직현심성直顯心性의 종宗이 되고, 습기가 다 하여 불도가 이루어지니 식망수심息妄修心의 선법이 성불의 행이 된다. 이와 같아 돈・점, 공・유가 이미 서로 어긋남이 없는데 어찌 마조・하택・혜능・신수가 서로 합치되지 않겠는가."[55] 이러한 종밀의 선・교와 선종 내의 선법들을

---

55 『禪源諸詮集都序』에 "三教三宗是一味法. 故須先約三宗佛教, 證三宗禪心, 然後
禪教雙忘, 心佛俱寂. 俱寂即念念皆佛, 無一念而非佛心, 雙忘即句句皆禪, 無一句

회통한 법문은 불교사상 매우 소중한 업적이다. 사실 교와 선의 궁극은 곧 마음을 잊는 것[忘心]에 있다. 따라서 망심忘心의 자리에서 일체의 교선과 선법이 회통될 수 있다고 한 것은 당연하다. 단지 종밀은 영지불매의 진성인 진지眞知를 즉심에서 드러낸 선법과 그렇지 못한 선법을 차등으로 구분하는 입장에 서 있다는 것이 문제가 된다. 종밀宗密의 논리에 의하면 진지眞知의 뜻에 의거한 직현심성종直顯心性宗은 즉심卽心에 마음을 잊는 (忘心의) 자리에 이르게 하지만, 나머지 2종의 선법은 그렇지 못한 것으로 되어 있다. 그러나 나머지 2종도 마찬가지로 성취를 인도함에 있어서 궁극의 완결성을 지니고 있다. 북종의 식망수심息妄修心도 실은 마음이 본래 심불기心不起임을 요지하여 그 뜻이 구현되는 선법이다. 심불기가 실은 마음을 잊는 것[忘心]이다. 민절무기종에서 공적함을 요지하여 무사無事인 행도 마찬가지로 망심忘心이 곧바로 구현되는 행이다. 단지 이 2종宗에서는 영지靈知나 진지眞知라는 용어를 위주로 법을 설하지 않은 반면 직현심성종에서는 이를 위주로 설한 것일 뿐이다. 또한 전술한 바와 같이 2종의 법문에 이 용어나 뜻이 없는 것이 아니다. 심성을 구체적으로 드러낸 말이 각覺(性)과 영지 및 진지이다. 진지는 곧 심불기心不起를 정定 또는 체體로 하고, 견문각지를 용用 또는 혜慧로 한 오방편 법문에서의 양의兩義를 하나로 드러낸 말이다. 오방편에서는 이 양의兩義가 구현됨이 곧 문수文殊의 묘혜妙慧라 하였다. 그리고 이 묘혜는 보살의 조적照寂

而非禪敎. 如此則自然開悶絶無寄之說, 知是破我執情, 聞息妄修心之言, 知是斷我習氣. 執情破而眞性顯, 卽泯絶是顯性之宗, 習氣盡而佛道成, 卽修心是成佛之行. 頓漸空有, 旣無所乖, 洪荷能秀豈不相契." 『대정장』48, p.407b.

과 불佛의 적조寂照가 함께 구현되는 자리라고 하였다. 따라서 북종오 방편 법문에 이미 궁극의 완결성을 갖추고 있다. 요컨대 직현심성直顯心性의 뜻 또한 북종의 여러 법문에 그대로 설파되어 있다.

대체로 8세기 중엽 안사난 이후 북종을 점법으로 폄하하는 경향이 일어나게 되었고, 후대로 갈수록 이러한 편견은 심화되고 당연시되었다. 그러나 8세기 중엽 당 현종 시의 승려 청화淸畫가 지은 『능수이조찬能秀二祖讚』에 "남북의 분종分宗이란 역시 잘못된 말이다."고[56] 하였다. 또한 하택신회의 수제자인 혜견(慧堅, 719~792)의 비문碑文에[57] 의하면, 황궁에 초빙되어 덕종과 질의응답을 하고 나서, 황제의 명으로 여러 장로와 불법의 정사正邪를 가리고, 남북 양종의 시비是非를 정하는 의론에서 다음과 같이 말하였다.

---

[56] "二公之心如月如日, 四方無雲, 當空而出, 三乘同軌, 萬法斯一, 南北分宗, 亦言之失." 『全唐文』 권917, p.12059(臺灣大通書局).

[57] 이 『慧堅碑銘』의 정식 이름은 『唐故招聖寺大德慧堅禪師碑銘幷序』이다. 太中大夫給事中皇太子及諸王侍讀兼史館修撰杜國 徐岱가 撰하였다. 1945년 西安 西郊에서 발견되었다. 이 비문은 하택신회 계통의 선법과 전승을 전해주는 중요한 자료이다. 이 비문과 慧堅에 대한 연구는 蔣雲華(1994), 楊曾文(1995), 王亞榮(1996), 楊曾文(2002) 등에 의해 이루어진 바가 있다. 본고는 이 가운데 楊曾文(2002)에 실린 교정본 원문에 의거하였다.

蔣雲華, 「『唐故招聖寺大德慧堅禪師碑』考」(『中華佛學學報』7, 臺灣中華佛學硏究所, 1994)

楊曾文, 「關於『唐故招聖寺大德慧堅禪師碑』的補充說明」(『中國社會科學院硏究生院學報』, 1995-4).

王亞榮, 「『慧堅禪師碑』與慧堅禪師」(『紀念少林寺建寺1500周年國際學術硏討會論文集』, 宗敎文化出版社, 1996).

楊曾文, 「有關神會的兩篇銘文」(『中國佛敎史論』, 北京, 中國社會科學出版社, 2002).

"개시하는 때에는 돈이고 점이 아니나, 수행의 자리에서는 점차 청정해지는 것이어서 돈이 아니다. 법이 공함을 알면 법에 사邪와 정正이 없고, 종통宗通을 깨달으면 종에 남북이 없다. 누가 분별하여 가명假名을 붙인 것인가!"[58]

남종 돈법의 기치를 크게 올려 남종 천하의 시대를 연 하택신회의 제자가 이와 같이 돈점을 아우르고 있으며, 종통宗通을 깨달으면 남북이 따로 없다는 것을 강조하고 있다. "개시하는 때에는 돈이고 점이 아니나, 수행의 자리에서는 점차 청정해지는 것이어서 돈이 아니다."고 한 것은 『대승입능가경』 권제2 집일체법품에서 돈정頓淨과 점정漸淨에 대해 설한 내용을 요약하여 옮긴 것이고, 종통宗通도 『능가경』 4권본인 『능가아발다라보경』에서 설한 '종통宗通'(『대승입능가경』에서는 '여실법如實法')과 '설통說通'(『대승입능가경』에서는 言說法)에 의거한 것이다. 종통은 언어분별을 떠난 심성을 바로 느러낸 법문으로 법상도 넘어서게 한다. 설통은 중생의 근기에 따라 일시 방편으로 언설로 설하여 이해하도록 한 법문으로 법상을 넘는 지혜에는 이르지 못한 것을 말한다.[59] 근래 연구자들은 남·북종의 소의경전을 각각 『금강경』

---

58 「又奉詔與諸長老辯佛法邪正, 定南北兩宗. 禪師以爲, "開示之時, 頓受非漸, 修行之地, 漸淨非頓. 知法空, 則法無邪正, 悟宗通, 則宗無南北, 孰爲分別而假名哉."」 楊曾文, 앞에 든 『中國佛敎史論』(2002)에 실린 원문, p.238.
59 "자세히 들으라. 너희들을 위해 설하리라. 대혜여, 三世의 여래에게는 두 가지 법이 있나니 言說法과 如實法이다. 언설법이란, 중생심에 따라 갖가지 방편으로 설한 가르침이며, 여실법이란, 수행자가 心所現(마음에 나타난 相)에서 모든 분별을 떠나 一·異·俱(一而異)·不俱(不一而不異)의 品(四句)에 떨어지지 아니하고, 일

과 『능가경』으로 가름하고 정형화해서 입론하는 경향이 많다. 그러나 남종 일부에서 비록 『금강경』을 크게 치켜세운 것은 사실이지만 이것이 남종 전체의 흐름은 아니었다. 어디까지나 일부 소수 집단의 행태에 지나지 않는 것이었다. 「혜견비문慧堅碑文」은 바로 이러한 사실을 여실히 말해주고 있다. 남북의 주된 주류는 이 두 경전을 위주로 하되 그밖에 거의 모든 대승경론을 아울러 그 심의에 의한 선지를 회통하여 개시한 것이었다. 돈황의 여러 선종 법문과 어록에 남북종을 불문하고 수십 종의 대승경론을 인용하며 그 선지를 펴고 있다.

종밀보다 약 한 세대 정도 선배인 청화와 혜견이 남·북종을 따로 가르는 세태를 비판하며 양자가 둘이 아님을 강조하고 있다. 그러나 종밀은 이들의 입장에 따르지 아니하고, 남종 일각에서 주창해온 남돈북점南頓北漸의 입장을 그대로 따랐다. 그러나 그가 북종 오방편의 법문을 『원각경대소초』에서 요약하여 소개한 글에 의하면 남종 돈법과 다를 바가 없어 그의 북종관 내지 북종론은 모순되고 있다.

근래 일부 연구자는 돈황출토 북종의 법문에 돈법이 들어 있는 것에 대해, 남종의 영향을 받고 이를 수용한 것이라고 하였다. 이러한 견해는 크게 잘못된 것이다. 신수와 보적普寂 등 북종 초기 인물들의 법문에 이미 돈법이 있는 것은 남종과 다를 바가 없다. 일부 남종

체의 心(제8식)·意(제7식)·意識(제6식)을 뛰어넘고, 自覺聖智의 所行境界에서 諸因緣相과 能·所의 取相(應見相)을 떠나는 것이니, (이는) 일체의 외도와 성문·연각의 二邊(有·無, 一·異 등)에 떨어진 자는 알 수 없는 것이다. 이를 이름하여 如實法이라 한다. 이 두 가지 법을 너와 제보살마하살은 마땅히 잘 修學하여야 하느니라." 박건주 역주, 『如來心地의 要門 – 대승입능가경 역주』, 능가산방, 1997, pp. 219-220.

계열에서 나온 의도적·선전적 자료가 후대에 큰 영향을 주어 사실을 오도誤導한 것임을 인지해야 할 것이다. 또한 오방편에 비록 『능가경』의 이름은 보이지 않으나 그 선지는 사실 『기신론』을 비롯하여 오방편이 의거하고 있는 다섯 경전 모두에 회통되어 있다. 다섯 경전의 심의를 심지법문으로 풀어가고 있는 오방편 법문이 단순한 교리문답서가 아니라 달마선의 실수實修로 직통하게 이끌고 있는 것은 바로 『능가경』의 선리에 의거한 것이다. 대승의 교의를 자심에서 요지了知하여 그 뜻이 자심에서 구현되면 교와 선이 불이不二가 된다. 일심一心과 유심唯心 그리고 무생無生의 리理를 통한 심불기心不起의 심성을 자심에서 요지함이 곧 『능가경』에 자주 등장하는 '자증성지(自證聖智; 自覺聖智)'이며, 이 뜻[禪旨]을 다른 말로 드러낸 것이 '견성성불見性成佛'이고, '심성을 알라[識心見性]'이다. 이러한 『능가경』의 선리禪理에 통달하게 되면 모든 대승경론의 교리가 그대로 선리(선지)가 될 수 있다. 『북종오방편北宗五方便』 법문은 곧 달마선의 그러한 뜻을 명료하게 말해주는 중요한 일례이다. 그리고 종래의 여러 편견과 곡해에서 벗어나 북종선의 진면목을 파악하는 데 이들 자료는 매우 소중하다.

4. 결언

종밀의 선교 및 선종 회통론은 불교사상 매우 소중한 성과이다. 그러나 그가 북종의 선법을 선문禪門 3종의 최하위인 식망수심종息妄修心宗에 위치시키고, 남종의 일각에서 북종을 폄하하여 선전한 내용에 의거하여 북종선을 규정하고 있는 것은 잘못이다. 식망수심息妄修心의 뜻도 단순히 작의作意의 점법으로 볼 수 없는 면이 있다. 돈황 북종 법문인 『대승무생방편문』의 오방편에 보이는 소위 '방편통경方便通經'의 선법은 『기신론』・『유마경』・『법화경』・『사익경』・『화엄경』 등 대승경론의 심의에 의한 선지에 의거한 것으로, 모두 심불기心不起・무작의無作意・무념・무심・무주無住・불관不觀・부사不思・무행無行의 해탈도와 무애도無碍道를 개시한 돈법으로서 남종의 임운任運 무수지수無修之修의 선법이 모두 여기에 들어 있다. 또한 보살행인 조적照寂, 여래행如來行인 적조寂照, 양자를 통섭한 문수의 묘혜妙慧가 구현되는 길을 개시하고 있다. 종밀이 식망수심종息妄修心宗의 상위에 위치시킨 민절무기종泯絶無寄宗이나 직현심성종直顯心性宗의 선지가 실은 북종의 법문에 모두 갖추어져 있다. 심성을 바로 드러내게 하는 선법은 선종 어느 계열이나 공통의 요의이다. 하택신회 등 남종에만 국한되는 것이 아니다.

그는 교의 3종을 통달하여 심성을 요지하면 선의 3종이 궁극에 둘이 아니게 되는 것이라 하고, 그 직현된 심성이 곧 『화엄경』과 『반야경』 등에 나오는 영지불매靈知不昧 내지 심체〔覺〕로서의 '지知'라고 하였다. 그의 교선 및 선종 회통론은 실로 이 '지지일자知之一字 중묘지문衆妙之門'의 뜻에 의거하고 있다. 그러나 이 '지知'는 곧 심체 내지 각覺을 다르게 표현한 것으로 그 선지는 북종 오방편 법문과 다를 바가 없다. 또한 '지知'자를 개시한 법문 또한 하택종 등 남종만에 국한되는 것이 아니다.

종밀은 청화와 혜견과 달리 남종 일각에서 주창해온 남돈북점南頓北漸의 입장을 그대로 따랐다. 이러한 치우친 그의 북종관은 그의 전

세대보다 한층 남종 천하가 이루어고, 북종선의 진면목은 거의 드러나지 않게 된 상황에서 이루어진 것이라 할 수 있다. 또한 개인적으로 그는 『원각경』과 하택신회의 법문을 통해 크게 오도悟道하였고, 그 선법을 이은 것으로 자임하였다. 이렇게 사회적·개인적 사정으로 인해 그러한 북종관에 머문 것으로 생각된다.

결론

중국 선종 초조 달마대사로부터 육조에 이르는 초기 선종기의 선법은 『능가경』의 선지를 근간으로 하고, 여타 대승경론의 심의深義를 함께 아우른 교선일치教禪一致의 선법이었다.

본서는 먼저 초기 선종과 그 선법을 능가종・능가선으로 칭하여 온 전통의 근거를 명확히 하기 위해 『능가경』의 심의深義와 그 선지(선리)를 파악하여 정리하였다. 달마대사가 『능가경』을 "여래심지如來心地의 요문要門"이라 한 이유가 『능가경』의 선리를 통하여 이해될 수 있었다. 교는 리理를 드러내기 위함이고, 그 리理를 자심에서 해解하고 증證하면 선리가 되고 선지가 된다. 교가 그대로 심지법문이 될 수 있도록 바로 이끄는 법문이 곧 『능가경』의 특장이고, 선서禪書가 되는 이유이다. 『능가경』은 유심唯心과 일심一心의 법문을 근간으로 한다. 분별 떠난 자리가 유심이고 일심이다. 분별하지 않고만 있다고 해서 유심이고 일심이 아니라, 본래 일체법이 분별 떠난 유심이고 일심임을 요지함이 있어야 한다. 능能・소所의 자리를 떠나야 하되, 본래 떠나 있음을 요지해야 함을 강조한다. 그래야 무작의無作意의 돈법이 된다. 마음을 가지고 마음을 어떻게 하고자 하면 점법이다. 이렇게 하는 행은 능·소가 따로 없다고 하는 리리에도 어긋나고, 유심과 일심이라는 리리에도 당연히 어긋난다. 유심과 일심의 리리를 자심에서 명료하게 깨달으면 마음을 어떻게 하려거나 마음으로 무엇을 견見한다거나 지知한다고 함도 떠나게 된다. '마음이'도 성립되지 아니하고, '마음을'도 성립되지 않는다.

또한 『능가경』은 유심과 일심의 리리를 통하여 일체법이 본래 무생無生임을 개시開示한다. 유심이고 일심이니 생生 그대로 무생無生이다. 이를 명료하게 증득함이 곧 무생법인無生法忍이며, 무생법인을 성취한 위位가 바로 보살제8지이다. 무생임을 증득하였으니 자연히 경계에 흔들림 없어 부동不動이고 무상無相이다. 그래서 이 위位를 부동지不動地라고도 한다. 선종의 법문은 바로 제8지보살의 위位로 이끄는 법문이다.

여타의 대승경론도 무분별지無分別智의 리리를 드러내는 것은 마찬가지이지만 특히 『능가경』은 자심에서 그 리리를 바로 실수實修의 선지가 되도록 이끌고 있다는 데 특장이 있다. 『능가경』이 '여래심지如來心地의 요문要門'이 될 수 있는 뜻이 여기에 있다고 생각한다.

점법(점오, 점수)과 돈법(돈오, 돈수)과 관련하여 여러 이론이 있으나 일단 돈점의 구분은 무작의無作意의 행인가, 작의作意의 행인가에 달려 있음을 알아야 한다. 무작의無作意의 행이 곧 돈법이며, 이 무작의의 행이 되기 위해서는 먼저 『능가경』 내지 대승경론의 선지인 '일체법 불가득一切法不可得', '유심唯心', '일심一心', '무생無生', '무상無相', '무심無心'의 심의를 자심에서 깨우쳐 아는 것이 전제되어야 가능하다.

이러한 뜻을 요지하였기에 당연히 그 행이 '불관不觀', '부사不思', '불행不行'의 행이 된다. 이를 무수지수無修之修라 한다. '불관不觀', '부사不思', '불행不行'의 행이 곧 돈법頓法이며, 그렇지 못한 행은 아직 점법漸法이다. 그런데 이 돈법에 바로 이르기는 쉽지 않다. '불관'의 행도 먼저 관심의 관행을 통하여 심성이 본래 '무심'이고, 견見함과 지知함과 분별함도 떠나 있음을 요지해야 한다. 그리고 그 요지한 뜻을 일상의 현실(事)에서 명료히 하기 위해 자심에서 꾸준히 지관止觀의 가행加行을 지속해야 한다. 이 단계에는 점법의 뜻이 있으나 이미 심성을 요지한 돈오를 이룬 후인지라 이를 요지하지 못한 점법의 행과는 다르다. 즉 아직 공용功用의 관행이 남아 있다는 점에서는 점법漸法에 통하나 이미 심성을 요지하였다는 면에서는 이미 돈법이다. 그리고 이 공용功用의 가행加行을 거쳐 무공용無功用이 점차 이루어진다. 무공용이 전반에 걸쳐 이루어진 위位가 곧 보살제8지이고, 보살초지에서부터 그 일부분이 이루어지고 성숙되어 간다. 이 돈법에서의 공용功用의 가행加行에는 무분별지無分別智, 즉 심성이 본래 분별을 떠나 있다는 뜻을 요지한 지혜가 전제되어 있는지라 그 뜻이 명료해지면 해질수록 무명無明이 힘을 잃고, 무명의 장애가 제거되기 시작한다. 그러한 가운데 그 제거된 분分만큼의 무공용無功用의 행이 이루어지게 되는 것이다. 이러한 뜻에서 보면 점법과 돈법이 일맥상통되는 것이지만 심성을 아직 요지하지 못한 점법과 돈법의 차이는 실로 크며, 각각 2승, 3승과 1승의 대승을 가르는 기준이 되고, 그러한 점법으로는 대승의 극위(極位; 無上正等覺)에 이를 수 없다.

여래선如來禪과 조사선祖師禪에 대한 문제도 상당부분 용어에 대한 오해와 달마선 내지 선종 선법에 대한 오해에서 비롯된 것이다.『능가경』과『금강삼매경』에서 설한 여래선은 인위因位의 보살행에서 행하는 선이 아니라 과위果位인 불위佛位에서 보살을 호지하는 행이다. 본래 선종 초기에는 최상승선을 여래선이라고도 칭하였고, 조사선은 그 최상승선으로서의 여래선을 통달한 조사들의 선을 말한 것이었다. 따라서 본래는 양자 간에 우열의 뜻이 전제된 것은 아니었다. 당 후기에 돈법을 강조하고, 그 위상을 선전하는 가운데 여래선은 아직 문자와 법상을 여의지 못한 행으로 칭해지기 시작하였다. 즉『능가경』의 4종선법 가운데 제2 관찰의선觀察義禪 정도로 여래선을 사용하고 있다. 이는 분명히 경론에서 사용한 용례를 무시하거나 무지無知에 의한 것이다. 여래선을 단순히 여래께서 친절히 여러 문자 설명을 통하여 개시한 행법 정도로 사용하고 그렇게 통용되어 갔다. 반면 조사선은 그러한 문자 설명에 의거한 선법이 아니고, 격상格上, 격별格別, 격외格外의 선법으로 통용되었다. 그리고 그 격외格外의 선지를 문자를 떠난 손짓과 몸짓으로 개시하는 모습을 연출하였다. 그러나 그 손짓과 몸짓의 의義가 경론에서 개시한 의義 밖에 있는 것이 아니었다.『육조단경』에 설한 바와 같이 가장 훌륭한 근기는 경론을 통해서 바로 그 선리禪理를 요지하는 자이고, 그렇지 못한 이는 주변의 선지식을 찾아가 자꾸 물어서 언하言下에 바로 깨달아야 한다고 하였다. 그렇게 깨닫게 하는 방법에 문자를 사용하거나, 손짓, 몸짓을 동원하는 모습의 차이가 있을 뿐이지 이것이 어떤 별다른 선법은 아니다. 처음 여래선과 조사선을 대비한 대화에서는 신증身證까지 이룬 경우는 조사선, 그렇지 못한 경우는 여래선 단계로 통용되고 있다. 신증의 여부는 매우 중요한 것이어서 그 전후에 따라 어떠한 용어로 구분하여 상대에게 지적해주고 이끌어주는 것은 필요하다 할 것이다. 그러나 그때 사용한 용어에 잘못이 있었다. 경론에서 사용한 여래선의 용례와 그 뜻을 무시하고 사용하다 보니, 그 위에 격상의 선법이 조사선으로서 있는 것인 양 오해하는 현상을 초래하였다. 경론에서 설한 여래선이란 여래만이 할 수 있는 행인데 이를 조사선에 이르지 못한 수증의 단계로 지칭하였다. 수증의 단계는 누구나 개인별로 진전됨에 따라 거치게 되는 것이다. 이에 대해서는 여러 경론에서 상세히 설명하고 있다. 경론에서 불위佛位에 이르기까지의 수증 단계를 상세히 명시하고 있기 때문에 그 위의 수증론으로서 조사선을 세우는 것부터 잘못이다. 수증의 차이를 상대방에게 구분하여 일러주는 것은 필요하되 그 상하의 수증 단계를 여래선과 조사선이라는 용어로 사용한 것은 분명히 잘못된 것이고, 후대에 긴 세월 동안 경론을 떠나 무슨 특별한 선법이 있는 것인 양 착각하게 하였다. 그래서 갈수록 경론의 자구를 피하여 주변의 사물이나 손짓, 몸짓으로 법을 개시하는 행이 최상승선을 드러내는 것으로 알았다. 이러한 모습은 초기 선종기 여러 조사들의 짤막한 어록이나 대화에서 20여 가지 경론을 인용하여 해설하고 있는 것과는 크게 다르다. 후대의 선승들은 경론을 인용하여 설하면 조사선이 되지 못하고 단지 여래선에 불과한 것으로 알았고, 또 불교사회의 인식도 그러하여 갈수록 경론을 인용한 친절한 해설을 기피하였다. 기이하고 기발한 행동거지로 법을 드러내야 고승이고 대선사로 존경받는 사회가 되어 갔다. 한국불교계의 현재 모습은 바로 이러한 모습의 전형적이고 대표적인 것이다. 그러나 그러한 기발한 행을 시현한 후대의 선사들이 초조 이래 초기 조사들보다 더 뛰어난 경지에 이른 분들일까. 초기의 조사들은 후대의 선사들보다 열등하여 경론 인용에 의한 해설만 한 것일까. 더구나 송대로부터 번진 문자선文字禪으로 인해 시풍詩風의 은유와 과시적이고 애매모호한 문구의 나열로 선지를 설하는 행태가 심화되면서 초기 선종 이래 교敎의 리理에 의거한 해설로 먼저 이입에 이끄는 전통이 거의 사라지게 되었다. 근대 이래 한국불교의 가장 큰 문제점은 바로 이러한 현상에서 아직도 벗어나지 못하고 있다는 데 있다. 초기 선종의 선리를 알지도 못하면서 후대 선사들이 행하였던 행태를 흉내 내고 있다. 초기 선종의 선리를 마땅히 먼저 뚜렷이 알고 그에 따른 선수행이 되어야 한다. 초기 선사들이 행한 바도 없고, 행하라고 말한 바도 없는 간화선에만 매달릴 필요가 있을까. 본서에서 밝힌 능가선을 잘 이해하였다면 무엇이 잘못된 것인지를 스스로 분간해서 알 수 있을 것이다. 그리고 이를 통해 바른 길〔正法〕을 열어가지 않으면 안 된다.

　근래 돈황 문서 발견 이후 초기 선종기 선법에 관한 연구가 상당히 진전된 바 있지만 그 진정한 선리를 깨우쳐 알지 못하고, 개시된 방편문과 이지理智의 면을 구별하지 못하여 쓸데없이 선사들의 류類를 나누고, 돈점을 가르며, 전해진 자료의 신빙성까지 쉽게 부정해 버린다. 또한 그 선법의 래원이나 성격을 엉뚱한 데서 찾아 사변적 의론을 일삼고 있는 경향이 많다. 4조 도신선사와 우두법융 선사의 법문 자료를 검토하면서 그 선리가 방편문(當行)과 이지理智(當理)의 이면二面으로 개시된 것임을 모르고, 그 이질성을 들어 그 자료의 신빙성을 부정해 버린다. 일맥상통하는 선리를 여러 경론의 뜻을 인용하면서 다른 용어와 다른 각도에서 널리 다양한 중생을 위해 설한 것을 가지고 이를 일인의 설로 볼 수 없다고 하거나 조작 내지 위작된 것으로 판정해 버린다. 일부 학자들의 이러한 잘못이 올바른 정법을 훌륭하게 전하고 있는 귀중한 자료들의 가치를 크게 훼손시켜 후인들이 이를 활용하는 길을 막고 있다. 선리를 파악하지 못한 상태에서 학문적 지식만으로 초기 선사들의 법문들을 쉽게 논단하려 해서는 안 된다.

중국 초기 불교 이래 교학(義學)과 정학定學이 함께 들어와 실수 연찬되었다. 달마선이 '선종禪宗'으로서의 위상을 확립하기 이전에 여러 선학禪學 내지 정학定學이 있었다. 이들과 달마선(능가선)이 어떻게 구분되는가 하는 문제가 있다. 달마대사보다 약 1세대 후배로 활동한 승조僧稠선사의 선법은 정학定學의 대표로서 자리하고 있었다. 이 승조선사의 선법을 간략히 기록한『속고승전』의 전기에 의하면 그 선법은 소승의 점법인 듯하지만, 신출의 돈황 자료에 전하는 그의 법문에 의하면 달마선과 거의 그대로 상통하고 있다. 이러한 차이를 어떻게 이해해야 할까. 본고는 이를 승조가 수증을 해가는 가운데 처음 소승 선법으로부터 출발하였지만 본래 대승경론을 연찬한 바로 인해 점차 대승선을 수증하게 되고, 그에 따라 만년晚年에는 달마선과 상통하는 자리에 이르게 된 것을 말해주는 것으로 이해하였다.

달마에서 육조에 이르는 초기 선종기 선법의 주요 조류는 소승근본선으로서는 승조계僧稠系와 승실계僧實系가 대표적이었고, 대승보살선으로서는 달마선문(능가선문)과 천태선문天台禪門이 주류였다. 이 밖에 송경, 염불, 예참 등을 겸수하는 경향이 많았고, 개인적으로 어느 대승경론에 의거한 관행 실천자도 많았다. 대체로 오문선五門禪으로 요약되는 소승근본선은 선정의 성취에 치우친 면이 있었고, 선정의 미味〔禪味〕에 애착하기 쉬운 경향이 많았다. 승조선은 이러한 애미(愛昧; 情事)에 흐르기 쉬운 약점이 있었고, 달마선은 그 유현한 선지를 이해하기 어렵고 잘못 이해하기 쉽다는 약점이 있었다. 단지 승조는 대승의 혜문慧門도 일찍이 갖추고 있었고, 그가 행한 소승근본선도 대승의 법으로서 한 것이었을 가능성이 있다는 점에서 간단히 그의 선법을 소승선으로만 논단하기는 곤란한 면이 있다. 특히 돈황문헌 가운데 그의 저술로 되어 있는 자료의 선법이 달마선과 그대로 상통하고 있는 사실에 유의해야 한다. 이러한 사실은 개인의 수증 진전에 따라 선법의 전환이 이루어질 수 있는 것임을 말해주는 한 사례로 이해할 수 있지 않을까 한다.

달마선맥에서 2승(3승과 2승)의 정定을 사정邪定으로 비판하고, 그 애미愛昧 경향을 지적하면서 자종自宗을 최상승선으로서 수창해가는 가운데 소승근본선문은 크게 퇴락하였다. 그러나 그 소승선법은 천태의 대소승을 망라한 선법 체계 가운데 포괄되어 전습되어 갈 수 있었다.

정혜쌍수는 능가선이나 천태선이나 마찬가지지만 전자는 다소 혜慧에, 후자는 다소 정定에 치우치는 경향이 있다. 그리고 능가선의 경우 본래 선정이 따로 없다는 오悟를 바탕으로 하는 정혜불이定慧不二의 선법을 강조한다. 그러나 양 조사들의 궁극의 선지는 서로 상통되는 것임을 지적하였다. 천태는 특히 간경독송, 염불, 예참 등 거의 모든 대승 행법을 체계화하고 전습하였다. 이것은 천태의 큰 공이라고 생각한다. 선종에서도 천태의 이러한 경향과 마찬가지로 여러 행법을 겸수하는 추세가 되고 있다.

또한 천태지의天台智顗에 의해 이루어진 4종 지관止觀법문은 선법을 망라하여 종합 정리하고 체계화함으로써 여러 선법의 위상과 의미를 행자가 일목요연하게 파악할 수 있도록 하였다. 행자에게는 우선 이러한 전래의 수증 체계에 대한 이해가 필수적이다. 근래 한국불교는 간화선만 강조하고 이러한 기본적인 수증론의 체계를 무시하는 경향이 있다. 수증의 과정에 대한 전반적인 이해가 되어 있어야 수행 과정 중에 일어나는 여러 오류와 착각과 편견으로부터 벗어나 올바른 길을 찾아갈 수 있다.

선정바라밀은 크게 소승선과 대승선으로 그 행상行相이 구분된다. 대승선은 다시 그 수증의 위위位에 따라 유식唯識을 통달하여 무분별지無分別智를 성취한 보살초지의 견도見道를 기점으로 하여 그 전후로 구분된다. 소승선은 선정의 미味에 애착하되 현 단계에 싫증을 내고 윗단계를 희구하는 염하흔상厭下欣上의 행상으로 점차 진전한다. 대승선은 본래 지知하고 견見함이 없어 부동不動인 심성을 요지了知하여 선정을 따로 구함이 없는 행이다. 그래서 선정과 지혜가 불이不二인 정혜무이定慧無二의 행이 된다. 초기 선종의 선법인 달마선(능가선)이 곧 이에 해당한다. 선정과 지혜가 별개로 되는 행상은 온전하지 못한 행이고, 원만한 성취가 이루어질 수 없다. 즉 선정바라밀과 지혜바라밀은 별개로 떨어질 수 없는 행이다. 개인의 성향과 사정에 따라 잠시 한 쪽에 치우쳐 행하는 경우가 있긴 하지만 궁극에는 양자가 불이不二인 행이 구현되어야 하며, 원만한 구경의 성취는 이러한 행에 의해 이루어진다. 그래서 이러한 행을 정법이라 한다.

소승선에서는 선정의 깊이로 그 수증의 위차를 시설하지만 대승선에서는 처음 입문시의 행을 제외하고는 정혜가 함께 어우러져 수증이 진전되고, 그에 따른 여러 위차位次가 시설되어 있음을 알 수 있다.

화엄종사이면서 선종의 여러 계통 선사들로부터 선법을 수학한 징관澄觀과 종밀宗密이 당시 남북이종南北二宗의 쟁론과 분란을 해소하기 위해 펼친 융회론과 회통론은 불교사상 매우 소중한 업적이다. 그들의 의론을 통하여 남북이종 분란의 본질을 파악할 수 있다.

징관의 입장에 의하면 소연(所緣; 대상, 경계)이 없는 자리에만 머무는 것이 북종의 병폐이고, 조조照에만 치우쳐 소연所緣을 떠나지 못하는 것이 남종의 병폐이다. 그리고 그 병폐를 해소하고 이종二宗의 융회를 위해 그가 제시하고 있는 것은 능能과 소所가 평등한 등等의 자리가 구현되어야 한다는 『능가경』의 선지이고, 능가선의 요의이다. 즉 징관은 남북으로 이분二分되어 한 편으로 치우쳐 전습되어 가기 이전의 초기 선종의 순선 내지 능가선의 본질에 의거하여 남북이종을 융회하고자 한 것이라 하겠다. 이러한 징관의 입장은 달마에서 육조에 이르는 순선시대의 선법에 충실한 것으로 보는 것이 타당하다고 생각한다. 즉 그는 각각 지知와 적寂에 치우친 남북이종의 병폐를 말하고 있으나 동시에 선종의 법문에 본래 지知와 적寂에 치우치지 아니하고 불이不二인 자리를 명료하게 드러낸 법문이 있음을 말하고, 이에 의거하여 『화엄경』을 해설하고 있다

그들이 정리 융회 종합하여 제시한 선과 교의 체계는 사실 그 인위因位의 선법에 있어서는 능가선법을 거의 그대로 답습한 것이었다.

선종의 선법 위에 사사무애관事事無碍觀을 두었으나 이는 과위果位의 여래 행상에 해당하는 것으로 이 자리에 이르게 하는 선법 그것은 아니었다. 그들이 연기의 현실에 즉입하게 하는 궁극의 선법으로서 제시한 지사이문指事以問이라든가 질의 응답을 통한 언하편오言下便悟 는 선종 조사들이 이미 개시하고 실천해 보였던 법문이었다.

심성이 본래 공적空寂하여 지知함도 없고 견견함도 없으며 분별함도 없다 함은 『대반야경』과 『화엄경』 및 『능가경』의 주요 선지이다. 이 공적한 마음이 영지불매靈知不昧하고 이 지知함 없이 지知하는 영지靈 知가 진성(眞性; 진심, 원각묘심)인지라 임미임오任迷任悟할 뿐이다. 종밀은 여기에서 교선쌍망敎禪雙亡을 통한 교선일치를 말하였다. 요컨 대 화엄종의 수증론은 점차 능가선법의 영향을 크게 받고 있다. 사사에 즉하여 오悟가 있을 뿐이고, 사사에 즉한 신身의 오悟가 곧 각覺이고 신증身證이다. 여기에는 교와 선이 따로 없다. 그러한 신증身證이 곧 화엄의 법계연기에 드는 것이고, 사사무애를 증하는 것이다. 그래서 화엄과 선이 둘이 아니다. 최상승선으로서의 능가선과 최상교법으로 서의 화엄의 융회는 결국 수증에 의한 신증身證에서 구현되는 것이라 하겠다. 과만果滿의 화엄법계를 궁극으로 하지만 선법은 인지因地의 행인 까닭에 선법 가운데서도 최상승선법이며 가장 원만한 인원因圓의 선법으로서 달마 이래의 능가선법을 화엄종에서 받아들이고 그 영향 을 받아 소위 화엄선을 이루게 된 것이라고 하겠다. 단지 화엄선이라 하더라도 사사무애의 과위果位 행상行相을 수증론의 맨 윗자리에 올려 놓았을 뿐 선법의 기반은 능가선을 거의 그대로 원용 내지 수용한 것에 지나지 않는다고 보는 것이 필자의 입장이다.

한편 종밀은 징관에 이어 교선과 선종 유파 사이의 갈등과 이론을 회통, 화해하고자 많은 노력을 기울였다. 그의 공훈은 무척 큰 것이지만 하택종을 우위에 둔 융회론이고, 남북이종과 돈점이 불이不二인 회통성을 명료하게 해설 정리하면서도 북종을 점법漸法에 위치시켜서 당시 남종 일각에서 북종을 매도하던 시류를 그대로 따르고 있다는 점에 문제가 있다. 그런데 종밀宗密이 북종오방편北宗五方便 법문을 요약하여 소개 해설한 내용, 그리고 그보다 훨씬 많은 분량의 돈황 출토 문헌 『대승무생방편문大乘無生方便門』 및 『대승오방편大乘五方便』 등의 원문 자료에 의하면 북종오방편의 선리가 하택종荷澤宗, 홍주종洪州宗 등 그가 가장 뛰어난 선법에 위치시킨 남종의 선법들과 하등의 차별이 없다는 사실을 지적하지 않을 수 없다. 북종오방편에서 의거하고 있는 『유마경』·『사익경』·『법화경』·『대승기신론』·『화엄경』에는 대승 심지법문 내지 돈법의 선지가 개시되어 있거니와 이를 『능가경』의 실수 수증 법문으로 이끌고 있는 것이 곧 북종오방편의 선법이다. 남종에서 강조하는 돈법의 선리가 이미 여기에 충분히 개시되어 있다. 따라서 북종의 선법을 일방적으로 점법으로 전제하고 회통의 의론을 펼친 것은 남종 일각에서 선전한 시류에 그대로 따른 것이 된다. 그러나 남종의 선사들 중에서도 혜견慧堅선사와 같은 이들은 남북양종이 본래 선법에 다름이 없음을 명언하고 있고, 북종 출신인 청화淸畵선사도 같은 취지를 언명하고 있다. 후대에 당연시 된 남돈북점南頓北漸의 설은 실은 당 후기에 남종 일각에서 의도적으로 선전한 거짓에 불과한 것이었으나 이후의 불교사회는 이를 점차 사실로 받아들였다. 그로 인한 오해와 폐단은 한국에까지 이어졌고, 한국의 근현대

불교에서는 보다 그러한 현상이 심화되었다. "교에 의거하여 종(宗; 心性)을 깨닫는다[藉敎悟宗]."는 달마 이래 선종의 근본은 갈수록 퇴색되었다.

소승선의 수증체계와 대승선의 수증체계를 분석해보고 그 차이의 요의를 알게 되면 대승선 내지 최상승선으로서의 달마선의 정혜무이의 선지가 더 뚜렷이 드러난다. 일승의 법도 2·3승 및 외도의 법과 대비되고, 이를 부수는 과정에서 뚜렷이 드러나고 이해된다. 그래서 파사현정破邪顯正이라 하였다. 사邪는 정正으로 착각하기 쉬운 면을 갖추고 있어 밝은 눈을 갖지 못한 이는 이를 분간해내기 어렵다. 정正과 사邪를 올바로 구분 못하고, 사邪를 정正으로 알아 부지런히 이를 좇아가고 있는 것이 현실의 대부분의 세태이다. 마음 수행에 호리毫釐의 차이로 인해 사邪의 세계로 편향되고 깊이 나락奈落에 빠지게 된다. 그래서 불자佛子는 반드시 경론이 교시하는 리理를 통하여 나아가야 한다. 달마선이 선종이지만 "교에 의지하여 종宗을 깨닫는다."는 교선일치를 명제로 삼는 뜻을 잊지 말아야 할 것이다.

본 연구에서는 초조에서 6조에 이르는 순선시기의 선법을 중심으로 고찰하였으나 실제로는 6조 이후 2~3대까지 이루어진 여러 법문, 어록 등도 함께 다루었다. 대체로 당 후기까지 부분적으로 다루어진 셈이다. 한편 당 후기에서 송명宋明에 걸쳐 전개된 선법상의 새로운 모습들에 대해서는 여러 면에서 비판적 시각으로 살펴보지 않으면 안 된다. 이에 대해서는 후일의 과제로 삼고자 한다.

부록附錄

초기 선종禪宗(楞伽宗) 승계도承系圖

典據 : 『楞伽師資記』, 『續高僧傳』 卷16習禪初 菩提達摩傳,

　　　『續高僧傳』 卷16習禪初 僧可(惠可)傳

　　　『續高僧傳』 感通篇中 法沖傳

　　　『續高僧傳』 習禪六之餘善伏傳

　　　『續高僧傳』 卷16習禪初 僧副傳

　　　『傳法寶記』, 『歷代法寶記』

▷『능가사자기』는 구나발다라 삼장을 제일第一로 하여 대수代數를 정하였으나 닐리 알려진 대수代數와 혼선을 빚을 수 있는 까닭에 달마대사를 초조로 하는 전통을 따라 대수를 기입하였다.

▷ ····의 점선 표기는 직전直傳이 아닌 경우임.

▷ 대총사大聰師에서 대명사大明師까지의 여섯 분은 『속고승전』 법충전法沖傳에 '혜가惠可선사를 멀리 계승한 분'으로 되어 있고, 『속고승전』의 저자 도선道宣과 법충法沖은 동시대 인물이기 때문에 모두 혜가의 재전再傳제자 정도일 것이다. 이 가운데 충법사沖法師는 곧 법충法沖이고, 법충전에 의하면 그는 혜가를 계승한 성선사盛禪師로부터 『능가경』의 가르침을 받고 있다. 따라서 이 여섯 분을 모두 제4대代로 넣는다.

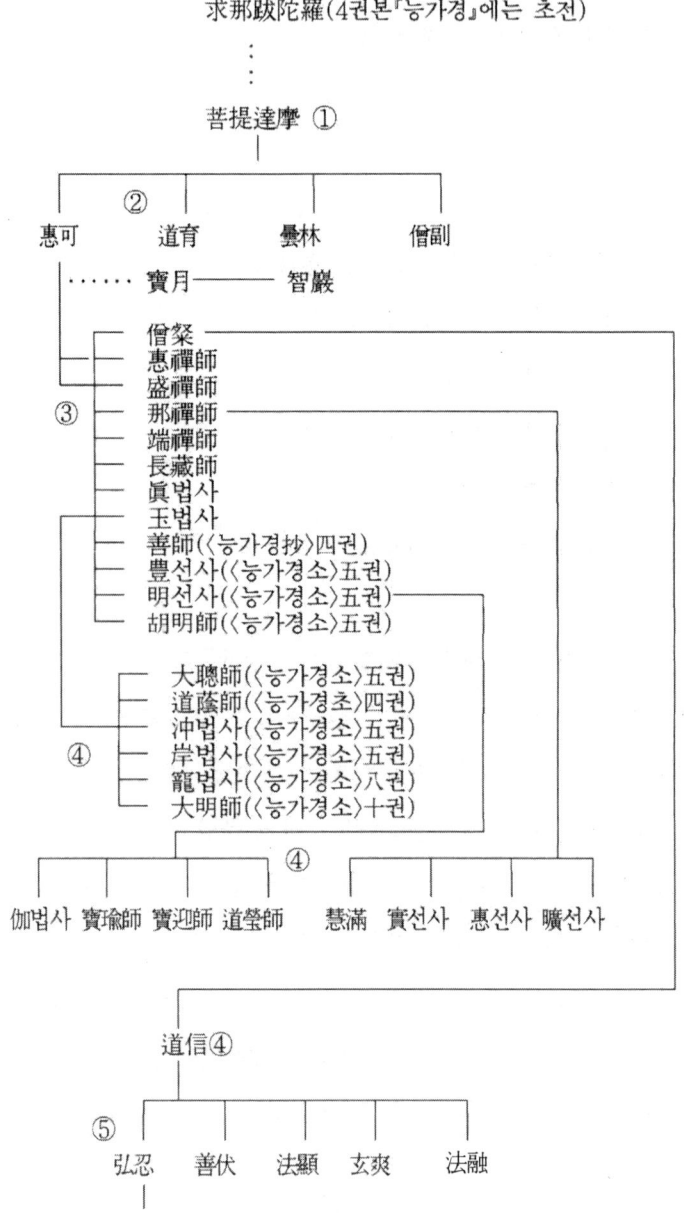

부록_초기 선종 승계도

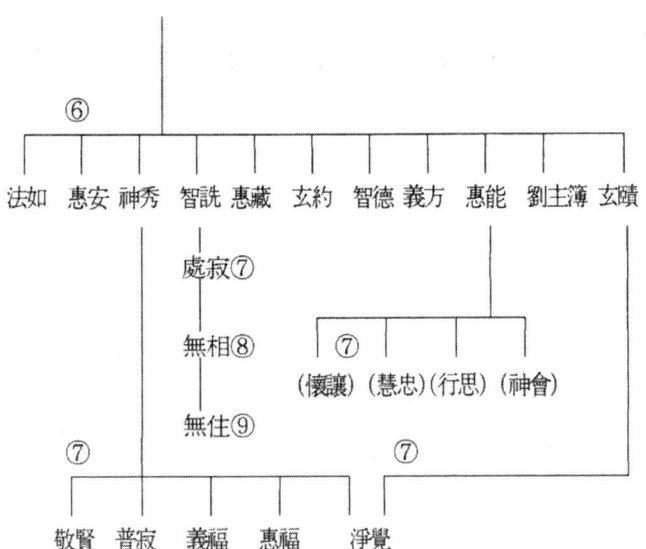

▷ ( ) 내의 인명은 위의 전거典據 외의 자료에 의한 것임.

ABSTRACT

The Study of Lanka-Zen in Early Chinese Zen School

Chapter I

The Zen-doctrine in *Lanka-sutra*

The Zen-doctrine in *Lanka-sutra* is based on the accord of doctrine and zen. When to be enlightened reason and meaning just as it is through doctrine, the accord of doctrine and zen can be accomplished.

The point of Zen-doctrine in *Lanka-sutra* is the essential doctrine in mind that all things are mind only and the one mind, so all things are unborn ; born is originated from unborn, so all things are mind only and the one mind. also there are not both subject and object, so to discriminate, to take, to see, to perceive can not exist. Therefore the self-mind impossible to be perceived is just no-mind and unborn, moreover no-mind and unborn can not be gained. so mind is just Buddha, and self-mind Buddha, All Buddha's mind are separated from all ideas., so are unthinkable place in just all things.

Those famous sayings - 'a direct transmission from mind to mind' · 'no setting up of words and letters' · 'an independent transmission apart from doctrine' - mean not to be taken in the characteristics of Dharma, not mean to disregard ignore of studying doctrine.

Chapter II

The problem of directly realizing Dharma頓法 and gradually realizing Dharma漸法

The Zen-doctrine in *Lanka-sutra* is to awake to the truth that appearance as it is non-appearance, mind as it is no-mind, and vikalpa分別 originally had not been born, there are no the subject and object. So the highest degree zen of not forced nirvikalpa(無分別) and not to hope for gain certain completion can be realized. On this account the Zen-doctrine in *Lanka-sutra* is directly realizing dharma(頓法).

Lanka-sutra's zen-way is not different from the zen-way of early patriarch prior to the Sixth-patriarch六祖 and *Tan-stura*壇經 and He-ze-shen-hui荷澤神會.

The gradually realizing dharma漸法 that *Tan-stura*壇經 and Shen-hui神會 criticize is not Shen-xiu神秀's zen-way. That is not mind-controlled way but awakening way according to profound Mahayana principles. Therefore that satisfies non-forced practice as the origin of directly realizing dharma頓法.

After-ages divided the section into South-directly and

North-gradually, but these arguments and propagandas are wrong.

Because those who can go through directly realizing dharma from the beginning are very rare, the gradually realizing dharma is necessary. Merely that gradually realizing dharma must be one of possessing directly realizing dharma's meaning, and such examples can be found out from North-school's Dharma teaching.

Chapter III
The problem of 'Tathāgata zen' and 'Patriarch zen'

'Tathāgata zen' which is stated in Lanka sûtra is not conditioned things in the casual state because that is Tathāgata's protection-practice for Bodhisattva. 'Patriarch zen' which is called in later ages is not something particular with 'Tathāgata (purity) zen' that is said by Shen-hui神會 and Ma-zu馬祖・Zong-mi宗密. By the way the special designation of 'Patriarch zen' have some natural reason and historical background. That is, the first : they presented the type of awakening by conversation and to ask of matters directly, the second : the practice of transcendence of vipaśyanā, the third : the Dharma succession through direct transmission from mind to mind, the four : the zen of sudden enlightenment and sudden practice, non-forced practice, the five : misunderstanding on the [progressing into Tathāgata zen] for [Tathāgata zen]. Generally speaking the 'Patriarch zen' is fundamental to Lanka zen, and include sanction of accomplishment on the assumption of embodiment in Dharma, and that is Patriarch's personal transmission.

Chapter IV

The Meanings of 'Zong宗' in Buddhism and the Dharma door of Entrance into the Absolute in Lanka-zen

In east Asia the meaning of zong宗 is 'the root'·'the origin'·'the cause'·'rear nature'. The zong宗 in Buddhism is the truth that every thing is mind-only(唯心), and the one-mind(一心), and that the universe is one-mind(一心法界). Yet the mind-only and the one-mind are no figure and empty-quiet(空寂) and unborn(無生), so they can not be got and not be known. And there are neither the subject(能) nor the object(所) in the situation of mind-only and one-mind, so the situation is called to be spiritually awakened(覺). Because the zong宗 in Buddhism is unborn and can not be the object of discretion, that can not be formulated(advanced). If this truth be enlightened, all discriminations become to be disappeared.

Also the true belief and higher wisdom in Buddhism can be got only by this truth and enlightening. The first road in attaining

Buddhahood is entering through this truth, the second is entering through practice that accord with the truth. This practice is mercy, the transference of merits, the great power of vow etc.

Specially the mercy of Bodhisattva reveal through the great power of vow to relieve the poor mankind, and not to be content with pleasure of Nirvana. Also the true and great mercy in Buddhism is based on unintentional action, and revealed by the truth. Therefore really the unique character of Buddhism can be found in the point of view that faith, wisdom and mercy are all together accomplished by entering the truth, and the truth can not be held. So there are no hindrances in mind, and mind becomes free and omniscience and omnipotence, and so called eternity-pleasure-true I-purity(常樂我淨) is realized. Buddha or Nirvana exactly is eternity-pleasure-true I-purity.

Chapter V

The zen-principle in *ru-tao an-xin fang-bian fa-men*入道安心要方便法門 and Lanka-zen

The Zen Dharma of Dao-xin道信 was composed two parts, one is to present the truth that ahead must be enlightened in mind, that is to say 「all Buddha's mind is best」 of a well-chosen in

Laṅkavatāra-Sutra, the other is to keep up the truth in mind as expedient practices for completion, that is to say ceaselessness and no-discretion's samādhi(一行三昧) which is based on *Sapyaśatikā Prajnāpāmitā Sutra*文殊說般若經. Before arrive on the practice of transcendence of vipaśyanā as effortless practice, it is necessary to exert oneself to practice vipaśyanā so called expedient practices for completion. Accordingly in the Zen Dharma of Dao-xin道信 the two all together are expounded. Therefore this Zen Dharma is not mixed with other's Zen Dharma or different Dharma. Because Yanagida-seijan柳田聖山 didn't know the fact that expedient practices for completion and ultimate mind-only Dharma can be explained in one Dharma writings, and such preaching is fair and proper from the point of view in actual practice, he concluded that the Zen Dharma of Dao-xin道信 is not the Dharma of Lanka-zen楞伽禪, and on the basis of this induction he disapproved several actual facts.

Yanagida-seijan inducted that although the so called Dongshan-Dharma gates東山法門 handing down from Dao-xin道信 to Hong-ren弘忍 was not genealogy of Lanka-zen, *Lanka-Buddha-renfa-zhi*楞伽佛人法志 and *Lanka- shizi-ji*楞伽師資記 distorted this fact, and were written with the intention of forgery of which Dongshan-Dharma gates seems to be handing down of Lanka-zen by making additions to new distinctive feature. But there are no corroborative facts that could prove his opinion. His ignorance of zen doctrine made such wrong assertion. It is no exaggeration to say that his reasoning is interspersed with excessive conjecture and mistake. So his reasoning have many items that in a practical manner can not be agreed. This thesis pointed out those mistakes.

The latter part of this thesis is scheduled to be continued in the next number.

Chapter VI
The tradition of Prajñā-zen and Lanka-zen

In understanding the history of early Zen sect, the issue of Zen Dharma of Dao-xin道信and his genealogy are very important. Recently, there often has been a tendency to conclude the character of Zen Dharma of Dao-xin and deny historical evidence easily, by reasoning from a mere assumption and distortion. This tendency is due to not having the profound understanding on the Zen Dharma in early Zen-sect, and it must be considered with caution. The present writer pointed it out in the part I and II section of this thesis. The Zen Dharma of Dao-xin succeeded to Lanka-Zen of early Zen-sect as the way it is, since the great monk Dharma. I made it clear that the Lanka-Zen should not be distinguished from the

Prajna-Zen, and such classified terms of Zen Dharma are not suitable for actual Zen Dharma.

The practice of vipaśyanā to mind(看心) and the practice of transcendence of vipaśyanā(絶觀)・the practice of non-watch(不觀)・the practice of non-thinking(不思)・the practice of non-practice (不行) are not heterogeneity in Zen Dharma. This Zen Dharma can not be divided into gradually realizing Dharma and directly realizing Dharma, but directly realizing Dharma has this Zen Dharma as a chain of practice system.

The profound meaning of Zen Dharma can be understood better through directly realizing Dharma advocated by Zen-master Mahayana摩訶衍禪師 in 'Disputation in Tibet(792-794)'. The issue of the relations between teacher and pupil of Dao-xin and Niu-dou Fa-long牛頭法融 also can not be determined by simple view point from documents criticism. And it is necessary to give consideration to the peculiar way of Zen-Sect.

I'm sure that the result of this thesis will correct the former fixed ideas on the Zen Dharma of Southern and Northern Zen-Sect.

Chapter VII

Lanka-zen and Sengchou僧稠-zen and the school of practice for Samādhi

According to the interpretation of Dao-xuan道宣 Lanka-zen(Darma-zen) is not the school of study of doctrine(義學), also is different from the school of practice for Samādhi(定學). At the same time Lanka-zen has these both faces. Sengchou has became known to the representative of Hinayana-zen, however his practice ways, so-called four awakenings of mindfulness(四念處) in Nirvana Sūtra, sixteen particular outstanding practices for Samādhi(十六特勝法), shamatha-vipashyanā(止觀) are possible to be practiced by the way of Mahāyāna. Besides the zen doctrine of dun-huang敦煌 documents such as *Dacheng-xinxing-lun*大乘心行論 written that the author is Seng-chou僧稠 are in accord with Lanka-zen(Darma-zen) or Mahāyāna-zen. As regarding these points, although Dao-xuan distinguished Sengchou-zen from Darma-zen, it is possible that both zen doctrines have a thread of connection.

How can elucidate the problem of discrepancy in both documents? This thesis would suggest one opinion as follows. Lanka-zen can be distinguished from other zen ways in aspect of that is not attracted by object. In the primary stage Sengchou had practiced Hinayana-zen, and next time in proportion to progress, in the end he became to realize ultimate Mahāyāna-zen. Therefore his zen doctrine became to communicate with Lanka-zen and the members of that. Also this fact seems to have hand down the school of zen. but I wonder, not to have hand down the other school. The documents of zen-school from dun-huang speak for this fact.

Chapter VIII
A Study on the currents of Zen mode and Lanka-zen in early Zen-school

The main currents of zen mode in early Zen-school were Seng-chou 僧稠 and Seng-shi 僧實 school as the fundamental zen in Hinayana sutra, and Lanka-zen and Tian-tai-zen school(天台禪門) as the Bodhisattva zen in Mahayana sutra. Usually the fundamental zen in Hinayana sutra is apt to lean toward attainment of Dhyāna, and to attach the taste of Dhyāna. Seng-chou-zen had a weak point easily inclining to the taste of Dhyāna, Lanka-zen had a weak point of too hard to apprehend, and so easily misleading. But in the point of view that the fundamental zen in Hinayana sutra could be practiced by Mahayana-zen mode by Seng-chou, it is difficult to affirm that Seng-chou-zen was the fundamental zen in Hinayana sutra.

While Bodhidharma-zen school commented the Dhyāna of Two-Vehicles(二乘) as false Dhyāna, and advocated Lanka-zen as highest perfect zen mode, the school of fundamental zen in Hinayana sutra declined. But that zen mode could be handed down in consequence of being included in Tian-tai-zen system.

The zen practice of possessing both Dhyāna and wisdom is common to both Lanka-zen and Tian-tai-zen, however the former had a tendency to incline to wisdom, and the latter to Dhyāna. Lanka-zen emphasized the zen practice of non-dual Dhyāna and wisdom based on the realization that there is no Dhyāna in some place. However the ultimate zen theory of both zen schools had something in common.

Tian-tai school formulated a system of nearly whole zen mode, and handed down to practice. That was the brilliant exploits in the history of Chinese Buddhism. Similarly Lanka-zen school also became to got the zen practice of possessing various practice mode.

Chapter IX

Hīna-yāna zen and Dharma-zen viewed in Dhyāna-pāramitā

The detailed interpretation and arrangement and systematization on the Dhyāna-pāramitā禪定波羅蜜 which is one of the Saḍ-pāramitā

六波羅蜜 were drawn up with four kinds of priesthoods on Samatha-vipaśyanā止觀 written by Tiantai-Zhiyi天台智顗. It is necessary for disciplinants to understand these traditional interpretation on the system of ascetic practice and experience.

The Dhyāna-pāramitā is largely classified into Hīna-yāna zen and Mahā-yāna zen, and once more Mahā-yāna zen is largely classified into before and behind of jian-dao見道 in which realize wu-fen-bie-zhi無分別智 through to be at home in Vijñapti-mātratā唯識. To practice Hīna-yāna zen is attached to the taste of Dhyāna, and makes gradual progress with the practice mode that feel a repugnance toward existing Dhyāna taste and aspire to the upper taste. In Mahā-yāna zen noticing the nature of mind that is originally no cognition and no getting a sight, so in which is no searching for Dhyāna. Therefore self-discipline becomes to realize the zen practice of Dhyāna-Wisdom not to be two. Dharma zen in early chinese zen school corresponds to such zen mode. The zen mode that Dhyāna and Wisdom are separately practiced is not perfect, so perfect accomplishment can not be gotten. In other words Dhyāna-pāramitā and Prajñā-pāramitā智慧波羅蜜 must not be separately practiced. Though according to personal inclination and conditions leaning to one side practice can be gotten for a little while, ultimately the two no separate zen practice must be realized. Perfect and ultimate accomplishment are based on such zen practice.

Therefore such Dharma-zen is called 'right doctrine' in Buddhism.

Chapter X

The Recitation practice of the Buddha's Name and the Zen of meditation on Buddha's real meaning and Lanka-zen

So called the zen of meditation on Buddha's real meaning as the highest zen way must be no interposition of conception. Because to be away from discretion is Buddha, having Buddha on one's mind as conception, this practice also prove to be discretion, so can not be the zen of meditation on Buddha. If one realize the real meaning of Buddha, Buddha can not be taken as the object to conception. On the one hand the recitation of the Buddha's name is practiced as prayer for rebirth in the land of Perfect Bliss or extinction of sins. The zen of meditation on Buddha's real meaning is practiced on the ground of aware that all things can not be taken, so in such practice there is no desire or looking for. Therefore this zen is clearly distinguished from the recitation of the Buddha's name which has desire and looking for. If one become aware of the meaning of the Buddha in one's own mind, the zen of meditation on Buddha's real meaning can be practiced, if not, such highest zen can not be practiced.

Chapter XI

A Study on the reconciliation and practice theory of Cheng-guan澄觀 and Zong-mi宗密, and Lanka-Zen楞伽禪

According to the stand-point of Zheng-guan澄觀, to stay only the point of non-object is evil practice of northern-zen school(北宗), and inclining toward only lighting-up practice, not to be away from object is evil practice of southern-zen school(南宗). Zheng-guan intended to reconcile and to recover both evil practices by the intrinsic of Lanka-Zen in early zen-school period. Accordingly I am of the opinion that Zheng-guan was not a successor of a faction of zen-school, but was substantial in the zen ways of the pure-zen period. He explained that the holy orders of early zen-school got originally the one that not to be inclined to both evil practices.

Hua-yen sûtra widely illustrate Buddha's appearance of doings and virtue. Through these illustration Hua-yen School explain to be inside dharma-dhātu pratītya-samutpāda and the gate to get non-hinderance in mutual existence between phenomenon and phenomenon. In order to got this extreme virtue they did not illustrate another higher zen, but they presented the type of awakening by conversation and to ask of matters directly that the zen master of Zen School often have used. Especially Zong-mi宗密 regarded He-ze zen荷澤禪 as extreme perfect zen, and through to base on this absolute of He-ze zen he announced the accord of doctrine and zen. In sum the theory of practice-personal experiance in Hua-yen School gradually and greatly have been influenced from Lanka-Zen.

Chapter XII

Instant Zen-doctrine of the Northern-school and Zong-mi's outlook on the Northern Zen-doctrine

Zong-mi宗密's accord-theory between the doctrine and zen and zen-school is very significant fruit in Buddhism history. But it is wrong that he located the Northern-school-zen on the lowest rank in three zen-doctrines of zen-school, and prescribed Northern zen-school according to propaganda articles that the corner of southern-school disregarded Northern-school. The so-called 'the zen-doctrine of expediencies through wisdom theory of the Sutra方便通經' found in the five expediencies of *Da-cheng wu-sheng fang-bian-men*大乘無生方便門 are all instant zen doctrine in conformity with profound meaning of the Mahayana Sutra. That zen-doctrine have instant zen doctrine such as mind-no-occurring・no intended mind・no-mind・no staying mind・no observing mind・no practices that are all identical with Southern zen-school.

ABSTRACT **515**

　The zen-doctrine of directly proving the nature of mind is common to every zen-school. That is not limited to Southern zen-school such as He-ze shen-hui 荷澤神會 etc..

　Qing-hua清畵 and Hui-jian慧堅 who were senior by one generation criticized the social conditions of the day dividing into south and north school, and accentuated that the two were not two. But Zong-mi did not defer to their opinion, and defered to the position of 's7outh is instant, north is gradual' that the corner of Southern-school had asserted. His articles that introduced briefly the five expediencies of Northern zen-school are not different from Southern zen-doctrine, therefore his outlook on the Northern zen-doctrine is contradictory.

본서에 수록된 논문의 게재 학술지

▷ 본서에서 원 논문명을 고쳐서 章의 제목으로 삼기도 하였다.

제1장 : 「『능가경』의 禪法(1)」,(『종교와 문화연구』5, 전남대종교문화연구소, 2003. 4)

제2장 : 「『능가경』의 禪法과 초기 선종(2)──頓法과 漸法의 문제」(『불교학연구』7, 2003. 12)

제3장 : 「『능가경』의 禪法과 초기 선종(3)──여래선·조사선의 제문제」(『불교학연구』8, 2004. 6)

제4장 : 「불교에 있어서 宗과 믿음과 지혜와 慈悲」(『종교와 문화 연구』6, 2004. 10)

제5장 : 「근래 道信禪師 禪法 연구에 대한 반론(1)」(『불교학연구』10, 2005. 4)

제6장 : 「근래 道信禪師 禪法 연구에 대한 반론(2)」(『불교학연구』11, 2005. 8)

제7장 : 「楞伽禪과 僧稠禪과 定學」(『불교학연구』12, 2004. 12)

제8장 : 「초기 선종기 禪法의 조류와 楞伽禪의 영향」(『한국불교학』45. 2006. 8)

제9장 : 「禪定바라밀로부터 본 소승선과 달마선」(『종교학보』3, 2007. 6)

제10장 : 「念佛과 念佛禪의 구분 문제」(『종교학보』창간호, 2006. 5)

제11장 : 「澄觀·宗密의 융회론·修證論과 능가선」(『불교학보』44, 2006. 2)

제12장 : 「北宗의 頓法과 宗密의 북종관」(『한국선학』17, 2007. 8)

참고문헌

가. 원전류

『능가아발다라보경』(『大正藏』16)

『大乘入楞伽經』(박건주 譯注, 『如來心地의 要門—대승입능가경 譯注』, 능가산방, 1997)

『梵文和譯 入楞伽經』(安井廣濟 譯, 京都, 法藏館, 1976)

『대반야바라밀다경』(『대정장』5-7)

『마하반야바라밀경』(『대정장』8)

『문수사리소설마하반야바라밀경』(『대정장』8)

『화엄경』(60권본)(『대정장』9)

『금강경』(『대정장』8)

『법화경』(『대정장』9)

『思益經』(『대정장』15)

『유마경』(『대정장』14)

『대반열반경』(『대정장』12)

『보살영락본업경』(『대정장』24)

『원각경』(『대정장』17)

『俱舍論頌略釋』(上海佛學書局, 1996)

『中論』(『대정장』30)

『반주삼매경』(『대정장』13)

『섭대승론』(『대정장』31)

『大智度論』(『대정장』25)

『注華嚴法界觀門』(『대정장』45)

『화엄경탐현기』(『대정장』35)

『華嚴經疏』(『대정장』35)

『演義鈔』(『대정장』36)

『華嚴五敎章』(鎌田茂雄, 『華嚴五敎章』, 東京, 大藏出版, 1979)

『속고승전』(『대정장』50)

『楞伽心玄義』(『대정장』39)

『法界玄鏡』(『대정장』45)

『金剛三昧經論』(元曉)(『대정장』34)

『대승기신론소』(元曉)(『대정장』44)

『華嚴五敎止觀』(『대정장』45)

『肇論』(『대정장』45)

『고승전』(『대정장』50)

『信心銘』(『대정장』48)

『一乘法界圖合詩一印』(金知見 譯, 서울, 초롱, 1997)

『修行道地經』(『대정장』15)

『원각경대소초』(『卍續藏』9)

『中華傳心地禪門師資承襲圖』(『卍續藏(日本)』63)

『禪宗永嘉集』(『대정장』48)

『大乘義章』(『대정장』44)

『釋禪波羅蜜次第法門』(『대정장』46)

『大安般守意經』(『대정장』15)

『六妙法門』(『대정장』46)

『마하지관』(『대정장』46)

『法華玄義』(『대정장』33)

『少室六門集』(『대정장』48)

『달마다라선경』(『대정장』15)

「六妙法門」(『대정장』46)

『五種方便念佛門』(『대정장』47)

『止觀輔行傳弘決』(『大正藏』46)

『송고승전』(『대정장』50)

『法華玄義』, (『대정장』33)

『佛祖統紀』, (『대정장』49)

『傅大士錄(善慧大士語錄)』(『卍續藏』69)

『二入四行論長卷子』(『鈴木大拙禪思想史硏究 ; 第二』, 東京, 岩波書店, 1987)

『敦煌寫本 法句經』(『대정장』85)

『稠禪師意(大乘安心入道法)』(冉雲華, 「敦煌文獻與僧稠的禪法」, 『華岡佛學學報』6, 1983. 7에 수록된 원문)

『大乘心行論』(위와 같음)

『稠禪師藥方療有漏』(위와 같음)

『稠禪師解虎贊』(위와 같음)

『大乘無生方便門』 및 『大乘五方便』 등 여러 異本(宇井伯壽, 『禪宗史硏究』, 東京, 岩波書店, 1966의 第八章 「北宗殘簡」에 실린 교정본)

『大乘北宗論』(宇井伯壽, 『禪宗史硏究』, 岩波書店, 1966)

『心銘』(박건주 譯解, 『禪과 깨달음 : 초기 선종법문해설』, 서울, 운주사, 2004)

『顯宗記』(『頓悟無生般若頌』)(위와 같음)

『無心論』(위와 같음)

『絶觀論』(위와 같음)

『南天竺國菩提達摩禪師觀門』(위와 같음)

『觀心論』(『대정장』85)

『二入四行論』(위와 같음)

『楞伽師資記』,(박건주 譯注, 서울, 운주사, 2001)

『大乘開心顯性頓悟眞宗論』(『頓悟眞宗論』)(『대정장』85)

『敦煌寫本壇經原本』(周紹良 編, 北京, 文物出版社, 1997)

『頓悟大乘正理決』(上山大峻의 교정본;『敦煌佛敎の硏究(資料篇)』, 京都, 法藏館, 1990. 3)

『敦煌禪宗文獻集成(上)』(北京, 中華全國圖書館文獻縮微復制中心, 1998)

『南天竺國菩提達摩禪師觀門』(『대정장』85)

『菩提達摩南宗定是非論』(楊曾文 編校,『神會和尙禪話錄』北京, 中華書局, 1996)

『南陽和尙問答雜徵義』(위와 같음)

『南陽和尙頓敎解脫禪門直了性壇語』(위와 같음)

『神會和尙遺集』(胡適 校, 台北, 中央硏究員胡適紀念館, 1968)

『禪源諸詮集都序』『대정장』48

『頓悟入道要門論』(『卍續藏』63)

『傳法寶紀』(柳田聖山,『初期禪宗史書の硏究』(京都, 法藏館, 2000)에 실린 교정본

『歷代法寶記』(『대정장』51)

『讚禪門詩』(敦煌文書)(『대정장』85 및 川崎ミチコ,「禪僧の偈頌；五. 通俗詩類·雜詩文類」)(『講座敦煌8, 敦煌佛典禪』, 東京, 大東出版社, 1980)

『傳心法要』(『卍續藏』69)

『金剛心論』(釋 金陀 著, 淸華 編, 聖輪閣, 2000)

『江西馬祖道一禪師語錄』(『卍續藏』68)

『唐玉泉寺大通禪師碑銘』(『全唐文』231)

『唐故招聖寺大德慧堅禪師碑銘』(楊曾文,「有關神會的兩篇銘文」,『中國佛敎史論』, 北京, 中國社會科學出版社, 2002에 실린 원문)

『能秀二祖讚』(淸晝)(『全唐文』917)

『唐大通和尙法門義讚』(『全唐文』917)

『大唐眞化寺多寶塔院故寺主臨大德尼如願律師墓誌銘』(『全唐文』916)

『大照禪師塔銘』(李邕)(『全唐文』262)

『潤州鶴林寺故徑山大師碑銘』(李華)(『全唐文』320)

_____, 『故左溪大師碑』(『全唐文』302)

『出三藏記集』(北京, 中華書局, 1995)

『낙양가람기』(『大正藏』51)

『四家語錄』(『卍續藏』119)

『宗鏡錄』(『대정장』48)

『祖堂集』(張華 点校, 鄭州, 中州古籍出版社, 2001)

『潙仰錄』(『五家語錄』)

『五燈會元』(『卍續藏』138)

『경덕전등록』(『대정장』51)

『禪門拈頌集』(동국역경원)

나. 저서·논문

胡適,「楞伽宗考」(『中央硏究員歷史語言硏究所集刊』5-3, 1935;『胡適學術文集--中國佛學史』, 中華書局, 北京, 1997에 再錄)

____,「荷澤大師別傳」,『胡適學術文集·中國佛學史』, 北京, 中華書局, 1997.

____,『胡適禪學案』(柳田聖山 主編, 台北, 1975)

忽滑谷快天,『禪學思想史(上)(下)』, 東京, 玄黃社, 1923.

呂澂,「禪學述原」(『呂澂集』, 北京, 中國社會科學院出版社, 1995)

張曼濤 主編,『禪宗史實考辨』(現代佛敎學術叢刊, 禪學專集4, 台北)

_____,『禪宗典籍硏究』(現代佛敎學術叢刊, 禪學專集5, 台北)

宇井伯壽, 『禪宗史研究』, 東京, 岩波書店, 1966.

關口眞大, 『達摩の研究』, 東京, 岩波書店, 1984; 1967.

＿＿＿＿, 『禪宗思想史』, 東京, 山喜房佛書林, 1966; 1964.

＿＿＿＿, 『達摩大師の研究』, 東京, 春秋社, 1969.

＿＿＿＿, 「天台宗に於ける達摩禪」(『印度學佛教學研究』7-2, 1959)

＿＿＿＿, 『止觀の研究』, 東京, 岩波書店, 1975.

鈴木大拙,, 『鈴木大拙全集』, 東京, 岩波書店, 1968.

＿＿＿＿, 『鈴木大拙禪思想史 第二』, 東京, 岩波書店, 1987.

鎌田茂雄, 『宗密教學の思想史的研究——中國華嚴思想史の研究 第二——』(東京大東洋文化研究所, 1975)

伊吹敦, 「「大乘五方便の諸本について」——文獻の變遷に見る北宗思想の展開——」(『南都佛教』65, 1991)

張勇, 『傅大士研究』, 成都, 巴蜀書社, 2000. 7.

柳田聖山, 『初期禪宗史書の研究』, 京都, 法藏館, 2000.

＿＿＿＿, 『禪佛教の研究』, 京都, 法藏館, 1999.

＿＿＿＿, 『禪文獻の研究(上)』, 京都, 法藏館, 2001.

＿＿＿＿, 「祖師禪の源と流」, (『印度學佛教學研究』9-1, 1961. 1)

＿＿＿＿, 「禪宗の本質(歷史的考察)——その二」(『初期禪宗史書の研究』, 京都, 法藏館, 2000. 1)

＿＿＿＿, 「禪と禪宗——その二」, 『初期禪宗史書の研究』, 京都, 法藏館, 2000. 1.

＿＿＿＿, 「ダルマ禪とその背景」(橫超慧日編, 『北魏佛教研究』, 京都, 平樂寺書店, 1978; 1970)

楊維中, 「由'不立文字'到文字禪——論文字禪的起因」(『禪學研究』3, 南京, 江蘇古籍出版社, 1998. 11)

洪修平·孫亦平 共著, 노선환·이승모 共譯, 『如來禪』, 서울, 운주사, 2002.

杜繼文・魏道儒,『中國禪宗通史』, 江蘇古籍, 1993.

楊惠南,「南禪'頓悟'說的理論基礎 --以'衆生本來是佛'爲中心(1)」(『台大哲學論評』6)

田中良昭,『敦煌禪宗文獻の研究』, 東京, 大東出版社, 1983.

_____,『禪學研究入門』, 東京, 大東出版社, 1994.

_____,「道信禪の研究」(『駒澤大學佛敎學部硏究紀要』22, 1964. 3)

_____,「大乘安心と方便法門」(『印度學佛敎學硏究』13-1, 1965. 1)

駒澤大學禪宗史研究會,『慧能研究』, 東京, 大修館書店, 1978.

徐文明,『中土前期禪學思想史』, 北京師範大學, 2004.

李永朗,「祖師禪の成立」(『印佛研』50-1, 2002. 12)

水野弘元,「菩提達摩の理入四行說と金剛三昧經」(『駒澤大學研究所紀要』13, 1955. 3)

_____,「禪宗成立以前のシナ禪定思想史序說」(『駒澤大學研究紀要』15, 1957. 3)

石井公成,,「『金剛三昧經』成立事情」(『印度學佛敎學研究』46-2, 1999. 3)

金鎭茂,「論道信禪——以『楞伽師資記』爲中心」(『禪學研究』4, 南京, 江蘇古籍出版社, 2000. 8)

伊吹 敦,「早期禪宗史研究之回顧和展望」(『中國禪學』2, 2003)

王路平,「論中國禪宗的緣起與嬗變」(『曹溪——禪研究』3, 北京, 中國社會科學出版社, 2003. 10)

上山大峻,「チバット宗論の始終」(『敦煌佛教の研究』, 京都, 法藏館, 1990)

村中祐生,「中國南北朝時代の禪觀について」(『天台觀門の基調』, 東京, 山喜房佛書林, 1986)

杜繼文,「禪, 禪宗, 禪宗之禪」(『禪學研究』3, 南京, 1998. 11)

楊曾文,『唐五代禪宗史』第一章, 北京, 中國社會科學出版社, 1999.

_____, 「唐代宗密及其禪敎會通論」, 『中國佛敎史論』, 北京, 中國社會科學出版社, 2002.

_____, 「有關神會的兩篇銘文」, 『中國佛敎史論』, 위와 같음.

_____, 「關于『唐故招聖寺大德慧堅禪師碑』的補充說明」, 『中國社會科學院研究生院學報』, 1995-4.

潘桂明, 『中國禪宗思想歷程』, 北京, 今日中國出版社, 1992.

원나 시리 지음, 범라 옮김, 『아난존자의 일기』 권2, 서울, 운주사, 2000.

최정인 편저, 『열두직제자』, 서울, 도서출판 여래, 1998.

周柔含, 「安那般那念─十六勝行 '身行' 之探究」, (『中華佛學硏究』5, 2001. 3)

陳英善, 「從數息觀論中國佛敎早期禪法」, (『中華佛學學報』13, 2000. 7)

篠原壽雄, 「北宗禪と南宗禪」, (『敦煌講座8 ; 敦煌佛典と禪』, 東京, 1980)

高峯了州, 「華嚴と禪との通路」, (『華嚴論集』, 東京, 國書刊行會, 1976)

_____, 『澄觀の十二因緣觀門』, (위와 같음)

鎌田茂雄, 『中國華嚴思想史の硏究』, 東京大學東洋文化硏究所, 1965.

吉津宜英, 『華嚴禪の思想史的硏究』, 東京, 大東出版社, 1985.

戒環, 『中國華嚴思想史硏究』, 불광출판부, 1996.

童群, 『融合的佛敎─圭峰宗密的佛學思想硏究』, 北京, 宗敎文化出版社, 2000.

_____, 「宗密以敎融禪的禪敎合一說評析」, (『禪學硏究』3, 南京, 1998. 11)

_____, 김진무・노선환 共譯, 『祖師禪』, 서울, 운주사, 2000.

鄭舜日, 「宗密의 會通思想硏究─原人論을 中心으로─」, (『한국불교학』8, 1993. 12)

聶淸, 「神會與宗密」, (『禪學硏究』4, 南京, 2000. 8)

魏道儒, 「華嚴哲學的終結與禪化過程」, (中國華嚴宗通史』第5章, 南京, 江蘇古籍出版社, 1998)

顧偉康, 『禪宗六變』, 台北, 東大圖書公社, 1994.

韓煥忠, 「天台智顗的禪學體系」(中國禪學』2, 北京, 2003)

村中祐生, 『天台觀門の基調』, 東京, 山喜房佛書林, 1986.

關口眞大, 「天台宗に於ける達摩禪」(『印度學佛敎學硏究』7-2, 1959)

任繼愈, 「弘忍與禪宗」(『佛學硏究』3, 1994)

冉雲華, 「敦煌文獻與僧稠的禪法」(華岡佛學學報』6, 1983. 7)

＿＿＿, 「中國早期禪法的流傳和特點」(『華岡佛學學報』7, 1984. 9)

＿＿＿, 「唐故招聖寺大德慧堅禪師碑」考」(『中華佛學學報』7, 臺灣中華佛學硏究所, 1994)

葛兆光, 「荷澤宗考」, 『新史學』5-4, 1994.12.

木村淸孝, 『中國華嚴思想史』, 京都, 平樂寺書店, 1992.

佐藤心岳, 「北齊鄴都の佛敎」(『印度學佛敎學硏究』32-1, 1983.12)

沖本克己, 「『菩提達摩四行論』について」, (『천태학연구』2, 2000.9)

竹內弘道, 「神會と宗密」(『印度學佛敎學硏究』34-2, 1986. 3)

木南廣峰, 「牛頭宗について──特に『絶觀論』を中心として──」(『駒澤大學佛敎學部論集』12, 1981. 10)

竹內弘道, 「神會と宗密」, 『印度學佛敎學硏究』34-2(68), 1986. 3.

＿＿＿, 「『南宗定是非論』の成立について」, 『印度學佛敎學硏究』29-2, 1981.3.

白山和宏, 「中國北朝佛敎における禪について」, 『印度學佛敎學硏究』49-1, 2000. 12.

菅 英尙, 「『楞伽經』における唯心」, 『印度學佛敎學硏究』29-1, 1980. 12.

石井修道, 「頓悟漸修について──『裴休拾遺問』を中心として」(『印度學佛敎學硏究』29-2, 1981. 3)

顧偉康, 「圭峰宗密"和會禪宗"再探」(『中國禪學』3, 北京, 中華書局, 2004. 11)

增永靈鳳, 「大乘無生方便門の研究」, (『印度學佛教學研究』3-2(6), 1955. 3)
攝淸, 「神會與宗密」, (『禪學研究』4, 江蘇古籍, 2000. 8)
吳立文, 「禪宗史上的南北之爭及當代禪宗復興之管見」, (『佛學研究』3, 1994)
黃釗, 「東山法門是禪宗形成的標志」, (『佛學研究』3, 1994)
麻天祥, 「胡適·鈴木大拙·印順 禪宗史研究中具體問題之比較」, (『佛學研究』3, 1994)
樓于列, 「神會的頓悟說」, 『백련불교논집』3, 1993.
韓煥忠, 「天台智顗的禪學體系」, (『中國禪學』2, 北京, 中華書局, 2003. 5)
吳信如, 「佛法禪定論(續)」, (『佛學硏究』3, 1994)
_____, 「佛法禪定論(續)」, (『佛學硏究』4, 1995)
新倉和文, 「達摩宗とその批判者達」, (『印度學佛教學研究』33-2, 1985.3)
風間敏夫, 「摩訶止觀と南宗禪の關係について」, (『印度學佛教學研究』28-1, 1979. 12)
松田文雄, 「菩提達磨論──續高僧傳達磨 その序論──」, (『印度學佛教學研究』26-2, 1978. 3)
唯眞(鄭駿基), 「荷澤神會의 禪思想 研究──頓悟와 見性을 중심으로──」, 『한국불교학』26, 2000. 6.
鄭性本, 『中國禪宗의 成立史硏究』, 서울, 民族社, 2000; 1991.
김호성, 『대승경전과 禪』, 서울, 民族社, 2002.
_____, 「頓悟漸修의 새로운 解釋──頓悟를 중심으로──」, 『한국불교학』15, 1990. 12.
金榮郁, 「『壇經』禪思想의 硏究──北宗批判을 통한 慧·用思想의 성립과 전개──」(고려대학교박사학위논문, 1993. 12)
김태완, 『祖師禪의 실천과 사상』, 서울, 장경각, 2001.
강혜원, 「南北兩宗에 있어서 自性에 대하여」, 『한국불교학』15, 1990. 12.

_____, 「達摩禪에 나타난 維摩의 不二思想」, 『한국불교학』20, 1995. 10.

_____, 「荷澤神會의 頓悟觀」, 『한국불교학』14, 1989. 12.

조윤호, 「宗密 頓悟漸修 成佛論 체계의 형성과 의의」, 『한국불교학』24, 1998.

_____, 「宗密의 돈오점수 성불론」, 『동아시아불교와 화엄사상』, 초롱, 2003.

姜文善, 『北宗神秀의 禪思想硏究』, 동국대학교박사학위논문, 1987.

박건주, 『달마선』, 서울, 운주사, 2006.

찾아보기

【ㄱ】

가지加持 141
가행加行 373
각覺 449, 454
각만覺滿 454
각성覺性의 해海 95
각타覺他 454
간심看心 110, 227, 258, 260, 264, 361, 419, 420, 426, 452
간심행看心行 262
간혜정乾慧定 329
간화선看話禪 14, 27, 261, 406
감인위堪忍位 360
개시오입開示悟入 52
견見 474
견도見道 342
견분見分 56
견성 164
견성성불見性成佛 49, 252
겸전무웅鎌田茂雄 427
계금취견戒禁取見 196
고봉료주高峯了州 438
공空 253, 407
공덕총림 340
공상共相 137, 146
공용功用 227

공용행功用行 227
공적空寂 59, 87, 389, 471, 474
과위果位 83, 140, 174
관구진대關口眞大 277
관선觀禪 358
관심觀心 275, 419
『관심론觀心論』 261
관찰의선觀察義禪 136, 137
관혜觀慧 46, 292, 330
교선쌍망敎禪雙亡 440, 494
교선일치 32
교외별전敎外別傳 50, 52
구경각究竟覺 96, 453
구나발다라求那跋陀羅 12, 27, 157, 393
구마라습鳩摩羅什 71
『구사론』 75
구상九想 358
구종대선九種大禪 330
九種心住 366
구차제정九次第定 344, 359
규봉종밀圭峰宗密 443
근본미선根本味禪 350
근본정선根本淨禪 350, 356
근본지根本智 457
『금강경』 25, 95, 450, 456

금강삼매 101, 189
『금강삼매경론』 55
『금강삼매경』 142, 172
금강유정 189
금타화상金陀和尙 385
김진무金鎭茂 256

【ㄴ】
나선사那禪師 13, 37
『낙양가람기』 152
난선難禪 360
남돈북점南頓北漸 73, 480
남돈북점론南頓北漸論 71
남북이종南北二宗 21, 421
남악혜사南嶽慧思 331
남의북선南義北禪 283
남종南宗 259, 361, 406, 416, 417, 420, 437, 446, 453
『남천축국보리달마선사관문南天竺國菩提達摩禪師觀門』 109, 362
남천축일승종南天竺一乘宗 12
노안老安 415
노자老子 234
『능가경楞伽經』 13, 25, 27, 31, 40, 51, 57, 76, 95, 149, 254, 370, 396, 397, 403, 437, 438, 481, 485
『능가경주楞伽經注』 411
능가사楞伽師 11, 103, 217, 254, 284, 325
『능가사자기楞伽師資記』 15, 36, 59, 157, 217, 284, 393

능가선楞伽禪 11, 49, 66, 103, 108, 323, 440, 465
능가선법 440
『능가아발다라보경楞伽阿跋多羅寶經』 (4권본) 27
『능가요의楞伽要義』 15
『능가인법지楞伽人法志』 15, 101, 217
능가종 11
능각 56
능관能觀 383, 465
능관能觀의 지智 467
능관지能觀之智 335
능 40, 234, 253, 371, 398, 403, 464
능소能所 63, 88, 384, 386, 389, 398
『능수이조찬能秀二祖讚』 104
능지能智 46, 147, 227, 373
능취能取 161
니간타 외도 195

【ㄷ】
『단경』 93, 107, 112, 163
달마 11, 15, 28, 35, 44, 51, 142, 150, 158, 240, 283, 325, 414
달마선 11, 26, 49, 260, 285, 313, 325, 365, 458, 481
달마선맥 313
달마선문 338
담무참曇無讖 27
담연湛然 333, 336
당념當念 91, 263
당리當理 228, 426

당처當處 263
당행當行 228, 426
대보살 187
대비大悲 184
대비행大悲行 433
大乘 59, 91
『대승기신론소』 180, 227
『대승기신론』 366, 380
『대승무생방편문大乘無生方便門』 103, 445, 450
대승보살선 317, 324, 332
『대승북종론大乘北宗論』 104, 154, 445
대승선大乘禪 272, 314
『대승심행론大乘心行論』 297
『대승오방편大乘五方便』 445
『대승입능가경大乘入楞伽經』(7권본) 29
대열반 460
대조보적大照普寂 117
대통신수大通神秀 105, 114
도방道房 288, 320
도선道宣 12, 31, 239, 283, 287, 300, 318, 326, 458
도신道信 98, 219, 223, 237, 254, 273, 382, 396
도항道恒 285, 307, 311
돈교 414, 415
돈법頓法 73, 81, 89, 91, 93, 95, 97, 111, 113, 119, 259, 297, 361, 362, 406, 437
돈수頓修 79, 97, 166, 253, 404, 465, 472

『돈오대승정리결頓悟大乘正理決』 259, 445
돈오돈수頓悟頓修 164, 166
돈오頓悟 70, 79, 80, 85, 164, 166
『돈오진종론頓悟眞宗論』 265, 445
『돈오진종요결頓悟眞宗要決』 265, 446
돈점의 용례 75
頓淨 76
돈정상 78, 79, 80, 83
돈황본 『단경』 108, 118
동산東山 19
동산법문東山法門 217
동수성불同修成佛 187
동체대비同體大悲 187
두비杜胐 404
두순杜順 415, 431
등각等覺 85

【ㄹ】
라싸의 종론宗論 259
륵나삼장勒那三藏 317, 319

【ㅁ】
마나식末那識 227, 386
마조도일馬祖道一 13, 73, 130, 131
『마하반야바라밀경』 387
『마하연론』 348
마하연摩訶衍 259, 262, 272
『마하지관』 345, 361
망념忘念 41, 459
망심忘心 373, 376, 417, 477

망언忘言 41, 459
멸수상정滅受想定 357
명名 32, 42, 56
목련존자 289
묘각妙覺 79
무각無覺 204
무견無見 251
무공용無功用 227, 299, 365, 370, 386
무공용행無功用行 124, 125
무관無觀 419
무구無求 290
무기無起 251
무념無念 89, 309, 426, 453
무념행 127
무득無得 41, 459
무루선無漏禪 358
무루의 출세간상상선 321
무닝無名 411
무명업상無明業相 453
무문無門 14
무분별無分別 252
무분별지無分別智 342, 458, 472
무상계無相戒 449
無想滅定 136
무상無相 59, 91, 146, 268, 383, 407
무상방편지無相方便地 227
無上正等覺 47
무생無生 61, 64, 65, 87, 88, 189, 220, 251, 371, 398
무생법인無生法忍 55, 60, 62, 187, 321
무소구행無所求行 99

무소유無所有 122
무수無修 124
무수지수無修之修 66, 79, 113, 124, 166, 372, 465
무심無心 90, 275, 361, 373, 449
무아無我 201
무애도無碍道 464
무애법계無碍法界 437
무연대비無緣大悲 201
무연無緣 427
무원無願 290, 407
무위無爲 232, 236
무위심無爲心 391
무자성無自性 253
무작無作 465
무작의無作意 113, 372, 465
무작의無作意의 수修 124
무주도無住道 464
무주無住 185, 465
무주행無住行 432
무주혁명 242
무지無知 251, 418
무착無着 214
묵조선默照禪 14
문수보살의 묘혜妙慧 463
『문수설반야경』 219, 228, 396
文字相 47
문자선文字禪 14, 54
미도정未到定 352
미선味禪 356
미세微細 삼상三相 453

미타산彌陀山 30
민절무기泯絶無寄 432
密法 47

【ㅂ】
바라문승 262
『반야경』 40, 482
반야무지般若無知 221, 371
반야바라밀 374, 389, 407
반야삼매 127
반야행 126
반연진여선攀緣眞如禪 136, 137
『반주삼매경』 396
방편통경方便通經 444, 447
번뇌장 42
『법계관문法界觀門』 431
법계연기法界緣起 434
法無我 146
법성 375
法身 65, 87, 235
法身佛 77
법여法如 406, 415
법장法藏 411, 413, 437
법행法行 80, 84
『법화경』 457
법화삼매 331
법흠法欽 411
벽관壁觀 35, 284, 306
변계소집성遍計所執性 42
보리달마남종菩提達摩南宗 73
보리유지菩提流支 29

『보림전寶林傳』 45, 150, 173
보살계 449
보살도 348
보살제7지 226, 386
보살제8지 60, 227, 365, 370, 386
報身佛 77
『보장론』 473
보적普寂 73
본각本覺 97, 203
본래시불本來是佛 469
본제本際 203
본주법本住法 47, 160
부동지不動地 321
復禮 29
부사不思 260, 264, 370, 419
부사의사不思義事 136, 141
不生不滅 39
부정관不淨觀 321, 378
북제혜문北齊慧文 선사 331
북종北宗 71, 109, 119, 258, 361, 406, 416, 420, 437, 446, 447, 453
북종선 411
『북종오방편北宗五方便』 102, 466, 481
分別相 47
불각불관不覺不觀 289
불간심不看心 262
불관不觀 259, 260, 264, 361, 459
불기념不起念 89
불립문자不立文字 46
불생불멸 146
『불설결정비니경佛說決定毘尼經』 407

불성계佛性戒 450
불성佛性 380
불심佛心 79, 252, 372, 383, 389, 398, 404
불어佛語 14
불염불不念佛 262
佛地 136
불지견佛知見 457
불진간정拂塵看淨 444
불타佛陀선사 317, 320
불퇴전지不退轉地 187
불행不行 260, 269, 370, 466
비구非句 51
비념非念 425
비파사나[觀] 26, 342

【ㅅ】
시공처정四空處定 355
사관事觀 432
4구四句의 선법 102
사념처법 290
사념처지四念處智 360
사념처행四念處行 360
사등四等 351, 354
사마타[止] 342, 366
사무량심四無量心 354
사무색계정四無色界定 355
사무애변四無礙辯 348
사사무애관事事無礙觀 442
사사무애事事無礙 427, 436
사사무애행事事無礙行 433

사선四禪 351, 354
사선팔정四禪八定 320
사의似義 42
『사익경』 463
『사익범천소문경思益梵天所問經』 269
사자분신삼매獅子奮迅三昧 330
사정邪定 329
사정四定 351, 355
사종선四種禪 135, 149
삼삼매三三昧 321
삼선三禪 354
삼성三性 32
삼세三細 42, 453
삼신불三身佛 465
삼해탈三解脫 198, 289, 321, 407
상락아정常樂我淨 197, 372
상분相分 56
상사각相似覺 96, 204
상정上定 360
色究竟天 77
석가모니불 270
『석선바라밀차제법문釋禪波羅蜜次第法門』 293, 345
선나禪那 340
『선문염송집』 50
선미禪味 329
선오후수先悟後修 219, 391
『선원제전집도서禪源諸詮集都序』 52
선정 375
선정바라밀禪定波羅蜜 340
先定後慧 373

선종 393
先慧發定 373
설봉雪峰 50
『설봉어록雪峰語錄』 50
설통說通 156
『섭대승론攝大乘論』 42, 342, 472
섭심攝心 110
성기性起법문 427
성문 137
세간법 93
세간선문世間禪門 292
世間智 146
세친世親 214
소각 56
소동파[蘇軾] 12, 26, 28
소명所名 56
소所 40, 234, 253, 371, 398, 403, 464
소승근본선 314, 378
소승선 493
소지장所知障 42
소취所取 161
『속고승전續高僧傳』 12, 239, 283, 328
『송고승전』 52, 328
수문제隋文帝 317
수본진심守本眞心 233
수분각隨分覺 96, 204
수선修禪 330, 359
수식관數息觀 378
『수심요론修心要論』 231, 235, 390
수야홍원水野弘元 286
수연행隨緣行 99

수일수일守一 233
순선純禪시대 12
숭원崇遠 71
습기習氣 58, 227, 385, 386
승실僧實 317, 319
승옹僧邕 322
승조선僧稠禪 313, 325
승조僧肇 221
승조僧稠 283, 302, 317, 319
승찬 237
시각始覺 97
시바라밀尸波羅蜜 374
식망수심종息妄修心宗 444
식심견성識心見性 252
식정識定 106, 123, 340
신수神秀 13, 73, 99, 103, 117, 125, 159,
     230, 261, 265, 406, 415, 437
신증身證 99, 245, 440
신해행증信解行證 182
신회 89, 119
신회어록神會語錄 81
실상實相 253
실상염불實相念佛 379
실제實際 203
실차난타實叉難陀 29
心(제8식) 192, 480
심량心量 44, 59, 88
『심명心銘』 71, 404, 417
심문心門 321
심불기心不起 89, 102, 420, 449, 452
심성 474, 482

심수心數 357
心外無法 181
심지心地법문 95, 406
심체 482
심행보살 187
심행처멸心行處滅 60, 310, 432
십승관법十乘觀法 361
십육특승관 291
십육특승十六特勝 356, 357
12문선門禪 351
『십이인연관문十二因緣觀門』 439
십일체처선十一切處禪 359
십지十地 85

【ㅇ】
아나파나문阿那波那門 321
아뇩다라삼먁삼보리 198, 204
아라한 310
아뢰야식 453
앙산혜적仰山慧寂 142
애미愛昧 292, 330
양현지楊衒之 150
言說法 191, 479
言說相 47
언어도단言語道斷 60, 310, 432
언하편오言下便悟 128
여래선如來禪 127, 136, 140, 141, 149, 172
여래심지如來心地의 요문要門 485
여래如來 65
여래장如來藏 95, 197

如來地 146
여래청정선如來淸淨禪 142, 403
여래행如來行 79
如實法 191, 479
여환삼매 189
연각 137
연기緣起 253, 427
연등불 270
연선練禪 359
연의초演義鈔 414, 429
연화계蓮花戒 270
『열반경』 290
염불 382, 389, 406, 408
염불관 378
염불기념不起 93
염불선 382, 395, 407, 408
염불심념佛心 389, 392
염불행念佛行 262
염심念心 389
염운화冉雲華 296
염하흔상厭下欣上 354
영명연수永明延壽, 52
영목대졸鈴木大拙 274
영지불매靈知不昧 417, 440, 482
영지靈知 418, 440, 471, 477
오교론五敎論 413
오문선五門禪 314, 338, 378
오방편五方便 448, 471, 477
오법五法 32
五法自性 39
왕로평王路平 254

왕생염불 387
요견심성了見心性 420
욕계정欲界定 320, 351
우두법융牛頭法融 71, 215, 273, 276, 404, 417
우두선牛頭禪 45, 411
우부소행선愚夫所行禪 136, 137
『운문광록雲門廣錄』 50
『원각경대소圓覺經大疏』 440
『원각경대소초』 480
『원각경』 80
원돈지관圓頓止觀 361
원효 55, 171, 180, 227, 366, 381
위산潙山 144
유루선有漏禪 320, 358
『유마경』 461
『유마힐소설경』 396
유무중도有無中道 253
유식무의唯識無義 342
유식唯識 31, 90, 216, 376
『유심안락도』 381
유심唯心 34, 41, 43, 58, 64, 88, 220, 394, 397, 403
유심정토唯心淨土 406
유전성산柳田聖山 216, 229, 231, 237, 257, 288
육도만행 360
육묘문六妙門 334
『육묘법문六妙法門』 293, 345
육바라밀 298, 342
육신통 474

『육조단경』 18, 214, 275, 373
意(제7식) 192, 480
의복義褔 73, 259
意生身 65, 87, 235, 390
意識(제6식) 192, 480
의義 42
의타기성依他起性 42
의학義學 283, 315
이념離念 425, 426, 449, 453
二無我 32
이법계理法界 181
二邊 192, 480
이사무애理事無碍 268
이선二禪 353
이심離心 454
이심전심以心傳心 38, 45, 414
『이입사행론二入四行論』 35, 180
『이입사행론장권자二入四行論長卷子』 299
이입二入 385
이입理入 35, 49, 268, 332, 385, 391, 406, 425
이장二障 42
이집二執 94, 139, 194, 221, 268, 391, 399, 439, 439, 460
이화李華 277
인과동시因果同時 79
인무아人無我 137
인연관 378
인욕바라밀 374
인위因位 101, 140, 174, 433

인정발혜因定發慧 331, 332, 476
인지因地 80, 83, 84
인행因行 109, 453
인혜발정因慧發定 332, 476
일불승一佛乘 80
일상삼매 385
일상一相 385
일심법계一心法界 188, 201, 374
일심법문 465
일심一心 34, 40, 43, 56, 64, 88, 205, 220, 253, 389, 397, 403
일체문선一切門禪 360
일체법불가득一切法不可得 181
일체선一切禪 360
일체종지一切種智 96
일체행선一切行禪 360
일행삼매一行三昧 228, 385
임미임오任迷任悟 474
임운任運 66, 99, 465
『임제록臨濟錄』 50
『입능가경入楞伽經』(10권본) 29
『입능가심현의入楞伽心玄義』 30, 411
「입도안심요방편법문」 218, 223, 400
입법계연기入法界緣起 436
입여래지入如來智 267

【ㅈ】
자각自覺 454
자교오종籍教悟宗 35
자비관 378
자비행원 267

자상自相 137, 146
자성보리自性菩提 123
자성불自性佛 60, 408
자성선自性禪 330, 360
자성정토自性淨土 406
자성청정심自性淸淨心 232
자수용신自受用身 202
自心所現 39, 94, 226, 236
자증법自證法 47, 160
장지기蔣之奇 12
寂照 125
적조행寂照行 174
적호寂護 270
전5식 57
전방편前方便 118
전법륜轉法輪 101
『전법보기傳法寶紀』 237, 404
전식轉識 57
전의轉依 57, 64, 342
『절관론絶觀論』 71, 97, 274, 404
절관망수絶觀忘守 274
절관絶觀 97, 138, 157, 253, 259, 275, 361, 370, 404, 418, 419, 432
절언絶言 414
점법漸法 73, 76, 81, 119, 258
점수漸修 79, 444
漸淨 76
점정상 78, 80, 83
정각正覺 204
정각淨覺 59, 214, 257, 302
정계淨戒 450

정관正觀 41, 459
정념正念 394
정려靜慮 340
정문定門 318
정방론正傍論 72
정법 407
正思惟 32
정사情事 305, 307, 322
정심淨心 452
정정正定 329
정진바라밀 374
정학定學 283, 314
정혜무이定慧無二 332, 365, 373, 476
정혜쌍수定慧雙修 111, 339, 374
제8식 42
제8지보살 187
제불심제일諸佛心第一 219, 396
제여래선 136
제일의第一義 254
『조당집祖堂集』 50, 142
조사선祖師禪 73, 128, 157
『조선사의禰禪師意』 296, 298
조원수웅篠原壽雄 296
照寂 125
조적행照寂行 174
존삼수일存三守一 142, 170
종宗 66, 91
『종경록』 52
종밀宗密 38, 52, 74, 411, 440, 480
종통宗通 156
좌선 375

『주반야바라밀다심경』 302
중관中觀 31, 216, 376
『중론中論』 58
중생심 90
즉심시불卽心是佛 43, 60, 194, 372, 389, 414
즉심卽心 389
持戒바라밀 374
지관止觀 288
지관타좌只管打坐 124
지민智旻 301
지사문의指事問義 49, 157, 245
지사이문指事以問 49, 157
지식게智識偈 429
지심계持心戒 450
지엄智儼 411
지止 26
지知 472, 474, 482
지智 473
지초志超 336
지혜바라밀 374
직심直心 306
직지인심直指人心 49, 252
직현심성종直顯心性宗 468
진심眞心 232
진언행眞言行 406
진여법신 383
진여삼매 366, 370
진여眞如 44, 84, 87, 161, 220, 234, 253
진지眞知 417, 473, 475, 477
진학眞學 391

징관澄觀 45, 411, 414, 415, 421, 425
징선사澄禪師 105

【ㅊ】
차세타세락선此世他世樂禪 360
찬령贊寧 52
참구參究 염불 395
천태사교天台四教 415
천태선문天台禪門 316, 338
『천태소지관』 345
천태지관법문 345
천태지관天台止觀 361
천태지의天台智顗 261, 286, 292, 331, 345, 360, 378
청정정선清淨淨禪 360
청화清畫 104
초산소기楚山紹琦선사 395
초상初相 153
초선初禪 352
초월삼매 359
초지미선初地味禪 320
초지初地보살 381
최상승선 108, 407, 440
출세간법 93
출세간상상선문 294
출세간상상선出世間上上禪 330, 360
출세간상상지出世間上上智 145, 146
출세간선문 294
출세간선出世間禪 358
측천무후則天武后 29, 437
7종관문觀門 113, 365

칭명稱名 염불 383, 6
칭법행稱法行 99

【ㅌ】
타수용신他受用身 84, 202
통명선通明禪 293, 356, 7
티베트 종론宗論 259

【ㅍ】
파사현정破邪顯正 496
팔배사八背捨 331, 358
팔승처八勝處 359
팔촉八觸 352
평상심 130

【ㅎ】
하택선荷澤禪 411
하택신회荷澤神會 45, 71, 120, 122, 221, 406, 417
하택종荷澤宗 495
항마장降魔藏 259
행입行入 99
향엄지한香嚴智閑 142
『현사광록玄沙廣錄』 50
현색玄賾 101, 230, 415
현수법장賢首法藏 28, 30, 415, 431
『현종기』 440
『현종론』 221
『혈맥론血脈論』 44
혜가慧可 13, 28, 36, 46, 240, 285, 307, 326

「혜견비문慧堅碑文」 480

혜견慧堅 478

혜능 16, 18, 73, 81, 89, 109, 119, 130, 406

혜만慧滿 13, 37

혜복惠福 259

혜사慧思 316

혜운慧雲 411

혜찬慧瓚 336

혜충慧忠 411

호적胡適 15

홍인弘忍 13, 33, 121, 158, 231, 235, 390, 415

홍주종洪州宗 495

화두선 261

化身佛 77

『화엄경행원품소』 439

『화엄경』 438, 464, 473

화엄법계 440, 494

화엄삼매문 434

화엄선 441

『화엄오교지관』 415, 433

화엄종 440

환법幻法 91

활대滑台의 논쟁 71

후득지後得智 438, 457

훈선熏禪 330, 359

元照 박건주

전남 목포 출생, 전남대 사학과, 동 대학원 석사.
성균관대 대학원 사학과 문학박사(동양사).
성균관대, 순천대, 목포대, 조선대에 출강하였고, 현재는 전남대 강사, 동국대 동국역경원 역경위원, 전남대 종교문화연구소 전임연구원으로 있다.
저서에 『달마선』, 『중국고대의 법률과 판례문』, 역서에 『풍토와 인간』, 『아시아의 역사와 문화Ⅰ: 중국고대사』, 『集古今佛道論衡』, 『如來心地의 要門 : 대승입능가경 譯註』, 『능가사자기』, 『티베트밀교무상심요법문』, 『위없는 깨달음의 길, 금강경』, 『禪과 깨달음 : 초기 선종 법문 해설』 등이 있고, 그밖에 중국고대사와 중국불교사에 대한 여러 전공논문이 있다.
e-mail: gwangbi@paran.com

중국 초기 선종 능가선법 연구

초판 1쇄 발행 2007년 11월 20일 | 초판 3쇄 발행 2017년 1월 10일
지은이 박건주 | 펴낸이 김시열
펴낸곳 운주사 (02832) 서울시 성북구 동소문로 67-1 성심빌딩 3층
전화 (02) 926-8361 | 팩스 0505-115-8361

ISBN 978-89-5746-196-9 93220 값 25,000원

http://www.cafe.daum.net/unjubooks (도서출판 운주사)